公平工作

如何根除工作中的成见、偏见与霸凌

JUST WORK
GET SH*T DONE, FAST & FAIR

[美] 金·斯科特（Kim Scott）/ 著

束宇 / 译

中信出版集团 | 北京

图书在版编目（CIP）数据

公平工作：如何根除工作中的成见、偏见与霸凌／（美）金·斯科特著；束宇译 . -- 北京：中信出版社，2023.4

书名原文：Just Work: Get Sh*t Done, Fast & Fair

ISBN 978-7-5217-5477-3

Ⅰ.①公… Ⅱ.①金… ②束… Ⅲ.①工作方法－通俗读物 Ⅳ.① B026-49

中国国家版本馆 CIP 数据核字（2023）第 058639 号

Just Work
Text Copyright © 2021 by Kim Scott
Published by arrangement with Tom Doherty Associates. All rights reserved.
Simplified Chinese translation copyright © 2023 by CITIC Press Corporation
本书仅限中国大陆地区发行销售

公平工作——如何根除工作中的成见、偏见与霸凌
著者：　[美]金·斯科特
译者：　束宇
出版发行：中信出版集团股份有限公司
　　　　（北京市朝阳区东三环北路 27 号嘉铭中心　邮编　100020）
承印者：北京世纪恒宇印刷有限公司

开本：880mm×1230mm 1/32　　印张：15.5　　字数：363 千字
版次：2023 年 4 月第 1 版　　印次：2023 年 4 月第 1 次印刷
京权图字：01-2021-3623　　书号：ISBN 978-7-5217-5477-3
定价：79.00 元

版权所有·侵权必究
如有印刷、装订问题，本公司负责调换。
服务热线：400-600-8099
投稿邮箱：author@citicpub.com

谨以此书献给我的灵魂伴侣、一生挚爱、终身合伙人安迪·斯科特。多谢你承担了所有网络教学任务，还担起了炒菜做饭的任务，我才有可能在新冠感染隔离期内，在后院的小屋子里全身心地构思《公平工作》。书已经出版了，现在轮到我来煮饭、做家务，也轮到我来承担那些让爱情变得更有趣、更令人享受的日常琐事。

这本书也是为我的孩子巴特尔和玛格丽特写的。你们将面对一个支离破碎的世界。你们的父亲和我为修复这个世界不断奋斗，但我们做得还远远不够。我希望这本书能为你们提供一些未来延续我们工作的必要工具。

我们不仅应当允许个体之间存在差异，也应该将差异视为激发创造力的必要对立点……当我们做到这一步时，人与人之间才不会害怕互相依存。

——奥德雷·洛德

目录

引言　我们无法解决自己视而不见的问题　001

第一部分　导致工作环境不公的根源性原因

1　角色与责任

受害者	034
仗义执言者	036
加害者	036
领导者	037

2　致受害者：当你手足无措时该怎么办

识别成见	048
回应成见	053
回应偏见	061
回应霸凌	074
如何得知你面对的是成见、偏见还是霸凌	082
不要默认采取沉默的回应方式	084
备忘录	101

3 致旁观者：如何做仗义执言者

用"我"字开头的陈述句指出成见	104
用以"事实"开头的陈述句反驳偏见	107
用"你"字开头的陈述句回击霸凌	110
注意英雄情结	116
仗义执言者的优势	122
备忘录	124

4 致加害者：尽力去解决问题

阻断成见	128
抛弃偏见	142
如何分辨和终止霸凌	149
回应反馈的建议	153
有效道歉	159
无效道歉	161
备忘录	165

5 致领导者：创设成见阻断机制、建立行为准则、制订惩戒措施

领导者和成见	169
让成见阻断行为真正起效	180
领导者和偏见	186
领导者和霸凌	196
备忘录	212

第二部分　歧视、骚扰与肢体侵犯

6　杜绝歧视与骚扰，领导者能做些什么

实施制衡	226
量化成见	229
双管齐下	232
招聘	233
人才保留	249
薪酬	250
绩效管理	260
培训与指导	268
心理安全评估	273
离职面谈	274
杜绝保密协议与强制仲裁	275
组织设计	278
备忘录	280

7　受害者与仗义执言者如何与歧视和骚扰抗争

记录	289
团结一致	291
明确自己的后路	296
直接对质	298
向人力资源部举报	300
诉诸法律	302
公开发声	303
备忘录	306

8 触碰：如何营造一种"同意文化"

在工作场所饮酒	308
无恶意的拥抱与"看似无恶意"的拥抱	313
工作场所中令人后悔的性行为	324
职场中滥用权力型恋爱关系	330
职场性侵犯	341
制度勇气	347
备忘录	367

第三部分 制度公平与偏颇

9 两种糟糕的动态

从众动态	375
胁迫动态	378
两种动态均自我强化	380
离散事件和动态不公平	382
性别动态：性别歧视和厌女症	383
否认	385
转变否认的态度	389

10 识别不同类型的不公平体系

第一种体系：冷酷无效	392
第二种体系：高傲羞辱	402
自下而上的羞辱：只懂得批判别人的乌合之众	406
自上而下的羞辱：零容忍	415
我们不需要容忍对他人不容忍的态度	424
漠视排他	429

11 公平工作:让我们保持乐观

重新定义可实现的目标 442
公平工作:外观和感受 445

致谢 455
注释 463

引言
我们无法解决自己视而不见的问题

我从来没有想过自己可能是一名受害者，一个受到不公平的工作环境伤害的人。我更不会想到自己有可能成为一名加害者，也就是给他人造成伤害，或者在加害过程中推波助澜的人。所以，我从没有认真思考过这个问题。我的职业生涯一直高歌猛进，一路上走来，或许我有时候被人高看了，有时候又被人低估了，但这些优势或劣势都没有引起我的注意。

如果5年前你问我，身为一名白人女性，这个身份是否对我的工作产生了影响，那么我会完全不假思索地回答："没什么影响。"

我写了一本书，名叫《绝对坦率：一种新的管理哲学》。作为"绝对坦率"这个观念的倡导者，我非常难以启齿，但我确实是在逃避这个问题。我在很多大城市工作过，包括孟菲斯、波士顿、纽约、旧金山、巴黎、莫斯科、耶路撒冷、普里什蒂纳等。我曾经管理过跨国运作的团队，覆盖日本、中国、澳大利亚、印度、爱尔兰、巴西、墨西哥。无论我身处何地，我都是一名白人女性。我永远都只会是女人，无论身处世界的哪一个角落，因性别而产生的不公平总会存在。我当然也享受了很多让生活变得更舒适的特权[1]，而这些特权展现的形式往往是我不愿提及的。我生为白人，但世界上总会存在因肤色而产生的不公平。我生在富裕之家，但世界上总会存在因经济状况不同而产生的不公平。我生来就是异性恋，但世界上总会存在对同性恋的歧视。

为了向大家充分揭露我当时否认这种问题的程度有多深，我先给大家讲讲我大学毕业后的第一份工作中发生的事。这些事发生在1991年，当时我23岁，人生第一次受雇于一家私募基金公司。

所有的故事都要从我们办公室里流传的一则小故事说起。罗伯特[2]是这家公司的CEO（首席执行官），他总喜欢给同事讲公司当时的苏联合伙人带他去莫斯科大剧院看芭蕾舞的故事。我第一次（当然不是最后一次）听到这则故事是在一次策略研讨会结束之后。以下是罗伯特讲述的版本。

"芭蕾舞终于跳完了，弗拉迪米尔朝我这边侧过身子，悄悄地问：'罗伯特，你喜欢芭蕾舞演员吗？'"

罗伯特一边讲一边模仿他当时震惊的样子，他回答说："当然喜欢。"

苏联工厂的主管紧接着追问："罗伯特，你得说清楚喜欢哪一个？"

当讲到这里的时候，罗伯特环视了一圈在场的同事——当时有3名年轻的男性和我1名女性——以不可置信的表情说："这家伙竟然提出可以把我喜欢的芭蕾舞演员送到我的酒店房间去！"

在场的男性都大笑起来，一半出于羡慕，一半出于难以置信，我则觉得五内翻腾。怎么会有人觉得这种想法是有趣的？

一位在场的男同事追问道："你让他兑现承诺了吗？你觉得他真的可以做到吗？"

说到这里的时候，罗伯特特意朝我这边瞥了一眼，然后义正词严地对那位男同事说："当然没有。我从来不是那样的人。不过，我觉得他可能真能做到。"

年轻的男同事一脸艳羡，我则感到了深深的恐惧。

罗伯特似乎认为自己没有答应苏联工厂主管的邀约已经算是仁至义尽了。但他绝不是这个故事中的英雄，我知道他和在场的其他男士都明白贩卖人口是不道德的，这和我坚信的理念是一致的。但是，当一位生意上的合伙人声称可以为罗伯特提供他喜欢的任何一名舞者的时候，没有任何人提出反对意见，我自己也没有反对。罗伯特就这样轻描淡写地把这整件事包装成一则"有趣"的逸事，似乎听众的哄堂大笑使得整件事都变成了虚构的。这就是我们对现实的否认。

这件事情过去之后没多久，我发现我的收入比市场同岗位的人低很多。一位从事同类型工作的朋友告诉我，她的薪酬是我的4倍。我的朋友告诉我，她的薪酬才是市场同行水平，也就是这个岗位男性的常规收入水平。当我向我的上级托马斯提出这个疑问的时候，他竟然宣称："这个女人一定和她的老板睡过！"这当然是胡说，而且我当面就反驳了托马斯。在我向托马斯提出加薪要求后，他的反应似乎在说，我把他放到了一个难以和公司CEO罗伯特相处的位置。罗伯特是我们这个行业当中的一个传奇人物，他以逆向投资著称，而他的暴脾气也广为人知。我怀疑当时托马斯并没有想到，我敢直接去找罗伯特谈这个问题。

后来一有机会，我就向罗伯特提出了面谈的请求，很快我便得到了和他在会议室里面谈的机会。他坐在自己非常舒服的老板座椅上，挺着个大肚子，顶着一头凌乱的花白头发，看上去就像圣诞老人一样和蔼可亲。他指了指自己对面的一个小木凳子，示意我坐那儿。刚开始谈话的时候，他的态度还是非常和蔼的，不过也有可能是习惯性地居高临下。"你知道我们的苏联合伙人都把你称作我的秘密武器。"他边说边放声大笑起来，我也跟着赔笑，但是这句话其实并没有那么有趣。在我提出了想要加薪的请求之后，他的态度可谓急转直下。圣诞老人哪里还存在呀！现在的他，看起来就像一只要捕食的猛禽。他那能够穿透人性的目光和紧紧拧在一起的眉头清楚地表明，他自己不习惯被人挑战，特别不喜欢被我这样的人挑战。他眼睛都不眨地盯着我看，就这么过了好像很长时间。

"我不知道是什么原因，让你觉得自己的工资过低。但是，我可以向你保证，如果给你加薪的话，这对团队里的其他人就是不公平的。"他斩钉截铁地说道，并把双手放在了座椅的扶手上，似乎随时都可以向我扑过来。不过，我来找他谈之前是做了准备的，我既有从我的朋友那里搜集的同行数据，也有整个行业平均薪酬水平的数据，我强迫自己把搜集到的数据摆在他面前。可想而知，我搜集的数据进一步把他激怒了。

"如果我付给你那么高的薪水，那么你挣得比我女儿还多。我知道你不想在我和我女儿之间横插一杠。"这句逻辑完全无法自洽的话，让我觉得非常荒唐。我甚至都懒得去说，他女儿是一名教师。解决教师收入不足的方法不是降低金融行业女性的薪水，而是降低金融行业男性的薪水。我不敢这么说，还有一个原因是当时罗伯特已经很愤怒了，基本达到了癫狂的状态。我们的对话就这样突然终止了。

时至今日，事情已经过去了 30 年，我现在知道了，罗伯特当时的这种反应，是非常典型的"煤气灯效应"[3]。但是，在我 23 岁的时候，他那么不理性地拒绝我的请求，甚至让我一度怀疑，是不是自己真的做错了什么事情，是不是我没有理解老板的某些意图。非常不幸的是，煤气灯效应是有效的，除非你知道如何去应对它，但当时的我是不知道的。在那之后，我还一直努力说服自己不要去想收入不平等的问题。

我们这个团队的大部分时间都在莫斯科和苏联合伙人一起工作。在莫斯科工作的时候，我们一起生活、一起工作，地点就在苏联国防部提供的一所大房子里。我和我的老板托马斯经常一起出差，几乎走遍了俄罗斯和乌克兰的各个角落，吃饭也总是在一起。有一次他向我坦白，自己患上了严重的慢性病，他担心自己都活不过 40 岁，我听到之后就一直担心他的健康问题。某天晚上，我们熬夜加班做一些财务数据的预测，他突然就亲了我，然后自顾自地哭了起来。他告诉我他还是个处男，而且担心自己会死为处男之身。而我用实际行动确保他的担心不会变成现实。很多朋友后来都告诉我，我被耍了。或许我真的被耍了。但无论如何，时至今日托马斯也还活得好好的，在这一点上，我还是感到欣慰的。我不会刻意诅咒他，但我希望他会因自己的行为受到惩罚。

和自己的老板上床是一个巨大的错误。我承认这个错误，至少承认其中一半的错误。但问题是，我成了承担所有罪责的人。罗伯特在听说了我们俩的私人关系之后，让托马斯通知我搬出莫斯科的集体宿舍。托马斯遵照执行了。在我看清了托马斯不是一个会为我争取利益的老板之后，我自己去找罗伯特谈。罗伯特则告诉我："苏联是一个有强烈性别歧视的社会。我担心苏联政府如果发现我们安排年轻的女性住在集体宿舍里，就会觉得我们的管理有问题。"

我当时愤怒到说不出话来。罗伯特让我自己到外面去租房子，这就是直接把我置于危险境地。这一方面是因为我不得不通过非法的方式，在苏联管辖下的莫斯科去寻找可以租住的房子，另一方面是因为当时美国大使馆曾发出警告，美国人在莫斯科的地铁线上有可能遭遇危险。由于当时莫斯科没有靠谱的出租车服务，因此我只能自己在街边拦截过往的车辆去上下班。我的一位朋友因为当时载她的司机拉着她绕道穿过一个荒废的公园，而不得已从一辆正在高速行驶的车上跳下来。

我最终还是给自己找到了一个非法的出租屋，然后每天像撞运气一样找通勤的车辆，也说服自己不要去想自己遭遇的这些经历多么不公平，以及当时的情况是多么危险。我甚至在之后的几个月里还一直和托马斯保持着恋爱关系，直到有一天他又哭着跟我说自己深爱的女人并不爱他。他似乎认为我当时会拥抱他，并且告诉他所有的这一切都无关紧要，因为我是如此深爱他。而这一次，他终于撞到了我的冷漠[4]和我的尊严之间的那一堵墙。我果断地和他分手了。不过，不幸的是，他仍然是我的直接上级。

在这种你情我愿的男女关系当中，如果其中某一方比另外一方具有职位上的优势（其中一个人是另外一个人的上级），那么这种关系通常会成为心理虐待，尤其是在关系终结之后。我和托马斯的这段关系也不例外。有一天晚上，我正坐在出差住宿的酒店大堂读报纸，托马斯从我身边走过，直接从我手里抢走报纸，大声对我说："主管优先于分析师。"他已经对做这种事情感到习以为常了。

托马斯的老板弗雷德当时也和我们一起出差，他目睹了这个事件，然后跟着我一起走进了电梯。弗雷德知道我和托马斯的恋爱关系，而且也曾努力想把我转到另一位经理的手下。我们曾经讨论过我的薪酬问题，他还帮我争取到了小幅度的加薪，从此之后，他成了我信任的一位导师。

弗雷德说："他刚才的表现真让人恶心。"他说话的语调里充满了同情，我听了之后，愤怒的泪水止不住地流下来。

此时，电梯刚好停在我住的那一层，我点了点头，表示对弗雷德的认可。我一直数着数字来控制自己的感情，这是读高中的时候从数学老师那里学来的一个小妙招。弗雷德展开自己的双臂，示意我给他一个拥抱。一方面是出于对他的信任，另一方面也是因为一个拥抱可以让他看不到我的眼泪，所以我直接就投入了他的怀抱。而接下来我感受到的是他已经勃起的阴茎正贴在我的身上。谢天谢地，当时电梯门开了，我惊恐地逃出他的双臂，飞速跑向自己的房间。我从没像当时那样感受到孤立无援，但我仍然把这整件事儿抛诸脑后。[5] 我认为经历过"#MeToo"反性骚扰运动的年轻女性，如果在当前这个社会还遇到了这样的事情，那么一定会有充足的勇气做出不同的反应。不过，我们不能把我的这种想法当作理所应当。同样的情况仍然在发生，而且也很难有人立刻做出恰当的回应。

几个星期之后，罗伯特来到莫斯科，同行的有他的得力助手彼得，还有公司的一位合伙人埃米特。我注意到埃米特一直在读一本书皮都已经发黄的《傲慢与偏见》。看到他正在读我最喜欢的一本小说，我决定要和他来一次开诚布公的对话。我们从书的内容开始，一直谈到了现实问题。埃米特也同意，我现在的薪酬即便算上最近一次的小幅度加薪，也只达到了市场一半的水平，在这一点上是不公平的。而且他也对我说，对于我被赶出公司集体宿舍这件事情，他感到非常震惊。他私底下说："在这件事情当中，看上去托马斯才应该是被赶出宿舍的人。"他还跟我说，他已经跟罗伯特谈论过这件事情了，但是没有得到正面答复。虽然他的干预并没有提升我的收入或改善我的居住条件，但对我而言，这已经是很大的帮助了。他让我证实了自己正在遭受不公平的对待。对我来说，埃米特就像一棵救命稻草。那段时间，我经常会在凌晨3点惊醒，被这一天工作当中各种纷繁的思绪和愤怒的感情惊醒，我总是在思考：我是整个事件中不理性的人吗？还是说身边这些男人才是不理性的人？现在知道有人看问题的角度和我一样，这才能让我在夜里睡得着。

　　埃米特提议我应该和彼得谈一谈，因为彼得在公司有很强的影响力。我去找了彼得，他确实对我的遭遇充满了同情，而且也提出我们应该找一个晚餐的时段深入探讨一下。我同意了，而且似乎看到了一线曙光：或许所有的问题都将迎刃而解。几个小时之后，彼得跟我说，他没有在当时预想的餐馆订到位置，只好带着吃的东西来我住的公寓。这听上去有点儿不太对劲儿，但我也不知道如何拒绝他。

　　他带着食物来了，我们面对面坐在餐桌的两端，他再一次表达了对我现在处境的深切同情。他说我们身处的是一个压力很大的行业，这种压力对女性而言是很难应对的。如果是他自己的妹妹，他不会让妹妹遭遇我现在的处境。我回应道，我现在并没有感到压力很大，只不过对于自己没有得到应有的薪酬这件事感到很愤怒。彼得点了点头，但是他说话的语气开始发生变化。他说自己在乡村长大，在那里几乎所有的人都得不到自己应有的薪酬。而且他们当时的经历，对我这样的美国人而言，可能都不敢想象。我看穿了他想做的事情：只不过是想让我对提出加薪的这个请求感到有深深的负罪感——当我看到世界上还有很多人活得不如我的时候，我怎么能提出这样过分的请求呢？我同样看出他是一个伪君子，因为他自己的薪酬大概相当于我的20倍。如果是一个男人和我干同样的工作，他的薪水就会是我的两倍。如果他现在面对的是个男人，他就不会用这种引起负罪感的故事去开解他。即便我心里知道他在做这种事，他的方法还是产生了效果。我逐渐感到自己是一个利欲熏心，而且很爱出风头的人。

就在此时，在我还没有回过神来的时候，他已经站到了我的身后，开始为我按摩肩膀。我只能僵硬地坐在那儿：惊恐、瘫软，而且恶心。

人们总会批评女性，当遭遇这种情况时，为什么不立刻离开。但这个人是当时公司里最高管理层当中的一员，他看上去对我有无限的控制力。而且当时他就在我的公寓里，我又能去哪儿呢？

彼得只花了30秒——对我而言是极其漫长且令人不舒服的30秒——越过我的肩膀，触摸到我的胸部。这让我迅速反应过来。我跳了起来，打开公寓大门，以风一般的速度冲到了大街上。我边跑边回头看，确保他没有跟踪我。当我在莫斯科寒冷的夜风中漫无目的地游走时，我开始嘲笑自己，并且设想彼得一个人留在我的公寓里会显得多么傻。而就在这个时候，我突然意识到，我自己一个人漫步在莫斯科夜间的街头，甚至比留在自己公寓里和自己公司的高管身处一室更安全。

不用多说，加薪这件事压根儿就没有被提上议事日程。

我当时有向公司的人力资源部举报这些事件吗？并没有。当时有很多的原因，其中最主要的一个原因就是，我担心我和托马斯的个人关系会成为影响我的一个负面事件。很多人都会说，弗雷德和彼得都知道我和托马斯私底下在谈恋爱，他们俩会认为，既然我已经跟托马斯纠缠不清，我就有可能也和别的同事纠缠不清。我知道这完全是胡说。仅仅我和托马斯有恋爱关系，并不能代表我给了弗雷德在电梯里对我毛手毛脚[6]的权利，也不代表给了彼得触摸我胸部的权利。但我知道这种荒唐的指控似乎会起效，就像当时罗伯特用煤气灯效应否决我加薪的请求一样。这是一场我完全没有胜算的战争。

如果我向人力资源部举报这些事件，那么不仅我的人品会遭受质疑，我的工作能力也会遭受质疑。通常情况下，人们对发出性骚扰举报的女性说的第一句话是："先确保你自己的行为不会受到指摘。"无论我在工作当中遭受了怎样不公平的对待，我总是能够做出很好的业绩。但我们也要面对这个现实：任何人都不可能在遭受不公平对待的前提下，交出完美的工作业绩。在我之后的一份工作当中，我能够交出很好的业绩，因为我创办了一家属于自己的公司，两年之内公司就达到了每年1亿美元的资金周转量。我深信，良好的工作环境是我取得成功的关键。如果罗伯特给我提供了公平的薪酬待遇，并且在公司内设置了各种机制，来遏制彼得和弗雷德的侵犯行为，那么这些或许是他一辈子做过的最好的投资。这是通过一种管中窥豹的方式，来向你解释为什么多元化且关系融洽的团队对企业而言是最好的选择。

再说回来，我为什么没有向人力资源部举报罗伯特的行为？因为我当时才23岁，职业生涯刚刚起步。罗伯特是这家公司的创始人、CEO和绝对大股东。在这个公司里，没有人能够钳制他的权力。我最终决定，自己能做的最好的选择就是离开这个鬼地方，重新找一份工作。埃米特，也就是曾经为了我的薪水对罗伯特进行过干预的那一位合伙人，介绍我去了另外一家公司。这家公司以市场应有的薪酬水平，为我提供了一份工作。

令我感到惊讶的是，当罗伯特听说我要离职的时候，他还主动找我谈话。这次他仍然以非常愤怒的态度，说我是一个完全不忠诚的人。我再一次感到非常无言。我心里真实想说的是："你他妈让我表示什么忠诚？你这个人把人口贩卖当作笑话，给我付的钱又不够，老娘要加薪的时候，你还骂我。在你的保护伞之下，公司高管能来公寓侵犯我，还能用他们的下体在电梯里摩擦我，而且举报都没有用！"

非常不幸的是，我一句真心话都没讲——很大程度上是因为我如果讲的话，可能会被迫去精准地描述曾经发生过什么事情。而我怀疑如果我用非常准确的词汇描述了当时发生的事情，我自己就会感到非常羞愧，弗雷德和彼得反而都不会承担相应的后果。

所以，我当时非常简单地回答他："罗伯特，他们给我开了两倍的薪水。"

他立刻质问我："所以对你而言，赚钱就意味着一切，是吗？"这话问的，好像他自己从事金融行业就不是为了赚钱一样。甚至还有一层意思，就是说，只要一个女人想要争取一份相对公平的薪水，她就有可能是靠不住的。

这是我离开大学之后的第一份工作，当我辞掉这份工作的时候，我的心情是非常低落的。我在这家公司所经历的所有事情，总体感受像是同一件事，但每一个事件又是相互独立的，每一个事件之间没有什么太大的关联。我没有办法把这些事的逻辑串联在一起。对我而言，去批评苏联存在的各种问题，似乎比承认自己身处的工作环境存在问题要更容易。承认苏联的体制存在各种不公平和低效的现象，对我而言似乎更为容易，因为这些问题与我根本没有任何关系。从一个旁观者的角度，我可以清楚地看到苏联社会的不公平——包括囚禁持异见者以及对芭蕾舞演员的人口贩卖——就是导致这个社会体系失败的重要原因。另外一些现实问题——比如说在莫斯科，卫生纸和面包都很难买到——也是造成这个体系最终失败的原因之一。

一个如此腐化并且丧失了基本功能的政体是如何维系了那么长时间的，对我而言这一直是一个谜。而对这个问题的好奇，也是促使我到商学院读书的原因之一。然而，在后来的多年间，我一直没有意识到，我这一生都致力于打造一种能够让人们发挥出自己在工作方面最大潜力的环境，并且让人们热衷于开展自己最喜欢的工作。这种兴趣其实来源于我自己在这家私募基金公司的个人经历，而这家私募基金公司随着苏联的解体也倒闭了。

我人生的第一份工作如此令人迷惑，以至于后来我花了30年的时间，才形成一套完整的理论，把自己在学术方面的问题和在工作环境中遭受的不公平对待结合起来分析。这本书就是研究这套理论所获得的成果。

现在，我已经可以逐项分析在当年这一份工作中我遇到的各种问题，并把它们分解成独立的部分，然后针对每一个部分提出应对的方案。我当年所经历的工作上的不公平对待，在当时看来可能是大到无法面对的，但好在我现在已经是个过来人，已经能够理解这些问题，并且清晰地认识到这些问题并非大到不可解决。工作环境的不公平主要体现为6种问题：成见、偏见、霸凌、歧视、骚扰和肢体侵犯。本书将针对以上各种态度和行为，告诉领导者、旁观者、受害者甚至加害者如何朝着公平的工作环境努力改进。所谓公平的工作环境，就是一个每个人都可以相互协作并尊重个性的环境。本书还将探讨这些态度或行为之间的内在关系，并分析领导者如何通过自己创建的体系来强化这种不良的互动关系，或打断这种关系。

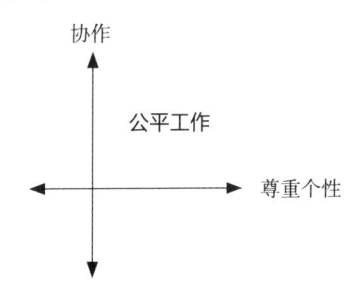

因性别差异而引发的不公平对待并非存在于真空之中。这种不公平现象会受到工作环境当中以及来自工作环境之外的其他类型的不公平现象的影响，同时也会对其他的不公平现象产生进一步的影响。成见、偏见、霸凌、歧视、骚扰、肢体侵犯等，施加到我身上的形式或组合与施加到其他受害者身上的组合方式是不一样的。与工作环境当中的不公平现象做斗争，只有我们勠力同心，一起向前，才能够成功。我不可能只考虑作为一个拥有高等学历的异性恋白人女性所遭遇的经济问题；如果这么做，本书想要讨论的问题就可能无法解决。[7]

在撰写本书的过程中，我发现分析工作环境不公平现象最好的切入点是金伯利·克伦肖提出的交叉路口事件[8]，比如性别不公与种族不公的交叉点，又比如性别不公与经济不公的交叉点，再比如争取女权运动与争取同性恋权益运动的交叉点，还有就是承认语言可能给残障人士造成成见与承认语言可能对女性造成成见的交叉点。[9]

对我而言，这些交叉点会令我感到巨大的压力，因为在任何一个交叉点上，我既是受害者又是加害者。我从不想成为这两者当中的任何一方。但是，我们不可能修补自己都视而不见的问题。只有当我认识到自己的特权对别人造成了伤害的时候，我才能放弃这种特权。这些交叉点或许让我感到不安，但它们同时是给我带来最多疗愈的地方，是我发现最多人生智慧的地方，也是我能够自由呼吸并且观察到事件本质的地方。当我推动自己克服了这种不适感，我可以感觉到自己肩上一种陈旧的负担被卸下了。也正是在这些交叉点上，我才为工作环境的打造找到了既实用又有道德指导意义的智慧。

公司或者工作单位里出现的不公平现象，不仅仅是不公平那么简单，它们同时也会造成机构的低效运转。麦肯锡发布了一项研究："在我们采集的数据样本中，从性别与文化背景多样性方面判断，处于末尾1/4的企业比样本当中的其他企业获取平均收益率的概率低29%。简而言之，这些公司不仅不能引导行业发展，还严重滞后于全行业的发展。"[10] 高度同质化团队的业绩表现是不佳的。

高度同质化的团队总是会出现人员属性不断同质化的情况，因为团队里的人拥有的人际网络都是一样的。负责招聘的委员会更愿意招聘能力不怎么样却有社会关系的人。如果你没有社会关系，那么无论你的工作技能有多强，都很难闯进这种企业的大门。[11]

如果企业的工作环境不具备包容性，那么未被充分代表的群体，即使进入了这样的企业，也不可能发挥自己的潜力。就拿我自己的例子来说，在被性骚扰之后，我就不可能再为这家公司尽力工作。而这进一步强化了对我这样未被充分代表的弱势群体的成见，也就是说我们这样的人并不擅长自己正在做的工作，但这样的成见会进一步影响未来雇用新员工的决策。如此循环往复，公司就会形成高度同质化的团队，从平均表现上来讲，其远比多元化的团队要差。公司的创新力与生产力都会受损。[12]如果你不曾拥有多元化的团队，你就不会惋惜失去多元化的损失，但如果你的竞争对手拥有多元化的团队，那么等到大家对比收益的时候，这种问题就会暴露出来。

出于坚守道德和工作中经世致用两方面的原因，我们都应该在创造公平工作环境的过程当中发挥作用。我意识到不能指望受害者来改变局面，所以我会给受害者提供应对的策略。我会给那些观察到工作中存在不公平现象的人提供策略，教会他们如何变成仗义执言者，而不仅仅是旁观者。我还会让那些造成伤害的人意识到他们的行为对一个团队的协作能力造成了极大的伤害。而对领导者而言，他们可以从我的建议中学习如何有效应对这些问题，同时学会如何预防这些问题的产生。

本书讨论的主题是我们现在能够采取的措施，一些能够创造公平、有效的工作环境的措施。我不可能解答全世界所有人遇到的每一个问题，但是我们不能因为这种不能解答一切问题的事实就放弃努力。我们如果不加以干预，就只会放任不公平的现象随着时间不断恶化。不公平的互动或者不公平的关联总是会发生的，但并非不可避免。我们可以学会如何去观察没有被人们仔细检验过的工作态度和工作行为，检视它们是否会真正造成伤害。我们可以承认现在已经创造的体制或体系会给不公平现象起到推波助澜的作用，如果真是这样，我们就可以改变这样的体系。如果我们能够主动采取一些措施来创造出大家都互相尊重，能够有效地共事的工作环境，那么我们一定也能享受工作的过程，喜欢我们的同事，做出更好的决策，从而获取更大的成功。[13]

我将在本书中探讨我们如何实现公平工作，而探讨的方式就是从我个人在职业生涯所经历的故事出发，告诉大家我处理得当的事情，也告诉大家我处理失败的事情。这本书实际上就是重新梳理我的人生经历，以期能够让其他人对照我的故事来处理自己所遭遇的事件。当然，也是为了帮助我们共同建起一个更平等的工作环境。正如作家、设计师凯特·福尔摩斯曾写过的："推己及人。"[14]

既然你将在后面的章节中读到我的很多故事，那我不妨再多介绍一下自己。虽然开头给大家讲了一个在我人生起步阶段不幸的故事，但总的来说，我的职业生涯是幸福而成功的。这种幸福和成功不仅来源于我自己的努力工作，同时也因为在很多不同的维度，我都自动获得了包容并被高估了。我自出生之日起就是一名白人、异性恋、美国公民，我身体健康、经济状况良好，但这些条件并未让我自动变成一个有罪之身；同时，如果我不承认，更不用说去分析，没有这些特权条件的人所遭受的不公平对待，那么那也是一种错误的生活态度。并不是说作为一名女性，我就是受害的一方；但是，如果否认工作环境对我作为一名女性造成的伤害，只会使我和其他的女性处在一个更容易受到伤害的境地。写这本书是我对这些不公平现象进行理解的过程，也是对自己过去否认这些问题存在的错误态度不断进行纠正的过程。

我出生在田纳西州的孟菲斯市，我的父母分别是律师和家庭主妇。我家里所有人都上过大学，至少在我能追溯到的双方亲属当中都是这样的。我家里的所有成员都是白人，他们早期来自英格兰或爱尔兰。作为一名基督教科学派的教徒，从幼儿园一直到高中，我上的都是本地的圣公会私人女子学校。我从5岁开始所经历的所有教育，都是为了将来有朝一日能上大学。在许多有责任心的老师的督促下，我在经历了无数的SAT（学术能力评估测试）预备课，以及完成成百上千的作业之后，以一个普通人的智商考入了普林斯顿大学，主修俄国文学。我的父母和祖父母出资供我上大学。我毕业时没有任何的助学贷款，这让我有充分的机会去体验风险，而这些风险也确实带来了很好的收益。我出生之时所享受的特权不断地叠加，最终给我带来了好处。

1990—1994年，我在莫斯科生活和工作。这是我首次获得管理经验的地方，我开了一家钻石切割工厂，也是我人生执着于优秀管理策略的开端。在我的观察中，有些工作环境可能给员工造成痛苦，获得的是不尽如人意的业绩，而另外一些工作环境给员工带来的是愉悦的心情，并且员工能有很高的办事效率。为什么会有这种差异？我执着于找到这个问题的答案，于是先去上了哈佛商学院，之后在两家科技型创业企业担任CEO，然后又到谷歌和苹果公司担任高管，后来还给多宝箱、Qualtrics、推特等公司的CEO担任私人培训师。最终，我把自己所学的经验写成了一本书，名叫《绝对坦率：一种新的管理哲学》。

出版《绝对坦率：一种新的管理哲学》的时候，我曾经开过一个玩笑，说这是一本具有反叛精神的女权主义专著——只不过关于女权主义的宣传全都藏在了字里行间。现在回头看，我感觉有些尴尬，我没有意识到当时这样写书是一件很具有讽刺意义的事情：在一本主题就是关于坦率的书当中，我用非常隐晦的语言传递了关于创造公平工作环境的信息。当时的我可谓言行不一。

《绝对坦率：一种新的管理哲学》这本书在一个方面发挥了非常好的作用，那就是倡导工作环境到底应该变成什么样子。当我们从人的角度出发去互相关爱，在工作当中能够直截了当地沟通问题时，我们就可以提高工作效率，而且可能会增进人与人之间的感情。但如果我都不能承认工作环境当中各种不公平现象的本质，我就无法创造彻底避免这些不公平现象的工作环境。所以，当我遇到自己都不愿意承认的事情时，这个问题就成了一个老大难的问题。绝对坦率这种工作方式是行之有效的，但并不是对每一个人都适用。

许多女性告诉我，如果采用绝对坦率的工作态度，可能面临的风险太高。有一位在大型跨国石油公司工作的女士在我新书发布会的现场举手发言，她说她生来就坚持绝对坦率的工作态度，但这种工作态度使她失去了一次晋升的机会。我承认，她描述的这种现象是可能存在的。当一名女性表现得绝对坦率时，人们经常会给她贴标签，叫她婊子，说她好斗、盛气凌人等。除此以外，能力与受喜爱度之间的关联性偏见也是真实存在的。绝对坦率的工作态度可以帮助你在工作当中表现得更有竞争力。但对女性而言，表现得绝对坦率可能会遭遇挫折：当一名女性能力越强的时候，喜欢她的人就会越少，其中还包括她的老板。如果你的老板都不喜欢你，那么你获得晋升的机会肯定就更少了。但这能不能构成我们放弃提升个人能力的理由呢？当然不能。这令女性陷入了一个不公平的、不可逾越的陷阱。当我承认这种现象存在时，我在这位女士的脸上看到了放松和感谢的表情，同时在现场的男性观众脸上看到了他们受教育的表情，这都让我终生难忘。

相似的成见对于采用绝对坦率工作态度的人会造成不同的影响。在我主持的一次研讨会上，一位名叫詹姆斯的男士向我讲述了，当我和他分别采用绝对坦率的态度对待别人时，我们俩得到的反馈是截然不同的。他说的也是实情。我是一名身材较矮的白人女性，他是一名身材很高的黑人男性。我们遇到的共性问题是：很多人通常会根据我们的身高、性别、肤色对我们形成先入为主的成见。受这种成见的影响，人们很容易误解我们说的话，或者低估我们的能力。我们两个人都遭遇过成见、偏见、霸凌、歧视、骚扰和肢体侵犯，但我们遭遇的形式不完全相同。如果我草率地说可以用我解决问题的方法解决他遇到的问题，那简直就是胡说八道。与此同时，在聆听他遭遇的过程当中，我确实也学到了一些处理问题的新方法，而我也希望我的故事能够给他启发。

黑人女性告诉我，相比白人女性，采用绝对坦率的工作态度对她们更加有风险。有一次，我在一家公司做内部培训，公司的 CEO 米歇尔是一位黑人女性，她向我坦白，如果要用绝对坦率的态度提出意见，那么一定要绝对谨慎。她解释说："但凡我看上去有一丁点儿的烦躁，身边的人都会说我是一个易怒的黑人女性。这是一种古老的刻板印象。"[15] 直到这个时候我才意识到，我认识她已经快有10年的时间了，但我从来没有看见过她表现得非常愤怒，也没有看见过她感到有压力。这种压抑自己情感的行为对她造成了怎样的伤害？为什么我之前就从来没有注意到她为保持在公司的身份，付出了这些额外的成本？

绝对坦率的工作态度是行之有效的，异性恋白人男性比其他任何人都更容易践行这种工作态度，而这本身就是一个需要解决的问题。即便如此，异性恋白人男性这个群体还是觉得采用绝对坦率的工作态度让他们感到不安全。在经过一系列个人谈话和小组讨论之后，许多男士告诉我，采用绝对坦率的工作态度会令他们感觉与女性同事相处充满了风险。一些异性恋的男士担心，如果展现出"个人层面的关心"可能会被误解为对女同事有爱情或性欲方面的想法。另外一些男士则说，他们采用绝对坦率的工作态度有可能被看作"以男性的角度居高临下地说教"。当然，居高临下的说教极少被用作拒绝男性晋升的理由，但是"好斗"经常成为拒绝提拔女性的理由。无论如何，这些担忧都是真实存在的。如果要解决工作环境当中不公平现象的问题，我们就必须把这些担忧提出来讨论。

一位名叫约翰的男士向我讲述了在他们自己的一次会议上，负责市场营销的高管苏珊将她的团队即将开展的重大市场营销行动定名为"惊雷行动"。这个名字用在大规模、大范围的媒体宣传上，听上去的确比较震撼，但约翰担心苏珊并不知道这个名字曾经在越南战争时期被使用过，而且是一次破坏力极强的轰炸行动，造成了成千上万的平民死亡。约翰担心自己提出这个问题会被认为是居高临下的说教，所以他缄口不言。

我很了解苏珊这个人，我确定她如果获得了约翰的建议，就一定会心存感谢。同时我也知道,约翰其实非常在意为与自己共事的其他人提供机会,他并不因为性别而对人有所区别。他保持沉默并不是为了惩罚苏珊,而是发自内心地不愿意被当作爱说教的人。这种担忧和不信任侵蚀了团队成员之间的合作,对工作业绩、人际关系和团队士气都是非常不利的。

这本书既是为约翰写的也是为苏珊写的,既是为詹姆斯写的也是为米歇尔写的,既是为我儿子写的也是为我女儿写的。虽然我引用的很多故事都会以性别和种族作为出发点,但我希望解决问题的方案可以被应用到工作环境中不公平现象的方方面面。当我们学会如何打破某种特定的成见时,我们就具备了改变导致成见的潜意识思维模式的能力。当我们清除了误解以及与误解伴生的行为时,我们就能打造出一个更欢乐、更有效率的工作环境。

在大环境下追求公平工作

我从2017年夏天开始构思、写作这本书。在不断撰写的过程当中,世界性的大事件不断发生,不断揭露出导致工作环境甚至整个社会环境不公平的原因。想要对这些全球性的事件保持缄默变得越来越困难。"#MeToo"运动让性别不公前所未有地成为全世界人民共同关注的重要话题。之后,新冠肺炎疫情的暴发,揭示出经济和种族方面的诸多不公。布伦娜·泰勒和乔治·弗洛伊德的谋杀案更是刺激了美国本土出现大规模抗议针对黑人暴力行为的运动。

当我的丈夫承担起照顾孩子的职责,孩子们通过网络视频在自己的卧室里接受教学的时候,我则退到自家后院的一个小屋子里,开始撰写这本书。我享受了新冠感染隔离期间的3项特权:首先是一位愿意承担起绝大多数家务活的丈夫,其次是有一个后院,再次是后院有一个建好的小屋子。美国的失业率已经达到了大萧条时期的水平,国会却在这个时间休会,并且没有向那些真正需要帮助的人提供失业救助。之后,加州发生了猛烈的山火,浓烈的烟雾迫使我从后院的小屋搬回到房子里。而在这个环境下,我很难继续构思《公平工作》的主题。

在这个背景下,我突然想到了6个月之前自己写下的一句话:"各类型的机构,鉴于它们体量较大,而且有能力推行自己的行为准则,它们有可能改变工作环境的文化,而工作环境是我们耗费了自己人生大多数时间的地方。"刚写下这句话的时候,我觉得我的理论是合理的。但现在回头来看这句话,它反而成了我在本书中所指的"漠视排他"的一个典型案例。当前有那么多人失业,而即便有工作的人,也对如何继续开展工作感到茫然。所谓的公平工作是不是我享受的另外一项特权?是不是其他大多数人都无法享有的?

答案是否定的。在当下这个环境里,追求公平工作比其他任何一个历史时段都显得更为重要。为什么这么说?无论情况是好是坏,维持较高的道德准则都是非常重要的,但是当工作岗位稀缺的时候,创造更多公平的工作环境显得更为重要,因为在这种时代背景下,雇员更容易受到伤害。我们作为这个社会的成员,需要关注很多事情,比如一次经济危机,一次社会危机,或者一场环境危机。我们没有时间到处闲逛。公平的工作环境带来的不仅仅是公平,同时也会带来效率。不公平的工作环境不仅是不道德的，同时也是低效的。

当我即将写完这本书时，我完全不知道当这本书出版的时候，整个世界的局势会怎么样。美国经济是否会快速恢复到疫情发生之前的水平，就如大萧条之后迅速复苏？会不会迫使国家领导人创造更好的工作环境，还是国家领导人会甘愿承担丢失人才的风险？大面积出现的失业潮，会不会导致目前有工作的人不愿意应对工作当中遭遇的不公平现象？会不会有更多的人居家办公？如果真的居家办公，男士会不会承担更多的家务？美国会不会出现如20世纪50年代那样的家庭分工，从而使得女性无法追求公平工作？我当然希望答案都是朝着好的方向，而不是坏的方向发展。但目前出现的一些迹象表明，实际发生的情况很有可能是不好的。《2020年职业女性报告》[16]指出，由于新冠肺炎疫情的发生，每4名女性当中就有1名正在考虑换更轻松的工作，或者直接放弃工作。但是，目前这些社会趋势到底会带来怎样的冲击还很难说。

在当前这个年代，我明确知道的事实是：这个时代既充满了各种悲愤的情绪，也充满了各种乐观的情绪。目前已经有1 500万~2 600万[17]的示威者参与黑人平权运动，其规模还在不断壮大，已经成为美国历史上最大规模的抗议活动。从这场运动当中，我们看到了全世界各地的人有机会团结起来，重塑现有的机构，其中就包括我们的工作环境。我们的社会当中存在各种不公平的现象，这不是什么新闻，只不过在这个年代，这些现象变得更为突出。当我们开始注意，并且能够确定这些问题的性质的时候，我们也就具备了解决问题的前提。[18] 2020年这个特殊的年份，让社会的不公平现象被充分揭示出来，迫使我们不能再忽视这些现象。

我们应该抓住当前这个最好的机遇，团结起来，努力实现我们共同的理想。

工作环境的不公平是一个我们必须同心协力解决的人类问题，它不应该成为一个导致不同种族之间的人互相对立的问题。我们要把争取公平工作环境当作一场文化斗争，这场斗争的双方，一边是致力于创造公平的工作环境的人，另一边是站在对立面的人。无论我们是谁，我们的职业角色如何，我们身处何地，我们永远都要有意识地参与到这场斗争中来。在这场斗争中，永远都会有我们可以扮演的角色，我们总是能发挥作用的。

时至今日，我相信更多的人已经意识到，所有的人——全人类——总是会低估一些人，同时又高估另外一些人。我们有可能对某些人做出了较低的评价，从而没有给他们发挥潜力的空间，同时也有可能提拔了某些不称职的人。这种工作环境中的倾向性通常都会导致工作的低效，并制造出不公平的现象。我想要达成的目标是，给每个人都提供能够从事自己热爱的工作的环境，提供能够让他们享受与同事协同工作的环境，让他们从不公平对待所产生的低效和愤怒的情绪当中解脱出来。这是一个非常崇高的目标。据我所知，要想取得进步，就要先设定一个崇高的目标，然后不断衡量目标和现实之间的差距，再通过日复一日的辛勤劳作来弥补这些差距。

在写这本书时，我做的最大的前提假设就是，每一个人都可以为消除工作环境中的不公平现象贡献自己的一份力量。促使你来阅读这本书的原因可能五花八门：或许你受雇于一家公司，来帮助他们创造一个多元、包容的工作文化；或许你在担心如何对待整个工作团队当中唯一一位变性的同事；或许你突然发现，身边所有的团队成员都是白人男性,这个群体特征第一次变成了一个需要解决的问题。无论你带着什么样的问题开始阅读这本书,我想达成的目标就是,当你读完的时候,你会获得分析具体问题的能力,并且能够利用多种策略解决问题,帮助你和你身边的人获得公平工作的机会。让我们从今天开始吧!

第一部分

导致工作环境不公的根源性原因

成见、偏见、霸凌
有效的应对之策

是什么导致我们的工作环境不能保持基本的公平公正?[1] 从我个人的经验判断,工作环境的不公平现象有 3 个根源性原因:成见、偏见和霸凌。这 3 个原因各不相同,我们必须分别对待,才能找出有效的应对方案。当工作环境中出现权力不均衡的现象时,工作环境可能会变得更糟——甚至出现歧视、骚扰和肢体侵犯。我们将在第二部分讨论后面这些问题。首先来看一下如何消除最根源性的 3 个问题。

问题

在进入本书的正题之前,我先给大家提供一些极其精简的定义,以及一个简要的分析框架,帮助我们在容易产生分歧和误区的分析过程中保持正确的方向。

本书所指的"成见(Bias)"[2] 是"非故意、无恶意"形成的成见,通常也被称为无意识成见。这种意识主要来源于我们大脑的一个特定区域,是我们对某些事情先入为主做判断而造成的后果,通常我们对这种行为的发生都没有感知。[3] 在这种过程下形成的结论和假设不一定总是错误的，但大多数情况下都是错误的，尤其在反映某种刻板印象时。我们不一定只能无助地盲从我们大脑发出的错误信号，我们可以学会放慢做判断的过程，也可以学会质疑我们持有的成见。

本书所指的"偏见（Prejudice）"是"故意、恶意"形成的错误认识。很不幸的是，即便我们经过思考，也不一定总是能获得最佳答案。有的时候，我们会为自己的成见找理由，让它们进一步固化成偏见。[4] 换句话说，产生偏见的过程，实际上就是我们在为成见不断地找支持证据，而不去挑战形成成见时那些错误的假设和刻板印象的过程。

本书所指的"霸凌（Bullying）"是故意要对人"形成伤害"，也就是指故意利用自己在某一个团体当中的特殊地位或权力，反复去伤害或者羞辱他人。[5] 有的时候，霸凌和偏见是相伴而形成的。但更多的时候，霸凌有可能是出于本能的行为。在霸凌行为的背后，可能没有什么深思熟虑，也没有什么意识形态作为支撑。霸凌既有可能是谋划之后产生的行为，也有可能是一种想要去支配或者胁迫其他人的动物本能。

对策

最有效的对策必须和我们试图解决的问题一一对应。为了根除成见、偏见和霸凌，我们必须用不同的策略应对不同的问题。

就我个人经验而言，当某个人持有成见的时候，如果有人能为他清晰且合理地指出这个问题，那么持有成见的人是愿意去纠正这种错误，并且向受伤害的人道歉的。

相比之下，偏见则是一种故意的行为，而且很有可能是一种根深蒂固的信念。仅仅有人指出这种错误，是不足以令持有偏见的人改变自己的行为的。就算你教育他"己所不欲，勿施于人"也是无济于事的，因为这种人只能看到自己认定的事实。在面对偏见的时候，最重要的一点是要划清界限，区分清楚人们相信自己愿意相信的事实的自由在哪里终止，把自己的偏见强加到别人身上的行为又该在哪里被制止。

霸凌行为只有引发了严重的后果才有可能被制止。如果一个做出霸凌行为的人仅仅因为意识到自己的行为可能对他们正在霸凌的人造成伤害，就停止自己的错误行为，那么他从一开始就不会用这种方式去对待别人。通常情况下，做出霸凌行为的人本意上就是要去伤害某个人。向他们指出其行为正在给别人造成痛苦，并不会让他们终止自己的行动，反而有可能刺激他们进一步加剧自己的错误。

作为一个自然人，你在面对成见、偏见和霸凌的时候，所拥有的自由行事权利和相应的社会责任取决于你所扮演的角色。本书的第 1 章将详细介绍我们扮演的不同角色，第 2 章到第 5 章则具体介绍了在面对这些不同的恶劣态度和行为的情况下你可以采取的措施。同时，这些措施也取决于你扮演的角色。不过，无论你扮演的是哪个角色，如果你希望有效地解决这些问题，你就一定要去了解扮演其他角色的人的想法。除此之外，如果你对每一个角色都有了更好的认知，在将来的某个时间点，假设你发现自己有意或无意地扮演了新角色，你就有充足的技巧来应对这个角色面临的问题。在整个分析的过程中，我们设置的共同目标是创造一个能让每个人都更好地工作，同时在工作的过程中更为享受的大环境。

问题	对策
成见 非故意、无恶意 对刻板印象并无感知	**阻断成见** 让持有成见的人感知其错误
偏见 故意、恶意 意识到／合理化刻板印象	**建立行为准则** 不要容忍一个人将自己的偏见强加到他人身上
霸凌 故意伤害 故意用刻板印象去伤害他人	**施以惩戒** 向霸凌者证实其行为不会奏效

1

角色与责任

在任何一个工作场景中遭遇不公时，你至少会扮演 4 个不同角色中的一个，它们分别是：受害者、仗义执言者、加害者和领导者。每一个角色都有自己应承担的责任。

当你思考与这些角色相关的问题时，首先要理解这些角色并不是固定不变的，它们只不过是你临时扮演的角色罢了。你有可能在不同的时间点扮演过不同的角色。而在某些时间点，你可能会感到非常疑惑，因为自己可能同时扮演两个或多个角色。

我们主动地认识到自己在某些时刻正在扮演一个或者多个角色，其实就在不断地提醒自己，这些角色并不是静态的，也不是一成不变的。在我们理解了扮演其他角色的人的观点之后，我们就能够草拟出更好的应对策略，从而推动实现真正的改变。我们应该站在一个更高的角度看问题，先假设我们自己以及其他人都是可以不断学习、不断改进的。这一点非常重要，由于这种认知的存在，当一个有伤害性的事件发生时，我们还可以不断改进、不断成长，而不会陷入一种自己被一件事情永久定义的困局。

在我接下来讲述的故事当中，有的时候我是受害者，有的时候我是加害者，有的时候我是仗义执言者，而有的时候我是本应该预防伤害出现的领导者。在另外一些故事当中,我的反应很差,甚至没有采取任何反应。在某些故事当中,我看上去都没有办法完成工作了。只有在少数的故事当中,我对自己的反应感到满意。

写这本书的一个主要目标是,让我们对自己扮演任何一个角色时所遭遇的经历都充满同理心,从而无论扮演哪个角色,我们都能针对工作环境中的不公平现象制订出更为有效的应对策略。

受害者

选择你的应对策略

如果你身处工作环境中不公平行为的接收端,你的首要责任就是保护好自己。这意味着,你应该记住自己有权利选择如何应对。即使你能够选择的策略可能很难实现,或者你能选择的策略非常有限,它们仍然是你拥有的权利。认知到应对策略的存在,评估应对策略的成本和好处,选择其中一种可以帮助你的策略,这3件事加起来就能够帮助你恢复自己的主人翁感。即使你已经成了受害者,你仍然有选择自己如何应对的权利。当你做出选择时,应该把自己放在第一位。你有权进行自我防卫。

就我自己的经验而言,遭受不公平对待的人中没有人会自愿保持沉默。人类遭受不公平对待之后的第一个本能反应,就是大声地讲出来。但这种本能可能会遭到上千种不同方式的压抑。在现实中,心理学家珍妮弗·弗雷德的研究证实了,当你身处一种依存状态(比如你需要公司给你付薪酬)的时候,你的大脑会很难把遭受过的不公平对待刻画到长期记忆里,更不用说大声地说出这件事情。[1]而这种情感上的压抑，以及失去倾诉的能力，会让一个人遭受心理上的重创——有的时候，这种压抑比最原始的伤害更加恶劣。我们如何才能学会认知不公平现象的存在？如何才能用更好的方式来应对，从而恢复我们的自由感和主人翁感？

写这本书的主要目的是给你提供建议，但我还是提醒你，应该关注每个角色有哪些选择，而不是给某个人施加更多的压力。在某些出现滥用权利的案例中，受害者要揭露这件事，可能会承担巨大的压力——而在这种状态下，他们面临的风险是非常明显的，而且风险程度也很高。我并不鼓励已经受到伤害的人做出一些会令他们遭受进一步伤害的选择。

在这里，我提一点根据个人观察总结出来的经验。正面冲突造成的损失很明显，但同时伴随着潜藏的好处；保持沉默造成的伤害是看不到的，但好处是摆在明面上的。当你对显性成本和隐性利益的认知更为透彻的时候，你做出的决策也会更好。如果你已经权衡过自己行为的后果，并且决定要正面挑战不公平对待，那么这本书将为你提供具体的建议，指导你如何在不摧毁自己职业生涯的前提下解决问题。我承认，在挑选自己能够参与的战斗这件事情上一定要用脑子。选择不做任何回应也是一种合理的选择。任何人，尤其是我，都没有权利批评你的选择。无论如何，只要有意识地做过选择，就能够让你找回主人翁感。

如果未来某一天，你对自己曾经做的选择感到后悔，那么也请放过自己。不断地自责，怪自己当时没有做出正确的选择，只会往伤口上撒盐。永远不要忘了，你才是当初的受害者！自我原谅并不意味着要忽视我们曾经做过的令自己后悔的决策。自我原谅意味着我们承认了，正面挑战工作环境中的不公平对待是非常艰难的，原谅我们自己错失了某些机会，我们可以尽最大的努力从错误中学习，下一次会做得更好。

仗义执言者

用行动干预

"旁观者"这个词传递出了被动的意义。如果你观察到工作环境中有不公平的事情，并且想要帮助受害者去应对，你就需要成为一名仗义执言者。你需要积极地找到能够支持受害者的方式，而不是被动地作为一名旁观者，冷眼旁观不公平现象的发生和发展。旁观者往往会在日后因为自己没有采取任何措施而感到内疚。

当你注意到有不公平现象发生时，不管事情是大是小，你都有责任采取行动。你首要的责任就是关注到有不公平现象正在发生：如果对不公平现象完全没有感知，那么你就无法从不公平现象或事情当中解脱出来。诚然，你不可能有能力解决所有的问题，但你永远有能力与受害者站在同一边，对受害者的这种认可——"有些事情不太对"，本身就是无价的。

加害者

倾听并纠正

作为加害者，或许你原本并没有想要给别人造成伤害，或许你都没有意识到自己的言行是如何伤害到某个人的。或许你本意就是要伤害某个人，但是你并没有想到会有人关注到这件事。或许你只是在特定的某一天因为某件事而感到愤怒或者感受到了威胁，又或许你后来都后悔自己所做的一切。

但事实不会改变，你确实伤害了某个人，现在有人当面指出了你的错误。此时你该如何应对？你是否要用一种防御性或者进攻性的愤怒态度来回应指出问题的人？或者你用一种不屑一顾的态度来回应别人？又或者你把别人的这种抱怨深深地记在心里？

当有人告诉你，你伤害了他们的时候，你一定会感到很难受，尤其当这种伤害并不是你本意的时候。但这种指责与任何类型的批评性反馈本质上是一样的，你应该把它当作一种礼物。别人给你的反馈能让你学会更加替别人着想，尽量避免伤害到其他人，至少能够在你的行为升级到足以对别人造成更大伤害，或者给你自己带来更严重的后果之前纠正自己的行为。要认真倾听别人给你提出的意见，并想办法来纠正错误。

领导者

预防与修复

作为领导者，你能享受到的最大的愉悦，就是自己有机会能够创造一个相互协同、相互尊重的工作环境。一个健康的组织机构，并不单纯是一个没有任何不愉快事件的组织。创造一个公平的工作环境，既包括根除不良的行为，也要不断强化协同和互相尊重的行为。这意味着领导者要教导员工，不能让成见影响判断，不要把自己的偏见强加到他人身上，也意味着对存在霸凌行为的人施以惩戒，同时预防团队中发生歧视、骚扰和肢体侵犯等行为。工作环境中的不公平现象并非不可避免。你可以采取很多具体的措施来保证自己和团队热爱本职工作，并且协同工作。这样的话，大家都可以在公平、高效的状态下交出扎实的业绩。当你开始采取这些行动的时候，你就打造了一个良性循环。

角色	责任
受害者	选择你的应对策略
仗义执言者	用行动干预
加害者	倾听并纠正
领导者	预防与修复

当所有人都扮演好自身角色时的场景

艾米莉亚·霍尔登是佐治亚州萨凡纳市一家比萨店的女招待员。有一天，她在为顾客打印账单的时候，感觉有人摸了她的屁股。她转身抓住了身后男人的衬衣，把这个人摔到地上，并说道："放开你的脏手！"[2] 她的经理看到了顾客骚扰艾米莉亚的动作，打电话报了警。其他的招待员和厨师都从后台走出来，包围了那个男人，让他无法逃走。警察以性骚扰轻罪的名义逮捕了这名男子。

我们回头来看一下艾米莉亚能够安全地进行自我防卫的各种前置条件。

首先艾米莉亚自己有意愿，并且有体能来做出应对。但是，她有能力保护自己并不是故事以正义得到伸张而收尾的唯一原因。

我们不难想象，在其他的工作场景中，她的经理有可能会指责艾米莉亚大惊小怪，还把她给开除了。又或者她的经理并没有目睹性骚扰事件，或者没有为她提供保护。有可能她的同事并没有包围被指责性骚扰的男人,他们出于担心自己的工作会受到影响而选择视而不见。有可能警察最后逮捕的是艾米莉亚,而不是那个摸了她屁股的男人。

令人感到高兴的是,在这个故事中,几乎每一个人都做出了最好的反应。艾米莉亚有意识和体能来保护自己。她的经理保护了自己的雇员不受无礼顾客的骚扰,并且还在店内安装了摄像头。她的同事站在了她的同一边。警察认定了艾米莉亚属于正当防卫,也给那个摸了艾米莉亚屁股的男人应得的对待。他们在抓捕男人之前,搜集了必要的证据,并且没有过度使用武力。我们知道,这个故事中,如果艾米莉亚或者那个男人是黑人,整个故事的结局就很有可能大相径庭。我们所有人都应该尽力去创造一个更加公平的司法和法律体系。

创造公平的工作环境,需要我们每一个人都清楚自己所扮演的角色以及所承担的责任。

导航条

我在书中提到过,工作环境中的不公平现象并非一个不可解决的问题。这个问题的组成部分分别是成见、偏见、霸凌、歧视、骚扰和肢体侵犯。能够对这些问题采取措施的人分别有领导者、仗义执言者、加害者和受害者。需要你记住的因素有很多。在这本书中,我将具体针对每一个有问题的态度或行为提出应对措施,而这些措施又取决于我们扮演的是什么角色。为了让你能够找到阅读的正确方向,我在本书的奇数页设置了导航条。导航条会清晰地指出当前正在讨论的角色,并圈出与这个角色相关的态度或行为。举例来讲,在解释领导者能针对霸凌行为做什么事情的章节，你会看到下面这样的导航条。

领导者 &

| 成见 | 偏见 | 霸凌 | ⚡ | 歧视 | 骚扰 | 肢体侵犯 |

如果你正在阅读的章节说明的是受害者如何区分成见、偏见和霸凌，你就会看到如下的导航条。

受害者 &

| 成见 | 偏见 | 霸凌 | ⚡ | 歧视 | 骚扰 | 肢体侵犯 |

2

**致受害者：
当你手足无措时该怎么办**

沉默并不能保护你。

——奥德雷·洛德

诗人克劳迪娅·兰金曾写过，当你意识到其他人仅仅凭着根深蒂固的刻板印象，就对你本人形成了错误印象时，你会感到不知所措，也会感到非常不适。

他说什么？他真的这么说了吗？我刚才听到的东西是真的吗？那真的是从我嘴里说出来的吗？从他的嘴里说出来的吗？从你的嘴里说出来的吗？这一刻真令人恶心啊！但你脑海中有一个声音悄悄地告诉你，在这种时候不要多说话，因为与人和平共处不是什么难事。[1]

在遇到这种情况的时候，人们往往难以及时做出反应，很大一部分原因是受害者不知道说这些话的人是出于什么目的。这个人是因为持有无意识成见而随口胡说的吗？还是说他本来就不怀好意？又或者这个人说的话只是在展示自己的权力地位，目的就在于让聆听的一方产生恐惧？

秉持"事实胜于雄辩"的原则，接下来我给大家讲3个小故事，让你看到，即使在最简短的对话中，情况也非常复杂。从一个角度来看，这3个小故事都很简短，每一次对话都不超过60秒。但从另外一个角度来讲，它们具有广泛的意义。

"安全别针"先生

有一次，我参加一场活动，要给硅谷当时最热门的创业公司创始人和高管发表一场关于"绝对坦率"的演讲。在场的有数百位男士，而女性屈指可数，我就是其中一位。在我准备上台之前，一位参会人员向我走来，脸上挂着明显受挫的表情。

他低声对我说："我需要一枚安全别针！"他用手紧紧抓住自己衬衣的前襟——其中一颗纽扣已经掉了。很明显，他把我当作组织活动的服务人员。为了防止这种情况发生，会议主办方让服务人员都穿上了亮黄色T恤。但对这位参会人员而言，他能注意到的只有他自己的需求以及我的性别。

我当时竟无言以对。他的态度很粗鲁，而且他看上去对于衬衣崩开这件事感到非常恐惧。比他的粗鲁更令我震惊的是，他非常确定我就是应该帮他解决这个问题的人。当时我正准备上台演讲，所以我也有一点儿被激怒了。那现在让我们慢速回放这个镜头，深入分析一下为什么当时我不知道该说什么。

我当然希望相信，当这位"安全别针"先生错误地认为我是会议服务人员的时候，只不过是像普罗大众一样持有关于性别的无意识成见。我们当中绝大多数人都曾经根据别人的外貌特征，做出关于别人所扮演角色的错误判断。这些小事件会令人很尴尬，但确实非常常见。在这种情况下，对处于我当时那种情况

| 受害者 & |
| 成见　偏见　霸凌　↯　歧视　骚扰　肢体侵犯 |

的人来说，最好的策略就是用避重就轻的方法纠正这个错误，然后继续做自己的事情。一个经典的回应方法就是，你可以简单地说："不好意思，我不是这儿的工作人员。"

但又有另外一种情况，就是这个人所说的话并不是一种无意识的成见，而是有意识的偏见。或许他发自内心地认为，女人就只能承担支持性的工作，而不可能是一位作家，更不可能去谈论关于领导力的问题。或许当时我可以说："我现在需要准备上台演讲了，帮不了你。"他就会回应说："哦，你就是那个宣扬'绝对坦率'的女人啊。我从来不相信那种软弱、女性化的领导力宣教，那纯粹是胡说八道。"这种场景不太可能发生，但也有极低的发生概率。同样的事情在我身上曾经发生过，而且不止一次。如果我用一种礼貌的方式回应他，但发现这个人持有对女性有意识的偏见，那么我肯定会怒火中烧，并且难以继续集中精力发表演讲。发自内心地讲，我不希望那样冒险。

此外，这个事件还有第三种可能性：这个男人在霸凌我。如果我纠正了他的错误看法，但他把事情闹大，比如他会说："嘿，娘们儿，有必要小题大做吗？"如果听到这种令人作呕的回答，我不敢保证自己能忍住不说同样恶心的话，我或许会回应道："老娘来这儿是教你怎么做一个威震八方的老板的，拿别针这种破事儿老娘不干！"之后，我还是得上台演讲，但心里总会怀着对这个人的一股怒气，同时也会懊恼自己为什么会在这种情况下发脾气。我当天的表现一定不会是我的最佳表现。

除性别以外，还有其他值得考虑的因素，那就是权力和特权。这个男人错误地认为他可以对会议服务人员颐指气使。或许当他意识到我是一名演讲者，而不是服务人员的时候，又或许当他意识到我拥有和他相等的经济地位和人际关系网络的时候，他会立马道歉并礼貌地和我沟通。但他用一开始和我交谈的那种态度对任何人说话都是不可接受的。

这件事情是在距离我上台演讲还不到 5 分钟的时候发生的，这让我顿时感觉语塞。所以，我当时什么话都没说，然后这个男人气冲冲地转身走了。很明显，他当时一定在想，我为什么拒绝向他提供服务，而且他嘴里一直嘟嘟囔囔地说着要向会议组织方投诉服务人员没有提供帮助之类的话。

回头来看，我当时说不出话，有两个方面的原因。第一个方面就是像前面已经分析过的那样，我当时不太确定这个人的真实态度是什么，是出于成见、偏见，还是霸凌？而第二个困惑的方面就是我在这次简短的交谈中所扮演的角色。我是受害者吗？我是领导者吗？或者说我应该扮演一个仗义执言者吗？如果我不能有效地承担在任何一个角色中所应承担的责任，那么我是否会变成一个加害者呢？

从直观意义上来讲，我是受害者。那个男人用非常粗鲁的态度对待我，让我从一次比较重要的演讲任务上分心了。纠正他的错误看法并不是我当时应该做的事情。从另外一种意义上来讲，我应该成为一名仗义执言者。我没有及时纠正他的错误态度，这意味着他必然向会议组织方投诉服务人员，而真正的服务人员比我更容易受到伤害。但或许最重要的是，作为一名演讲者，我其实具备扮演领导者的能力，所以我应该及时对这种错误行为进行纠正。

回头来看，我这种保持沉默的做法对所有人都是不利的：对服务人员不利，对我自己不利，因为我没有坚持自己的原则，对

受害者 &
成见　偏见　霸凌　✦　歧视　骚扰　肢体侵犯

"安全别针"先生而言也是不利的，因为我没有及时指出他持有成见（如果这是他行为背后真实的动机的话），给他提供了再一次犯错的机会。

"碰拳"问候礼

德里克和我是多年的同事了，他给我讲过一个故事，发生在一场以"为女性打造更具包容性的工作环境"为主题的会议活动上，当时参会的成员大概 90% 都是女性。下面是德里克所讲述的故事。

德里克并不太喜欢拥抱、握手之类有肢体接触的问候礼，主要是担心在这些接触中会传染细菌。所以，当德里克参加各种会议活动时，他更愿意和人碰拳而不是握手。[2] 在当前新冠肺炎疫情流行的情况下，大家都可以理解他这种选择。但在疫情暴发之前，这种选择令人感到有一些不同寻常。

德里克在这次会议期间收获颇丰，学到了很多知识，而且与大家的互动交流也还不错。他找到一个与发表主题演讲嘉宾当面交流的机会，这位嘉宾是在多元化和包容性研究方面非常知名的思想家、学者。德里克本意是向嘉宾咨询一个澄清性问题，当他自我介绍的时候，这位嘉宾突然说："哦，你就是那个'碰拳男'啊！"当他就这个问题询问嘉宾的时候，他才发现，原来参加这次会议的其他人，都在私底下悄悄议论他优先选择碰拳这种问候礼的事情。大家认为这是因为他把所有人都当作"哥们儿"，没有人当面向他提出这个猜想或疑问。所有人都在他的背后悄悄议论，而这正好违背了这次会议包容性工作环境的主题。

德里克最初的反应就是自己受到了不公平的指责：大家给他

贴上了"tech bro（理工男）"的标签，这是非常不公平的。这肯定不是他认为自己应有的形象，肯定也不是熟悉他的人对他的看法。而德里克在忍住了最初的愤怒之后，他的好奇心开始占据上风。这个关于他自己的错误假设，是一种成见、偏见，还是霸凌？或许是成见吧。但或许参会的这些女性都有意识地认为，所有在科技行业工作的男性都会展现出"理工男"的行为。又或许这就是一种霸凌。或许这些女性把自己经常遭遇的情况强加到了他的身上，因为他在这个环境当中是少数群体，所以用一个特定的称谓把他孤立。

这一番思考使他获得了非常重要的认知：任何一个强势群体，不论其成员如何，都能够创造出一个具有排他性的环境。如果当时这个会议的群体——关于多元化和包容性研究的意见领袖——都能够创造出一个具有排他性的环境，那么其他任何一个群体也都会做出这样的事情。任何一个强势群体，特别是超级强势群体，都容易创造出让成见、偏见或霸凌行为存在下去的环境。通常情况下，这种环境的出现是意外，但有的时候是刻意为之。而当这种环境出现的时候，弱势群体或者少数群体就会感觉被排挤在外，甚至感觉遭受到来自强势群体或多数群体的敌意。

最终，德里克为获得这种清晰的同理心而感到高兴。作为高级知识分子，多年以来，他知道在一个90%的成员都是男性的团队当中，一名女士的一个小举动都有可能成为人们在背后议论她的缘由，而且人们很有可能会对她的性格产生不合理的推断。他一直都知道这种情况的存在，但是现在他自己切身体会到了。

我需要特别指出"安全别针"事件和"碰拳"事件的差异。对我而言，"安全别针"事件经常发生，而对德里克而言，"碰拳"

事件是一次独特的经历。由于系统性的不公平，科技行业从业的女性特别少，这进一步导致我经常成为一个团体中为数不多的女性。由于系统性的不公平，科技行业中白人占绝大多数，所以我经常发现自己身处全是白人的团队当中。我将在第 9 章和第 10 章进一步讨论系统性的不公平现象。

"理发"事件

我有一位同性恋同事，她受雇到一家客户公司去做一次专题演讲。事前她并不知道客户找了一张她以前留有长发的照片，并且把照片发给了公司的所有合伙人。他们预期的是一位长发飘飘的演讲人，但实际上她后来一直都只留短发。见面之后，客户就抱怨她的短发显得"非常不职业化"。既然当时在会议室里的所有男人都是留短发的，那么就没有任何理由说留短发是一种不职业化的表现。或许当时她穿了更为传统的女性商业服装，化着妆，穿着高跟鞋，而不是穿着职业裤装，客户就不会感到如此困扰。可以想见，留短发并不是唯一给客户带来困扰的原因。她没有达到客户的预期，主要是因为没有表现得和他们的预期一样。这听起来非常令人诧异，为什么某些人可以告诉另外一些人，应该剪什么样的发型，穿什么样的衣服？但这种情况总是在不断发生。

这种抱怨的不公平性是显而易见的，但是这种抱怨的成因不是。这是对性别的成见和对异性恋人群的成见交汇在一起形成的吗？还是说客户真的持有偏见？如果真的是偏见，那么这种偏见是针对商业战场上的女士，还是针对同性恋人群的呢？再或者客户是否在试图霸凌我的同事呢？如果真的是，那又出于什么原因？仅仅因为她是女性，还是因为她是同性恋？或者说两方面的原因都有？

对加害者意图的困惑可能会成为我们保护自己道路上的一个主要绊脚石，所以我们应该集中精力，消除这种困惑，有意识地从复杂的情况里寻找清晰的答案。

识别成见

大多数人都会持有成见。[3] 这并不代表我们都是坏人，也不能因此就断定成见是一种不可避免的现象。如果我们拒绝承认成见的存在，拒绝处理成见本身，拒绝承认和解决成见造成的伤害，拒绝预防成见可能导致的偏见、歧视、骚扰、侵害、暴力等情境，我们就可能犯下道德方面的过失。有些时候，承认你自己持有成见，能够帮助你带着同理心去应对其他人的成见。

如果你在某种程度上感受到工作环境中出现了妨碍日常工作的成见，你其实并不需要做丰富的研究，也不需要有关于成见的精准定义，就能够识别成见并草拟出相应的对策。为了帮助你有效地识别成见，下面我举几个在工作环境中常见的案例。

- **对某人的角色做出错误的假设**。我认识的一位拉丁裔CEO，有一次在进入会议室的时候，被一位女性员工塞了一串汽车钥匙，这位员工认为他是负责帮人停车的服务员。对这

受害者 &						
成见	偏见	霸凌	⚡	歧视	骚扰	肢体侵犯

位员工而言,她很幸运,因为这位 CEO 对这个错误只是一笑而过。一位美国白人男性和一位知名的非洲裔女性结婚了,而他第一次和妻子一起外出旅行时就被迫接受了一场关于种族成见的教育。当他们到达酒店的时候,有 3 个人都错误地认为他的妻子是酒店的服务员。而那时,其实他的妻子和这些人一样都在排队办理入住,而不是在酒店前台的接待处工作。

- 对某人应当承担的"职能"做出错误假设。一家大型科技企业的一个团队决定当天要在墨西哥餐厅聚餐。团队中的一位白人男性成员要求一位波多黎各裔的女性同事预订城里最好的墨西哥餐馆。或许是因为他并不知道波多黎各和墨西哥之间的差异,或许是他认为女性应该拥有选择餐馆的决定权,或许国籍和性别都成为他做错误判断的前置条件,又或许他认为这位女同事本身就是墨西哥裔的。即便如此,这也让这位女同事感到奇怪。为什么这个男同事假定这位女同事就必须来预订餐馆呢?从这位男同事的姓氏判断,这位女同事猜想他应该是意大利人,但她就从来没有想过让这个男同事去给他们选择一家意大利餐馆。人们总是希望工作环境中的少数群体去承担法律学者乔安·威廉姆斯提出的"办公室家务",也就是做会议纪要、计划团队外出活动、清理大家的咖啡杯等。[4]

- 对某人的智商或技能水平做出错误判断。美国著名的民权律师,同时也担任过总统顾问的弗农·乔丹在他的回忆录中讲述了一个令人愤怒的事件。某一次他在夏季工作的时候,给一位已经退休的白人银行家做兼职司机,带着这个人在亚特兰大的各个地方转悠。他的雇主在午餐之后都要睡一会儿,弗农利用这段空闲时间来阅读。后来,他听到这位雇主以不可置信的语调对自己的亲戚说:"弗农竟然识字啊!"[5]

- **对某人的专业水平做出错误假设。**丽贝卡·索尔尼特给我们讲述了一个故事,让我们看到了"男人居高临下的说教"如何揭露出他持有的成见。在某一次聚会期间,有一位男士问她写过什么书,然后她回答说自己写了一本关于19世纪摄影家埃德沃德·迈布里奇的书。这位男士非常想知道索尔尼特有没有听说过今年刚刚出版的一本关于迈布里奇的"很重要"的新书?索尔尼特后来写道:"我被他们赋予了'小白'的人设,而我也乐于配合着演下去。我非常愿意听一听,在这个同样的主题中,是否有另外一本书同时出版了?而我是怎么错过这样重要的书的呢?这位'很重要'先生扬扬自得地介绍着这本书,而且说我应该要知道这本书才对,而我的朋友萨莉一直在试图告诉他这是我写的书。不过,萨莉尽了自己最大的努力也没能打断他。"[6]即便在萨莉让"很重要"先生意识到索尔尼特就是这本书的作者之后,这个男士还是一直在说教,仿佛他比撰写这本书的作者本人还要更懂这个话题。

- **错误使用姓名或性别的指代词。**我承认,要想准确认知某个人的姓名或性别的指代词,需要付出一定的努力。但我认为,让所有人都尊重他们的同事是一种很公平的选择。当同事长期坚持使用不正确的指代词,或者使用一个变性人"已死的称谓"(就是这个人出生时的性别指代词),我们实际上是把自己对性别和这个人到底是谁的错误判断强加到他的身上。任何人都没有权力决定其他人的身份属性。

- 忽视某人的观点后不久，就因为同样的观点而赞扬其他人。有时，一位女同事在会议期间提出一个很好的观点，但在场的人看上去都很不理解这种看法。似乎房间里有一件家具开口说话了。大家只是很尴尬地沉默几秒钟，然后继续开会。但隔了90秒，有一个男人说了同样的观点，然后大家都称赞他是天才。这种情况已经变得非常常见了，以至于人们都给它起了一个专有名词——"男复述"。从新冠肺炎疫情暴发以来，许多女性都注意到，她们在通过视频方式连接会议的情况下，比出席线下会议时更容易被忽视，或者更容易遭遇"男复述"的情况。

"特里格斯小姐，这是个非常好的提议。或许在场的男士有人愿意来做这个提议。"

- **把具有相同种族、性别或其他特征的人混为一谈。**克劳迪娅·兰金讲述了一个人的遭遇：她有一位很亲密的朋友曾在不经意之间，把她和她的黑人管家混为一谈。仅仅因为你和某个人拥有相同的外貌特征就被人混为一谈，这可能会对你造成心理上的伤害。尤其是犯这种错误的人和你的关系可能很紧密，而他和那个被认错的人之间其实并没有多少联系。[7]

- **故意选择有贬低或诋毁意义的词汇。**举例来讲，称呼男性的时候就用"男人"，但称呼女性的时候就用"女孩儿"。也有把女性词汇用作贬义词汇的案例，比如向一群男人说"像女孩儿一样扔过来"，"输给了女孩儿"，"嘿，姑娘们"被当作一种侮辱。[8]

- **根据刻板印象形成未经验证的预期。**人们希望女性承担抚育的责任或表现得很"安静"，而一旦女性表现出强烈的个人主见的时候，她们就会遭受惩罚。社会普遍预期男人就要"表现得像个爷们儿"或者"具有胆量"。这种预期上的差异也能够解释为什么当男人在谈判中展现出强硬态度的时候会得到大家的尊重，而当女人在谈判中展现出相同态度时会遭受惩罚。这些刻板印象已经变得令人头痛。在当前这个时代，变性人或者无性别特征的人已经成为工作场所中常见的群体，而他们肯定会对这种与性别或身体相关的成见感到恼怒。

| 受害者 & 成见 | 偏见 | 霸凌 | ⚡ | 歧视 | 骚扰 | 肢体侵犯 |

回应成见

用"我"字开头的陈述句，邀请对方从你的角度看问题

　　如果你面对的是来自其他人的成见，那么你可以选择帮助这个人意识到他正在犯错。你没有义务去教育这个刚给你造成伤害的人，但是你可以选择去做这件事，因为把事情说出来，对你的情感伤害要比保持沉默低很多。而且，指出他人的错误，并不是说这个人是个坏人，你只不过在邀请这个人通过你的角度来观察问题。说着简单，做起来难。有一个根据经验总结出来的快速入手的方法：如果你不知道该说什么，那么用"我"字来开启你即将要说的句子。用"我"字开头的句子表明你在邀请对方从你的角度来考虑这件事情，思考为什么他们的言行对你而言是一种成见。

　　最简单的以"我"字开头的陈述句就是进行简单的事实纠正。举例来讲，在前面提到的安全别针的故事里，我可以说："我马上就要上台演讲了。我想那些穿亮黄色T恤的服务人员中，有人能帮你找到安全别针。"在另外一个故事中，被员工递给车钥匙的那位高管可以说："我认为你把我和停车服务员弄混了。我是你的CEO，不是你的服务员。我可以为大家服务，但是服务的方式不一样。"我编辑这两条建议当然是花了一些时间的，作为读者的你，在面对成见的当下可能没有那么充裕的时间。一个以"我"字开头的陈述句不需要很完美，也不需要让人感觉你很聪明，它可以是一个非常笨拙的句子。关键是，说这句话的目的就是表明你已经下了决心要回击别人施加给你的成见。我的祖母曾经在4个女儿的枕头上绣上了这样的格言："表达自己的观点，你随时可以收回。"当我想要回应，却又不知道具体说些什么好的时候，我觉得祖母的这条格言非常有用。

一个以"我"字开头的陈述句，可以让一位同事了解到你受到的伤害，同时不会让你显得站在了他的对立面，或者正在对他评头论足。举例来讲，"我认为你并不想传递我以为的那层意思。我很想告诉你，这句话在我听来是什么意思……"一句以"我"字开头的陈述句可以清晰地说明已经造成的伤害，同时邀请你的同事通过你的角度来观察这件事情，或者令他意识到自己已经做出的错误假设。

一个以"我"字开头的陈述句，对无意识施加成见的加害者而言，是一种大方的回应方式。对受害者而言，从情感的角度讲，或许骂回去更令人感到舒服，比如说："你没有意识到自己说这句话的时候很像一头猪吗？"施加羞辱是一种无效的回应策略。当一个人感觉自己受到了攻击或被贴上标签（举例来讲，"他们说我是一个性别歧视者/种族主义者/恐惧同性恋的人"或其他标签），他就不太可能以开放的态度接受你的反馈。

利用以"我"字开头的陈述句的另一个好处是，这种话能够让我很好地分清对方行为背后的真正动机。如果对方听到你的反馈后，礼貌或抱歉地回应，那么这就证实了你之前关于对方是无

受害者 &

| **成见** | 偏见 | 霸凌 | ⚡ | 歧视 | 骚扰 | 肢体侵犯 |

意识施加成见的判断。如果他们变本加厉或者继续进行攻击，那么你也就知道了你现在应对的是偏见或者霸凌。

如果你不确定自己面对的是不是成见，你能立刻回击吗？答案是肯定的。你不需要百分之百地确定，才去明确表达自己的观点。无论你的判断是正确还是错误，你获得的反馈都是一种礼物。当你开始陈述事实的时候，要保持一种开放的态度，要能够接受你对对方行为动机的判断是错误的，但同时也要对你自己的立场有信心——在你听起来这句话就是这个意思。如果你判断正确，这就是一种无意识的成见，那你就给对方提供了一个学习的机会；如果你判断错误了，那你也给对方提供了一个进一步解释自己真实意图的机会。无论何种方式，当同事的评论听上去"不太对劲儿"的时候，这件事情值得我们进一步去深究。我也承认，在某些情况下，正面回击的风险远大于收获。我不是在跟大家说"应该"陈述事实，而是给大家提供一种在自己希望发言却不知道如何说的情况下，说出自己想法的方式。

接下来我列举一些大家在遇到成见的时候可以使用的以"我"字开头的陈述句。请注意，这些句子并不是万能的，不是像剧本一样给你照着念的。当你用自己的说话方式来表达这些观点，而不让别人听起来像你在念剧本的时候，这些话会变得更加有效。

错误的角色判断。你，身为一名女性，正在与威尔逊进行一项谈判。你带着自己的暑期实习生杰克一同前往，杰克的职责是做会议纪要。但是，威尔逊将自己的发言都指向了杰克。

你或许在想：

威尔逊先入为主地认为杰克是老板，只不过是因为杰克是个男人。这太老套了。

以"我"字开头的陈述句：

威尔逊，我是你的谈判对手。这位是杰克，他是我带的暑期实习生。

错误的"职能"判断。每一次开会都有人叫你做会议纪要。

你或许在想：

就因为我是个女人，你们这帮浑蛋总是让我做会议纪要。

以"我"字开头的陈述句：

如果我总是在做会议纪要的话，那么我对会议中所讨论的问题就无法做出重大的贡献。这周是不是应该有其他人来做会议纪要呢？[9]

忽视某人的观点后不久，就因为同样的观点而赞扬其他人。你在每次提出一条建议之后，总是被忽视。而5分钟之后，当一个男人说同一件事的时候，就有人评价这是一个"好主意"。

你或许在想：

他只不过在重复5分钟之前我说过的话，凭什么你们都说他是一个天才？

以"我"字开头的陈述句：

是的，我仍然坚信这是一个好主意。（注意：你不需要自己来说这句话，你可以让团队中的仗义执言者注意到，在这个团队中，当一个处于少数群体的人提出一个观点，而后来有一个处于多数群体的人重复了这个观点的时候，后者获取了所有功劳；让这些能够仗义执言的人注意到这种现象，并且能够异口同声地说："这是一个好主意，听起来就像某人几分钟之前说过的那样。")[10]

把具有相同种族或性别的少数群体混为一谈。 在一个有 30 人的团体中，和你具有相同种族或性别的人只有两个。很多人一直把你们俩混为一谈。

你或许在想：

你这个浑蛋！我们看上去根本就不像。

以"我"字开头的陈述句：

我是亚历克斯，不是山姆。

如果能把发生的错误说得更直白一些，对解决问题就会更有帮助。"我认为你把我当作了你看上去觉得很像我的某个人。"如果你和对方的关系很好，或者你有幽默感，那么你可以开一个小玩笑："山姆是我们团队中的另一位女性/非白种人，我是亚历克斯。"或者你可以说："你把我和山姆混为一谈，这件事并不奇怪。这是一种成见。"我在孟菲斯市长大，有一位韩裔美国人朋友。有一次，我用另一位韩裔美国人的名字叫她，她当时对我说："当我父亲举家搬迁到这里的时候，他认为所有白人长得都一样，就像你认为所有韩国人长得都一样。"她的这番话促使我们就这种因成见而产生的混淆进行了一次真正的对话。讨论这种问题是很尴尬的，但不讨论的话，会让我们的关系变得更尴尬。

用"我"字开头的陈述句来回应成见有很多好处。我并不是想把某些观点强加给你们，也不是说你们在每一个场景下都必须为自己澄清事实。但对大多数普通人而言，我们能更精确地感知到回应带来的负面影响，却很难感知到其带来的好处。我们既然能够本能地感知到负面影响，就一定要仔细思考有利的方面，才能给我们自己带来帮助。

第一，通过讲清楚事件，你肯定了自己。如果每次有人说了一些让你很烦心的话，你只当作耳旁风，那么孤立无援的感觉就会一点一滴沉浸到你心里。但每一次当你做出回应的时候，你的主人翁感就会得到增强。

第二，你正在打断给你造成伤害的有成见的行为，并且你有可能说服施加伤害的人改变自己的行为。这样做不仅改善了你的处境，同时也改善了他人的处境。

第三，当你能够清晰且和善地说明整个事件的时候，你表达出一种这种做法是可以接受的态度，能够鼓励其他人效仿。这么做传递出一种态度，那就是当持有成见的人的态度或行为被质疑的时候，并不代表他这个人的本质是坏的，这样也使得其他人在注意到其他有成见的行为时，会更愿意去指出这种错误。这就是常态——社会行为标准——建立的方式。当我们忽略成见的时候，我们给有成见的行为提供了重复发生和强化的空间。

第四，你和同事之间的关系会得到改善，这归功于你对有成见的行为的干预。如果一个人的所言所行不会一次又一次地让你感到愤怒，那么你肯定更容易和这样的人相处。

第五，你实际上给那个说出带有成见的话的人帮了个忙。如果他们并不是有意说出当时说的那种话，那么在你给他们指出错误之后，他们日后就有机会避免犯下同样的错误。

通常情况下，企业组织的反馈内训会建议你做出如下的回应："当你做 X 的时候，让我感到 Y。"但我个人并不建议在工作中遇到带有成见的言行的时候采用这种方式。在这些情况下，

受害者 &　成见　偏见　霸凌　⚡　歧视　骚扰　肢体侵犯

你并不希望赋予其他人"迫使"你获得感受的权力。除此之外，你也不想让别人加深"她有点儿过于敏感"或者"他总是很愤怒"的成见。你希望的是改变现有的成见，把所有的事实摆到台面上来，并向加害者展示他造成的伤害。

关于成见和情绪的思考

贾森·梅登是一位企业家，也是一位品牌推广大师，他在自己的照片墙上经常发布一些宣讲。对于那些处于超多数群体的人，他建议说："我们这些人很敏感，但你们不能说这在美国商界中是一种负面的事情。"[11]对于那些归属少数群体的人，他又建议说："情绪化一点儿又有什么错呢？这代表着我还是人类，代表着我关心这件事情，代表着我确实亲身经历了这些事件。我在理解如何对待别人这件事上，不仅是带着智商来的，也是带着情商来的。"[12]

对身处少数群体中的人而言，遭遇带有成见的行为，可能会引发其愤怒的情绪，而在这种情境下，产生愤怒的情绪是非常危险的。它既会对人的健康造成伤害，也会对个人的职业生涯造成影响。总是小心谨慎地避免说出自己内心的真实想法，刻意压制自己不向别人展示内心的真实感受，这会打乱一个人的睡眠模式，降低他的工作能力。直到最近才有一些研究人员开始关注这些行为对"黑人、原住民、有色人种"在工作环境中的健康的影响。[13]

索拉雅·切马利在《愤怒塑造了她》这本书中写道："如果一定要把愤怒的情绪和所谓'良好的妇女品德'分隔开来，那么实际上等于让全世界的女孩和女人失去了能够保护她们不受危险和不公对待侵害的最优秀情绪。"丽贝卡·特雷斯特在其撰写的《好不愤怒》中充分探讨了当前这个社会如何压制女性的愤怒情绪,并且论述了愤怒情绪在女性追求社会变革的过程中给予了她们很大的勇气。自2016年美国大选以来,愤怒情绪促使美国不同阶级、不同种族的女性产生了一种团结感。[14]

我曾经有过一名恋爱对象,他是一名身为投资银行家的白人男性。一天晚上,他在参加工作电话会的过程中破口大骂,说了很多脏话。我一直非常惊讶地看着他,担心他可能会因此而丢掉工作。等他挂断电话之后,我对他讲了自己的担忧,但他看上去感觉很不理解。他说:"这都不算什么。"我意识到,确实也不算什么——对他而言确实不算件事儿。但是,如果我在电话会上说脏话,哪怕只有他十分之一的愤怒,我很确定我会立刻被公司开除。

我们这些致力于塑造公平工作环境的人,必须尽最大努力维持一种合理的平衡。我们有权利表达合理的愤怒、烦躁、失望、厌烦等情绪,但表达这些情绪的行为和骂脏话之间有着清晰的划分。举例来讲,我认为当时我的这位男朋友工作的那家投行,竟然允许员工向自己的同事骂脏话,那这个地方肯定充斥着对个人尊严有侵害性的文化。在这种环境里,身处少数群体的人并不能获得与白人男性相同的权利地位。但就我个人而言,这个事件当中最根本的一个文化问题是不应该纵容任何人对他人说出如此不尊重且令人恶心的话。

我们通常都会担心自己的内心感受被别人探知,就算我们不断地抑制情感,这种恐惧也是无休止的,这会让人感到困倦和乏力。所以说，表达到什么程度或者抑制到什么程度，应该在全局性的层面，用同样的标准来强制执行，这一点非常重要。

回应偏见

用以"事实"开头的陈述句

如果有人说了非常偏颇的话，而且他发自内心地相信自己是正确的，你会说什么——当你面对一个持有积极偏见的人，而不是持有无意识成见的人，你该怎么做？

回应成见造成的伤害就已经很困难了，但接下来的这种情况会更困难。因为，有些人发自内心地认为，由于你的性别、种族、宗教信仰、性取向、性别身份、社会经济地位，或者其他任何一项个人特质，你天生就要比别人差。

首先，如果你和我是一类人，那么当你遭遇偏见的时候，你肯定比遭遇成见的时候要更愤怒。如果有人当着我的面以非常确定的口吻说，科学证明了女性从生理上就注定了要做这个或者做那个，那么我肯定要比听到随口说的某种无意识成见更加愤怒。人一旦愤怒了，就很难做出恰当的回应——对于那些在世俗成见当中就"不被允许"展现愤怒情绪的人更是如此。这就是成见叠加在偏见之上造成的后果。

其次，当你遭遇偏见而不是成见的时候，你可能不会对通过冲突解决问题抱有特别乐观的态度。如果你只是简单地指出某个人的偏见，这个人通常不会对你致以歉意，他清晰地知道自己心里认定的事实。所以，他也没有必要费神和你争论这个问题。我们之所以要正面回应偏见，是因为持有偏见的人有权利相信他自己愿意相信的事实，而你有权利不让他把错误观念强加到你的身上，两者的权利之间必须划清界限。

使用"事实"开头的陈述句，能够比较有效地划清这条界限。第一种以"事实"开头的句子迎合了人类的尊严："事实上，这样说话对别人是不尊重的/残酷的/……"举例来讲，"事实上，称呼一位女士为女孩，对她而言是不尊重的"。第二种以"事实"开头的陈述句则引用说话人公司内的规则或者行为准则，例如，"事实上，在公司办公桌上悬挂内战时期南方邦联的旗帜是违反公司政策的。这种做法象征着对奴隶制的认可，会影响整个团队的合作能力"。第三种以"事实"开头的句子则引用法律，例如，"事实上，拒绝雇用女性是违法的"。

划清界限之后：仍然邀请对方深入思考

在你划清界限之后，你可以决定是否与对方继续深入交流。先分清你们之间是"井水不犯河水"的状态，还是可以同坐并分享食物的状态。如果已经达到了后一种状态，那么你刚才用的"事实"陈述句已经向对方清晰地表明，他不能把自己的想法强加到你的身上。但与此同时，你也要意识到，你能改变这个人的想法，或者说服这个人放弃其偏见的可能性很低。既然这样，那

受害者 & 成见 | **偏见** | 霸凌 ⚡ 歧视 骚扰 肢体侵犯

你们继续交流的目的是什么？为什么还要继续和这个人互动？下面我列举几条常见的原因。

- **为对方提供另一种看问题的角度。** 你希望进一步说清楚自己是谁、自己相信什么，并不一定要改变对方的想法，而是通过对自我的充分表达，来避免你的观点被彻底淹没。《脱离仇恨》这本书介绍了德里克·布莱克是如何脱离白人民族主义情结的，它能够佐证我的观点。马修·史蒂文森邀请德里克参加犹太教的安息日晚宴，让他体验一种完全不同的世界观。马修说得很好："我们的任务是去推石头，但并不一定要移动石头。"[15]

- **锤炼你的论点。** 你不仅是在挑战一种偏见，也允许对方挑战你的观点。这可以帮助你进一步深化并完善自己的看法。如果你的目标是让自己的思考和论点变得更清晰并得到完善，而不是去改变对方的看法，这样的对话就不会让你感到很有挫败感。

- **为了找到共同点。** 当一个人表达偏见的时候，无论你对这种观点的否定程度有多深，它都不能代表这个人的全部观点。有时候你可以试着去发现双方能够达成一致的点——比如说音乐、野外徒步、家庭归属感，甚至是你们的工作——你可能会发现，在经历这样的对话之后，与这个人共事变得更简单。我建议大家可以去看一下鲁斯·巴德·金斯伯格大法官和安东尼·斯卡利亚大法官的故事，他们的友谊会给大家带来更多的启发。[16]

"证据"与偏见

有时候，有些人明目张胆地持有偏颇的态度，会让你感到无比震惊，你几乎无法找到任何语言来回击他。托尼讲述过一位叫作唐的同事的故事，这个人非常喜欢讨论"五大性格测试"，这是一种对人的性格的分类法，通常用来解释一个人在工作或者学术环境中为什么会取得成功。[17]唐声称这项研究方法"证实"了从生理角度讲，女性就是比男性更加神经质，而且这正好能够解释为什么他任职公司的雇员互动数据表明女性比男性更不开心。但这家公司的领导者认为，导致女性雇员不开心的原因是，在70%的成员都是男性的团队当中，女性遭到了不被尊重的对待，所以公司领导者要求所有雇员都必须全程参加关于无意识成见的培训。唐拒绝参加培训。他争辩自己有"证据"能证明，问题出在女人的神经质上，而不是男人的成见上。而且，会议中出现的小摩擦和晋升委员会中的大摩擦也来源于同样的问题。

如果你是托尼，而唐当面对你说了这种话，你会做出什么样的回应？最简单的一种方法就是中断这场无意义的争论，你可以说："事实上，你如果想要继续在这里工作，就必须参加这个培训。你如果不想参加，那么去跟你自己的老板谈，不要跟我说。"或者可以说："事实上，不停地解读'五大'研究的各种数据，极大地分散了我们的工作注意力，我不会再跟你继续谈论这件事了。"

如果你愿意这么做的话，你也可以先部分认可他的观点，然后再反驳他的整个立场，比如说："五大性格测试只不过是一种工具，它并不能产生不可辩驳的事实。所以，如果你武断地认为

受害者 &
成见 |偏见| 霸凌 ↯ 歧视 骚扰 肢体侵犯

女性从生理上就比男性更神经质,并且把这个当作一种事实,那么你的观点至少是不准确的。如果你进一步深挖的话,你就会发现在男性和女性面临同样不稳定经济状况的国家,男性和女性神经质的程度是一样的。除此以外,当你说女性比男性更加神经质的时候,实际上是给女性制造了有敌意的工作环境。当某个人刻意制造敌对工作环境的时候,如果公司管理层不采取行动的话,那么整个公司都是要负法律责任的,而且涉事的经理个人也要承担法律责任。如果你继续声称公司里的女性不高兴是由于她们神经质,而不是由于她们遭受了不公平的对待,你很有可能会被开除。"

关于养育后代的偏见

我有一名同事叫亚历山大,他一直认为养育孩子的女性不应该离家工作。有一天,我们正在用很友善的口吻聊关于孩子的事情,他突然说:"我老婆待在家里做全职主妇,因为这样对孩子更好。"

刚开始的时候,我以为他说的是对他自己的孩子更好。我很难想象他在暗示,我出来工作就说明我是一个不称职的家长。所以,我用幽默的口吻问了他一个问题,给他一次澄清的机会:"我今天来上址,是因为我认为最好让小崽子们自己'放羊'。"

但他在这个问题上穷追不舍。他说:"金,有研究表明,对孩子而言,如果母亲不出来工作确实会更好。"

在这一点上,我开始使用"事实"陈述句:"事实上,当你告诉我,我来上班就会对孩子构成伤害,这已经构成了公司人事制度上的违规。当你指责我是一名不称职母亲的时候,实际上是在制造一种对女性有敌意的工作环境。除此之外,这句话对我不仅不尊重,也非常刻薄。我对我自己孩子的爱,一点儿都不比你对你孩子的爱要少。"

和我预期的一致,"有敌意的工作环境"这几个简单的字,就让他彻底闭嘴了,但我仍然要和他共事。他脑子里一直认为我在伤害自己的孩子,而这种想法会在工作中以各种细枝末节的方式体现出来,还会对我造成伤害。首要的是,当他认为我忽视自己的孩子,全职投入工作的时候,他怎么还会尊重我呢?同时我还担忧,由于他认为母亲不应该离开家庭,他就不愿意和我一起参与那些需要出差的项目(在这时,我感到很奇怪,他为什么担心我离开家庭的时间太长,而不担心他离开家庭的时间太长)。所以,我决定继续和他深入交流。

"亚历山大,这件事我不想闹到人力资源部去。但是,你需要明白,当你对一个女人说,她忽视了自己的孩子的时候,无意于照着她最柔软的肚子来了一记重拳。如果你以后继续在公司里到处说这种话,那么一定会影响你和其他女同事的合作,甚至还会让你惹上麻烦。"

他说:"是这样啊。"

"既然今天我们话说到这儿了,让我给你进一步解释一下为什么我认为你说的话不对,可以吗?"

"当然可以,我愿意听听你的想法。我的意思是,你看上去不是个坏人。"

他后面补充的这一句话,让我感觉更加恼怒,但是我做了次深呼吸,继续说道:"我可以找到有关的研究,证实母亲参与全职工作,孩子会过得更好,而不是更差。但是,我不会把这些研

受害者 &
成见　|偏见|　霸凌　↯　歧视　骚扰　肢体侵犯

究强加到你身上，因为我不想让你感到你和你妻子所做的决定没有受到尊重，并且这些研究结论和你已经做的选择没有关系。这个世界上并不是只有一种正确的生存方式，或者说并不是只有一种正确的养育后代的方式。用全世界人的数据获得的最佳方案，并不是适用于你的家庭或我的家庭的最佳方案，甚至可以说它们没有任何关系。"

在这个时候，让我感到惊讶的是，他反而感觉自己被冒犯了，而我感觉自己已经往后退了一大步，并对他充满尊重。他当时非常愤怒地问："你这句话的意思是说，我的妻子待在家里养育孩子是在浪费自己的时间，甚至是在伤害孩子？现在是谁在创造有敌意的工作环境呢？"

"不是这个意思，这完全不是我想表达的意思。"我已经感到有些受挫，但是我仍然愿意继续沟通下去。"我想说的是——先抱歉，如果刚才的话没有说清楚——我坚信你和你的妻子所做的决定适用于你们的家庭。我同样很确定，我和我的丈夫所做的决定适用于我们的家庭。你和我关于养育后代的最佳方案这个问题，所做的研究是不一样的。但是，我们没有必要去讨论这些研究，因为一般而言的最佳方案与我们个性化的需求是完全不相干的。"

"我还是认为，母亲做家庭主妇是最好的。"

我们的对话又回到了最初的起点。

我反问道："你认为我会做出伤害自己孩子的举动吗？"

"可能你没有意识到吧。"这是他愿意做的最大的让步了，"我认为你并没有掌握我所掌握的数据。"

"我认为你也不掌握我所掌握的数据。如果你同意阅读我找到的研究，我就可以去阅读你找到的研究。"

当我们说到这里的时候，亚历山大笑了。他承认他不愿意花时间来读这些研究，正如我其实也并不愿意去读他找到的研究。我们俩都不愿意在这件事情上再花更多的时间，我们得准备好回去工作了。但至少在我看来，我们达到了一种停战的状态，而且至少能够比较友善地对话了。不过，我还是想把整件事情摆在明面上。

"你看这么办如何？"我提议道，准备用另外一个"事实"陈述句，"我们能否在两件事情上达成一致？如何养育我的孩子，是我和我丈夫共同达成的决定。如何养育你的孩子，是你和你妻子共同达成的决定。我和你对对方的决定互相尊重，不做刻薄的评论。"

"当然可以。"他笑着说，并伸出了手，我也和他握了握手。经过这一轮对话，他的观点没有改变，他也没有改变我的观点。但自此之后，他再也没有指责我忽视自己的孩子。这场对话消耗了我们一些时间和情感精力，但如果没有这一次的对话，在未来的工作当中，我们就会消耗更多的精力，而且对我造成的伤害有可能比对他造成的伤害要更大。

这个小故事也告诉我们工作的真正意义。通过工作获得的东西，比我们投入的其实要多。

"混账话"不是"事实"陈述句，但可以成为你必需的开山炮

在商学院的时候，我选修了一门叫作"各国经济策略"的课程。一天晚上，我和我的朋友特伦斯一起阅读课程教授布置的一篇文章，文章的作者是社会学家查尔斯·默里，其中有这么一句话："年轻的男性，本质上都是野蛮人，对他们而言婚姻——承

受害者 &
成见 | 偏见 | 霸凌　⚡　歧视　骚扰　肢体侵犯

担起照顾妻子和孩子的职责——是一种不可或缺、让他们变得更文明的力量。"[18] 这已经不是无意识成见，而是一种有意识的偏见。

当我读到这里的时候，我从椅子上跳了起来，大声地把这句话又念了一遍，然后把这篇文章狠狠地扔在桌上，很暴躁地说："我要让自己在经济上和身体上都屈从于一个野蛮人，而且是为了让他变得更文明。这是什么混账话？他应该先学学怎么让自己变得更文明。哎，我说特伦斯啊！为什么你不像我这样感觉受到了侵犯呢？"

或许这门课的教授故意安排我们阅读这样一篇有刺激性的文章。他知道我们将来在职业生涯当中会遇到类似的偏见，而且必须做好应对这些偏见的准备。又或许这名教授自己就相信这种混账话。无论如何，我都非常恐惧去上他下一次的课。

后来，当我去上课的时候，班上没有人对这篇文章不合逻辑的观点提出反对意见。我沉默地坐在那里。我想要让大家知道我对于默里的论点的感受，但我不确定能在不说脏话的情况下做到这一点。而且我不太确定，这么做的话，我会不会被赶出教室。当然了，男生经常在商学院的课堂上说脏话。那你们就看到了，世俗成见再一次压抑了我的情感，让我非常难以正面应对偏见。

特伦斯一直别有深意地往我这边使眼色，暗中催促我把昨天晚上说的事情在课堂上再说一遍。随着课堂时间一分一秒地过去，没有任何人对这句话提出挑战，我一边感觉更加愤怒，一边又感觉更加孤独。这篇文章对女性很冒犯吗？如果没有的话，为什么没有？是我想错了吗？

最终，特伦斯举起了手，充当了一次仗义执言者："昨天晚上我和金讨论过这篇文章，她提出了一些非常有益的观点。"

教授看向我这边，问道："金，是这样的吗？"

"嗯……"我指出了关于让野蛮人变得更文明的那段话，而且大声地朗读出来，"这就是我告诉特伦斯我认真思考过的段落。我感觉这就是一段混账话。"我还没能继续说后面的观点，整个班级的人，包括教授在内，都大声笑了出来。事实证明，我可以在课堂上表达愤怒的情绪，我可以说脏话，而且最终的效果确实还不错。这让我获得了一次非常重要的启示。

"我当然可以理解你的观点。"教授说道。并且，他让我进一步解释所要表达的意思。但当时的我对这篇文章感到非常愤怒，以至于不知道从哪里开始表述自己的观点。在我试图收拢自己思绪的过程中，有其他人插进来发言，然后把整个对话引向了另外一个方向。

25年之后，我仍然会回想起那个时刻。世界上有如此多针对女性的偏见，但其中最核心的一条就是默里这篇文章中展现出来的：男人并不应该为自己无法执行必要职能负责，这也暗示女人有责任确保男人采取负责任的行动。不只是查尔斯·默里有这种观点。这是一个流传了很久，而且经久不变的迷思。也就是说，女性不仅要作为男人的附属品，也要负责管理男人的行为。这好像就是在说，在《美女与野兽》中，在贝拉拯救野兽之前，野兽就单纯是一头野兽。[19]电影《与歌同行》表达的也是同样的观点：强尼·卡什是一个酒鬼，也是一个瘾君子，只有琼的出现，才使得他获救。[20]类似乔丹·彼得森之类的社会公知坚称，因为这些迷思在远古时期的神话和流行文化当中都非常常见，所以它们肯定是合理的。[21]而我认为是时候揭露这些伪科学了。

受害者 &
成见 | **偏见** | 霸凌 ⚡ 歧视 骚扰 肢体侵犯

同时，令我感到震惊的还有另外一件事，那就是当时这个班级上没有一个男生反对把自己的执行职能全权交给女人，但他们所有的人脑子里都在想未来如何成为公司的高管！即便如此，他们看上去还是觉得自己"不能"控制自己的行为。这已经不仅仅是一种抽象的学术上的偏见。我的一些同学甚至试图在课堂上把这种观念强加给我。

举个例子，我们的教室是一个半圆形的阶梯教室，坐在我后排上方的一个男同学对我抱怨说，当我伸懒腰或者坐直的时候，我的胸部就会导致他分心。他说我应该弓腰驼背地坐在那里，隐藏自己的胸部，或者穿更宽松的衣服。他的朋友还站出来支持他，甚至很夸张地模仿我的动作——他把背向后弯，把整个胸部往前挺，还说："像你这样坐在那里，他怎么可能会专心呢？"我被这种行为激怒了，同时也特别难为情。

在接下来的几天中，我坐的时候都低头含胸。我的自信心开始减弱。在又过了一节课之后，教授注意到我并没有像平常那样积极地参与课程，他甚至询问我是否生病了。

为了帮助你理解这个问题为什么很重要，我需要让你了解商学院的一些背景。课堂参与度是构成这门课程年终评分的重要组成部分。平时每上一节课，就像演一出舞台剧。大家在上课之前都会进行热身运动。坐在我旁边的那个人，通常要把身子挺直，把胸往前挺，头转几圈，让脖子上的每一根骨头都咔咔作响。坐在我后面几排的一个男人，每次都带着一个大的空杯子进来，因为他担心哪怕错过课堂几分钟的时间，也会影响他的参与度评分，所以这个杯子是用来在课堂上撒尿的。有几次他真的用上了这个杯子，这让坐在他旁边的同学都无比震惊。商学院的课堂气氛是很紧张的,为了应对这种紧张,我有自己的一套方法,通常是把腰板挺直,在上课之前做一些拉伸,这让我感觉做好了接下来采取行动的准备。当我不再做拉伸运动时,我也就不在课堂上发言了,这种表现会影响我的年终评分。

我决定正面回击那个不能把眼睛从我胸部移开的男人。尽管我当时没有意识到,但这或许是我人生中第一次使用"事实"陈述句。"事实上,我没有责任来控制你的眼睛或者思想的方向。让我低头含胸地坐着,或者让我穿宽松的衣服,都是不合理的,因为你应该管理你自己的大脑。"

他回应说:"你也不懂得做个男人有多难啊!"

我回击说:"我当然不懂,有种你说啊!"这种回应听上去是非常反讽的,尽管我自己对这个回击的效果持怀疑态度,但是实际上我的内心还是很好奇。我想知道他是不是真的相信自己刚刚说过的那句话。

"我只要抬眼看,任何一种广告都告诉我要盯着女人的胸部看。这仿佛有音乐总在你耳边响起,随时随地都在响,很难忽略它!"

我从来没有从一个男人的角度来考虑性客体化这个问题。[22]他回答的态度很诚恳,所以我决定给他一次机会,听一听他到底怎么想。

接下来我说:"好吧。我理解这个社会给你提供了怎样的外部环境,但我还是要强调,你能够控制你的大脑,而我没有能力控制它。你要求我做透明人,这对我而言是不合理的,而且也不可能像你要求的那样。除非你真的下功夫学会管理自己的大脑,否则即使教室里没有女人,你的脑袋也不会集中精力去学习。"

他承认了这一个观点。更重要的是,他不再因为我在课堂上的坐姿而骚扰我。如果我发现他在偷瞄我的胸部,我会立刻扬起眉毛,然后他会知趣地看向另一边。很快他就学会了不再盯着我的胸部看。我用的"事实"陈述句——这件事不合理——充分解释了我的立场,这比骂脏话取得的效果好,而且能获得同样的满足感。

社会上有一种流传已久的偏见,就是说当一个男人盯着女性的胸部看,甚至强奸女性,这都是女性的错。这种观点流传深远,而且迄今都在对女性造成伤害。多年以后,我曾经为一位在男性占多数的公司工作的女士做培训。她遇到的主要问题是,在会议期间,自己总是得不到应有的重视。通过观察她的行为,我注意到她坐的时候,总是低头含胸。我明白了她到底在做什么,以及这么做的原因。她的心理咨询师正好是艾米·卡迪,我为她播放了艾米·卡迪最知名的 TED 演讲,主题是"通过身体姿态提供反馈信息"。卡迪告诉我们,坐得笔直或者站得笔直都能够让你感觉更自信。我引导她仿照卡迪的"神奇女侠站姿"来锻炼自己,我也发现,这其实就是在商学院上课前我所做的热身运动。但即便如此,经过培训后,这位女士在出席会议期间,仍然低头含胸地坐着。[23]

最终,我用非常直白的话告诉她:"你看啊!我或许判断错误了,但是我知道你为什么低头含胸地坐着,你只不过在试图掩盖自己有胸部的事实。我在商学院上课期间也有过同样的行为,而这种行为直接影响了我的成绩。如果你坐直并把肩膀打开的话,你看上去和自我感觉都会比较有自信。"

我知道,我给她提供了非常好的建议。即使是这样,在她实施改变之后，我还是对她所取得的良好效果感到震惊。在下一次开会期间，她表现出令人亮眼的差异。她的上司也是一位女士，后来打电话来感谢我，并且问我到底给了哪些方面的建议，才会促使她在如此短的时间内获得了巨大的进步。我复述了培训过程中发生的事情，我们都一起会心地笑了起来：我们都曾遭遇过同样的事情。

如果当年我只是把在商学院因为坐姿而为难我的那个人抛诸脑后，那或许是一种非常简单的处理方式。但现在回头看的话，我非常庆幸当年花时间来辨识出他正在施加的偏见，并且和他争辩了这个事实。我不知道我是否令他改变了观念，但是那一场对话对我大有帮助——同时对我后来培训的这位女士而言，也是非常有用的。

回应霸凌

用"你"字开头的陈述句让对方知道后果

霸凌和冲突之间存在什么区别？表2-1自PACER（公众访问法院电子记录）的研究成果整理而来。PACER是一家以预防霸凌为主要工作任务的非营利机构。[24]

成见　　偏见　　**受害者 &
霸凌**　　⚡　　歧视　　骚扰　　肢体侵犯

表 2-1　冲突和霸凌的区别

冲突	霸凌
冲突双方就某事不能达成一致，各自表达己方观点	其中一方以侵犯、伤害、羞辱另一方为目的
各方参与者之间的地位并无差异	施加霸凌的一方在群体中地位更高
加害者在意识到自己的行为正在对他人造成伤害的时候通常会停止暴力并改变行为方式	加害者即使知道自己的行为正在对他人造成伤害也会继续错误行为

做出霸凌行为的人通常处于某种不合理的地位，由此撑大了他们的胆量。我刻意选用"群体中地位"（比如说：当群体的领导者大多数都是白人的时候，你恰好也是白人；或者在这个公司当中，你拥有获得这个公司高度认可的大学学位），而没有用"权力"这个词。我所指的霸凌，是发生在没有上下级关系的两个人之间的事件。一旦工作中的上下级关系成了影响因素，霸凌就变成了骚扰（具体请参见本书的第二部分）。

当有人霸凌你时，这个人的目标就是对你施加伤害。向加害者说你正在遭受伤害只会让他的行为变本加厉，忽视霸凌者的存在也无济于事。唯一能让霸凌者停止加害行为的方法，就是让他知道会受到相应的惩罚。只有当霸凌行为不再可行，或者施加霸凌的人不再觉得这种行为有趣的时候，他们才会改变自己的行为。不过，在大多数情况下，当你正在遭受霸凌的时候，你会感到无力去制止这种行为。

有一种回击霸凌的方法，就是向对方说出以"你"字开头的陈述句。比如说，"你到底想干什么"或者"你不能以这种方式和我说话"。以"你"字开头的陈述句，表明了自己比较决绝的态度，在改变双方的强弱对比方面能够产生令人惊叹的效果。因为，施加霸凌的人通常都试图把你放在一个屈从的地位，迫使你回答一些让你感到非常难堪的问题。当你用"你"字开头的陈述句回击时，你实际上是扮演了更为主动的角色，要求对方来回答问题，让他们感受到尴尬的时刻。

用"我"字开头的陈述句，是在邀请对方从你的角度来思考问题。用以"事实"开头的陈述句，实际上是创建一条清晰的界限，告诉别人不要越界。用"你"字开头的陈述句，实际上是在讨论施加霸凌的人，而不是你自己。施加霸凌的人可以被动接受你的陈述，或者为了澄清自己而反驳你的陈述。但无论如何，在这种情形下，他们不再处于进攻地位，而处于防守地位。

我不是一个喜欢冲突的人，所以用"你"字开头的陈述句，对我而言不是一个能自然说出口的句子。当有人伤害我的时候，我自然的反应是让对方知道他的行为让我产生了怎样的感受。是我的女儿第一次向我指出了，当我遭受霸凌的时候，如果展现出脆弱的一面，可能就会适得其反。

有一天，她放学回家之后很沮丧，因为有一个叫作奥斯汀的小孩在游乐场上为难她。我当时给她的建议是，给奥斯汀第二次机会，告诉他："你撞翻了我的午餐，我就只能饿肚子，这样我感到非常难过。"她的老师也给出了类似的建议，但这种话让我的女儿听了直翻白眼。我女儿非常好奇地说："你们大人都怎么了？你们难道不明白吗？奥斯汀本身就想伤害我。如果我对他说'你伤害到我的感情了'，这就等于跟他说'奥斯汀，干得不错，任务达成了，你想做的都做到了'。这就像是奖励了奥斯汀一块儿饼干，获奖的原因是他对我做了很刻薄的事情！"

成见　偏见　**受害者 &
霸凌**　⚡　歧视　骚扰　肢体侵犯

我的女儿在这一点上说得非常正确。

在"你"字开头的陈述句之后紧接着告诉对方他将承担的后果

某一天早上，纽约天空下着雨，我要到曼哈顿上班，已经快要迟到了，于是决定打车。在经历漫长的等待之后，我终于招手叫到了一辆出租车。我浑身都已经湿透了，刚刚拉开车门想要坐进去，有一个男人突然从旁边的大楼里冲出来，把一只手按在出租车身上，似乎这车是他自己的，然后对我吼道："小娘们儿！这是我的车。"他试图用自己的大块头和性别来恐吓和霸凌我。

我说："你别想抢走我的出租车！"说完这句话之后，我立刻采取了行动。我看了出租车司机一眼，确定他和我站在一边，然后顺着那个男人的腋下钻进了车里，用脚把他踢出了车外，重重地关上车门，并把门锁上。那位司机是一位非常好的仗义执言者，他锁上了其他所有的车门，然后边笑边开着车驶离这个地方。我们在行驶到市中心的路上一直开怀大笑。

你并不是总能立刻对施加霸凌的人给予惩戒，你也没有必要去承担一些额外的风险。但是，恶果来得越快，施加霸凌的人也就能越早知道他的行为在你这里行不通。

如果你认为你那个又老又小的东西能够吓到我，那你就大错特错了

接下来要讲的这个故事，是我的职业生涯中又一次准备好用"你"字开头的陈述句对待别人的事件。大多数时候，我会把这

些事件合并在一起来讲。我之所以向你讲这些故事，是因为它们不仅能证明我的观点，而且发生的概率也很低。1999年，我在科索沃的首府普里什蒂纳的一家非营利机构工作，主要负责管理一家专门收治阿尔巴尼亚难民的儿科诊所。我到任后不久，有两名阿尔巴尼亚籍的职员到我这里来哭诉。这家非营利机构中负责物流的威廉对他们说了一些带有种族主义色彩的话，并且对他们施以威胁，而且这不是威廉第一次做出这种行为。

我给位于慕尼黑的总部打了电话，总部的人也同意威廉应该回到德国去，等他回去之后，我们再考虑接下来采取什么措施。但是，威廉拒绝到办公室里和我面谈，所以我告诉他，我会到他住的公寓去和他谈，并且带了一位同事给我做支持。我们到达之后，他并没有给我们开前门，所以我们只能绕到后院去。我们透过玻璃滑门看到他背对我们站着，穿着红色的浴袍，喝着啤酒。我敲了敲门，威廉转过来看到了我，向前走了一步，用非常愤怒的眼神看着我，拉开了自己的浴袍，向我展示了他的裸体。

我对他说："如果你认为你那个又老又小的东西能够吓到我，那你就大错特错了。"

听我这样说，他把浴袍重新穿了回去，裹住了自己。我的同事和我说服了他坐上下一班前往慕尼黑的飞机。

当遇到如此恶劣的霸凌行为的时候，真的很难想到说什么话才是正确的，而且大多数情况下，我都会感觉很震惊，这种感觉非常不好。能够给我们带来一定帮助的，就是在这时先说一个"你"字，先不管你后面会说出什么话，然后关注一下接下来你自然而然地说出了哪些事情。也许你会说"你就像一个霸凌者"，"你这种行为并不有趣"，"你的行为太不职业化了"，"你……为

成见　偏见　|霸凌|　⚡　歧视　骚扰　肢体侵犯

什么说那种话"或者"你……到底想干什么"。有的时候,你也许会说"你……穿着白衬衣啊"。无论你说了什么,在这种情况下,你都把注意力转移到了其他人身上。他们变成了需要做出回应的人,而你不再是那个处于不利地位的人,即便你认为清晰地指出对方的错误行为会带来很大的风险,也值得这样去做。

独立的或未婚的

我从科索沃回来以后没过多久,就加入了一个非常正式的、专注于研习外交政策的专业机构。这家机构的成员定期在位于曼哈顿富丽堂皇的总部聚会,大家一起吃午餐,并在午餐期间聆听一场由学术专家或政府官员发表的专题演讲。其中,有一次会议主要讨论的是美国对科索沃的政策。主讲人在演讲完毕之后,主动提出可以回答来自台下成员的问题。我尽管比在场的大多数人都更了解科索沃当地的情况,却非常不愿意问问题,因为提问的人需要站起来介绍自己,然后说明你目前的工作。这个屋子里满是各种身居高位的人,很多都是上了年纪的男人。我当时是一名年轻的女性,而且没有正式的工作。

我正在不断地给自己打气,一位知名投资人、慈善家先站起来,问了一个问题。在他报出自己的名字和工作机构之后,大家都笑了,因为在场的所有人都知道他是谁。当我想到我得站起来,跟大家说"我叫金,我现在没有工作"时,我的勇气瞬间就被打消了。

接下来问问题的仍然是一位非常知名,而且近期已经退休的投资银行家。他站起来报出自己的名字,然后说:"我目前独立工作。"原来这就是人们用来描述"没有工作"的专业词语啊!

我这才把自己的手举了起来。当主讲人点到我的时候，我站了起来，报了自己的名字，同样说我现在"独立工作"。

在屋子后面坐着的一个人突然喊了一声："是独立工作还是未婚啊？"整个屋子的人都跟着他笑了起来。我多么希望当时自己可以以一种包容的态度接纳他的无礼。当时，我眼眶突然就红了。我深吸了一口气，假装没有听到那句话，然后提出了自己的问题。

在我写出我希望自己当时能够说出的回答之前，我希望你先意识到一个重要的点，那就是如果当时现场有一个人能够站起来，对提出"独立或未婚"问题的那个男人说"你为什么如此粗鲁"，"你无权对其他成员做出如此不礼貌的行为"这样的话，整个屋子里人们的态度都会发生180度的大转弯。那个提问的人才是应该感到尴尬的人，而不应该是我。即便有人事后来找我，告诉我说那个人的行为是一种霸凌，而且非常不友善，这对我而言，也能够有很大帮助。遗憾的是，没有人做这样的事。

从此之后，我对那家机构的感觉不再良好，最后从机构离职，即便放弃了这家机构非凡的人际关系网络也在所不惜。更糟糕的是，我当时没有能及时做出回应，这对我的自尊心造成了严重的打击。如果当时我大声地说出了自己的想法，那么我的自尊心就能够恢复——那样做的话，更有可能帮助我建立好的名声，而伤害的是那个男人的名声。

如果要我给年轻的自己提出建议，我会告诉她，相信这个以"你"字开头的陈述句，张嘴说话，先说出"你"字，然后相信后面自然而然跟出来的内容。

受害者 &
成见　偏见　**霸凌**　↯　歧视　骚扰　肢体侵犯

- 你为什么要问我这么一个不合时宜的问题?
- 你是否对更多女性加入这家机构感到不适?
- 你是否习惯性地霸凌年轻的女性成员?
- 你是在耍我吗?这里可不是兄弟会。

很多人都希望我给他们写一个回应各种态度的剧本,但实际上,用你能够驾驭的语言去回应效果会更好。我的话从你的嘴里说出来会非常奇怪。即便是我提前为自己写的台词,在某些情况下,也可能感觉不对。当你遭受霸凌的时候,要选择几个你真正能说得出口的,以"你"字开头的陈述句,或者以"你"字开头的问句。然后,不断地练习说这些话,对着镜子练,甚至和别人一起练。把这些句子刻在你的脑海里,就像买了一双新的登山靴一样,直到把它们走得合脚了,你就可以使用它们了。

不要变得麻木不仁,也不要复制霸凌行为

喜剧演员、作家林迪·韦斯特描述了应对霸凌的最好策略:"干好自己的工作,保持一定程度的脆弱,创造新事物,选择做个好人。"[25]

就像我女儿指出的那样,你不可能信任对你施加霸凌的人,所以你不可能对他展示出你脆弱的一面。但这并不意味着你不能把自己脆弱的一面暴露给其他人。脆弱的一面有的时候是塑造人际关系的必要因素。正如布琳·布朗在书中写的那样:"我们需要互相信任才能发现彼此脆弱的一面,而我们只有具备脆弱的一面才会互相信任。"[26] 你当然不希望由于遭受一次霸凌就停止与

身边的同事分享自己的遭遇，以及它给你带来的感受。把你的故事讲出来，表露自己脆弱的一面，而不要把霸凌者对你造成的伤害在公众的视野中掩藏起来，这样做才能强有力地挑战霸凌者的行为，这比常见的忽视霸凌行为的举动要有效得多。如果你只是简单地忽视霸凌行为，那么霸凌者的恶劣行为可能会变本加厉。但这也并不意味着你要以暴制暴。不要让霸凌行为把你变成一个霸凌者。

如何得知你面对的是成见、偏见还是霸凌

相信你的直觉

正如这一小节的标题所指出的，当我不确定自己面对的是成见、偏见还是霸凌的时候，我通常先把它当作一种成见来进行处理。如果我的直觉对了，我就处于有利的位置，能够在不引发对方采取防御性回应的前提下，指出对方持有成见。一旦我从对方的最初反应判断出对方持有的是偏见，或者对方想要霸凌我，那我也可以把以"我"字开头的回击上升到以"事实"或以"你"字开头的回击。

我可以默认从成见入手，这或许是我享有的特权。最近几年发生的黑人平权运动，充分暴露出美国主流白人社会长期以来都拒绝承认的事实：我们口头上常说的成见，其实并不是无意识的成见，而是有意识的偏见；不论是成见还是偏见，都可能迅速转化成暴力。把种族主义简单地当作无意识的成见，无异于让所有人都处在容易受伤的境地。我可以举一个令人非常痛心的案例：

受害者 &						
成见	偏见	霸凌	↯	歧视	骚扰	肢体侵犯

在 2020 年夏天发生的黑人平权游行中，圣何塞警察局的警员用橡胶子弹打伤了一名黑人男性，而这个黑人男性恰巧给这家警察局做过有关无意识成见的培训。[27]

如果我给某人提出的建议与他当时所处的环境不相匹配，那么我其实有可能反而令他身处危险的境地，这并不是我想看到的情况。

我能给你提供的建议是：相信自己的直觉。如果你把某人说的话当作偏见或霸凌来进行回应，但事后发现那些话其实只不过是一种成见，那么这样的回应也是说得过去的，至少你给对方提供了有用的反馈。你向对方传递了一个信息，就是他们所说的话，在你听起来像是一种偏见，或者在你听起来他们的目的就是故意要伤害你。这种沟通对对方而言是非常有用的，因为他们能够更好地理解这种说话方式可能造成的伤害，并且在未来纠正自己的行为。你没有义务去配合其他人保护他们的自尊，也没有义务帮助他们继续逃避事实。

请你记住，我们迄今为止还没有讨论歧视、骚扰或者肢体侵犯。我说的歧视是指某个人有足够的权力把自己的偏见或成见转变成实际行动，举例来讲，拒绝为你提供工作机会，或者拒绝给你晋升的机会。骚扰是某个人有足够的权力把他们的霸凌行为转变成实际的行动。肢体侵犯则是某个人有足够的权力，以你并不希望的方式触碰你的身体。虽然我不能下一个百分之百的定论，但是歧视、骚扰和肢体侵犯通常都已经跨越红线，有可能从道德上的不恰当走向违法的境地。应对这些行为的方式，与应对成见、偏见和霸凌的方式一定有所区别。我们将在本书的第二部分讨论这些问题。

不要默认采取沉默的回应方式

当你正在开会时,在毫无征兆的情况下,突然就发生了某种令人不愉快的事情。参会人员中有个人突然说了一句话,让你感觉连气都喘不上来。A. 布雷兹·哈珀博士是 CDS(关键多元化解决方案)咨询公司的联合创始人,她把这种情况称作"种族主义赞美综合征",也就是她因为完成了某种基本性工作而得到了白人的赞美。举例来讲,"你穿的裙子很职业化","你很会说话"。或者之前我们曾经讨论过的一个案例:"弗农竟然识字啊!"但是,这些赞美也有可能隐藏得比较深。比如说,"我们最好派比尔去,你就不用去了,因为这次的谈判对手非常强硬",或者"你得记住,这次不能再情绪化/发火/哭哭啼啼",又或者你听到的可能是一句类似"你来筹办聚会,我不擅长做这种事情"和"你能帮我们订一下餐厅吗"这样的话。

当遇到这种情况的时候,我心里清楚,如果开口反驳,大概率大家都会说我反应过度。而我会变得更加愤怒,这种愤怒会导致我做出一些我自己以后都后悔的行为。那我如何突破这种进退两难的困境?

对我而言,以及对绝大多数人而言,面对这种情况的默认反应就是闭口不言,但我希望能够改变这种状况。这并不是说保持沉默永远都不是一种正确的回应方式,而是说沉默不一定是默认的回应方式。

我有一位大学老师,我觉得他对于性别歧视这件事情一直都持有怀疑的态度,所以我从来没有就自己的遭遇和他进行过深入的交流。某一天,我在自己的领英主页上发表了一个帖子,描述

受害者 &
| 成见 偏见 霸凌 | ↯ | 歧视 骚扰 肢体侵犯 |

了我自己遭遇的成见，并询问大家会做出怎样的回应。令我感到惊讶的是，这位大学老师看到了这个帖子，并且用私信的方式告诉我："非常感谢你写了这个帖子。我很确定我曾经向某些女士说过类似的话。我非常懊恼自己曾经做过这种事，但它确实已经发生了。现在我已经明白了，我以后会做得更好。"我读到这条私信的时候，多么希望自己早一点儿说这些话。如果我和这位老师早一点儿展开对话，就能够让某些女士早一点儿不再遭受他的无意识成见。而这位老师真的非常感谢我讲述了自己的遭遇。

几种常见的保持沉默的理由

来自方方面面的压力都可能导致我们保持沉默，其中既有内部原因，也有外部原因。[28] 接下来我列举几种常见的导致我保持沉默的借口或者理由，但其实在当时那些情况下，我应该开口进行回击。

理由一：我是一个好人，我不会当面斥责别人[29]

有的时候，如果我把心里想的事说出来，可能对当时在场的各位都有好处。但我的个性里有一种根深蒂固的倾向，往往在这种时候保持沉默，这也是我撰写《绝对坦率：一种新的管理哲学》这本书的原因之一。这种本能的反应，已经深深地刻在我的脑海里，这或许是因为当我还是孩童的时候，大人总是跟我说："你如果没有什么好听的话要说，就干脆什么都不要说。"

但后来我意识到，如果我忽视某人的错误，其实我对任何人都没有提供帮助。对于那个做出错误行为的人，看上去我是在保护他，因为我觉得他是个"好人"。如果有一个人说了一些带有成见的话，而我不去指出他的错误，那么这个人以后还会不断重复同样的话。直到某一天，他们发现这些话会给自己招来麻烦。这对团队中的其他成员是不利的，对我造成困扰的成见或许也会对其他团队成员造成困扰。同时，对我而言也是不利的。如果我重复听到某种成见，我非常有可能把它内化成心里已经接受了的现实。所以，我没能及时回击成见，反而变成了对自己的一种伤害。

在《绝对坦率：一种新的管理哲学》这本书中，我也提出希望改变我们定义"好"的方式。如果我们仅仅是为了避免某人陷入尴尬的境地，就不向他提供批评性的反馈，那么这种做法是不好的。如果我们友善且清晰地提供批评性的反馈，我们就可以帮助同事改善工作——在某些情况下，甚至能够帮助他们避免被开除，这才是好的。在这种情况下，保持沉默实际上远非好事，而是一种为了避免冲突而采取的非常自私且不友善的行为。

我在《绝对坦率：一种新的管理哲学》中解释这个观点的时候，引用了一些例子。比如，告诉某个人他的牙缝里还粘着蔬菜，或者他的裤子拉链没有拉上。大多数人都会同意，如果看到了这些事情而不指出，那么这个人就是真的不关心别人。但是，在另外一些情况下，比如说当有人不经意地开了一个有性别歧视意味的玩笑，或者说了一句带有种族主义成见的话，或者把"同性恋"这个词当作一个贬义词来使用，又或者用错误的代词来称呼某个人的时候，我们的本能反应是让这件事悄悄过去，而不是当面指出来。然而，恰恰就是在这些时候，我们才需要绝对坦率。如果你真的关心说错话的同事，你肯定不希望他们以后会重复说同样的话。如果你真的关心团队中其他的同事，你肯定不愿意让

受害者 &
| 成见 偏见 霸凌 | ↯ | 歧视 骚扰 肢体侵犯

他们暴露在有害的评论或态度之中。

当你处理的问题是成见的时候，情况还不算棘手。当要处理偏见或者霸凌的时候，你才会感到事情难办。但是，如果有一个人说的话或者做的事违反了标准、规则或者法律，我说"……是有辱人格的"或者"……是违反政策的"或者"……是违法的"，这实际上是帮助了他。在大多数情况下，如果我在现场反击了错误的行为，那么我既保护了自己，也保护了团队中的其他人。在处理霸凌的情况时，也是用同样的方法。如果没有人对霸凌者提出挑战或反对，那他的行为会一直升级，直到对我或者其他人造成真实的伤害，而最终霸凌的行为会使霸凌者遇到真正的麻烦。但等到那个时候，这种行为已经给所有人都造成了巨大的困扰。如果我们每一个人在遭受霸凌的时候，都能尽早进行回击，那么我们身处的环境会变得更好。

当遭遇这些问题的时候，如果我因为担心伤害我的朋友和同事的感情而选择缄口不言，那么这样做实际上把这些人放在了一个充斥着更高风险的境地。人是需要依靠其他人来指出他们的错误的。我没能替他们指出这些错误，就导致他们无从入手去纠正一个可以纠正的问题。在这种情况下，也不能说我就是个好人。

理由二：他是个"好人"或者他"本不想伤害任何人"[30]

假设我喜欢的一个人说了一句听上去不太恰当的话，仅仅因为这个人是我最喜欢的同事，我就开始为这种情况找理由去开脱，去解释为什么这个人会这样说话。这个人有可能比我老，或者比我年轻，也有可能和我来自这个国家不同的地方，或者他这么说话折射出的是某种与宗教信仰相关的理念。我不想用特别苛刻的态度去深究这句话，不想伤害他的感情，也不想让这个人遭受别人的批评，更不想让他在同事或管理层面前丢脸，所以我什么话都没说。

在《绝对坦率：一种新的管理哲学》中，我把这种现象称作毁灭式的同情——仅仅由于担心别人的感情会受到伤害，就不给他提供任何反馈。当你同时还要顾及对方性别的时候，你就会产生另一种顾虑：我们大多数人都能清晰地感知男人在这种情况下遭受的痛苦，而很少关注女性遭受的痛苦。换句话说，我很有可能会觉得为了保护"男性脆弱的自我"而不得不小心翼翼地处理这个事件，但是这种情况往往只是出于自己的想象而已。专注道德研究的哲学家凯特·曼恩把这种现象称为"与男性共情"。[31] 所以，当我们说"我不想伤害他的感情"这种话的时候，我们展现出来的可能就是毁灭式的"与男性共情"。

毁灭式的"与男性共情"对我是不利的，对我的同事也是不利，即便对我们想要关心的"那个男人"也是不利的。这也就是为什么我在自己的日常表达中不会说"他是个好男人"这种话。每个人都有可能做好事，也有可能做坏事。那些致力于做好人的人，也想知道自己到底在哪些方面做错了，这样他们才可能进行纠正，避免未来做出同样的行为。

理由三：这不算个事儿[32]

大事化小是导致我们保持沉默的最常见的原因之一。但如果说一件事情本身就无关紧要，那么为什么我心里面会一直揪着它不放呢？如果它本身就不是一件很重要的事情，那也就不值得我花大力气去纠正它。除此之外，如果说成见、偏见和霸凌真的如

受害者 &						
成见	偏见	霸凌	⚡	歧视	骚扰	肢体侵犯

我们所想的那样发生的概率很低，那它们本身就不构成什么重要的事件。但从实际生活来看，我总是能遇到这3种恶劣的态度或行为，最常见的是成见。

针对大事化小这种找理由的方式，我自己的解决办法是去思考如果经常遇到这些恶劣的态度，但我又一直假装它们不存在，那经过一段时间的积累之后，它们会对我造成怎样的影响？如果只发生一次，可能确实不算一件大事，但如果同样的情况反反复复地发生，继续假装看不到这些情况的存在，只会对我的主体意识造成重复性的挫伤。然后，我把遭遇这些经历后再做出适当回击的积累效应对比来看。有的时候，某些人会对这些回击感到非常愤怒，但有的时候，他们会心怀感激。对做出错误举动的人给予回应或回击，其实大多数情况下都会加深双方的关系，而不是让双方的关系变得更糟。这样想过之后，我就更有可能决定要对错误的态度和行为采取回应。

理由四：我不想对自己工作中的人际关系造成损害[33]

之前有一位男同事，经常在办公室里用有贬损意义的词称呼身边的女同事。我和他不熟，所以并没有对此事发表看法，并且我一直告诉自己，等到我和他更熟悉一点儿之后，再告诉他我对这件事情的看法。他这种行为让人感到很烦躁。他本质上是一个有创新力，并且很有趣的人，我甚至还想从他那里学点儿新东西，但他的行为越来越让我感到烦躁。与此同时，他还在不断地挑战这种行为的边界。一开始，他只是把女同事称作"女孩儿"，然后升级到叫人家"小甜心""小乖乖"。听到这种话的时候，我直翻白眼。我心里越来越恼怒于他的行为，他的行为却越来越恶心。

直到有一天，他从我身边走过，叫了我一声"嘿！小亲亲"。我终于忍不住爆发了。这一通发火带来的伤害并不是不可修复的，等事情过去之后，我们花了一段时间才能再次平和地对话，之后又过了一段时间，我们才能在谈到这件事的时候会心一笑。如果我在第一次注意到他有这种行为的时候，就告诉他我的想法，那么我们之间的关系可能会更好。如果我早一些表达自己的愤怒，可能事情的影响就不会被扩大化。当我长久地压抑自己的愤怒时，它一旦爆发就可能变成一件大事。

理由五：说出来只会让事情变得更糟[34]

霸凌者采取的一个常见策略，就是对任何指出他们行为不端的人加以惩罚。所以，人们担心遭到报复并不是空穴来风。

与此同时，在面对不公平现象的时候，我自己也持有一个非常强烈的消极成见。我经常会高估事件带来的风险，并低估处理事件所能带来的好处。因此，我总是惧怕对不公平现象发起挑战，但其实我应该这么做。

随着时间的推移，我发现保持沉默的代价也是真实的，对我或者我的同事而言都是这样。如果我给自己一分钟来思考，我到底会不会遭到报复，得到的答案通常是"不太可能"。你的答案或许是不一样的，但请你问一问你自己这个问题。

理由六：不值得用我的名声来冒险[35]

我经常收到来自年轻女性的问题，列举如下。

- 有文献表明，当女性展现出有趣的性格时，别人通常不会

| 受害者 & |
| 成见　偏见　霸凌　↯　歧视　骚扰　肢体侵犯 |

用严肃的态度来对待她。那么，在办公环境里，有幽默感是否会成为危害我自己的因素？展现我有趣的性格，是否会损害我的名声？

- 这份研究表明，当女性在谈判中展现出强硬的一面时，她们通常会受到惩罚。如果我变成了一名优秀的谈判者，这是否会损害了我的名声？我是否应该放弃比较激进的谈判方式？
- 当我表现出完成一份工作必须采取的强硬态度时，我会被人贴上"好斗"或者"不讨人喜欢"的标签，并且在绩效评估的时候，也会得到差评。我是否应该离职？我不可能在这种进退两难的环境里工作。

我想大声疾呼，告诉问这些问题的人："不要否定你自己！做你必须做的事，去和成见做斗争。不要屈从于成见，不要让成见迫使你变得比现在更差。"

从长远来看，你对自己的职业和名声所能犯下的最严重的错误，就是隐藏自己的才能，压抑自己的声音，或者没有发挥自己最强的能力。但这恰巧就是刚才提到的这种成见，特别是关于"讨人喜欢"的成见迫使我们去做的选择。

那么我给出的建议是什么？你如果很有趣，那就展现出你有趣的一面，不要去管你读过的那种说当女性变得有趣时就不会受到严肃对待的文章；你如果是一名优秀的谈判者，就应该去谈判，如果因此而受到伤害，你应该利用自己的谈判技巧去找到一份新的工作；你如果必须采取强硬的态度来保证任务完成，那就应该采取强硬的态度；当别人给你贴上"好斗"标签的时候，你值得花上几分钟的时间给他们解释一下，表明你对这种说法是很介意的；你如果清楚地知道自己正在讨论的内容，千万不要假装自己不知道，不要仅仅因为担心一个屋子里的人都希望解决问题的专家是男性就闭口不言。

正如塔吉特公司首席多元化执行官卡罗琳·旺加曾说的那样，如果你在工作当中不能保持初心，你就不可能高质量地完成工作。在工作当中，先要集中精力在基础工作中获得大家的信任，这能够非常有效地帮助你达成自己希望达成的目标。[36]专注于如何在工作中取得好的绩效，保持初心，打造扎实的人际关系；如果你做到这些的话，好的名声必然随之而来。好的名声来源于做最好的自己，就算你尽力去做别人希望你成为的人，你也不可能打造属于自己的好名声。

有一件事能够帮助你取得更好的工作绩效，建立起更好的人际关系，并在工作中保持初心，那就是从别人那里获取反馈。请别人对你的工作给予批评，不要简单地回避问题。不过，如果我得到的是带有成见的反馈，那么我会对这种成见发起挑战，而不是忽视它。特别是在我刚参加工作，感觉自己非常脆弱的那段时期，在工作当中不断折磨我的那些标签就是有人会觉得我"不讨人喜欢"或者"好斗"。在我大学毕业之后的第一份工作中，有人曾悄悄跟我说，公司 CEO 说我是一个"咄咄逼人的娘们儿"。这是一种对我人格的侮辱，而不是有效的反馈。当我得知自己"不讨人喜欢"的时候，我的直觉反应是处处退让。但当我这么做了以后，我的工作绩效并没有得到改善，而且也没有人因此更喜欢我。我最喜欢自己发挥了最强工作能力的那个状态。事实上，当我喜欢自己的时候，别人也跟着一起喜欢我。我发现当我能够

受害者 &
| 成见 | 偏见 | 霸凌 | ⚡ | 歧视 | 骚扰 | 肢体侵犯 |

正面应对成见，坚持自己立场的时候，我就能做得更好，形成更好的人际关系，最终也会获得更好的名声。一个不解的谜题就是，我不再去关注自己是否"讨人喜欢"的时候，我反而变得更"讨人喜欢"。

有一次，我们团队成员一起出去做管理层团建，这让我终生难忘。有一项活动是我们要在屋里轮流走一圈，用一个词形容另外一个人，这个词开头的第一个字必须和这个人名字的第一个字一致。当一位同事朝我走来的时候，我已经为他可能说出来的任何话做好心理准备，因为我们刚刚在一个项目上共事过，合作过程中我的态度一直都非常强硬。他说："金很关心人。有的时候，你甚至都希望她不要关心那么多，但是她是真的关心人。她既关心身边的人，也关心她的工作。"在另外一家公司，我和另外一名曾经说过"金很好斗"或者"金就是个讨厌鬼"这种话的男人共事，但经过一年的紧密合作，他对新加入团队的成员说："金很喜欢与人辩论。一开始的时候，你可能觉得她会把你逼疯，实际上她只是在帮助你取得更好的工作成绩。"

不要被成见推着走，而要推动有成见的人做出改变！

沉默与愤怒

我在前面的章节已经描述过沉默与愤怒之间的关系。我认为有必要进一步强调，沉默与愤怒综合征会使人失去工作能力。我保持沉默的时间越长，积累的愤怒就越多。我愤怒的程度越深，变得沉默的概率也就会越高。用西蒙和加芬克尔的话说："沉默会像癌症一样蔓延。"沉默对我造成的伤害，比对其他任何人造成的伤害都要多。

接下来我进一步解释一下，这个恶性循环是怎样发挥作用的。

在面对成见、偏见和霸凌的时候，你所采取的沉默并不是一种真正令人感到平和的沉默。我经常会在凌晨3点的时候一次又一次地回想起对我造成伤害的事件，其实这时我应该已经入睡了，而我会突然想起我在当时应该说的话。然后，这种情况不断发生，我却一直没有做好回应的准备。这种问题发生的次数越多，对我造成的困扰也就越大。我忽视它们的次数越多，它们发生的概率也越大。由于我没有正面挑战做出错误行为的人，因此这个人要么对他自己犯下的错误没有感知，要么认为这种行为对我而言是可以接受的。当下一次同样的事情发生的时候，我会感到更加愤怒，直到我真的变得非常暴躁。而当我变得暴躁的时候，我有可能更加沉默，因为我不相信自己在这种状态下能说出正常的话，我担心如果我开口说话了，可能暴露出来的是我的愤怒，而且可能有人会跟我说女人没有被赋予表达愤怒的权利，而这会让我更加愤怒。

由此就产生了一个沉默与愤怒的恶性循环。在这种情况下，最有可能发生的是，我变得异常愤怒，并且担心自己在这种情况下做出的任何一种回应都有可能与最后导致我情绪崩溃的事件不相匹配。沉默的时间越长，愤怒积累得越多。接下来，我给大家提供一些能够让你从沉默与愤怒的恶性循环中脱离出来的策略。

用侮辱性的名字称呼别人并不是有效的反馈

从来没有人会因为别人当面说他是个浑蛋，就改变他自己的行为或态度。正面攻击一个人，只会引发他更恶劣的举动。

当事件发生的时候，以牙还牙似乎是一种公平的表现。这看上去很公平，但并不有效。在依赖于团队合作的工作环境中，发生这种事情只会对工作环境造成破坏，甚至有摧毁性的影响。这不仅对团队是不利的，对团队中的个人也是不利的。这会导致你只能看到你认定的错误，并且会抑制你用发展和进步的眼光去看待问题。"你是坏的，我是好的，所以我有权用恶心的方式来对待你。"由此还催生出了虚伪的行为方式。

回击成见、偏见和霸凌最好的方式就是正面挑战它们，但是不要模仿它们。倾听对方正在说的话，指出导致他们产生错误态度或做出错误行为背后的真实问题。使用以"我""事实""你"开头的陈述句去回应他们。

寻求盟友，不要树敌

我发现如果刻意去寻找支持我的人，一定能找到这样的人。如果花精力去培养支持者，即便是一些不完美的支持者，我最终获得的成功也一定比到处树敌要多得多。我还发现，有些人说的话乍一听可能令人不快，但这些人未必就是我的敌人。如果我能和这些人深入互动，或许会发现，一开始被认为是个浑蛋的人，到最后也许能成为我的盟友。

举个例子，我有过一段工作经历，当时我是公司里唯一有孩子的人。一位年轻的工程师对于如何平衡工作与家庭感到非常好奇，他问我是如何达成二者平衡的。我告诉他，我在早餐、晚餐以及睡前的时候与家人共度时光。他惊叹："那这就像棒球赛季的运作方式啊！"刚开始的时候，我有点儿生气。我的家人对我而言是非常神圣的，但不论你再怎么喜欢棒球，也达不到神圣的程度。但是，我觉得还是保持好奇心，继续追问一下他的本意为好。"我大学的时候曾经打过棒球。在每个赛季开始之前，我都会因为需要平衡学校的课业和棒球的锻炼而感到困惑。但我发现这和你刚才描述的方法是一致的——我每天要投入棒球训练的时间很长，但我仍然有其他时间完成学校的课业。"我在理解了他的本意之后，也明白了所谓的"棒球赛季工作制"对作为母亲的我而言，是一个很恰当的类比，只不过对于身为父母的我们，这个赛季非常漫长。

允许笨拙的好奇心造成的错误

我曾经做过一次访谈，访谈对象就职的公司位于美国一个以白人为多数人口的地区。这个公司里的人很少出差，所以当一位来自印度的女士加入他们的工作团队时，公司里的很多同事才第一次接触到来自另外一个国家的人。新同事开始上班之后，她的一位同事就问她："在你的老家印度，大家都是骑大象去上班吗？"

我们当然可以理解，这位女士当时感到自己被冒犯了，并且用严厉的措辞反驳了回去。但之后她逐渐理解了，问问题的人是她工作上的盟友，只不过他在某些方面没有接受完整的教育。这位女士后来开发出了一种被她自己称为"允许笨拙的好奇心造成的错误"的思维方法。她的同事关于一个国家的错误印象仅仅来源于一部电影中的一个镜头。但是，这位同事并非持有偏见，而是真心想要了解当地真实的情况，这也是当初他问这个问题的原因。这位女士认识到应该允许这种因为笨拙的好奇心而产生的错误。她后来也学会了在回答类似问题的时候留有空间，让提问的人能够在日后成为给她提供支持的人。她知道她没有精力去给公司里的所有人普及印度的文化,这是超出她个人精力的事情。而且,如果把所有人因为笨拙的好奇心造成的错误都当作有敌意的偏见来处理,也会让她筋疲力尽。她没有必要去教育他,或者说她没有必要去"屏蔽"他。她采取的方式就是以事实来回答他的问题,并且推荐一些值得阅读的书籍和值得观看的电影,从而让他对印度有一个更准确的印象。

看清这场仗你能不能打

如果让身处少数群体的人去教育身处多数群体的人,这会让前者感到精疲力竭。我试图非常仔细地挑选我投入精力教育的对象。而且你也可以合理地预期,身处多数群体的人应该有自学的机会。

托妮·莫里森曾经论证过,与种族有关的成见、偏见、霸凌行为如何影响公平工作:"种族主义带来的严重后果之一……就是十分令人分心。它会阻止你集中精力工作,会要求你反反复复地去解释你做……或者你成为……的原因。其实这些工作都是不必要的。"[37]

托妮·莫里森的理论是正确的。这些工作都是不必要的。你应该去做你想做的事,而不是去做别人用他们错误的态度或观念强迫你去做的事情。

不再默认用沉默的态度回应,与总是和别人打嘴仗,或者总是沉浸在某种争斗当中不是同一件事。我选择战斗的"算法"并不一定适合你,但我也会把它拿出来分享,就是希望能给你提供一定的帮助。我的方法其实就是用一种动态的衡量机制来评估现在到底发生了什么，然后有意识地决定我应该做出什么样的回应。如果我以"选择自己适合的战斗"为名义，决定了保持沉默或者什么都不做，我会让这种沉默成为一种主动、有意识的忍耐，而不是被动的躲避。当我决定不做任何回应的时候，是因为我手头有其他更重要的事情要做，而并不是因为我产生了恐惧。我可以尽力去尝试，但不是每次都能取得成功。有的时候，和大家一样，我也会产生恐惧。

利用幽默感

你不一定需要是一个性格很有趣的人，才去利用幽默感回应这个问题。事实上，幽默有的时候会起到反作用，因为使用幽默的回应方式，实际上是把刚刚发生在你身上的事情大事化小。[38]但是，如果你自己感觉很合适的话，幽默可以成为你很重要的一笔财富。（此处特意提醒造成伤害的人：如果用你给别人造成伤害这件事来开玩笑，那肯定会适得其反。）

安妮·利贝拉是芝加哥哥伦比亚大学的一位喜剧教授，她在她撰写的《变得更有趣》一书中提到，幽默的进化目的就是令人获得洞察力。一个人可以利用幽默帮助其他人注意到他们犯下的错误，既不会令对方感到生气，也不会让他们立马就进入自卫的模式。这是利贝拉所说的"哈哈哈哈"[39]模式。或者又如林迪·韦斯特说的那样："我们的世界充斥着各种可怕的事情……针对这些事情，讲些笑话是可以接受的。但是，最好的喜剧演员都会用他们的艺术手段向人们揭示：生活中可怕的事情都是不值得恐惧的，让它们变得更好，而不是更差。"[40]这种程度的幽默，可以成为与那些对自己犯下的错误毫无感知的人之间的一种有效的沟通方式。

受害者 &						
成见	偏见	霸凌	↯	歧视	骚扰	肢体侵犯

例如，我在前文当中提到了艾米·卡迪在推广女性权利站姿，这种站姿就是对女性经常会遭遇的成见做出的一种非常好的回应。有的时候，艾米会坐飞机出行，坐在她旁边的人会主动攀谈，问她："你是干什么工作的？"而当她回答"我是哈佛商学院的一名教授"的时候，对方通常会回应："真的吗？你看上去不像是在那儿教课的人。你教什么课程呢？"艾米则会回答："打字。"

娜塔莉·科根是一名作家，同时也是一位企业高管。有一次去开会的时候，她随身带着一个女性的挎包、一个笔记本电脑包，还有一个黑色的双肩包。一位董事会成员，同时也是一名知名的风险投资家，嘲笑她说："女人为什么总是喜欢买包呢？"当大家的目光都转向娜塔莉的时候，她拉开了双肩包的拉链，从里面拿出了……吸奶器。

挑选"婴儿祝福礼"的成本

一位名叫托德的职业经理人，带着一肚子抱怨参加例会，他抱怨的就是当天下午被迫要去参加关于无意识成见的培训。他宣称："我认为无意识成见这种东西根本不存在。"他团队当中的女性成员阿德里安娜，对他的这种态度感到非常厌烦，但是并没有做任何评论。她甚至都不太确定自己正在面对的是哪种错误态度。托德正在否定"成见"这种概念的存在。但他真的相信自己所说的这句话背后的含义吗？如果是这样的话，那么他展现出来的是偏见。但或许他正在试图霸凌女同事，看看她们会采取什么样的反应？不论他的本意如何，整个气氛对女性是有敌意的。

会议进行到后半段的时候，一位名叫泰的男士提出来给一位即将休产假的同事赠送一份婴儿礼物。托德回应说："阿德里安娜去做这件事，女人更擅长做这种事。"

阿德里安娜其实正在赶一个日程非常紧张的重要项目。她没有时间从30个人手里收份子钱、选礼物、买礼物、包装礼物，但她仍然要去做这件事，因为做这件事耗费的精力比和托德打交道要少得多。由于这个额外的小任务，她自己的项目进度往后拖延了一点儿，继而导致其他4位同事的项目进度也滞后了。与此同时，她的同事泰刚刚完成了一个大项目，而且他的日程安排有些空闲——这也是当初他提出买礼物的原因。这种小事件真的能对女性的职业造成伤害，而且有可能对一个运转良好的机构产生影响。当"办公室家务"被默认分配给女性时，她们的生产力会受到打击，她们的职业发展会受到打击，工作环境的公平程度也会遭受打击。当团队中女性成员的生产力遭受打击的时候，整个团队都会受到拖累。

我认识的每一位女性都遭遇过数百次这种小事件。如果不去帮助大家挑选婴儿礼物，也会被要求去做会议纪要，去帮人倒咖啡、订餐馆、订生日蛋糕，或者帮团队计划拓展活动等。

或许我们会觉得，放过这些事情会更简单。为什么要花精力去应对它们？保拉·斯通·威廉姆斯是一名跨性别女性，同时也是一位牧师。在她发表的TED演讲中，她描述了自己亲身经历过的成见，以及男性所持有的对女性很不屑的态度："如果越是有人质疑你其实并不懂你正在讨论的主题，你就越有可能开始质疑自己真的不懂。"[41]这是工作环境不公的一个缩影。它会对工作环境产生腐蚀性的影响，让你开始质疑自己。对不公平的现象发出挑战是至关重要，如果我们不挑战这种现象，我们就会把它内化到自己的意识中。

受害者 &

| 成见 | 偏见 | 霸凌 | ⚡ | 歧视 | 骚扰 | 肢体侵犯 |

备忘录

问题	对策
成见 非故意、无恶意	阻断成见 用"我"字开头的陈述句做回应
偏见 故意、恶意	建立行为准则 用以"事实"开头的陈述句做回应
霸凌 故意伤害	施以惩戒 用"你"字开头的陈述句做回应

3

致旁观者：
如何做仗义执言者

给受害者造成最大程度伤害的，并非加害者的残忍，而是旁观者的沉默。

——伊利·威塞尔

当看到错误、不公平、不公正的事件时，你应该大胆讲出来。你有义务揭露恶行，也有义务回击恶行。

——约翰·刘易斯

我写这本书很大一部分原因，是想对那些在工作中为自己的同事仗义执言的人表示认可和感谢。我在工作环境中，因为身为女性而遭遇不良事件时，总是有很多的人能够帮助我穿越迷雾，并且此后还一直支持我前进，可以说我收获的良好体验要比不良体验多得多。这些人有的是朋友，有的是同事，有的是下属，有的是上司，甚至有一些是陌生人，我对他们都心存感激。他们是仗义执言者，他们的人数远多于加害者。正是由于仗义执言者的存在，我才对解决工作环境不公问题保持乐观。

打造公平工作的文化，仗义执言者是不可或缺的。一方面，他们帮助那些在工作环境中遭受不公平待遇的人，减少他们的孤独感和被人操纵的感觉；另一方面，他们也向那些加害者传递清晰的理念，减少这些人的抵触情绪和意识，并且让这些人改变自己行为的概率最大化：因为他们的存在，每一个人都会觉得工作环境变得更好。由于仗义执言者的存在，那些有潜质成为仗义执言者的人才会了解到自己能够为环境的改善贡献一点一滴的力量。他们向众人展示了，站在正义的一方并不会像多数人担忧的那样承担太多的风险。

在文化属性高度趋同的工作环境里，仗义执言者的存在极其重要。因为，在这种环境里，身处少数群体的人想要回击成见、偏见或霸凌并不是那么容易的，他们一方面可能会感受到来自这些错误态度和行为的威胁，另一方面，由于这些问题出现的频率很高，应对起来也比较费精力。

用"我"字开头的陈述句指出成见

身为仗义执言者，最大的职责就是举起一面镜子，邀请别人注意仗义执言者观察到的问题。就算简单直率地说："我认为你刚才说的话是带有成见的。"这都可能出奇地有效。仗义执言者可以利用第 2 章中介绍过的以"我"字开头的陈述句作为自己的工具。

不论你针对哪种话题提供重要的反馈，尤其是在针对成见这

仗义执言者 &

| 成见 | 偏见 霸凌 歧视 骚扰 肢体侵犯

种比较敏感的话题时，攻击他人的人格、品德、性格，甚至暗示自己对这种言论感到很恶心，都不会起到很好的效果。如果你直截了当地说，或者你在话里暗示"你是一个性别歧视/种族歧视/恐惧同性恋的老顽固"，那么在说话的当时，你可能觉得这种话是有根据的，而且充分地表达了自己的情感，但通常情况下，这种表达都不太可能刺激说话的人去检视自己的想法是否正确。你可以试想一下，难道还会有人真诚地回答你"哦，谢谢你指出我的错误。我现在认识到问题发生在哪儿了，我一定会改变自己的行为"吗？

很多人都担心正面回应成见会伤害到他们和持有成见的人之间的关系。但是，实际上有一些简单且有效的方法可以促进你和同事之间的工作关系，并且改善整个团队的文化。这并不是说冲突的双方必须有一方迁就另外一方。下面我给大家讲一则故事，它说明了在面对成见的时候，如果能够有效地应对，它将帮助你和你的团队更好地协同工作，达成团队的工作目标。

桌上的坐序

当艾琳·李还是凯鹏华盈风险投资公司的合伙人的时候，她曾经和公司其他两名合伙人史蒂夫·安德森还有马特·墨菲到一家《财富》世界500强企业拜访，与该公司的3名高管会面。史蒂夫、马特和艾琳比对方人员到得早，他们选择在桌子居中的位置就座。

当天与他们碰面的高管都是比他们年纪大的男性白人。这3位高管与凯鹏华盈的团队相对而坐，他们选择的座位在桌子相对靠近史蒂夫的一端，使得艾琳的对面刚好就没有人，这样就很巧妙且明确地把艾琳排除在他们的对话之外。

会议还是照常进行了。对方的3个人和艾琳的两位男同事都有眼神的接触，并且他们都向着两位男士去提问，这进一步把艾琳排除在外。艾琳猜测，他们自己甚至都没有意识到，他们正在把她排除在外。

如果艾琳当面纠正对方男士的行为，那么她将面临很大的风险，人家可能认为这个女人"很粗暴"或者"过度敏感"，如果对方对他们自己的行为感到特别尴尬，他们甚至都不会做出道歉，可能会直接中断机构之间刚刚建立的联系。身处少数群体的人，会被"视而不见"，他们经常遭遇这种进退两难的情况。但如果不挑战当时会议室里出现的这种带有成见的情况，结局会更加糟糕。

幸运的是，艾琳的合伙人之一发现了当时屋子里这种不太正常的气氛。他提出了一个非常简单且有效的解决方案，他直接问："艾琳，你介意和我换一下座位吗？"

通过交换座位，艾琳坐到了对方3位男士的正对面，而这位合伙人坐到了对面空着的座位上，艾琳的同事重置了会议室里的气氛。在接下来的会议中，大家自然而然地把艾琳加入对话。这个举动花了不到30秒的时间，但大大提高了这次会面成功的概率。这个故事向我们清晰地表明，我们为什么以及如何变成一名反种族主义者和反性别歧视者。行动其实并不是那么难。

仗义执言者 &

成见 | **偏见** | 霸凌 | ⚡ | 歧视 | 骚扰 | 肢体侵犯

用以"事实"开头的陈述句反驳偏见

　　我们来重新检视一下第 2 章结尾关于谁去买婴儿礼物的故事。让我们设想：在有仗义执言者干预了当时这件事情的进展的情况下，它会产生什么样的结果？当托德说他并不相信性别成见是一种真实存在的问题时，屋子里有 6 名男士和阿德里安娜 1 名女士。他们都意识到了托德的行为有成见——而且这令大家都感到不舒服——但是没有人多说一个字。

　　我们假设一下，在泰自愿提出负责购买婴儿礼物的情况下，托德还明确告诉他，让阿德里安娜来做这件事。而当这个事情发生的时候，如果 6 个男士中有一个进行了干预，情况又会变成什么样呢？他们需要做的其实不太多，只需要有一个人以开玩笑的口吻说："你确定没有性别歧视吗？你刚才说因为阿德里安娜是个女人，她就应该去买婴儿礼物，这听上去就像是一种成见。还是说你从内心就认为仅仅因为她是女人，她就该做这些事情？如果是后者的话，那你说得对，这不算是成见，这已经是偏见了。"这种话听上去特别激进，但是同一个团队里的男人经常互相用这种口吻来开玩笑。有另外一种情况，团队当中可以有一个人站出来，明确告诉托德，阿德里安娜当时手头有非常紧迫的项目要做，她的进度非常紧张，而泰当时是有富余时间的，在这种情况下，让阿德里安娜去买礼物，不仅会伤害到阿德里安娜本人，同时也会拖累整个团队的进度。他们可能并没有办法说服托德相信性别歧视的存在，但至少他们可以防止他在泰去买礼物更合理的情况下，仍然让阿德里安娜浪费时间去购买礼物。

被要求在桶里撒尿是有损人格的

我曾经和一位名叫戴维的同事，飞越半个地球，去和另外一家公司谈合作事宜，这家公司从来没有雇用过女性员工：当地的宗教信仰禁止女性离开家门外出工作。我想当时他们都把我看作一个美国人，而不是把我看作一个女人——这在我这儿也算说得过去，直到我喝了很多杯茶水之后，突然想要上厕所。他们的办公楼里没有女士洗手间。我提议，如果当时男士卫生间里没有人，我能否紧急用一下。他们解释说这是违背当地宗教信仰的。其中一位男士向我招了招手，示意我跟他走，把我带到了一个放清洁用品的杂物间，指着地上的一个桶，示意我在桶里撒尿。我放声大笑，但我看了他一眼，发现他并不是开玩笑。

"让我在桶里撒尿是有损人格的！"我说了一句，然后转头就向男士洗手间走去：我当时非常着急上厕所。但是，另外一位男士站到了我前面，挡住了厕所的门。突然之间，一开始不算什么的小冲突升级成了令人紧张的事件。

我望向戴维，寻求他的帮助。我要提醒你注意的是：在这种情况下，向同事寻求帮助没有问题。寻求帮助是一种懂得利用优势的表现，而不是软弱的表现。

令我感到欣慰的是，戴维扮演了仗义执言者的角色。他重复

仗义执言者 &
成见 | 偏见 | 霸凌 ↯ 歧视 骚扰 肢体侵犯

了我的观点:"现在这里就有空闲的卫生间,这种情况下,要求金在桶里撒尿是有损人格的。"然后他提议说,"如果金同意的话,她可以使用这里的卫生间,或者金和我开车先回酒店,在那里先上厕所。"我是一个追求办事效率的人,想到如果开车回酒店去上厕所的话,可能光路途上就要花费一个小时,这对我而言,有点儿难以接受。但是,让我感到惊讶的是,对方公司的人选择等我们,直到我们从酒店回来才继续开会。

戴维告诉我们的接待方,把他们的信仰强加到我头上是不可接受的。他提出来的解决方案,不仅对我们而言是不方便的,其实对对方而言也是不方便的。对我而言,他们需要为自己的这种偏见承担一定的成本。戴维的方案并不是完美的,但至少我可以接受。我当时确实也想不出其他更好的办法,所以我一直感谢戴维在这件事上对我的帮助。

你可能需要开展一场深入的对话

有些情况下,作为仗义执言者,你或许不仅仅希望劝人们不要把自己的偏见强加到别人身上,也不仅仅想请他们慎重思考自己的刻板成见对团队工作效率造成了怎样的伤害。当团队当中有一名同事的偏见正在导致整个团队无法有效地协作,而且不论出于什么原因,你还甩不掉这样一名同事的时候,你可能需要和他进行一场深入的对话。或者,这也有可能是因为你很关心这位同事,想尽力为他提供另一种思考问题的方法。

从我个人经历来看,这种方法通常只有在你对那个人非常尊重的情况下,才有可能行之有效。你尊重一个人,并不代表你尊重他持有的偏见，一种偏见并不能定义一个人。如果你能够感知到一个人总体的状态不仅仅是他持有的某一种信念，那实际上你和这个人之间的关系，就是马丁·布伯所说的"我—你"的状态，而不是"我—它"的状态。[1]假设你看的不是人，而是一棵树，你可以选择观察整棵树，也可以选择只观察这棵树上一根已经断掉的树枝。

如果你能以对待一个完整的人的态度接近这个人，而不仅仅是批判他持有的一条偏见，那你或许就能更好地把你与他之间的对话看作对他的同情，也是为了建立你们之间沟通的桥梁，而不是在给对方下定义或者对其施以惩戒。当你能做到这一步的时候，你就能让这场对话所能发挥的效果最大化。

用"你"字开头的陈述句回击霸凌

从实战的角度来看，仗义执言者是干预霸凌的最好人选。霸凌的本质就是把受害者从一个群体当中分离出来，成为孤独的受害者。当有仗义执言者对霸凌者发出挑战时，霸凌者就知道自己面对的至少是两个人，而不是一个人。

有的时候，或许是你对霸凌者的恐惧心理阻止了你，而有的时候，你可能质疑自己是否应该参与到整个事件中去。替遭受霸凌的人出头，会不会被视为一种自视过高的行为？"权利存在"

仗义执言者 &
成见　偏见　|霸凌|　↯　歧视　骚扰　肢体侵犯

是一家为仗义执言者做培训的非营利机构，他们开发出了5种方法，用于指导你通过不同的行动，让霸凌的行为曝光在大众视野当中。[2]

直接回击

当霸凌行为发生时，就对霸凌者发起回击。通常一个以"你"字开头的陈述句就足以帮助仗义执言者和受害者发起回击。下面这几句话是仗义执言者可以直接对霸凌者说的话。

"你到底有什么目的？"
"你知道自己听上去像什么吗？"
"你的行为很不得当 / 对他人极其不尊重，等等。"
"你的这种行为在这里行不通。"
"你不要再纠缠他们。"
"你刚才说的话，带有成见 / 带有偏见 / 非常冒犯他人，等等。"

请你记住：霸凌并不一定是一个块头较大的孩子在游乐场上推搡体格较小的孩子。有的时候，霸凌者有可能是身处多数团体当中的一个人，而这个人对身处少数群体的人持有错误的假设。在我曾经工作过的一家公司里，自由派与保守派的人数比，与公司里男性和女性的人数比（80∶20）是一样的。有一天，同事的话题转到了选举上，特德开玩笑地说共和党都是些没道德的浑蛋。我替卡尔文感到非常难受：我恰巧知道他是这个办公室里唯

——一位共和党人。我曾经遭遇过这种情况，在一个其他成员都是男性的会议室里，我作为绝对少数，被他们施加了有冒犯性的评论。我清楚地知道，在这种情况下，卡尔文一定非常难以大声地回击这种偏见。

我当时说："特德，你这话里有好多假设的前提啊！我们团队里确实有共和党人。他们既没有道德方面的问题，也不是浑蛋。"

立刻就有另外的同事开玩笑地接话："现在看看谁是浑蛋啊，特德。"

特德举起手，做出投降的姿势并说道："对不起，对不起，你说得对。"然后我们重新回到了工作状态。如果我当时什么话都没说，或许卡尔文在接下来的一天中都没有办法专心工作。一个人在遭受霸凌之后，是很难再回到高效的工作状态当中的。

分散注意力

直接挑战霸凌者的行为——比如说直接喊"嘿！你为什么说话那么粗鲁！"——可能会让我们感到非常满意，但有的时候，这种直接回击的方式，只会让遭受霸凌的人的处境变得更糟。在其他一些情况下，直接回击的方式也并不一定有效。我们都曾经参加过有人做出恶心行为的会议，在那种情况下，我们会认为改变当时会议的气氛更有效，可以在会议结束之后再来处置霸凌的行为。

我读高中的时候，曾经在一家银行实习，我的工作任务就是接电话。我当时坐在银行大厅里，那是一个宽敞而安静的场所。

| 成见 | 偏见 | 霸凌 | ⚡ | 歧视 | 骚扰 | 肢体侵犯 |

有一次，我不小心把本来应该转接给正在交易终端上安静地做着交易的交易员的电话给挂断了。

那个交易员冲我大吼："我的老天啊！大小姐，你连个电话都不会接吗？"

看到这件事之后，另一名交易员站了起来，拿他桌子上一个弹跳球砸向刚才冲我吼叫的交易员。那个吼叫的交易员勉强躲过了球，球从他头的上方擦了过去。那位仗义执言的人冲他喊了一句："我的老天啊！大少爷，连个球都抓不住吗？"这件事已经过去了30年，我对当年这个人还是心存感激。

指派干预

这里所说的指派，并不是说让你指定一个在工作关系上属于你下级的人，去做干预霸凌的事，而是你可以找一位处于有利地位的同事来干预这件事。你可以指派给上级、下级或平级。

珍妮特注意到她的同事雷切尔正在遭受来自信息技术部门主管伯特的霸凌。伯特强制要求雷切尔把她登录一个工具软件的用户名和密码都交给他。雷切尔当时正在赶工，如果赶不上进度，整个项目就可能会失败。看上去伯特似乎在强迫雷切尔处于弱势地位这件事情上享受很大的乐趣。雷切尔问过伯特，为什么一定要她的用户名和密码。他的回答是"这样做能让我感到高兴"。他不断地骚扰雷切尔，直到雷切尔感到厌烦之后，迫不得已交出了用户名和密码。在得到她的登录信息之后，伯特锁死了雷切尔的登录权限，这使得她的整个项目都有失败的风险。

为了替雷切尔仗义执言，珍妮特首先尝试了直接回击的方法：她要求伯特恢复雷切尔的登录权限。伯特的回答是，他从一开始就不知道雷切尔为什么需要这个软件，除非珍妮特能够给他一个"令人满意"的答复，否则他是不会恢复她的权限的。但事实上，伯特并没有职权来决定谁需要用哪种工具软件，他的职责就是确保大家使用的工具软件能够正常运转。

发现直接回击的方式并不奏效之后，珍妮特决定指派他人来进行干预。她找到了伯特的上司，重新要回了雷切尔的登录权限。她同时要求伯特的上司对伯特的霸凌行为进行处罚。各方的情绪稍微平静一点儿之后，伯特的上司找来伯特进行面谈，并且明确地告诉他，如果他以后还做出同类型的行为，他将承担相应的后果。伯特的行为并没有改善，他最终被公司开除了。

延迟处理

有的时候，由于存在遭到报复的不确定风险，你可能不太愿意在霸凌行为发生的当下就进行干预，但你仍然可以在事后进行干预。

曾有那么一次，在一个营销会议上，和我共事的一名女性当着数千人的面说我团队当中的一位男士"有大象一样的粗腿"。或许她认为这种语言是可以被接受的，因为在她的工作环境里，作为她上司的那位男士经常对团队里女性的容貌做出不恰当的评论。不论其背后的原因如何，这种说法还是令我感到困扰。不论针对男士还是女士，骚扰就是骚扰。

而在这个案例当中，令问题更复杂的是，说出不恰当话语的

| 成见 | 偏见 | 霸凌 | ⚡ | 歧视 | 骚扰 | 肢体侵犯 |

这位女士是人力资源部的人。通常情况下，她应该是我们汇报员工不恰当行为的对象。我感觉如果当面直接回击的话，对自己而言，既不安全也不有效。在公司里，她追随的那位领导就是以霸凌出名的，而且那位领导经常单独把我挑出来作为针对的对象。我判断这不是一场我可以获得胜利的战斗。（假如在今天，我一定会去挑战这件事。但我现在的处境已经比当时好很多，不再那么软弱可欺。）

即便如此，对遭受报复的担忧也并不能构成我忽视已经发生了的错误的理由。会议结束之后，我找到那位被她孤立的男士，并且告诉他这个女士讲的话是不恰当的。这位男同事对我表示了感谢，并且证实了我的想法，这个女士的发言确实让他感到恼怒。

做好记录

作为事件的旁观者，你有能力观察、记录事件的经过。对遭受霸凌的受害者而言，如果他们想要举报一个事件（第三方证据肯定有帮助），或者仅仅是想回顾这个事件对他们而言是一种错误行为的时候，你的记录对他们都能形成宝贵的帮助。一位仗义执言者，可以记录当时正在发生的事件，这是受害者做不到的。

当你发现某件事不太对劲的时候，你有很多种回应的方法。如果你不太确定具体该做什么，梳理一遍前面提到的5种方法，选择去做一些事情，比如直接回击、分散注意力、指派干预、延迟处理、做好记录。

注意英雄情结

大多数人都容易受到诱惑，而把自己放在整个冲突事件的中心位置——在回击不良行为的过程当中，更多地展现他们自己、他们的道德品质以及他们的无所畏惧。这将导致你不再关注真正受害者的诉求，甚至有可能导致你做出一些事情，令你本来想要帮助的人所处的境遇变得更加糟糕。想要有效地执行仗义执言者的职责，就一定要保持关注不公平现象受害者的真正诉求。

接下来我向大家描述一些现象，它们对于有效承担仗义执言者的责任会构成负面影响：道德绑架、"无敌浩克"情结、"白马王子"情结以及投机取巧的伪君子行为。

道德绑架

道德绑架的行为会比其他行为更加迅速地扼杀一个团队良好的沟通氛围：所谓的道德绑架，就是几个人站在道德的制高点上一起谈论敏感的话题，同时令其他人感到羞愧。[3]道德绑架通常会导致团队成员之间产生更深的误解，通常来讲，它并不能解决大家面临的问题。你只要在社交媒体平台上看3分钟的帖子，就能找到无数这种行为的例子。

在线沟通，尤其是在社交网络平台上的沟通，可能会加速我们吹嘘自己的道德品质，指责他人道德低下的过程。在现实社会当中，朋友之间对于那种自认为正义的行为都会感到厌烦，所以会有一种自然减缓这种趋势的机制。当我们面对面谈话的时候，我们同时也要面对来自人性的拷问。我们有可能产生愤怒的情绪，但我们不会像网络上那样快地否定一个人作为人类的价值。当然，在现实生活当中，无知大众也会对某个人发起攻击，只是极端情绪在互联网上传播和扩散的速度会更快。如果你在线下的聚会上突然跳上台，发表即兴演讲，会有人给你投来异样的目光，暗示你赶紧下台去。但是，网络上的人会鼓励你多发言，没有人会通过眼神暗示你不要讲。道德绑架式的言论通常会收到很多点赞和分享。这导致越来越多同类型的言论，甚至更极端的言论盛行于网络，构成一个有害的环境。[4] 这也解释了我们当前政治言论的不良状态是如何产生的。这种滚雪球式的效应也解释了，当我们更多地依赖远程工作的时候，相比于以前大家都在一个办公室里工作，领导者更有必要去消除成见、偏见和霸凌。

处在任何一个有争议问题的两个极端的人，更容易使用道德绑架。温和派的人比极端派的人更少做出道德绑架的行为。但是，如果一个环境当中，很多人都在自以为是地指责别人的错误，那人们就很容易走向极端。[5]

道德绑架的行为存在诸多负面影响，但其中最重要的一点就是它可能导致情况变得更糟糕，而不是更好。有研究表明，我们当中大多数人都会相信自己比别人在很多方面都要更好，尤其在我们的道德判断方面，而这种现象导致我们对自己在道德方面的不足缺乏认知。[6] 这就是一种自我否认的态度。指责其他人的行动，极少会引发这些人仔细地检查自己的行为。相反，这往往会导致这些人陷入一种更深的自我感觉良好的境地。[7]

产生这种误区的主要原因是，对一个人而言，大环境让他难以听取来自自认为道德上比他更优秀的人的批评意见。陷入这种情境的人，几乎都会以愤怒和抗拒的姿态来对待现有的问题，同时也会引发更多的愤怒和抗拒，从而陷入恶性循环。最令人伤心的事实是，当我们事后在自己的脑海中回顾这些事件的时候，我们有的时候会承认，同事最初提出的批评意见其实是有道理的。但等到我们去回顾的时候，通常都已经无法再挽回了。你也没有办法撤回曾经说过的话，尤其是当话题涉及性别、种族、性取向、宗教等事件的时候。

"无敌浩克"情结

有一次，我和我的团队正在抓紧推进一个工程项目。那是某个周五的晚上，团队里一名刚从学校毕业的女成员艾米哭着到办公室来找我。另外一个团队的一名男同事查尔斯，看了一眼她做的分析，然后跟她说："你看你，又在按销售的套路做数学了。我才是工程师，我才有决定权。"她尝试不把这种混账话放到心里去，而且向查尔斯逐项解释自己做的分析：事实上，查尔斯有可能犯下一个重大错误，导致我们的项目至少延期一周。但他根本就听不进去，而且根本就不给她说话的机会。

我当时又累又饿，心里迫切地想要回家。现在好了，由于查尔斯闹的这一出，原本我周五晚上就能完成的工作，可能得拖到周六早上才能做完，到那时候才能离开办公室。我当时真想掐死他。我喊了一句："这个脑袋被门夹了的小屁崽子！看我的。"

我抄起电话，当听到查尔斯接起电话的时候，我直接就开始扯着嗓子冲他喊。我一直在电话里喊了将近 10 分钟。现在想起来我就像一个浑蛋，但当时我对这种行为感到非常享受，这本不是我应有的行为。多年之后，我和我的妹妹一起带着孩子去看《复仇者联盟》，其中一个镜头让我回忆起了当年咒骂查尔斯的这个事情。当时剧中的反派洛基正在对无敌浩克说："够了！你，你们所有人，都应臣服于我。我是天神，你们这群无趣的生物。我是不会被你们欺负的。"

无敌浩克看了他一眼，抓着洛基的双脚，把他拎起来，重重地把他的头砸到地上。左边砸两下停一下，右边砸三下停一下，左边再来两下，右边再来两下，中间再来几下，最后摔到左边。洛基最后被羞辱得体无完肤，甚至都没有办法站起来。

无敌浩克说："可怜的神啊！"然后带着一脸不屑，气冲冲地走了。我妹妹和我看到这里笑得喘不上气来。谁不会梦想自己有无敌浩克这样的能力呢？

我当年对待查尔斯的行为，就是模仿了无敌浩克的行为。但我当年的行为，有没有令艾米的处境变得更好？其实并没有。我剥夺了她亲自正面回击查尔斯的机会，而且我这么做实际上是霸凌了别人。那件事情过了大约5年之后，我丈夫和查尔斯在同一个项目上共事。当我丈夫提起我是他妻子的时候，查尔斯瞪大了眼睛："你娶了金·斯科特？她有一次真的冲我发了很大的火。"

当天我丈夫在晚饭期间尴笑着问我："你当年到底对那个人做了什么？"现在回想起来，我就是输给了自己充当无敌浩克的幻想，这让我变得像一个浑蛋。

"白马王子"情结

心中充满帮助他人的渴望，这是一件好事。但如果这种渴望变成以你为中心，你的帮助或许并不会得到别人的欢迎。如果你把受害者描绘成童话中等待拯救的公主，你实际上是给别人强加了一种你必须是那个施以援手的人的印象。这听上去似乎不太可能发生，但现实中它在不断发生。我的一名同事曾一直想要从我当时正在约会的一个男人手中"拯救"我。他有一点说得很对：我当时经历的这段感情很糟糕，而且我确实需要摆脱这段感情。但我并不想要他的帮助，也不需要所谓的"拯救"。

与此相关但存在一定差异的情结，指的是白人通常都会自以为是地认为，他们应该代表黑人发表反对种族主义的言论，但他们并没有耐心地聆听黑人同事遭遇的种族主义歧视。这种行为让人感觉白种人自高自大，并且揭露了这些白人同事实际上并没有意识到自己怀有种族主义的倾向。[8]泰茹·科尔把这种情结称为"白人救世主工业化情结"。他解释说，这种情结"并不是在追求公平，而是在给白人创造一种情感经历，用于验证他们享有的特权"。[9]

投机取巧的伪君子行为

就在不久之前，来自硅谷的一位知名男性学者突然决定，要以推动科技行业女性的职业发展为己任。艾丽西亚正好负责公司的多元化、平等化和包容性建设，她找到这位学者，希望进一步了解他关于创建更好的工作环境的方法。这位学者答复说，只有当她公司的 CEO 参加会议时，他才会出席。艾丽西亚说，这件事恐怕很难提到 CEO 的日程上来。而这位自视甚高的学者威胁说，如果 CEO 不出席，他就会在社交网络平台上发帖子，指责这家公司忽视工作环境中的性别平等问题。

> 仗义执言者 &
> 成见　偏见　霸凌　⚡　歧视　骚扰　肢体侵犯

最终，艾丽西亚撮合了这场会议。这原本是一个可以带来很多建设性意见的会议，但最后变成了让这个学者展示自己无知的一个机会。艾丽西亚花了很多时间做会前准备，她以为能够在会议期间发表自己的看法，但她发现自己一句话都插不进去。她改用聆听的方式来参会，希望能够听到某些有趣的想法，帮助自己改进工作。但这位学者提出的一个所谓的建议，就是如果有人推荐女性来应聘，并且应聘者成功受聘的话，就给推荐人发放奖金，但这种做法其实是违法的。他同单位有人和他一起参会，并且当场纠正了他的看法。通过这一点，艾丽西亚已经判断出这个人实际上是个没有多少真本事的骗子。但会议还在继续进行。这个人花了将近 30 分钟的时间，不断告诫 CEO，他们公司的董事会中缺少女性成员。这位学者说，他还会针对这个问题写篇文章。之后，他建议这位 CEO 向他自己主导的非营利机构捐款，并且说如果成了重要的捐赠人，他就不会写负面的文章。令人更难堪的是，这个学者一直声称要尊重女性，但在整个会议期间，他既没有正眼看过艾丽西亚，也没有与她交谈，而她是会议当中唯一的女性。艾丽西亚自己认识的另外一些女性朋友也举报这个人，认为在沟通过程中被他忽视或者不尊重。

不诚实的表达

有的时候，一个人可能根本就不在意某件事，但可以将其当作武器，用于伤害其他人。当媒体曝光优步出现了数十起性骚扰案件时，公司雇用了前总检察长埃里克·霍尔德进行深入调查，并提出解决方案。在公司管理层讨论霍尔德提交的报告时，董事会成员戴维·邦德曼针对董事会中增加女性成员的建议发表了一句带有性别歧视的评论,他说:"实际上增加女性成员只会导致我们说的话更多。"[10]

公司 CEO 特拉维斯·卡兰尼克立刻用这件事作为借口,促使董事会逼迫邦德曼辞职。[11] 卡兰尼克采取这种行动,在我看来是不可思议的,因为他的这家公司多次被曝出对女性员工有不当行为,他自己的行政权力也因为这些事件基本被剥夺得差不多了。在卡兰尼克的领导下,当这家公司接到恶劣的性侵行为的报告时,要么是常规性地忽略报告的存在,要么就是主动进行掩盖,这在苏珊·福勒著名的博客帖子里已经被提到过了。在某次接受《GQ》杂志的采访时,卡兰尼克还开玩笑地说过,要在优步上推出一种按需提供女性的服务,还将其定名为"巨乳者"。他自己还多次参加过在脱衣舞俱乐部组织的公司活动。

你或许会想,公司的董事会主席应该告诫卡兰尼克,不要在自己言行不正的时候,就去纠正他人的行为。如果说邦德曼辞职无可厚非,那卡兰尼克也应该辞职。不幸的是,这个事件中掺杂的因素太多,大家都没有注意到一些根源性的问题。对很多局外人而言,卡兰尼克的行为令人震惊。他这种伪君子似的策略最终获得了成功,邦德曼被成功地踢出了董事会。

仗义执言者的优势

仗义执言者发出正义之声至关重要,因为仗义执言者拥有其他角色没有的优势。

仗义执言者可以具有人数上的优势。假设一场会议一共有十个人，加害者或许只是一个人，受害者也只会是一个人，可能有一位领导者或者没有领导者。如果另外七八个人当中有一两个人能成为仗义执言者，整个会议的节奏就会发生改变——试想如果有四五个人站出来说话，情况肯定会更不一样。但大多数情况下，每个人都在等其他某个人出来牵头，所以等来等去，变得没有人牵头；在场的人数越多，大家的责任越有可能被分散。在这方面，专家写过的书已经很多了——所以有一个专业的词叫作"旁观者效应"——而且大家也在不停地争论，旁观者数量的增加或减少，是否会改变某个人站出来进行干预的概率。但我要给大家传递一条清晰的教训：不要等待着别人替你说话！

来自中立第三方的观点是很难被忽视的。当由第三方指出错误的时候，人们更容易接受自己犯错的事实，这一方面是因为被挑战的人通常认为来自第三方的威胁不会那么大，另一方面也是因为发出挑战的人通常都被认为是客观的。举例来讲，美国设计家约翰·梅达把自己称作"O型少数族群"，这是由于他的血型是O型，可以为大多数需要输血的人使用。因为他可以把很多不同类型的人互相联系起来，所以他可以帮助很多文化相对单一的团队成功协作。他把自己职业生涯当中大多数的时间都用于提升少数族群的地位。作为一个中立的第三方，他的职业生涯都致力于改善科技行业的多元化、平等化和包容性。[12]

我们可以从他人丰富的经历中学到新的知识。通常情况下，仗义执言者与当时发生的问题都会有一定程度上的关联，但他们的经历未必都一致。我从做了变性手术的同事为女性仗义执言的过程中，学会了很多用来应对我自己恶劣遭遇的经验。在应对性别不公平现象方面，那些既做过男人又做过女人的人，会有与众不同的看法，因为他们对两性都有过切身的体验。

当有私人关系存在的时候，人和人之间的沟通会更简单。如果正在对别人施加无意识成见的人和你私下认识，你就可以利用这种相互信任或至少相互熟悉的关系，来提起对这种令人尴尬的事件的关注。如果你和加害者拥有某种维度上的共性，而且共同处于多数群体时，那么你提出的意见更容易被加害者听进去。

人多力量大。那些每周或每月总是在应对成见、偏见和霸凌的人，已经感到不胜其烦了。如果有其他人能够和他们一样关注到不公平现象的存在，而且和他们一样愿意仗义执言，他们通常都会由衷地表达感谢。为别人仗义执言，同时也是在提醒我们，在工作环境中，每个人都有责任为打造一个充满爱心和公平的环境贡献自己的力量。

备忘录

如果员工能够严肃认真地对待自己在扮演仗义执言者时应当承担的义务，他们就能够合力改变世界上的任何一个工作环境。但当下你很难知道应该说什么话。你可以借用受害者使用的备忘录。

仗义执言者 &

| 成见 | 偏见 | 霸凌 | ⚡ | 歧视 | 骚扰 | 肢体侵犯 |

问题	对策
成见 非故意、无恶意	**阻断成见** 用"我"字开头的陈述句做回应 举起一面镜子
偏见 故意、恶意	**建立行为准则** 用以"事实"开头的陈述句做回应 举起一块儿盾牌
霸凌 故意伤害	**施以惩戒** 用"你"字开头的陈述句做回应 5件事：直接回击、分散注意力、指派干预、延迟处理、做好记录

4

致加害者：
尽力去解决问题

我们任何人都有可能在不经意间给他人造成伤害。偶尔展现出成见、偏见或霸凌的态度或行为，并不意味着我们已经变得十恶不赦。这些态度和行为是任何一个人都有可能展现出来的——如果我们有意识地做一些努力，它们出现的概率就会有所降低。不论你是否愿意接受这个现实，我们任何一个人都需要别人指出我们的错误言行，这些错误言行投射出来的形象不是我们希望树立的好形象。当然，有些人天生就想作恶，这本书解决不了这个问题。这本书是为你而写的，假设你买了这本书，并且已经读到这一章的话，那我猜测你一定不想成为制造问题的人，而想充当一个解决问题的人。

或许你会感到困惑，你并不知道通过道歉和改变自己的行为可以纠正哪些错误，你也不知道哪些已经造成的伤害可能会带来法律上的后果或者导致你失业。我能够回答的只有"看情况"这3个字，我真的希望自己能有更确切、更好的答案。此处可以进一步说明的是：很大程度上，如果你正在努力让自己意识到自己的成见、偏见、霸凌何时会伤害到他人，你实际上已经做出了真实、可见的改变错误行为的努力，这也是让你自己摆脱困境的最重要的一步。如果你拒绝承认自己做错了事情，你可能在当下会感觉很安全，但实际上你以后重复做出同样错误行为的概率会变得更大，令自己和他人遭受伤害的可能性也越大。

本章将告知你几种实用的方法，用于识别自己对他人造成伤害的行为，希望这些方法能够帮助你变成自己希望成为的同事，并借此获得理想的工作成果。

阻断成见

> 作为普通人，我们总是会对他人的判断和选择，公司执行的新政策或者某位同事的投资决策评头论足，我希望大家在议论的时候，能够用一些新颖的词汇。我们为什么要关注闲言碎语这种事呢？因为，我们更容易看到别人犯错，而不容易看到自己犯错；我们更容易享受指责别人的错误，而不会享受别人指责我们的错误。即便我们在最佳状态下，我们也很难接受别人对我们自己的信仰和希望的质疑，并且有的时候我们迫不得已对自己的想法产生怀疑，这就让我们感到更加难受，但我们可以从别人有理有据的评价中收获良多。
>
> ——丹尼尔·卡尼曼

加害者 &						
成见	偏见	霸凌	⚡	歧视	骚扰	肢体侵犯

有几种方法能够帮助我们更加清晰地认知自己的思维模式和自己持有的无意识成见，它们分别是：冥想、信仰宗教、心理咨询、阅读小说、欣赏艺术品和户外旅游。但我所认识的同事当中，很少有人能够在没有别人帮助的情况下独自阻断其本人持有的成见。我们当中大多数人都需要有人逼迫我们去进行自我检视。

每一代人在成长的过程当中都会滥用一些词汇和句子，他们从不会停下来去想一想这些词句传递了什么样的信息，也不会去思考用这种方式说话将给他人造成怎样的伤害，更不会想这种说话方式会让别人如何看待说话的人。举例来讲，当我自己还是孩子的时候，我常把"白痴"作为一种攻击别人的语言。时至今日，我再也不会这样使用这个词了，但我已经没有机会去纠正童年时的做法了。如果你出生在 1970 年之前，你或许也做过同样的事。如果你出生在 1990 年之后，你或许会觉得这种说话方式令人不齿。

如果当初不是因为某人清晰且善意地向我指出我这种说话方式有问题，我或许永远都不会意识到，使用这种词汇反映出来的和不断强化的，是一种专门针对我关心的特定群体的一种偏见，更不用说其背后隐藏的是对于人的智力水平的错误认知。想到这点的时候，我特别想写下来，这种说话方式是错误的，这对我而言应该是一种显而易见的问题。但是，"应该"和"显而易见"这两个词是很危险的，特别是连起来使用的时候更危险，原因在于我这一代人，在当时的时代背景下，是不理解这种说话方式存在问题的。当有人指出了我的错误之后，我希望立刻停止使用"白痴"这个词，但是我花了一定的时间，并且经过有意识的努力之后才达到这个目标——已经变成习惯的行为是很难被打破的。

找到属于自己的成见阻断者

如果你不想在不经意之间对你的同事造成伤害，或者不想激怒你的同事，或者你的工作环境正在变得越来越不公平、越来越不可理喻，而你并不想变成这种恶化过程当中的一分子，你首先应该做的，同时也是你最难做到的事情，就是认识到你所持有的成见。正如诺贝尔奖得主心理学家丹尼尔·卡尼曼指出的那样："一个人想要获取技能，必须快速且无条件地通过他人的反馈来判断自己的思想和行动是否正确。"[1]

你如何才能获得这种反馈？在前面的章节中，我们讨论过遭受成见伤害的人往往不愿意提起他们受到的伤害，这背后的原因有很多种。如果你是正在对他人造成伤害的人，从情理上讲，你似乎没有立场去要求那个遭受伤害的人克服自己发自内心的抗拒，来为你指出错误。在《绝对坦率：一种新的管理哲学》一书中，我提出了一个关于获得反馈的操作流程，其中第一步就是直接向别人索取反馈。

我推荐的做法是，很直白地邀请其他人充当你的"成见阻断者"，也就是邀请别人时刻关注你的言行，从中找出能够折射出你持有的成见的言行。让我做你的第一个成见阻断者：不要要求身处少数群体的人充当你的成见阻断者，因为他们每天都要应对身边的人对他们施加的成见，你也许并不理解他们可能因此而感到的疲倦程度。身处多数群体当中的人，经常期望那些和他们身处同样生存环境的少数人群给他们提供反馈。但他们又往往并不认可这种反馈的价值，也不会通过任何方式回报这种工作，甚至都不会因为给他人增加了额外的负担而表示感谢。如果你的团队一共有 10 个人，其中只有 1 个拉丁裔女同事，你就绝对不能让她负责纠正其他 9 个人所说的有成见的话。

当别人为你提供反馈的时候，有很多种回报的方法。向他说一声"谢谢"，并且在公众场合下认可他提供的服务，这就是一个不错的开始，但这种做法往往还不够。我是经常给 CEO 提供培训的讲师，但我也喜欢给不同类型的人提供培训，所以我可以提供某些免费的培训作为对他人的报答。如果你是一名编辑，如果有人帮助你阻断成见，那你完全可以为他提供编辑书稿的服务作为回报。

你如果有能力支付报酬，那一定要支付报酬。市场上有专门研究 DEI（多元性、平等性和包容性）策略规划的专业人士，可以为各家公司提供策略规划服务。我认识的人中就有人提供 DEI 策略规划收费服务，但他们因收费被人诟病。我认为这种批评是纯粹的胡扯。如果此时为你贡献自己专业能力的人是律师、管道工、会计、医生，你觉得你会不付任何报酬吗？当一个具有多年 DEI 策略研究经验的专家为你提供咨询服务的时候，他凭什么要为你提供免费培训？

我在撰写这本书的过程中，雇用了专职的成见阻断者，也有其他几位熟人自愿分享了他们的观点。得益于这些人为我提供的服务，我从中学到了很多，也成长了很多。来自威廉·韦 LGBT（性少数群体）社区中心的克里斯·巴特利特，身为女权主义学者的劳拉·埃尔德里奇，韦恩州立大学心理学教授珍妮弗·戈麦斯博士，CDS 咨询公司的创始人 A. 布雷兹·哈珀博士，谷歌产品包容团队负责人安妮·让-巴普蒂斯特，海军研究生院历史学家扎克·肖尔和斯坦福大学的讲师达娜厄·斯特伦特，他们都为我提供了宝贵的意见。他们为我指出了我可能持有的成见，对此我表示非常感谢。

在理想状态下，你应该在自己的日常生活中，辨识出哪些人能为你扮演成见阻断者的角色。每天都能观察你行为的人，能够比其他人更好地指出你在日常生活中可能展现出来的无意识成见。正如在写作这本书的过程中，我和我的编辑两个人经常就对对方说："哟！这是成见！"

在选择这个人的时候，最重要的考量因素是应该选择一个有思想并且是你信任的人，一个你相信他完全不会欺骗你的人。假设你是一位男士，你担心自己可能持有与性别相关的成见，你感觉自己必须咨询一位女士，而你的工作团队里只有一位女士，但团队里所有的男士都想请她做自己的成见阻断者，这时候你该怎么做？这位女士除了给你提供咨询或培训，还有其他的事要做。以此类推，当你猜测自己可能持有自由主义倾向的成见，恐惧同性恋的成见，或者与种族相关的成见时，都有可能遇到这个问题。[2] 请在你的团队中找一找其他愿意扮演仗义执言者角色的人。寻找像约翰·梅达那种能够为大众所用的仗义执言者，那种能够理解不同人的观点的成见阻断者。不要仅仅选择一位阻断者，你可以同时选择多人。在最理想的状态下，你应该有一组多元化的阻断者来帮你辨识自己可能持有的成见。

如果有人能够大方地帮助你梳理你的成见，你应该怀着一种充分信任的态度和他进行深入交流。如果你的目的是"证明"自己没有做错事，那你就是在浪费对方的时间。

最后，不要以为这只是一次性的工作，不要以为做过一次之后，就已经对自我产生了清晰的认知：这是一个长期持续的过程。

加害者 &
成见 偏见 霸凌 ⚡ 歧视 骚扰 肢体侵犯

保持成长型心态

不论你扮演何种角色，直面工作环境中的不公平现象都很棘手。想要在这件事上取得成功，我们需要接纳并采用心理学家卡罗尔·德韦克提出的成长型心态。具备成长型心态的人，无论在何种情况下遭受失败或批评，都能把它们看作一种学习和成长的机会。成长型心态的对立面是固化心态。具有固化心态的人，会把失败和批评看作一种不可改变的或负面的个人特征。[3]

我们假设有这样一件事：有人讲了个笑话，却被人批评说是一个带有种族歧视意味的笑话。具备成长型心态的人遇到这种批评时，应该会说："我希望了解为什么遭到这种批评，这样才不会重复同样的错误。"而抱着固化心态的人会拒绝接受他人的反馈，还会强调自己的固有属性："因为我本身就不是种族歧视者，所以我说的话也不可能带有种族歧视意味。"这样的人以后还会继续讲同样的笑话。

我们在评估他人行动的过程中，也要避免陷入固化心态的陷阱。当我们注意到他人展现出成见、偏见和霸凌的态度或行为时，我们通常会反射性地用严厉的态度去批判他们，把他们当作十恶不赦的人，这就是固化心态——一旦有人行为不端，就意味着这个人是有问题的，而且是不可饶恕的——这种心态会让我们无法给予或接受关于错误态度和行为的反馈，也就无从做出改进。固化心态会导致我们拒绝承认错误，也不会促使我们去清晰地认识自我。

用行动去打造成长型心态，进而改变我们的态度和行为，然后再进一步，能够直面挑战他人的错误态度和行为，这个过程对打造公平工作的环境至关重要，也是这本书想要达成的核心目标。

再给你讲一个案例：有一位名叫巴特的同事，和刚到公司的新雇员埃弗里共事。埃弗里称呼自己为女性的"她"，但是巴特由于对埃弗里的性别认识不准确，把她称作了男性的"他"。第一次发生这种情况的时候，埃弗里就纠正了巴特的行为。巴特也道歉了，但这种错误的行为还是不断地重复，直到埃弗里因此感到愤怒。巴特实际上是尊重埃弗里的个体身份的，但是巴特也知道，想要纠正多年以来形成的错误假设需要花一些时间。他向整个团队的同事寻求帮助，想要改变自己的行为。这也意味着，每个人都愿意在巴特犯错误的时候主动站出来，帮助他阻断这种错误。所以，这种纠正错误行为的重担，不会仅仅落到埃弗里一个人的身上。

这个案例中出现的是持有成见的错误，而不是偏见。从下意识的层面讲，巴特真的发自内心地认为埃弗里是唯一有权决定自己身份的人，他知道自己没有权力告诉埃弗里她应该是谁，或者她应该属于哪种性别。与此同时，巴特也确实非常难以改变经年累月形成的关于性别的错误假设，于是他请求同事帮助自己改变这种认知。除此之外，巴特还采取了更进一步的行动：他和公司的管理团队共同开发了培训项目，帮助公司里的人学会如何尊重每位同事的个体身份。

他们为此专门发明了一句话："在我们的变性同事做出转变的同时，我们要伴随他们一同转变。"这句话代表着，优秀的管理者会尽自己最大的努力，支持同事为追求自我所做的努力。这句话的影响力，从团队中的变性人群体逐渐扩展到每一个人。在团队中的女士不断学习如何通过站姿展现个人自信的过程中，其他同事也在不断努力消除自己过去持有的成见（比如说，在女士坦率发言的时候，把她们称作好斗的人之类的误解）。这种令她们的行为难以发生改变的环境也逐步被打破。

巴特一方面承认自己的行为有误，另一方面通过实际行动来面对埃弗里的严正抗议，他的行为改善了两人之间的关系。这对他们协同工作而言是非常重要的，对整个团队的成功也是非常重要的。事实证明，埃弗里是这个团队不可或缺的成员。巴特所做的事情，既支持了埃弗里的性别转换，又帮助了团队成员，让他们知道每个人都有充分的自由，把最好、最完整的自我带到工作中来。

我不可能把这种成长型心态强加到你身上，也不可能强加到其他任何人身上。你的上司也做不到这一点，这完全取决于你自己。

注意不要积"小恶"成重疾

在有些情况下，你最初犯的错误看上去并不严重，但是人们要求你为此进行弥补而做出的努力要多很多，似乎与之前的错误是不相匹配的。你需要意识到，当初你因为成见而说出的话或者做出的事，有可能是压垮某个人的最后一根稻草。你伤害到的那个人，或许在你伤害他之前，已经遭受过 5 000 次相似的成见，他过去的遭遇或许不是你的责任，但由于这种反复打击造成的伤害最终是因为你的一句话而爆发的，你仍然需要关注这种问题。为什么你说的话是有问题的，这可能是对此的一个简单的承认。成见带来的最大问题之一，就是人们可能把这种成见内化成一种客观的认知，所以你对问题的承认才会变得至关重要。如果你有能力指出这种问题的存在，那你就应该主动指导团队当中其他的人关注你曾经说过的有成见的话或做过的有成见的事情。这样的话，受害者才不会日复一日面临同样的问题。

你表现出来的这种成见有可能很常见，不要浪费精力去追究，到底是谁令这种成见变得如此普遍。不论你做了什么事情，永远不要对别人说他们"反应过度"。你应该尽你所能去解决成见造成的危害。

管理你的抵触心态

我们每个人都会犯错，当你做错事的时候，本能的反应就是对认错这件事产生抵触。不可否认，任何人都很难接受他人的批评，很难相信自己的言行存在成见。你或许会感到自己的灵魂被撕裂了，向大家展示出了可耻的一面。或者你并没有感到任何的羞耻，但是你担心由于错误的言行将带来严重的后果，其严重程度无法预料，而且与自己的错误言行可能不相匹配。

这种抵触心态是人的本能，也不能说它是毫无根据的。但如果一直对自己的成见视而不见，只会令你自己处于更加危险的境地。不要逃避自己的错误，不要加重自己的错误。最简单的例子：有一位女士指出你一直打断她的发言，你因此愤怒而冲她大声咆哮。承认错误的存在，为错误道歉并纠正错误。

承认、道歉、纠正

就在不久前，我去观看我儿子的少年棒球联盟比赛，队里有

| 加害者 & 成见 | 偏见 | 霸凌 | ⚡ | 歧视 | 骚扰 | 肢体侵犯 |

两名印第安小孩儿在比赛中受伤了。过了几局之后,我问坐在身边的一名印第安人,他的儿子有没有好一点儿。他用充满疑惑的眼神打量着我,然后回答说:"受伤的孩子不是我儿子。"在这种情况下,我们往往会有一种逃避的冲动,不愿承认自己做错了事,而是转头去和其他人聊天。但如果我不承认自己做错了事,我就有可能加重自己的错误。我的第一个错误是说了一句与种族认知相关的未经深入思考的话,第二个错误则是在刻意回避其他种族的人——这是在有意识地做出带有种族歧视意味的事。

> 当有男士打断你说话时就要停下来!

当时,我还是承认了错误。"天哪,我感觉自己像个浑蛋,实在对不起。"我这样说,实际上还是让自己的错误听起来不是那么严重,而没有准确地说出我的行为到底错在哪里。我多希望我当时能够有勇气说:"我的脑子有的时候会跳跃式地得出带有成见的结论,这是我最不愿意看到的结果。我为自己错误的假设感到抱歉。"在我们谈论成见的时候，关键是要保持清晰的论点。在指出别人的成见时，我们往往会用委婉的语气或模糊的语言（"天哪，我感觉自己像个浑蛋。实在对不起。"），而并不会用清晰的语言，指出你真的意识到自己的错误是什么（"我的脑子有的时候会跳跃式地得出带有成见的结论，这是我最不愿意看到的结果。我为自己错误的假设感到抱歉。"）。

不过即便我没有准确地说出应该说的话，我承认错误的行为也还算说得过去，这比什么都不说要好。那位一起来观看少年棒球联盟比赛的家长笑了起来，对我说："没事儿，这种事情时有发生。"这对我而言是重要的一课，在面对错误时，说点什么，即使不完全正确，也比什么都不说要好。

我当时还没有学到这种方法，但自此以后，我学会了在道歉之后加一个问题，以此来更好地教育自己。举例来讲，"我很抱歉，这种事情时有发生。这会让你感觉很愤怒吗？"或者"在什么样的情况下会发生类似的事呢？"

每个人都有可能经历很多不同的成见。给他们提供一个与别人分享这些故事的机会，这可以让他们内心感到放松，对他们而言是一种有益的服务。对你而言，这也有可能是一种有益的服务，因为你可以学习如何处理其他人展示出来的成见，或许你也持有这种成见，只不过自己对此没有清晰的认识而已。

当我们把分辨成见变成一种常态后，它们就不那么具有威胁性了。在我开始写这本书之前，我几乎不可能说下面这句话："我很抱歉，我错误地认为场上的印第安小男孩儿是您的儿子。这是我自己的成见。"我担心承认自己的成见，等于对别人说我是一个种族歧视者。但即使经过大量实践之后，我仍然对指出自

加害者 &
成见 偏见 霸凌 ⚡ 歧视 骚扰 肢体侵犯

己的成见这件事心存芥蒂。但是，我现在承认错误已经不会像以前那样困难了。我意识到，正是由于承认了成见的存在，我才能成为我想成为的人，我才能真正做到反种族歧视。

纠正成见

最好的补救方式就是纠正自己的成见。如果带有成见的行为已经成为你默认的行动方式，要做出改变可能会非常困难。如果你过去一直在用"伙计们"或者"哥们儿"来称呼女性，而你现在意识到这种称呼并不具备包容性和准确性，当你想要改掉这种默认的语言方式时，你一开始可能会出错或者说不出话来。

在情况好转之前你可能会感觉更糟

最近有人告诉我，我倾向于使用假设所有人都是男人或女人的语言，这种假设本身是错误的，而且有可能对他人造成伤害。就在别人向我提供这条反馈意见之后不久，我参加了一档现场直播的电台活动，在现场，我意识到自己说了一句话，"不论你是男人还是女人"，当说到这里的时候，我突然意识到自己又在做出这种带有成见的行为，然后我补充说，"或者你是……"但我卡在了"非二元性别"这个词上。幸运的是，当时的电台主持人知道我的意思，他为我补充了我自己想不起来的词，然后我们继续进行对话。在公众场合中，突然想不起来正确的词语，这让我感到非常尴尬。但是，我已经展现出自己想要做出改变，这一点令我感觉很好。对自己的言行做出改变，哪怕是向着更好的方向努力，也有可能会让情况变得混乱而尴尬，但这并不能成为不做改变的理由。

在这件事中，我们可以学到两条重要的经验：一条经验是，如果你要挑战自己的成见，你就必须把自己放在一个可被指责的位置上。另一条经验就是，我们总是会犯错，要学会原谅自己。

关键是，在纠正成见这条道路上永远不要放弃。

如何处理面对成见时力不从心的情况

当你刚刚学会分辨成见的时候，你可能会发现自己原来持有如此多的成见，这会让你感到力不从心。在这种情况下，做以下3件事情可以缓解你的焦虑。

掌握数据

我自己的成见阻断者 A. 布雷兹·哈珀博士建议我认真思考以下字词：瘸的、色盲、盲人、看见、智障者、精神病患者、男的、女的。我给出了怎样的回应？"我的天哪！每个词都有可能伤害到某个特定的人群，那我岂不是没有恰当的话可以讲了！"当我再一次认真去数的时候才意识到，英语日常用的单词大约有17万个。布雷兹只不过建议我对其中8个词语的不谨慎用法进行反思。通过比较，这些数据给我提供了一些新的观点。

想想你真正关心的人

仅仅抽象地说"应该"做某种事情，会让人感觉无力应对。当你要做出某种行为的时候，想一想这种行为可能给某个你真正

加害者 &
| 成见 | 偏见 | 霸凌 | ⚡ | 歧视 | 骚扰 | 肢体侵犯 |

关心的人——某个你真心想要提供支持而不是伤害的人——带来怎样的好处，想到这里的时候，你就有可能重新拾起斗志。

扎克·肖尔是一位历史学家，他帮助我编辑了这本书，但他是一位盲人。我第一次产生停止随意使用与视觉相关的隐喻的想法，其实就是为了表示对扎克的尊重，我从内心里敬重这位学者。他从来没有向我指出过我在使用视觉词语方面的不当之处。但作为一个受害者，他不应该这样做。他把自己的精力集中在如何降低高达 70% 的盲人失业率，以及如何促进有类似视觉障碍的人和视觉正常的人沟通交流。如果我改变自己的语言能够帮助他达成这些重要的目标，我也算是尽了一份微薄之力。我过去对自己语言中存在的不当之处并没有认知，多亏成见阻断者布雷兹为我提供了这方面的指导。我以为我已经意识到这个问题，而且能够用自己不太谨慎的语言处理这些问题。但是，在我写完这本书之后，我在网上搜索了关于"看见"这个词的用法。猜猜我用错了多少次？100 次里大概有 99 次！另外一位成见阻断者读到这一段的时候，她指出，我经常误用另一个词语：盲人。我们需要学习的确实还很多。

思考如何通过阻断成见帮助你更好地工作

当我开始做出改变时，我意识到误用与视觉相关的比喻可能会引起他人的误解或者导致我对事件的描述并不准确。例如，当我写"看见"这个词的时候，我通常想要表达的意思是"关注"或者"理解"。但当我用更准确的词语替换不准确的词语时，整个句子的意思会更为通达。

又比如，你或许不是一位作家，但你或许是一位负责员工晋升的决策者,当你能够有意识地避免使用带有体能歧视意味的语言,或者避免使用带有性别/种族歧视的语言时,你往往能够做出更好的晋升决策。当你能够消除对于客户的成见时,当你建立了一个符合客户的人口统计特征的团队时,你肯定能卖出更多的产品。对我们日常使用的语言有更清晰的认知,会促使我们更准确地思考语言背后的意义。这会耗费一定的精力,但是我们得到的比投入的更多。拒绝持续学习的人,就如同一个孩子说:"我已经熟记九九乘法表,我可以不再学数学了。"

抛弃偏见

人要对自己的信仰精挑细选,要了解自己信仰的到底是什么。如果你不挑选信仰,就等着信仰找上门来,那么到时候找到你的,极有可能是一种靠不住的信仰。

——罗伯逊·戴维斯

任何时候,只要你能抛弃偏见,就永远都不晚。人的思维与行动,哪怕发生在极其久远的过去,也需要有证据的佐证才能被我们相信。

——亨利·戴维·梭罗

加害者 &
成见 | 偏见 | 霸凌 ↯ 歧视 骚扰 肢体侵犯

带有偏见的信仰

我在18岁以前,一直相信女人比男人更优秀,而且我并不知道除了男女,还有其他称呼性别的方式。我并没有狂热地追求这种信仰,也没有在人前人后讨论这些问题,我只不过认为这是每一个人都认可的事实。

我的家人都属于基督教科学派,这是一个由玛丽·贝克·埃迪女士成立的教派。她曾经写道:"神按照自下而上的顺序创造世间万物时,女性被排在了最后一位。充满智慧的个人观念,不论源自男性还是女性,在发展的过程中,向我们揭示了爱的无穷。"[4] 我对她这段话的解读是,女性比男性更像神。同时,由于我的祖母和她的姐妹是这个教会里的主导人物,因此这进一步加深了我对这种解读的信任。不论在家里还是在教会里,这些强势的女性总掌控着全局。我认为这是世间万物本应有的规律。

我在田纳西州孟菲斯市上的是女子学校,女性优越感在这种环境中再次得到了强化。在这座城市里,圣玛丽学院的女孩在标准化考试的成绩上,总是比精英男校的学生要好,而且被优质大学录取的人数也比男生要多。我们生活的环境总是在不断地提醒我们:我们和男孩儿不在同一条起跑线上,我们比他们更优秀——更聪明、更善良,更容易受到理想的引导。时至今日,我觉得这些信仰不再来源于老师的灌输,而是由于我们在更广阔的文化空间内,不断地努力争取获得男女平等的权益才得以保存下来的。

当我的父亲读到这个故事的时候,他感到非常困惑。首先,他并不同意我对玛丽·贝克·埃迪的话的解读。其次,仅仅因为玛丽·贝克·埃迪写过的几句话,我怎么就能相信我的祖父比我的祖母要弱呢？你或许认为我对自己祖父的爱和尊重——包括对我父亲同样的感情——应该让我质疑这种带有偏见的信仰，但不知道出于什么原因，我并没有这么做。正如这世界上有数百万的男性虽然爱并尊重他们的母亲、妻子、女儿，但仍然无意识或有意识地认为女性不如男性。

我上高一的时候，开始质疑这种偏见，怀疑男性的智商和情商是否真的不如女性。出于某些讲不清的理由，当我阅读威廉·华兹华斯的诗时，突然获得了这种顿悟。他的语言打动了我，然后我惊讶地意识到：写这首诗的是一名男性。

我在质疑了自己的这种偏见之后，反而获得了心理上的巨大放松。我的幸福和我想象中的生活，取决于男人的头脑和情感。我知道，未来一起工作的同事中，至少有1/2甚至3/4的人都是男性。我清晰地知道自己的性取向，并且很确定我未来的人生伴侣将是一位男性。我想要生两个孩子，其中一个很有可能会是男孩儿。

日常生活将对我过去持有的偏见信仰发出挑战，这一点是毋庸置疑的。而不幸的是，日常生活很少对年轻男性的错误信仰发起挑战，也就是极少有男性会质疑男性一定比女性优秀的信仰是否正确。一个男性一生当中阅读的书可能大部分是男性写的，女性写的居少。他一生当中将要研究的世界历史人物，绝大多数也都是男性。以此类推，还有很多同类的事件。

无论如何，如果你已经产生了对男性或女性的本质化看法，我劝你最好放弃它们，你会发现这是一种令你自己变得轻松的做法，这是从我自己的经验中总结出来的。正如西蒙娜·德·波伏娃写的："人们长期以来都在争论女性与男性谁更好、谁更差，

加害者 &
成见 │偏见│ 霸凌 ⚡ 歧视 骚扰 肢体侵犯

还是二者平等……要想看清问题的本质,你必须摆脱这种无意义的讨论。谁更好、谁更差,还是二者平等,这都是一些非常模糊的概念,使得关于两性对比的分析陷入僵局。我们只有抛弃这些观点,才能从头开始。"[5]让我们努力成为最好的自己,展现最真实的自我,从这些原有的偏见中挣脱出来。

你如何才能摆脱偏见?你如何确定我们的成见不会固化成有破坏力的偏见?接下来,就给大家讲几个对我有帮助的案例。

质疑错误连贯性

我们的大脑总是喜欢把混乱的生活事件整理成一个个装在盒子里、桶里或者固定模式里的事件。这是大脑先天的功能——它会自动去做,但并不代表会做得非常合理。丹尼尔·卡尼曼告诉我们,人类需要不断挑战大脑形成的错误连贯性。我们可以不断地提醒自己,也可以提醒身边人:"这个世界没我们想象中的那么有理性。事件的连贯性来源于我们大脑工作的方式。"卡尼曼撰写的《思考,快与慢》描述了大脑处理信息的两条路径,他将快速思考系统定义为系统1,把慢速思考系统定义为系统2。"系统1通常自主运行、反应迅速,在运行过程中,几乎不需要人做出任何主动的努力,我们也不会感受到自己正在控制自己的思想。系统2则把注意力都放在特意做出思维活动的过程中,其中包括做复杂计算这样的情形。系统2的运行通常与人的主体感、自我选择以及注意力等主观条件联系在一起。"[6]系统1总是希望能够在没有连贯性的情况下,寻找到"连贯性"。

绿灯意味着放行,这条信息就由系统1来管理。看到绿灯的时候，你在"不经思考"的情况下就会踩油门。当有人让你做填字游戏的时候，系统2就会控制你的大脑。你通过试错来寻求答案，过程当中要做出不同的选择，而大脑只能回忆起一半清楚一半不清楚的事实。实际上，系统2并没有我们想象中的那么客观。卡尼曼对此现象做出了解释："系统2的决定性特征是其运行需要付出巨大的努力。然而，系统2的一个主要特征就是惰性，因为人总是不愿意在必要的投入之外额外花费任何的精力。因此，系统2认为由自己支配的思想或行动往往来自系统1。"[7]

简而言之，我们的偏见往往是系统2用偷懒的方式来为系统1积极提供的偏见辩护的结果。人需要有纪律性，努力的意识，以及自我认知的意识，才能够对这些错误的假设发起挑战，才能够理解我们构建的事件分类通常都是武断的。换句话说，如果我们不想被自己的大脑欺骗，我们必须有意识地辨识自己的成见，注意到它们是如何固化成偏见的，并用积极的态度去质疑它们。

小心刻板印象或本质化的观点

怀有偏见信念的人在说话的时候，往往会先说"男人/白人/异性恋者是这样的"或者"女性/黑人/同性恋是那样的"，然后对他们认为具有女性主义/支持黑人/支持同性恋的观点加以丑化。这是一种"二分化和丑化"的偏见。[8] 举例来讲，毕达哥拉斯曾经写过："世界上存在一条至善的原则，它创造了秩序、光明和男人，还有一条至恶的原则，它创造了混沌、黑暗与女人。"[9] 是的，就在这一句话中，他试图去解释整个宇宙的存在，

加害者 &
成见 | 偏见 | 霸凌 ， 歧视 骚扰 肢体侵犯

而且这个句子听上去比较工整和对仗。但不幸的是，这句话的逻辑讲不通，甚至是带有恶意的。这并不是说我们要完全否认毕达哥拉斯定理。毕达哥拉斯关于三角形的勾股定理经受住了时间的考验，但他关于女性的理论并不见得正确。

当你听到自己或者其他任何人用高度概括性的话，说出"男人是 X"，"千禧一代是 Y"，或者"华裔美国人更有可能做出 Z"的时候，不论这句话背后的支撑证据有多少，你都需要停下来质问一下，这是不是一种刻板印象？是不是一种想当然的本质化偏见？所谓本质化偏见，就是把某种特定的属性强加到一个特定人群中的所有人身上，如上面所讲的"所有的女性都＿＿＿"，或者"所有的千禧一代都＿＿＿"。

首先，质问一下这种概括是不是建立在扎实的事实框架之上。如果是，进一步去质疑这些所谓的事实，质疑导致这种概括的原因是科学还是伪科学。在 19 世纪，颅相学这门"科学"被用来解释为什么要虐待非欧洲出生的人，并且被用来为奴隶制洗白。尽管这种带有偏见的做法在现在看来似乎是一个已经逝去的年代的陈旧做法，但用科学来为粗糙的概括洗白的做法，时至今日还是层出不穷。在互联网上，真正的科学与捏造的理论之间的界限经常被搞得很模糊，我们已经精疲力竭，无法去做区分。你需要注意的是，在有些情况下，你会错误地使用数据或研究结论，去为自己未经检验的成见洗白，因为这么做比质疑你的成见要更简单。通常情况下，所谓"经过检验的成见"会使得与性别、种族或其他因素相关的成见进一步强化。

本质化偏见特别危险，因为它会导致你忽视新出现的信息，也有可能导致你忽视一个人的能力。在被信仰限制的世界里生活，

或许会令你感到很舒适，但结局只会是你给自己和你的工作环境提供负面影响。

你需要严肃地挑战自己带有偏见的信仰。

基本归因谬误

基本归因谬误是斯坦福大学心理学家李·罗斯描述过的一种错误的思维方式，它可能会使偏见进一步强化。当我们用固有的人格特性来解释某个人的行动——"你是个蠢货！"——而不是去思考我们的行为时，或者当时的情境，就有可能在某种程度上导致对方的行为，在这种情况下，就发生了基本归因谬误。之所以把它称作一个问题，是因为首先这种认知通常都是不准确的，其次它让一个原本可以得到解决的问题变得难以解决，因为说话的人陷入了固化心态的陷阱。

不要指望所有事情都向平均值靠拢

问问你自己，即使某种信念按照平均值来说是真实的，但具体到你手头正在处理的事件，它适不适用？例如，男性的平均身高确实比女性要高，但你刚才在街上遇到了一对异性恋情侣，那位女性就比男性要更高，所以平均值和你遇到的现实之间有什么必然关系吗？毕竟，虽然男性的平均身高比女性高，但在某些情侣中，男性比女性更矮。只不过这种情况比统计数据预测的发生概率要更低。[10] 换句话说，我们预测自己和其他人都要向平均值靠拢，这本身就是一种带有成见的看法（比如，异性恋情侣中，

加害者 &
成见 | 偏见 | 霸凌 ⚡ 歧视 骚扰 肢体侵犯

男人就是要比女人高），这会制造出一个让很多矮个子男性和高个子女性陷入单身的世界。

托德·罗斯在他出版的《平均的终结》中讲述了美国空军以飞行员的"平均水平"为参考系数设计驾驶舱，事实证明，这种驾驶舱对任何人都不适用。[11] 这个事例说明了，如果我们想打造公平工作的环境，我们必须永远穿越按平均化来进行管理的误区，我们需要尊重每个人的个性特征，并据此做出适当的调整。

如果你发现自己因为某个人没有遵从武断的平均值，就对这个人发出质疑或嘲笑，那你应该停下来反思自己的行为。你为什么会做出这种行为？你的成见是否已经固化成了偏见？你是否在错误地使用数据？你是否在错误地坚称人们应该遵从并不是永远都成立的所谓的平均值？

如何分辨和终止霸凌

接下来我给你讲一个我霸凌同事的故事。讲这个故事并不是出于羞愧，也不是为了给自己洗白，而是我相信，未来想要做得更好，只能先承认自己已经犯下的错误。如果我一直抵触，不肯承认自己犯的错，那我一定不可能做得更好。

我不是个浑蛋，但和所有人一样，我有时会表现得像个浑蛋

接下来讲的故事发生在我和拉斯·拉拉维一起录制节目的过程中。我们是多年的同事，最近我们俩刚刚合伙开了一家公司。节目的制作人提议我们俩讨论艾米·卡迪，也就是那位因为在 TED 演讲中讨论站姿的反馈效应而知名的哈佛大学社会心理学家。在第 2 章中，我介绍过卡迪的研究，她证实了采取某种特定的站姿——站直并且将肩膀向后压——会展现出自信的状态，这不仅会令人感到更自信，也给我个人提供了很大的帮助。在节目刚开始录制的时候，我从卡迪的研究当中借用了一条结论，我说："如果像神奇女侠一样站两分钟，也就是双腿微分，胸部向前挺立，就能提升睾酮的分泌水平，并降低皮质醇的分泌，这是多么不可思议啊！"

录制节目之前我并不知道，良好的站姿对睾酮和皮质醇分泌水平的影响，在实验中是缺乏充足证据支持的，这一点卡迪自己也已经承认。我当时也不知道，在节目制作人提出我们讨论这个话题之后，拉斯自己做了一些功课，并且了解到了这个知识点。也就是说，他知道卡迪本人已经对神奇女侠站姿和睾酮与皮质醇分泌水平之间的联系提出了怀疑。[12] 卡迪的这份关于好的站姿让人感到自信的研究已经过时了。

拉斯在节目录制过程中提出了这个观点，他在尝试给我一次纠正自己的机会。但我当时并没有听取他试图告知我的事实，而是以很严厉的方式打断了他的发言。

我打断他，说："冒昧地说（给大家一个比较有用的提示：

成见　偏见　**霸凌**　↯　歧视　骚扰　肢体侵犯

加害者 &

任何时候，你用'冒昧地说'这个词来开始一个句子的时候，你内心并没有感觉自己的行为很冒昧），你作为一个白人男性，天生就拥有这种代表权力的站姿，你怎么可能理解女性对站姿的看法。"在录播间里的所有女性都立刻大笑了起来，拉斯立刻变得沉默。他是当时屋里唯一一名男性。

我觉得有必要指出，在我职业生涯当中，遭遇过无数类似的场景，但通常"穿小鞋"的都是我——我往往是当时在场的唯一一个女性，我往往是那个被排挤在外且遭到他人嘲笑的对象。但把这种遭遇施加到一个男性身上，也是不公平的。这只是对不公平现象的一种重复。我当时的态度也是相当不恰当的。因为你是一个男人，所以你在这个话题上就没有发言的权利。我实际上是在用非常主动的行为，将拉斯排除在这场辩论之外，并且由于他的性别嘲笑了他。

后来我意识到自己做错了，也向他道了歉。拉斯承认他当时感觉到我用非常严厉的口吻制止了他的发言，而且他当时没有任何反击的力量，但他还是原谅了我，这种原谅比我应得的原谅来得更简单、更快。

在霸凌拉斯这件事上，我背叛了自己关于如何待人接物的信念。一名听众写信给我，指出了我经常在理论上呼吁大家不要对人施以刻板印象，但我自己犯下了同样的错误。这位听众的指责是完全正确的。拉斯对这一次的冒犯理所当然感到很愤怒，所以经过了反复的解释之后，我才让他相信我对这种行为感到后悔，并且接受他提出的批评意见。霸凌拉斯这个事情既是低效的，也是不公平的。它让我们两人的关系出现了隔阂，也妨碍了我们将正确的信息传递给全世界的听众，还浪费了大家很多的时间。

愤怒＋身处团体内部＝高概率的霸凌行为

有一种很好的方法能够预防你自己在未来霸凌别人，那就是认真反省过去曾经霸凌别人的行为。尽可能诚恳地分析，你过去为什么会做出这种行为，这种行为对对方造成了怎样的影响，对你造成了怎样的影响，对当时旁观这件事情的人造成了怎样的影响。事件发生的背景是什么？在你霸凌这个人之前，你有怎样的感受？你当时是否愤怒？当你愤怒时，你的身体会出现什么样的反应？如果你对这些问题的答案都不太确定，可以问身边最亲近的人。我的女儿最近指出，当我将要狠狠地教训她（比如说欺负她）之前，我通常会做一个特定的手势。通常情况下，你的肢体语言会提醒你，你即将做出恶劣的行为。

在我即将做出恶劣行为之前，通常会有两个警示信号。第一个信号是我当时身处团体内部，第二个信号就是我当时一定是处于愤怒的状态。在刚才讲的故事中，我其实并没有对拉斯感到愤怒，但我对全世界对待艾米·卡迪的方式感到愤怒。我在录制节目期间拿拉斯开玩笑，他当时是我对话的伙伴，也是我生意上的合伙人，我没有任何支配他的"权力"。当时，这种所谓的身处女性团体的优越感，只不过源于他是当时在场的唯一一个男人。作为女性，我是当时的多数群体成员之一。仅仅因为身处多数群体，我就霸凌了自己喜欢和尊重的人。

加害者 &
| 成见 偏见 霸凌 | ↯ | 歧视 骚扰 肢体侵犯 |

回应反馈的建议

如果有人给你提供了反馈，告诉你刚才的态度或行为显得有成见，或者说你的某种信仰带有偏见，又或者说你霸凌某人，那你应该先深呼吸一下。这种指责对任何人而言都是很难接受的。在这种情况下，记住以下几条建议，通常都会对你有所帮助。

- 集中精力去了解造成的伤害，不要追究此前的意图
- 告诉别人他们过度敏感，是一种拒绝聆听他人反馈的表现
- 尊重他人的个性
- 学会如何道歉

集中精力去了解造成的伤害，不要追究此前的意图

可能会有人指出你持有成见，或者你的信仰存在偏见，又或者你的行为看上去像是一个霸凌者。在遭受这种批评的时候，人类本能的反应是拒绝承认。你很有可能会告诉别人"不要过度敏感"或者"我只不过是在开玩笑"，毕竟你本来就没想给他人造成伤害。

与其去强调你的意图，不如花时间去认真了解你的态度或行为对他人造成了怎样的伤害，如果你的言行对他人造成了困扰，造成这种问题的原因是什么？尝试去了解造成伤害的原因，而不要对他人的情感视而不见。

有的时候，这种思考问题的方式是一种很好的锻炼，能够帮助你发现什么是对你有好处的。你或许会发现，你给自己造成的

伤害远大于给对方造成的伤害。假设你去参加会议的时候，错误地认为参会的男士是决策者，而坐在他旁边的女士没有决定权。犯下这个错误的时候，问题不在于你伤害了那位女士的情感，而在于你根本没有搞清楚谁是决策者——这有可能造成你的团队无法完成既定的目标。

默认别人的意图是好的，但不要觉得自己的意图也永远是好的

我们要特别注意，当你说出某种带有成见的话的时候，不要坚持认为别人会"假设你的行为出于善意"。听上去，你似乎认为受到伤害的人不应该因为这种话而感到愤怒。

专门研究行为准则的顾问安娜丽·弗劳尔·霍恩建议，在遇到带有成见的问题时，用一种中立的态度去看待问题。[13] 如果你踩到某人的脚趾，那个人跟你说："把脚从我的脚趾上拿开"或者"从我的小脚趾上滚开"，甚至用脏话骂你，你不可能一边跟人家说你没有恶意，还一边继续踩着人家的脚趾。你应该做的第一件事，就是把脚从别人的脚趾上拿开。然后，你应该就给他人造成痛苦这件事，向对方道歉。在这种情况下，你的意图无关紧要，因为你已经造成了伤害。结果比意图更重要。当我们伤害别人时，别人的反应往往是愤怒的。这是意料之中的，而不是你应该极力否认的情况。

除此之外，要求别人"假设你的行为出于善意"，实际上是忽视了他们可能在生命中的每一天都在遭受同样的成见，或许他们每天都会多次遭受同样的成见，由此带来因无力反击而积累的

痛苦和愤怒。在这种情况下，你应该退一步想想，你所遭遇的问题不仅仅和你有关——你只不过是造成受害者合理发火的一个小小的导火索。反过来想，如果你能够改变自己的行为，你或许能让当时的情况变得更好。

当你假设别人的行为出于善意，而不是强求别人假设你出于善意的时候，一些好的事情就会发生。你会对人性感到更加乐观。在这一点上，你或许是正确的——大多数人在大多数情况下的言行都是出于善意。

当你信任他人的时候，你付出的信任会得到回报。从经济的角度来说，信任是自由市场有效发挥作用的关键，在拥有信任的状态下，交易的成本也是最低的。

通常情况下，强求别人假设你的行为都出于善意是无效的。当你感到有人假设你的行为出于恶意，并且这种假设对你是不公平的时候，你完全可以向对方强调自己原本出于善意，但是应该记住我刚才提过的"踩到他人脚趾"这个比喻。如果你踩到别人了，你应该做的第一件事就是把自己的脚拿开。首先，向他表示你听到了他的抱怨，并且理解他的诉求，或者如果你并不理解对方的诉求，你至少要表现出希望去了解他们的诉求，并且有意愿尽快付诸实践。之后，再向别人表示你其实很关心他当时的感受。在这种情况下，你应该向他人展示出你关注到了自己造成的伤害，并且正致力于停止这种伤害。告诉别人，你在将来不会犯同样的错误，这比向他解释过去的意图要更重要。即使你过去的意图是善意的，也并不能改变你已经给他人造成伤害的事实。"我知道你为什么会那么愤怒，对此我表示抱歉。我从来没有想过要让你发火，但说这些也无济于事。我希望能够纠正这个错误，我以后再也不会这样做了。"

告诉别人他们过度敏感，是一种拒绝聆听他人反馈的表现

交流的信息只能由听者来判断，而并非由说话者来决定。或许你说的话给别人造成了伤害，但你并不理解为什么会导致这种局面。你本意并非要给他人施加伤害。你或许一辈子都在用同样的词语，这些词语是所有人都会用到的常见词语。

如果你拒绝去弄懂造成伤害的原因，这实际上等于你在强求对方遵守你认为的"常态"。更进一步说，告知他人"应当"产生怎样的感受，本身就是在做无用功。别人想怎样感受就怎样感受，你能做的最多是尝试去理解他们为什么会产生这样的感受。以命令的口吻要求别人"不要悲伤"并不能减轻这个人的悲伤情绪。你没有能力去管理或控制他人的情感，即使你真的这样做了，你的行为通常也是无效、傲慢、带有玩弄意味的，并且也不会是发自真心的。真正关心他人的情感是有效果的。

我曾经有几位同事，他们一直拒绝接受所谓的"言辞警察"，他们认为自己的遣词造句并不带有刻意伤害他人的意图，所以别人完全不应该敏感地审视他们的言辞。当时的公司领导向他们解释过，他并不认为自己在审查大家日常的言辞，但是他有责任保证整个团队能够很好地协同工作。他指出，我们每个人都会在听到特定词汇的时候感到非常愤怒。如果团队成员彼此想要友好交流，我们必须学会规避其他人的敏感词。我们这样做的目的是让团队成员相互理解，从而可以有效协作，同时也是因为我们互相关心、互相尊重。如果你想要和某人沟通，为什么还要说出可能

令他不想听你说接下来的话的敏感词？在其他词语能够传递同样意思的情况下，你为什么还要坚持用那个别扭的词？

我承认，改变一个人说话的习惯是非常困难的，即使团队成员都知道其他人的敏感词，还是有人会时不时说错话。如果你为了改变不好的习惯而请求他人的原谅，这完全是合情合理的，但坚称你有权使用任何你想用的词语就是不合理的。

我曾经的一位男同事经常用"哥们儿"来称呼女同事。他认为"哥们儿"是一个不指向特定性别的中性词，但我从来不会觉得自己是一个"哥们儿"。我向他解释说，如果有人用"哥们儿"来称呼我，这虽然不会让我愤怒，但还是比较刺耳。从那之后，当他再次用"哥们儿"来称呼我的时候，我都会简单地回应"注意点儿"，或者如果我当时有空的话，会说："注意点儿，我可不是你哥们儿。"他会向我道歉，我们也会继续共事。这些交流的信息已经很充分了，我们都不再拿它当回事儿。很快，他这种叫人"哥们儿"的习惯就被改掉了。我并不认为自己是一名"言辞警察"，而且我永远也不会是一个"哥们儿"。

有一次，在我自己发布的一则社交媒体帖子上，我没经过太多思考就使用了"神经病"这个词。几位热心人（当然是很善意地）指出我的不当用词给身患精神疾病的人造成了伤害。我在下面追发了一则道歉的帖子，并引用了一篇能够说明我的言辞为什么不恰当的专题文章。[14] 有好多人回帖，感谢我帮助他们预防了可能出现的错误言论。但仍然有很多人向我"保证"，我最初的用词并无不妥，只不过现在社会中的人们变得"过度敏感"。

对于一个女性，要回应过度敏感的指责是有些棘手的，所以我邀请我的前同事拉斯·拉拉维提出他的看法。

对于那些认为"我们变得过度敏感"的人士，请用简单的投资回报率来衡量这个问题。

我改变/不改变的代价分别是什么？如果我改变/不改变，最终收获的又是什么？

从事投资的话，改变我说话的方式需要付出哪些代价？克服我的某些认知障碍需要用两个星期吗？

我为了寻找这个问题和其他很多类似问题的答案做了很多探索，最终得到的答案是，改变行为的代价几乎为零。

然后，再来看看我得到的回报。如果我一直使用不具有同理心的说话方式——尤其身为白人男性——我可能给很多人造成不被包容的问题，这对某些人可能影响很严重，对某些人可能影响不大，而对某人可能毫无影响。但如果我改变自己的说话方式，我就朝着创造大部分人都被包容的工作环境迈了一步。我认为那种持有"我们变得过度敏感"立场的人，实际上是用很隐晦的方式忽略了受害者的观点，我认为我们不该这样做。

他说的没错。

尊重他人的个性

我有权决定自己活成什么样，你有权决定你活成什么样，这似乎是一个显而易见的道理。但是，我们经常干预别人应该活成什么样，比如，他们"应该"穿什么，他们"应该"感受到什么，他们的头发应该"留长"或"剪短",他们"应该"生孩子,生多少个孩子,他们"应该"谈恋爱等。我们经常被他人左右,甚至都没有意识到这种问题的存在。

公司职员通常都不会尊重非二元性别的同事,也不会用非二元性别同事希望的人称代词去称呼他们。在工作环境里,日复一日地去纠正同样的错误会让人吃不消。

我年轻的时候经常打扮得像个男的。曾经有人因为我出现在女厕所里而对我大声呵斥。这是一次令我非常心痛的遭遇,一个陌生人冲我大喊大叫,坚称她比我更了解我的性别。这让我知道被他人教训应该使用哪个厕所是什么感觉。[15]

每个人都是自己生命的主人。没有任何人有权决定我们的生命或生活,也没有人有权指挥我们"应该"怎样活着。我有权决定自己活成什么样。你无权指挥我的生活。这是做人的基本道理。

有效道歉

在《道歉的艺术》一书中,劳伦·M.布卢姆提出,有效的道歉需要经过以下环节:

- 诚恳地说出你很抱歉
- 解释为何给他人造成不便
- 对自己的言行负责
- 纠正错误
- 表达对对方的感谢
- 耐心听取对方对痛苦的倾诉

- 明确提出进一步弥补的方案
- 请求对方谅解
- 承诺不会再犯

  这些原则在林迪·韦斯特收到的一封道歉信里全部得到了展现。当时，她父亲刚刚去世，有一个居心叵测的人用林迪已故父亲的名字注册了推特和谷歌邮件账号，不停地给林迪发送言辞残忍的信息。韦斯特并没有装作看不到这种骚扰，她在杰泽贝尔网站发表了关于这段遭遇的帖子，在回帖当中收到了下列道歉信。

  林迪，你好：

    我不知道为什么要挑衅你，也不记得是什么时候开始的。我并不是针对你在用强奸开玩笑这件事上的反对立场。我并不认为用强奸开玩笑是什么有趣的事情。

    我猜测我对你的怒意主要来自你能够活得很自我，而且由此收获了满满的幸福。我对自己非常不满，也总是感受不到幸福，所以才嫉妒你。

    我曾经用其他两个谷歌邮箱给你发送过言辞残忍的邮件。

    对此我深表歉意。

    谷歌邮箱和推特上的 PawWestDonezo@gmail.com 都是我注册的（现在两个账号都注销了）。

    我找不到更好的词汇来表达我的歉意。

    这是我人生中干过的最卑劣的事情。当你在杰泽贝尔网站的文章中提到这件事的时候，我终于清醒了。坐在屏

加害者 &
| 成见 | 偏见 | 霸凌 | ⚡ | 歧视 | 骚扰 | 肢体侵犯 |

幕后阅读邮件的，是一个活生生的人。我正在攻击一个从来没有伤害过我的人，而且根本就是师出无名。

我不会再挑衅你了。

再次向你致歉。

我为纪念你的父亲做了一笔捐款。

祝你一切顺遂。[16]

无效道歉

最有效的道歉方式是找到被伤害的人，私下跟他说"对不起"。然后，闭嘴听他讲。当你向别人道歉的时候，把精力集中在他们身上，集中讨论他们遭受的伤害，而不是仅仅关心他们的感受。不要把道歉变成以你为中心的事情。

下面举的这些例子，听上去像是"道歉"，但实际上并没有效果：

- "我是个浑蛋。"
  这句话的焦点是你，而不是被你伤害的人。此外，说这句话并不代表你会对言行做出纠正。
- "我只不过是在开玩笑。"
  如果你讲的笑话伤害到了别人，那这无疑是个拙劣的笑话，你最好直接为此事道歉，而不要妄图通过幽默感来掩盖错误。好的幽默感能够揭示出隐藏的态度和行为，能够引发人们做出改变。不好的幽默感只会让带有伤害性的态

4 致加害者：尽力去解决问题

度和行为进一步强化。

- "我也因此感到难受。"

  同样，这句话的焦点还是你。在说这句话的时候，你根本没有道歉，而是在寻求别人对你的同情心或同理心。一位被指责有性侵行为的风险投资人在道歉的时候说的第一句话是："过去的 24 小时是我人生中最黑暗的时刻。"一位来自科技行业的仗义执言者反驳他："你认真的吗？这是道歉吗？没人关心你怎么样。能让人接受的道歉必须以'我错了'来开头。"[17] 这种心态的另一种表现形式被称作"白人女性的眼泪"，也就是说，当白人女性被指责说了带有种族歧视色彩的话时，会以流泪作为逃避责任的手段。[18] 作为一名爱哭的白人女性，我在遇到这种问题时，通常是尽力保证我的注意力放在受害者身上，同时确保周边其他人的注意力也在受害者身上。不要让道歉变得以你为中心。

- "抱歉让你感到不舒服了。"或"抱歉你是这么想的。"

  这种道歉的话没有切中要点。它揭示出你其实仍然不知道为什么自己的言行给他人带来了伤害。有时，说这种话的人本身就不怀好意，根本就没想道歉，这话和"抱歉你认为我在骚扰你"一样。这句话真正的含义是"我没有骚扰你，如果你认为我在骚扰你，我也无力改变你的看法"。

- "我今天状态不好。"

  没有人关心你为什么做出错误的言行。人们关心的是你将采取何种行为来弥补过失，并且他们希望你不会再犯同样的错误。

> 加害者 &
> 成见　偏见　霸凌　↯　歧视　骚扰　肢体侵犯

- "听我解释。"

  说这句话就代表你在为自己开脱,而不是真诚地想道歉。

- "你能原谅我吗?"

  通常,很多人在根本没有做出任何弥补措施,或者提出任何预防再犯的方法之前,都会要求受害者原谅自己的错误。不要一边说着"请原谅我好吗",一边堵死别人的退路。

不要把道歉作为规避棘手问题的工具

有时,我们会迅速向别人道歉,以求脱离尴尬或羞愧的局面。如果这样做,我们其实没能让自己承担应尽的责任,也丧失了一次学习和成长的机会。有一次我进行演讲的时候,给在场听众讲了我当年被人要求在桶里撒尿的故事(详见第 3 章)。在这场演讲中,我说明了故事发生的地点。其中一名听众举手发言,说我完全忽视了她。我察觉到可能说错话了,但是在当时并不能理解到底哪里出错了。

我当时感到无地自容。羞愧导致的身体反应和恐惧带来的效果一样。我当时的感受就如同看到自己的孩子走到了万丈悬崖的边缘:肚子里仿佛压了巨石,腿脚和膝盖后侧有灼烧和刺痒的感觉。我同时对两件事感到羞愧。一是我伤害了某个人,二是我不知道其背后的原因。我是否因为对文化的无知而说错话?我是否传递出对宗教信仰不包容的态度?

我当时没有进一步追问,只是简单地致以歉意,然后接着回答其他听众的问题。我不愿展示出自己无知的一面,而且心里并不情愿去了解自己犯错的原因。这是我当年犯的一个错。在当时的听众看来，我根本没有理解问题的症结，更可怕的是，我根本不关心自己说错了话。对我而言，我错失了一次学习的机会。

现在回过头去看，当时我应该打开沟通之门，而不是用敷衍的道歉来关闭它。我希望我当时说的不是简单的"我很抱歉"，而是"我意识到我说的话可能冒犯了你。更糟糕的是，我并不理解背后的原因，不过我愿意学习。如果现在有人能为我指出错误的原因，我会对他表示感谢。如果在演讲结束之后私下告诉我，我也非常欢迎"。

演讲结束后，我尽力摆脱了羞愧的感觉，并且找到机会，与那位在问答环节勇敢提出反对意见的女士进行了交谈。我当时犯的错误是因为我说"当地没有女性参加工作"，这听上去好像是说那个国家的女性都不出来工作，这当然是不对的，我想传递的信息是，当时和我谈判的那家公司里没有女性员工。这位提出反对意见的女士在自己的国家是正常工作的！

我多么希望当时在问答现场给这位女士更多的解释时间，这对当时在场的所有人来说都是一次受教育的机会。后来，我遇到了当时的一些听众，他们都问我这个问题到底是什么。这是一个以女性为主的会议，大多数的参会人员都是美国的白人女性。她们意识到我当时处于窘困的境地，所以她们都快速地忽略了问题，站在我这一边，这是一种常被称为白人女性的眼泪的倾向。我没有哭，但是这种人与人之间的动能展现出来了。我希望成为大家的盟友，但孤立了那位女士。当时，在场的大多数美国白人女性都有可能和我犯了同样的错误。由于我不愿意公开接受教育，她们也没能受到教育。对我们所有人而言，这都是一次错失的机会。

加害者 &			⚡			
成见	偏见	霸凌		歧视	骚扰	肢体侵犯

备忘录

有些事情你现在就可以做，能够帮助你从加害者转变成同盟者，和我们一起打造公平工作的环境。

我倒是希望，对自我错误行为的认知能够像照镜子一样来得容易。但多数情况下，除非我们愿意去了解，否则一直会对这些事情保持无知。而能够令你产生意愿的前提，一方面是你希望能够达成自我谅解，另一方面是希望身边的人也能原谅你。但所有事情都取决于你：如果你不能原谅自己的错误，你就会拒绝承认错误，进而导致无法纠正错误。

问题	对策
成见 非故意、无恶意	**阻断成见** 找到能为你阻断成见的人
偏见 故意、恶意	**建立行为准则** 不要把人或事本质化
霸凌 故意伤害	**施以惩戒** 小心权力和愤怒可能造成的危害

公平工作

5

致领导者：
创设成见阻断机制、建立行为准则、制订惩戒措施

对我而言，作为团队的一把手，最让我高兴的事就是能够创造一个令团队成员热爱本职工作、热爱团结协作的工作环境。领导者有能力为每一个人创造条件，让他们发挥自己最佳的工作效率，同时也为他们提供建设职业生涯中最佳伙伴关系的必要条件。公平的工作环境可以让我们的个人生活变得丰富多彩，我们工作一天之后，带回家的是喜悦而不是愤怒，回到家时是精神饱满的状态，而不是精疲力竭的状态，这样的话，我们身边所有的事都会变得更好。我们离实现自己的梦想又近了一步。公平的工作环境让我们可以以团队身份收获令人羡慕的成就，同时因为能够保持自己的个性而感到幸福。

大多数领导者似乎都认为，创造一个公平、合理的工作环境与他们作为领导者的核心任务是不相关的，似乎他们"真正的"工作只是为了达成某种特定的可量化的指标。但越来越多的领导者逐渐意识到，除非他们先为员工提供一个公平的工作环境，否则他们很难推动工作落地。

比尔·沃尔什是旧金山淘金者队的前任总教练，他撰写的书《比分自然会来》从标题上就印证了我的观点。[1] 确实，他的本职工作是带领球队取得比赛的胜利。如果他只关注比分，基本也赢不了比赛。比分所反映的他作为一名教练的水平高低，存在一定的滞后性。他需要以旁观者的角度审视比分，同时需要理解其他几个主要指标的重要性：队员的行为要符合道德标准，队员的身体素质要保持较高水平，每个人要承担相应的责任，同时需要教导运动员用正确的方式比赛。

对领导者来说，这样做的好处是你总能采取某些特定的措施来根除团队当中的成见、偏见和霸凌。通过这些措施，你能够打造出一个良性循环，降低错误言行在未来发生的可能性。坏处则是，这些措施往往只是一个良性循环，而不能像永动机一样持续发挥作用：你每天都需要维护这种机制。

如果你天真地认为自己的团队中不存在成见、偏见和霸凌，你就是在自欺欺人。这些态度和行为在地球上的任何一个人类社群中都非常常见，这并不是你造成的。但是，你是团队的领导者，如果你忽视这些问题的存在，那么这就变成了你的问题。这个问题比其他问题更有挑战性，因为你不可能独自解决它。你需要整个团队的帮助。想要获得团队成员的帮助，你必须为他们创造一个在帮助你的时候能够让他们感到安全的环境，因为团队成员往往更不愿去挑战这些错误的言行。

立刻着手去干吧！不要等着关于错误言行的举报递到你手里。

领导者和成见

成见既损害个人业绩,也损害团体业绩

> 我们的思想和行动,受到我们认知缺陷的约束。除非我们能够意识到自己在认知方面存在缺陷,而且意识到这种缺陷对我们的思想和行为都会产生决定性影响,否则由于我们未能注意到在认知方面存在缺陷,我们也就对改变自己的言行无从下手。
>
> ——R.D. 莱恩

这确实是件大事

有一次我新招聘了一位叫米奇的员工,他把团队里的女性成员都称作"女孩"。我曾经和团队里的男同事就这个问题进行过沟通,我非常希望这些人当中能有一个人站出来,给新来的同事一些提醒。我非常不情愿再做同样的沟通,但我也没有明确要求团队中的任何人必须负责做这件事。

加入我的团队大概一个月之后,米奇去和我的上司面谈,这位上司也是一位女士。我当时正在自己的办公室里和其他几位团队成员开另外一个会。当米奇敲响我办公室门时,他面色苍白。和我不一样的是,我的上司直截了当地告诉了他,自己对他日常

使用"女孩"这个词的看法。我立刻为自己让他身处这种尴尬的境地而感到内疚。

我当时应该向米奇道歉，作为他的直接上司，我应该给他提供这种有效的反馈，但我并没有。我当时试图把这件事当作笑话一带而过。我转头对团队中的其他同事说："你们都得谢谢我。你们都以为我是那个最难搞的人，但现在你们知道了吧，为什么要把女同事称作'女人'。"

这下子轮到米奇发火了："为什么偏偏不告诉我？"

我当时确实想不出更好的答案，只能说："哎呀，这不算件事儿。"

"当你第一次和你上司的上司面谈时，你们谈论的所有问题，就是你使用'女孩'这个词，让自己看上去像个浑蛋。我觉得这是件大事。"

他说得对。作为他的领导，我确实应该早一些对他做出警告。我没能尽到这方面的责任，其中一部分原因是我觉得只有我自己是"女孩"这个不恰当指称的受害者。公平一点儿说，在工作环境当中，多年以来我都遭受着这样的对待。我作为受害者，有权决定要不要挑战这个错误的言行。但就在那一天，我学到了更重要的一课：你或许感觉自己是一个受害者，但如果你身处领导岗位，你最好尽到领导应尽的责任。我有责任给米奇提供这些反馈，这既是为了他着想，也是为了他团队当中的所有女同事着想。我没有尽到自己的义务。

遭遇刻板印象的威胁以及如何反馈

当一个人意识到自己身处的团体遭遇到别人施加的负面刻板

印象时，这种认知可能对这个人的工作表现产生负面影响：由于担心自己的行为可能会印证别人对这个团体的错误印象，这个人内心的焦虑情绪可能会不断扩张，进而导致他无法发挥出最高的工作效率。这种现象在一个企业中任何层级的人身上都会出现，包括最高层。所以，领导者既要管理他人的这种情绪，也要注意自身是否存在这种情绪。

斯坦福大学心理学家克劳德·斯蒂尔在《刻板印象》这本书中指出，负面的刻板印象会抑制人们的工作能力，导致他们无法正常完成原本可以轻松完成的任务。[2] 斯蒂尔用普林斯顿大学开展的一项实验来证明他的观点，实验的主干是要求学生完成一场高尔夫球比赛。一个完全由白人学生组成的团队被分成两组。第一组被告知他们今天的任务是对他们的一次体能测试，第二组则没有被提前告知任何事情。被告知任务的这一组白人学生，尽管知道这项任务是要对他们的体能进行测试，而且他们打球时付出的努力并不比另一组学生少，但从最后的平均成绩来看，他们比另一组学生完成高尔夫球赛的杆数多3杆，也就是说他们的表现更差。这项实验最后的结论是，刻板印象（白人的体能普遍较差）对他们的成绩确实造成了负面影响。之后，他们用黑人学生群体重复了这个实验，但两组学生的表现是旗鼓相当的。斯蒂尔对这种差异的解释就是，黑人学生在运动体能方面并不会遭遇刻板印象的威胁。

斯蒂尔在斯坦福大学开展了一个类似的实验，只不过这一次他验证的刻板印象威胁与学生的智力水平相关。他把一组由黑人和白人本科生组成的团体召集在一起，要求他们完成一份高级GRE（留学研究生入学考试）测试，这份测试对学识的要求肯定超过了这些学生所具备的学识。斯蒂尔想要验证的假设是，黑人学生可能会由于不知道问题的答案，而引发他们内心关于黑人智力水平较低的刻板印象威胁，进而导致黑人学生成绩不佳。事实证明，在这项测试中，黑人学生的成绩确实比白人学生差。为了验证这个实验结论确实是由于刻板印象威胁导致的，而不是学生的智商水平或受教育程度导致的，斯蒂尔用另外一组黑人和白人学生重复了这个实验。这一次，他在实验之前告知学生，这并不是一个测验，而是为了培养他们的通用解题能力而必须完成的一个"任务"，从而在实验之前打消了学生对刻板印象威胁的顾虑。并且他还强调，这个任务并不会测试学生的智商水平。这一次，参加实验的黑人学生与白人学生表现一致，而且远远优于第一次相信这个测验在检测他们智商水平的黑人学生。

斯蒂尔和其他研究者开展了多项实验，用于检验基于不同成见而导致的刻板印象所造成的影响。在另外一场实验中，研究者给5~7岁的女孩布置了与她们年龄相适应的数学测验。在参加测验之前，一部分女孩被要求在一张与她们同龄的小女孩抱着洋娃娃的照片上涂色，另一部分女孩则被要求给一幅风景画填色。实验者的理论假设是，通过提醒女孩她们是女孩，就足以引发刻板印象威胁，也就是：女孩不擅长数学。而事实证明，给风景画填色的女孩的成绩比给小女孩抱洋娃娃图片上色的女孩要好。

另外一群研究者邀请学术成绩还不错的白人男性参与一项难度较高的数学测验。在控制变量组当中，测验按正常形式开展。在实验组当中，实验者告诉这些参与测验的人，开展这项研究的原因之一是想找出亚洲男性比白人男性在这些测验方面表现得更好的原因。这组实验人员的理论假设是，社会上存在一种刻板印象威胁，也就是：白人的数学不如亚洲人，因此白人在这项测验中的成绩会更差。事实再次验证了他们的假设。

你身为领导者的一项重要任务，就是认识到自己的团队当中有些人正在遭遇刻板印象威胁，并且要帮助他们消除这些负面影响。不论团队成员遭遇的是哪一种刻板印象，只要你能够提供好的、诚恳的反馈，就能够在很大程度上帮助他们消除正在遭遇的刻板印象威胁。关键在于你能够清晰地解释完成任务的标准是什么，并且给你正在提供反馈的这个人信心，表示你对他的能力非常认可。

斯蒂尔也描述了，良好的沟通反馈会对那些处于弱势群体的人克服刻板印象威胁带来帮助。汤姆·奥斯特罗姆是斯蒂尔读博士时的导师之一，他就为斯蒂尔提供了重要且直率的反馈。通过这些沟通反馈，斯蒂尔克服了作为整个项目中为数不多的黑人学生之一所遭遇的刻板印象威胁。他还引述了其他研究成果，证明了在美国其他大学中，同样的情况也发生在黑人学生身上。（请注意，这些沟通反馈重点在于描述当前正在从事的工作——并不是关于某人的衣着、情感，或者其他有可能揭示成见或者引发刻板印象威胁的因素。）与此相似的是，斯坦福大学社会学家谢利·科雷尔的研究表明，在职业生涯中取得成功，需要接受来自他人坦率的批评——在现实生活中，许多女性都无法获得这种坦率的反馈，因为她们的上司往往都是男性。[3]

有充分的证据——既有未经验证的，也有经过实验证实的——能够说明提供良好的沟通反馈，也就是清晰地说明预期，告知一位雇员他有能力满足预期，或者在某位候选人表现不佳的情况下提供指导，对于那些身处少数群体的人在工作中取得成功至关重要。重要的一点是，告知某人别人是如何透过有色眼镜来看待他的，这种反馈起不到任何作用。沟通反馈必须基于某种可以被改变的行为或表现，而不是基于人的基本属性。在后面的章节中，你会读到一则故事：曾经有一位老板告诉我，我正在遭遇能力认可度成见（或者说我非常地不讨人喜欢），而且他要求我尽力变得稍微平易近人一些。用最委婉的话来讲，这也不能算是对我有帮助的沟通反馈。

在现实生活当中，能够从良好的沟通反馈中获得最大收益的人，往往是获得最少沟通反馈的人。身处多数群体的管理者，非常愿意给那些和他们"类似"的雇员提供反馈。白人管理者向黑人雇员提供直率反馈的意愿，明显弱于给白人雇员提供反馈的意愿；男性更不愿意向女性雇员提供这种反馈。还可以提出很多类似的情况。

为什么会发生这种情况呢？有些时候是因为这位管理者本身是一个霸凌者，或者他持有主观偏见。但大多数情况下，这种问题的发生是因为存在另外一种刻板印象威胁：担心自己被人称作持有成见者、性别歧视者或种族歧视者。正是由于某人强烈地希望自己不要被别人视为持有成见的人，因此他的行为变得更加有针对性，使得他不愿意向女性和有色人种群体提供坦率、有用的反馈。所以说，"被他人视为持有成见者"的恐惧已经成为一种妨碍上司向下属提供反馈的刻板印象威胁。

刻板印象威胁有可能导致一个身处多数群体的上司不会给团队中身处少数群体的员工提供重要、有用的反馈。这种现象非常不好，因为这种坦率的重要反馈，是身处少数群体的人最需要的，也最能够帮助他们克服自己的刻板印象威胁，发挥更好的工作效能。

你如果是一位领导者,就多采取一些主动型措施。确保你意识到自己可能正在遭遇刻板印象威胁,并主动加以管理,同时向团队当中的所有人提供有效的反馈。

开展预防无意识成见培训只不过是一个开始

当你邀请对阻断成见有深刻认识的人,来组织开展预防无意识成见的相关培训,并且这个人具有优秀的沟通技巧时,这种培训能够有效帮助你根除公司中的无意识成见问题。但在现实中,这种培训往往变成走过场的敷衍行为,"这件事儿做没做?做了,那我们就可以解散了。做这事儿只是为了让公司免除法律责任,不要费力气去深究造成问题的真正原因"。最优秀的预防无意识成见的培训,既包括教育者/辅助者,也包括领导者的参与,来向员工展示公司做出改变的决心。但是,如果仅仅要求每个人都去参加预防无意识成见的培训,就算这个培训办得再好,也不足以改变现状。[4] 任何培训都不可能改变人们脑海中根深蒂固的思维模式。后续的练习实践才是改变问题的关键。有头无尾的培训只会使学员变得愤世嫉俗,甚至会强化他们已经形成的刻板印象。[5] 所以,作为一名领导者,你有义务去学习,在观察到有成见的问题时,你和你的团队如何有效地阻断它。

阻断成见这个任务并不是领导者可以简单分派给他人去做的事情。领导者必须亲力亲为,必须参与相关的培训,提高团队成员对这个问题的认知。最重要的是,领导者需要弄清楚,自己和自己带领的团队在后续的日常对话、工作会议、业务流程中发现成见的时候，如何去阻断它。当你发现有成见的问题存在，却没有采取任何阻断措施，你的员工会注意到这种情况，他们会想："如果老板都拒绝做出任何改变，我更没有能力去改变这种问题，那我就只好接受事情现有的状态。"

你需要迈出的第一步，也是非常重要的一步，就是让团队中的大多数人对这件事达成共识。在阻断成见的过程中，你需要达成的目标包括：

1. 确保你的阻断行为是大家都能够清楚地看见的——不要用委婉的说法大事化小。
2. 确保阻断行为不会对已经受伤的人造成二次伤害。
3. 确保阻断行为不会羞辱或攻击原本说出带有成见的话的人。
4. 在恰当的情况下，为在公共场合阻断成见的行为提供安全的环境。这样每一个人都能从中学到东西。通常情况下，我建议人们"在私下提出批评意见"。这样的话，阻断成见的行为会让人感觉更像帮助他人纠正一个错误，而不是针对个人施加批评。在公众场合阻断成见非常重要，因为这种方式可以让你用较少的精力获得更好的教育效果。通常情况下，在一个屋子里的人，会持有类似的成见，所以当出现阻断成见的行为时，大多数人都能从中获益。未能成功阻断的成见会被再次强化。
5. 确保阻断成见的行为干净利落，不至于打乱整个会议的节奏。有的时候，会议中展现出来的成见可能造成巨大的伤害，这种情况下，应该停止会议来纠正错误。但如果你想让阻断成见的行为成为工作环境中的常态，这种阻断行为就需要干净利落，不至于打断整个正常会议的节奏。
6. 为要求进一步解释澄清的人提供安全的环境。通常情况下，一个人不会立刻意识到自己说错了话。我们需要让员工感觉自己能够安全地提问："我不明白为什么你们认为这句话带有成见？我们会后能进一步交流吗？"确保你们双方在产生分歧的时候，都致力于寻求解决方案，而所谓的分歧可能就是关于刚才说的话是否带有成见的不同理解。理想状态下，这种谈话应该在会议之后单独进行。如果阻断成见的人同时也是受害者，那么在会后沟通的对话中，仗义执言者和加害者都应该参与。

创造公用词汇来阻断成见

简短的成见阻断——每个人都能用来揭露成见的字或词——能够给我们提供很大的帮助。如果工作环境中的每一个人都能用相同的语言来阻断成见，那么当其他人听到这个字或词的时候，就能快速地反应过来这句话代表的意思，而且也会让大家更容易表达自己的观点。作为领导者的责任，并不是帮助团队里的人去精挑细选用哪些词来标记对话或会议中出现的成见，而是帮助整个团队中的人对用哪些词形成一致意见。

当员工认为使用这些词是老板强制的，或者是公司人力资源部硬性要求的时候，这些词在阻断成见方面就不会发挥效用。

当团队中的成员自发地使用某些字或词，而不是由你来强迫他们使用时，这些词汇的使用频率就会提高。但是，你作为领导者，需要为他们提供必要的引导。有些本身就带有无意识成见色彩的词，一旦被用来阻断成见，往往会招致相反的效果。字和词都是很重要的。花一些时间来研究恰当的措辞。你可以鼓励大家用以"我"字开头的陈述句，邀请每个人都从发言者的立场来考虑问题。但阻断成见的词句，并不一定总是要以"我"字开头。以下是我在对话和交流研讨中收集的别人提出的建议。

- "我并不认为那是你的本意。"
- "阻断成见。"
- "我警示大家。"
- "哟，这是成见。"
- "成见警告。"

有些团队成员喜欢使用句子，而不是词组。很多人发现采用丹尼尔·卡尼曼在《思考，快与慢》这本书中提出的造句方式非常有用。如果你已经读过这本书，或者你的团队成员有兴趣读这本书，他们或许会采纳卡尼曼的建议。他们或许会说："我希望你能用系统 2 来打断系统 1。降低反应的速度，让你的系统 2 掌控自己的大脑。"[6]

使用系统 1 和系统 2 这种语言来表达问题，其优势在于既指出了形成成见的原因，也提出了改变这种行为的方法，这种说话方式不会被看作对说出带有成见色彩语句的人妄加批评。这句话同样也表现出这个人能够理解阻断成见这件事需要花费一定的精力。我喜欢这样的语言。但对某些人来说，这种说话方式听起来是一种容易令人烦躁的伎俩。让你的团队成员来选择适合他们的词汇。

| **成见** | 偏见 | 霸凌 | ⚡ | 歧视 | 骚扰 | 肢体侵犯 |

和自己的团队成员交流如何阻断成见，不一定是一项容易完成的任务，这种交流可能会变得非常棘手。有些人甚至会感觉类似"成见警告"和"哟"这种词，都带有把伤害大事化小的倾向。其他人或许会因为你"在这件事情上浪费了如此多的时间"而感到愤怒。而你可能感觉自己被卡在了两个极端之间。此时，你应该提醒每个人你希望达成的目标：找到一个简短有力的词，作为快速干预的工具。干预发生得越快，这个词被使用的概率也就越高。成见被阻断的次数越多，团队成员学习到的经验也就越多。这就像每天晚上都得提醒你的孩子刷牙一样。如果你给他们长篇大论地讲保持口腔卫生的重要性，告诉他们如果不刷牙，牙垢就会逐渐地堆积起来，形成蛀牙。很快，你就会发现自己越来越讨厌说这种话，而孩子们也越来越讨厌听这种话。直截了当地说"刷牙！"会更有效。

如果你的团队成员讨厌阻断成见的想法，那就向他们征询意见，让他们提出能够达成同样目标的行为方法。对他们的建议持开放态度。但如果他们真能提出替代方案的话，要让他们为这种方案后续的执行承担应尽的责任。你应该以开放的心态看待这个问题。或许团队成员之间并没有足够的信任，也就无法达成这种效果。在这种情况下，你就需要花更多的精力去找出背后的原因，并且拟定出解决问题的方案。在团队成员互不信任的前提下，你不可能阻断成见，你们也不可能有效地协同工作。

企业家贾森·梅登曾解释过，在一个团队中，如果有人犯错，而团队成员能够感觉很安全地为他指出错误，这种工作氛围是非常重要的。他鼓励人们"克服对说错话的恐惧，因为在说出正确的话之前不可能不先犯几次错"。与此同时，梅登也指出："我不应该为了让你在自己的成见中活得很舒服而隐瞒自己的实话。"[7]

让成见阻断行为真正起效

人只有在具备安全感的时候，才敢发表自己的观点。我可以非常肯定地告诉你，你的团队中一定有某些人没有安全感。作为领导者，你有义务为他们创造一个安全的环境。当有人说自己没有安全感的时候，不要感觉不耐烦。要求别人感到安全，甚至告诉他们应该感到安全，并不能改变这种状况。要让别人知道，根除成见是你这个团队的优先任务，你们所有人都应该全力投入去做这件事。下面列举几个你可以采取的措施。

保护受害者。当有人提出一条关于成见的警告，其他人却通过言语或肢体行为攻击这个人时，你所有的应对成见的努力都会失败。如果有人提出了反对成见的意见，而有人对他的这种意见翻白眼，那你应该要求这些翻白眼的人在工作会议结束之后立马和你面谈，让他们知道，如果以后再出现同类行为他们将面临惩罚。并且要给这些人一个解释的机会，说清为什么他们会翻白眼。在这种情境下，你应该充当整个团队的感情冲击海绵垫。如果你让他们把自己对成见阻断者的怒气都宣泄在你身上，那你会收获两方面的好处：一方面，你获得了一个宝贵的机会，利用这个机会说服他们，阻断成见是一件有价值的事情；另一方面，他们把怒气宣泄在弱势群体身上的机会就减少了。时刻保持警醒，当发生这种情形时，一定要表达你的观点。

分担这项任务。阻断成见这件事不能变成完全由你来做的事，也不能变成完全由受害者来做的事。如果受害者是唯一发表自己观点的人，他们会因为这种不断的解释而感到厌倦。而且对整个团队来说，其他人也很难再听进去有用的观点。当有人站出来仗义执言时，要让他们充分发挥自己的作用。如果你变成团队当中唯一一个经常阻断成见的人，也要向团队成员指出这种现象。让当时身处同一个工作环境的人知道，你希望他们也来承担阻断成见的责任。

让阻断成见的行为变得轻松容易。当你的团队成员一致同意用某个词来阻断成见时，确保团队里的每一个人都不断地练习在工作环境中使用这个词，直到所有成员都准确地了解如何在不引起巨大麻烦的前提下，快速地使用这个词。

在阻断成见的过程中，去除可能导致人格羞辱的成分。每个人都有可能遇到自己的成见时不时被他人纠正的情况。当他们知道自己的成见被阻断，并不代表自己的职业生涯也因此中断的时候，他们就更容易以开放的心态接受这种纠正。

让阻断效应最小化／让学习效果最大化。通过反复试验，制订出一种回击成见的常规行为模式。如果一个人理解并且同意阻断成见的行为，他可以说："你说得对，我非常抱歉，谢谢你指出我的错误。"我们在前面的篇章中也有提过，如果这个人并不理解，或者对阻断成见的行为并不认同，他们应该知道说："谢谢你指出这个问题，但我并不理解为什么我说的话被认为是带有成见色彩的。我们可以会后再交流吗？"受害者应该参与会后的交流，但并不一定要被强制要求参加。受害者往往已经参与过很多次类似的对话，仗义执言者和加害者则往往参加的少一些。让仗义执言者更多地承担沟通中的重担。当然，在某些情况下，工作会议应该被打断。例如，在职级晋升会议中，如果大家感觉某个人反对提拔女性是出于性别歧视，那就应该先去解决造成这个反对意见的原因，之后才能形成合理的晋升决定。如果不这样做，成见就演变成了歧视。

奖励仗义执言者。当你注意到某人做出了仗义执言的行为时，要在公开场合表扬这个人。在他的绩效反馈中，对其做出好的评价。

让自己承担应尽的责任。鼓励其他人在公众场合纠正你的成见，对他们的帮助表示感谢，让他们在做出这种纠正行为时感到自信。在别人纠正你的成见，而你也给予良好回应的情况下，他们会感到为身边的其他人纠正错误也是安全的，或者接受别人的纠正也是安全的。

让仗义执言者承担应尽的责任。如果你注意到某人说出了带有成见色彩的话，但没有人对此发表反对意见，那你自己就应该站出来阻断这种成见。在工作会议结束之后，把没有尽到仗义执言者应尽责任的人拉到一起，询问他们是否注意到有人说了带有成见色彩的话，如果注意到了，为什么不发表反对意见。如果你意识到自己说的话折射出了内心的某种无意识成见，而当时在场的人又没有为你指出错误，那么就让在场的这些人承担起应尽的责任。

当你自己是别人开玩笑的对象时，这种玩笑是可以被接受的。这是指在工作环境中，如果你是领导者或者是最资深的人，那么唯一能被用来开玩笑的人就是你自己。以幽默的方式向当权者陈述实情，这种行为在人类历史上占据着重要的地位。身为领导者，你的职责之一就是听取别人的反馈，而要做到这一点，你自己内心必须足够强大，能够允许别人嘲笑自己，并且鼓励别人以开玩笑的方式给你提供反馈。

在你建立了一种常规行为模式之后,你会发现人们的学习速度会提高,而且越来越善于在说出带有成见色彩的言论之前终止自己的行为。但要建立这种常规行为模式,必须先建立属于自己的话语体系和行为模式。这些话语体系和行为模式,要能充分地认可成见的存在,能够纠正带有成见的言行,并且确保每个人在阻断成见的过程中,都承担自己应尽的职责。只有当你有意识地发挥领导力,并采取积极主动的干预措施时,才能达到这种效果。

创建阻断成见的常规行为模式

接下来讨论如何引导你的团队成员阻断自身的成见,从而实现相互尊重,做出更合理、更公平的决定,并在团队中形成"1+1>2"的协同效应。

讲故事

我知道的一家公司,开展了一项名为"是的,这件事确实发生了"的活动。遭受过成见伤害的人,甚至是遭受过已经上升为歧视或骚扰的成见的人,把他们的遭遇写下来,交给一个由员工组成的团体,这一团体的职责是致力于消除错误的态度和行为。团体中的员工每周选取几则故事,通过邮件的方式分享给愿意接收这种邮件的人——每周多达数千人。通过讲述和阅读这些故事,公司里的人逐渐认识到带有成见的言行在公司里是如何产生的。读过这些故事之后,你很难再否认成见会演变成歧视、霸凌,甚至演变成更糟糕的言行——这不是在"别处"发生的,而是在眼前这家公司发生的,也就是在这家大多数员工都认为不会发生这种事情的公司。很多读过故事的人都反馈说,他们惊觉自己以前曾经遭遇过带有成见的言行攻击,但当时并没有形成认知,现在他们也参与到改变错误言行的队列中来。许多讲故事的人则反馈说,他们感到自己的遭遇受到了他人的承认,并且获得了以前从来没有过的尊重。

阅读这些故事,区分其中哪些折射出了人们带有成见的言行,哪些需要采取必要的反击行动,这项工作消耗了那群投身于这项工作的员工的很多精力。如果这项工作仅仅被视为"业余"的工作,那对这些人而言肯定是不公平的。他们的上级管理人员把这项工作看作他们本职工作的一部分,并为他们调整工作时间提供了便利。

放在过去,法务部一定会对人们搜集这种故事带来的风险提出警示,而且他们的警示往往会使这项工作终止。但这家公司的领导者意识到,如果他们都不知道问题在哪儿,就无从谈起解决问题。在他们意识到问题到底在哪里之后,就能够全身心致力于解决问题。他们非但没有忽视工作环境中的不公平现象,反而主动出击去寻找问题。他们用主动的行为抵制了排他文化的影响。

即兴表演

当代即兴戏剧起源于维奥拉·斯波林在大萧条时期,在公共事业振兴署工作时设计的一种训练项目。斯波林开发即兴表演游戏的目的是帮助移民者的后代跨越文化和种族的障碍,以解锁自我表达的能力。她的即兴表演游戏帮助人们克服了她提出的"认可／否定综合征",解锁了他们的创造力,让参与表演的人释放

| 领导者 & |
| 成见 | 偏见 | 霸凌 | ⚡ | 歧视 | 骚扰 | 肢体侵犯 |

自己的天性，为老师、同伴和其他观看表演的人带来喜悦。她的这些技巧为当代即兴表演奠定了基础。

你可以运用即兴表演的技巧，帮助自己的团队跨越文化和种族的障碍，对带有成见的言行发出挑战。例如，为了让员工对"男复述"（见第2章）造成的迷惑性产生同理心，第二城市剧团开发了一种名为"是的，排除"的游戏。[8] 参与游戏的人被分成6组，他们的任务是策划一次派对。大家轮流发言，每个人都提出自己的创意，也可以在他人的建议基础上进一步发挥。但每个组必须排除其中一个人。如果有人喜欢那个被排除的人提出的建议，他们自己可以重复提出这种建议，但是无论如何，都不能承认这个创意来自被排除的那个人。即使所有人都知道自己只是在玩游戏，但这还是让人感到非常别扭。参与游戏的员工和领导者都反馈说，在伴有欢声笑语的环境里，提出这些沉重的话题效果非常好，而且对他们练习阻断成见非常有帮助。

想让这种欢乐的活动卓有成效，必须先树立起清晰的人际互动的规则，并且有受过专业训练的帮助者进行指导。在有了规则和帮助者之后，就应该搭建起一个让所有参与者都感觉安全的环境。当大家都意识到自己过去可能忽视了某些事实，而现在通过游戏认清了这种事实时，就会一起开怀大笑，但这种笑声不应该来自对他人的嘲笑。

抗争的50种方法

"向前一步"基金会开发了一套免费的在线课程，有效帮助人们消除工作环境中的成见。这套课程的精彩之处在于用人们在工作中每天都会说和做的真实事情，来揭露带有成见的态度或行为。

它不会让人对阻断成见这件事失去信心，因为它对每一种情况都提出了如何去做抗争的建议，并且帮助人们改变自己的行为方式。

性别成见消消乐

这个游戏是法学专家琼·威廉姆斯创造的。这个游戏把女性在工作环境中总会遇上的各种成见分门别类归纳起来，要求参与游戏的人正面挑战自己曾经做出的类似行为。这个游戏的伟大之处在于，它促使人们用解说自己具体经历的方式来讲故事。这个游戏并没有为每一种可能发生的情况制订具体的回击策略，所以参与者需要推动提出问题的人去思考应对该问题的最佳方法。这对受害者而言是宣泄情感的好方法，对仗义执言者而言是一次极好的教育。

领导者和偏见

先提醒你回忆一下，我们所指的成见，是你的大脑把某种刻板印象摆在了你的面前，你对这种刻板印象并没有主动的认知，当你认真思考或者对这个问题的存在有感知的时候，通常不会同意这种成见代表的观点。在某种程度上，偏见是你的大脑在有意识地为刻板印象或者已有的成见寻找合理存在的理由。

针对成见和偏见，你都需要进行干预。在遇到带有成见色彩的言行时，你向对方举起一面镜子，这个人通常能够自我纠正。但是，当遇到带有偏见的言行时，你举起一面镜子，对方很有可能说："对啊，这就是我。我不帅吗？"指出带有偏见色彩的言行，并不能让对方改变自己的言行。在遇到带有偏见的言行时，你的任务是防止这个人把这种言行强加到别人身上。

作为领导者，你可能会越过边界，试图去掌控别人内心的信念。每个人都有权利选择自己的信念，但没有权利为所欲为。与此同时，你有责任防止带有偏见思想的人把自己的信念强加给其他人。每个人都有选择自己信念的自由，而每个人也有不受他人偏见伤害的自由。这个问题真的非常棘手。如果你不想面对这种问题，就不要扮演领导者。

行为准则：倡导互相尊重的规则

领导者有责任为一个公司所能接受的行为边界设定预期，并且清楚地把这种对可被接受的行为的预期传达给员工。制订一份行为准则，是确保对行为的预期能够得到清晰和公平表达的最好的方式。行为准则并不会强迫人们选择某一种信念，但一定会告诉他们什么事能做，什么事不能做。大多数人都会尊重设定好的边界——前提是他们要知道边界在哪儿。

常规来讲，对于员工出现的某种行为问题，他们应该：（1）清楚地了解公司对自己行为的预期，（2）在他们有可能做出不符合预期的行为之前得到某种提示。员工出现某些行为时，应该立刻被开除，比如说暴力或者偷盗。你自己公司的行为边界到底在哪里呢？作为领导者，你应该清晰地阐明行为的边界，然后你需要根据不同的案例来解释规则的适用范围。

制订行为准则会花费一些时间，但制订的过程会推动你以领导者的身份去清晰地思考从业行为的问题，就如同你思考如何提升大家的业绩一样。它会强迫你去清晰地说明，在你的工作环境里哪些言行是可以被接受的，哪些言行是不被接受的。同时，你还要决定，如何惩罚违反你制订的标准的人，如什么情况下他们会得到警示，什么情况下应该立即将他们开除。

我在哈佛商学院上课的时候，印象最深刻的一堂课是詹姆斯·伯克担任强生公司CEO期间发生的故事。他在1976年成为这家公司的CEO，他做的第一件事，就是用3年的时间走访了强生在全球各地的办公室，并且和当地的管理层一起重新编写信条，也就是公司的行为准则。在这件事做完之后，他们在公司最高管理层日常办公的纽约市召开了一次集体会议。伯克花了40个小时和所有参会人员共同修订了这份准则。

我对此事深感震惊。这是CEO该花时间去做的事情吗？伯克亲自到我们的班级来讲课，并且解释说，正是由于这次集体的努力，公司形成了统一的身份认同，才使得强生在此后一次生死存亡的关头能够挺过来，因为每个人都坚信公司的共同价值观，并且用这些价值观来引导他们的行为。伯克是与众不同的管理者：很多CEO继任之后，都不知道行为准则里写的是什么，更有甚者，他们极有可能变成公司里最容易违背行为准则的人。

你如果现在还没有行为准则的话，立刻动手写一份

如果你的公司还没有制订过行为准则，那你为什么不考虑自

领导者 &
成见 | **偏见** | 霸凌 | ↯ | 歧视 | 骚扰 | 肢体侵犯

已写一份呢？我建议你主动承担执笔人的角色，邀请你的团队成员担任编辑。他们作为编辑，不仅仅是确保你的行文通畅，也不仅仅是确保你不出现笔误，而是他们需要和你一起评估这份准则是否真实折射出他们在办公室里观察到的现实情况。

你和团队成员共同起草了一份大家都满意的文稿之后，你可以让团队中的每一个人和他们的下属一起重复这个过程。随后，你会收获来自其他人的反馈，并且可以据此对行为准则的初稿进行修订。你的每个直接汇报人都必须向他们的直接汇报人报告为什么有些文字的修订会被接受或不被接受。这一步很重要——就算他们不是百分之百同意，你也必须和他人分享自己的逻辑，确保其他人理解你做决策的方法。

经过这一步之后，你就可以把仍然是草稿状态的文本和整个公司的人共享。如果你公司的人很多，你可以指派某个人担任反馈专员。这位反馈专员要负责把大家提上来的意见或建议分门别类，以便于你快速理解整个公司对这份文本的反馈。反馈专员还需要对每一位提过意见或建议的员工给予反馈，解释他们提的意见或建议为什么被接纳，或者为什么被拒绝。

下面是我为绝对坦率公司团队起草的第一稿行为准则，绝对坦率公司是我和其他人共同创建的一家提供高管培训的公司。

1. **保持行为正直。**诚实与品德是生产力的基石。如果我们不能相互信任，我们就不可能协同工作，更不可能创新。说谎、作弊、盗窃、暴力以及其他违反道德准则的行为，都会导致员工被解雇。

2. **保持对人的基本尊重。**请记住，你在工作中与人形成的关系,即便不是友好关系,仍然是人与人之间的关系。和你发生交集的每一个人都应获得尊重。当你们发生分歧的时候,记住这一点尤为重要。当你不尊重他人的时候,你既伤害到自己长期的工作,也影响到集体的工作效率。不论对你个人,还是对整个集体,协同比争夺主导权要更有效。出现霸凌的行为,也会导致霸凌者被解雇。

当出现分歧时,抓住机会,了解背后的原因。 不要仅仅容许差异的存在,要抓住机会,了解对方的思维逻辑和情感。不要一概而论地批评别人。

不要把自己的信念强加到他人身上。 你有选择自己信念的权利,但你没有权利为所欲为。当你的言辞损害到团队完成任务的能力时,你同样不具备乱说话的权利。

关心别人。 当你能够在工作层面和人性层面都关心与你共事的人时,你更有可能做出卓越的绩效,并帮助你的团队获得更好的绩效。

认清你对他人的影响力。 当你伤害某人时,用"我没有意识到"或者"这不是我的本意"这样的话来道歉是不够的。你有责任认清自己对身边人的影响力,当你伤害他们的时候,需要立刻做出补救。

3. **坦率地挑战。** 如果你与其他人发生分歧,当着他们的面反馈你的意见,而不要背着他们在私底下议论。传播闲言碎语、背后捅刀子,以及玩弄办公室政治的行为都会对你的年终绩效评估带来负面影响,进而对你的职业生涯产生影响。

纠正成见。 如果某人的言行在你看来存在成见,纠正他们，但不要攻击他们。纠正他们的目的是帮助他们学习，而不是惩罚他们。我们都以自己独特的方式持有不同的成见，只有当我们互相之间能够纠正成见的时候，我们才能向着正确的方向进步。

4. 尊重对方的意愿。 想要触碰他人，必须清晰地知道对方对于这种肢体接触有何看法。如果对方不希望发生肢体接触，就不要发生肢体接触。如果你不确定的话，也不要发生肢体接触。在你自己的工作中，与上司或下属发生恋爱关系，即便两相情愿，也可能会被开除。工作环境中的权力地位不平等可能导致某一方很难表达同意。

5. 推崇权力的制衡。 不受约束的权力必定滋生腐败。我们必须通过机制来确保任何人都不被腐蚀。没有任何人拥有单方面的绝对权威，没有任何人能凌驾于公司规则之上。如果你发现了问题，你有多种向上举报的方法。如果你认为公司规则管不住你，或者你刻意规避能够制约你的制度，那你也有可能被开除。

请注意这份文件的长度。光是把它控制在 600 字以内，就已经让我倍感自豪。根据我的经验，如果你希望其他人认真阅读一份文件，并且把文件精神内化，那我建议最好不要超过 600 字。等员工经过一层层的审批，这些准则即使写得再好，也会让他们因为篇幅长度而感到疲惫。我猜很少有员工会完整阅读这份文件。举例来讲，谷歌的行为准则写得非常优秀，值得一读。但它长达 6 322 个字，一共 22 页。可以想象，你肯定也见过这么冗长的文件，随手就翻过去了，基本没有吸收其中的观点。

值得注意的是，我的团队其实并不喜欢我抛出的第一稿。你的团队或许也不会喜欢你的版本，但这件事是可接受的。在我写这本书的时候，我的团队仍然在编辑这份行为准则。其中最重要的一条反馈来自绝对坦率教练梅丽莎·安德拉达，她指出这一份准则不够振奋人心，它没有倡导某种价值观，而是为大家的行为划定了最低的红线。绝对坦率公司团队拟出了更简短的版本，但我们怀疑会不会又过于短了。

> 专权是恶劣的。
> 包容是值得称赞的。
> 保持对新观点的宽容。
> 关心每一个人。
> 坦率地挑战。

我能想到很多条原因，建议你不要采纳以上任何一个版本的行为准则。因为，它们都处在草稿的状态，即便它们已经是终稿，而且经过了反复修订，你也不会想用另一个团队领导人的行为准则作为你入手的地方。你最好从头编写属于你的版本。如果你在行为准则中能够：（1）折射出你真正相信的观点，而不是简单从别人那里抄袭；（2）真正反映出你的团队成员信服的观点（这也是必须让他们参与起草的原因之一）；并且（3）这份准则的语言和原则能够清晰地反映出你团队的文化，那么你团队中的成员就更容易接受这份行为准则。

领导者 &
成见 | 偏见 | 霸凌 ⚡ 歧视 骚扰 肢体侵犯

拟定公平的流程，明确违反行为准则的行为将受到的惩罚

一份行为准则可以清晰地向所有人传达这家公司内部人与人之间沟通的准则，可以帮助你打造一种不太容易出现人际关系问题的文化。到你公司找工作的求职者，如果不同意这份行为准则，可以不再继续应聘。已经被你公司录用的人，如果对行为准则产生异议，可以选择主动离职。在你把准则讲清楚之后，如果仍然出现既不遵守准则又不主动离职的人，你有权直接开除他们。

但是，不论你的行为准则写得多么清晰易懂，多么合情合理，有一种情况是避免不了的，那就是行为准则必然会被违背——通常这些行为出现的方式是你完全无法预料到的。人类的行为充满了无尽的可能性，有的时候某些行为会给大家带来激励的效果，而有的时候会令大家感到恐怖、困惑、反感。对于违反行为准则的人，必须加以惩戒。违反行为准则的行为总是不可避免的，你必须创造公平的机制，拟定合理的惩戒措施来应对这些问题。在某人做出意料之外的可憎言行之后，你当然会试图找到惩罚他的方案，如果在这些行为发生之前，你就已经对行为准则想要传递的原则进行过深思熟虑，并且在此前就和员工进行过深入沟通的话，惩罚措施的决策过程就会简单很多。

员工可能因为违反行为准则被开除。但如果仅仅是有人指责他们违反了行为准则，还不足以构成开除他们的理由。作为领导者，你有责任确保他人提出的投诉能够得到公平的处理。

除制订行为准则之外，你还需要设计一套用于决策哪些行为违反准则，哪些行为不违反准则的公平机制。作为领导者，你需要开发出一套针对每个案例都能形成有效判断的机制，并且团队

中的所有人都能理解最终的评价是如何形成的。可以给大家一个提示：不要单方面形成决策，也不要彻底不参与决策。也就是说，你后续的处理不能简单地说"相信我吧，因为我是一名优秀的领导者"，也不能说"我不知道最后会怎么样哦，人力资源部会搞清楚的"。

让你的下属对你处理问题的过程充满信心，这一点非常重要。导致失去信心的常见原因之一，就是员工通常都认为人力资源部会直接向 CEO 汇报，而 CEO 往往就是违反行为准则最多的人，并且 CEO 通常会倾向性地先保护高管。尽管人力资源部成为最终"背锅"的部门，但这种情况背后，真正的罪魁祸首是董事会，他们没能让 CEO 及其下属承担应尽的责任。当人力资源部把违反行为准则的事项汇报给 CEO 的时候，我们实际上等于要求员工监督自己的上司履行应尽的责任。这是一种不合理的要求。我们在接下来的第 6 章中，将更多地探讨如何通过组织的结构性设置解决这个问题。

换作是你，你会怎么做

假设你在一家大型企业管理信息技术部门，你手下有一名叫作保罗的员工去参加了一场会议。在会议期间，公司负责招聘的人员要求每位员工都推荐更多的女性求职者。保罗平常就很讨厌开会，对这一次的会议更是有诸多不满。

保罗带着怒气说："我来告诉你，为什么我们部门没有更多的女性，因为除极个别人以外，女性根本就不会和电脑打交道。电脑技术的认知启蒙很早，在孩子大概 10 岁的时候就开始了，随着时间推移，知识逐渐积累。我非常讨厌所有人都在拒绝承认这种基本的生物学事实。"

保罗说的这句话就像是在办公室里扔进了一颗手雷。大家的情绪都爆发了,会议被迫中断。

事后,你找保罗单独沟通。你告诉他,他的行为已经违反了行为准则。你指着行为准则中的内容说:"员工必须互相尊重。我们不允许带有胁迫、歧视或骚扰性质的行为出现在工作场合。"

保罗辩解说:"我没有不尊重人,这些都是事实!如果搞政治正确的那帮人不喜欢听到事实的话,我也改变不了他们的看法。"

"女性不擅长用电脑这件事不是一个经过验证的事实,而是你个人的观点。许多人都会认为这是一种偏见。而且你没有权利把自己的偏见强加到他人身上。"

"这下好了,你是想剥夺宪法第一修正案赋予我的自由权吗?"

"宪法第一修正案赋予你的是政治权利,不是工作场合的权利。如果你给别人制造了一种敌对的工作环境,我有4条理由可以开除你。第1条,制造带有敌意的工作环境,违背了行为准则,这是你获得这份工作之前阅读过并且签字认可的。第2条,你的行为会使公司承担法律责任。第3条,你并没有尊重团队中每一个成员的个性,这会伤害到我们团队协同工作的能力。第4条,如果我不采取行动的话,我就得为你的行为承担个人责任,而这不是我愿意承担的风险。"

"你是说要开除我喽?"

"还不到这个程度,但是我警告你,如果再被我们发现你把自己关于电脑技术和女性的偏见强加到同事身上,你就该走人了。"

保罗怒气冲冲地离开了你的办公室。接下来，等你发现的时候，他已经在公司的内网上发布了好几篇关于女性和智商的帖子。公司内爆发了一场网络骂战，不仅牵扯了保罗所在的信息技术部门，同时还扯上了销售团队和市场开发团队。很快，人力资源部被迫介入，试图让事件平息。保罗的行为不仅浪费了他本人所在团队的时间，也浪费了十多个其他团队的时间。

你知道，如果你在这个时候开除保罗，并且在开除的可能性还越来越大的情况下，保罗极有可能宣称自己是办公室政治正确文化的牺牲品。这种说法肯定不准确。如果你决定开除他，那绝对不是因为他的个人信念问题。你开除他，是因为他把自己的信念通过公司的内网强加给别人，并且对其他团队的生产力造成了伤害和打击。如果员工是有暴露癖的人，他们不会因为这种癖好而被开除。但如果他们坚持裸体来上班，或者把裸体照片发到公司内网上的话，他们就可能被开除。

在你理解了我举的这个例子之后，你应该更有信心去和保罗谈话。

领导者和霸凌

我们当然可以很天真地认为，在招聘环节就避免把带有霸凌

成见　　偏见　　**霸凌**　⚡　歧视　　骚扰　　肢体侵犯

领导者 &

倾向的人给招进来。不幸的是，霸凌是一种行为模式，而不是一种人格类型。尽管有些人比其他人更容易出现霸凌的行为，但实际上每一个人都会时不时地做出霸凌的行为，原因很简单，霸凌是一种能够帮助我们建立或者维持在组织内的较高地位，或者胁迫他人遵从自己意志的有效方式。霸凌的行为会长期存在，除非你作为领导者明确告知有霸凌倾向的人，这种行为在你的组织中是行不通的。

霸凌会制造出一种恐惧的气氛，极大地降低一个团队获得成功的概率。你作为整个团队业绩的最终负责人，如果在面临胁迫、威逼、报复、恐吓等行为时，不向加害者施以明确的惩罚，最终承担后果的就会变成你自己。霸凌的行为通常会揭露出双方的不平等地位，不会对业绩提升有任何帮助。霸凌也经常被用来掩盖某人的无知、无能、没有安全感或者怠惰。为了你的团队，你必须制止这种行为。

职场霸凌研究院在 2017 年发布的一份调查报告显示，美国职场中有 19% 的人在工作场合中遭遇了霸凌，另外有 19% 的受访者旁观了霸凌的过程。总的算来，职场霸凌行为影响到了 6 000 万人。做出霸凌行为的人当中，70% 是男性（其中 61% 是拥有管理权限的人），而遭遇霸凌的人当中，有 60% 是女性。被调查者当中有 45% 的人认为最近几年工作场合当中的霸凌行为越来越多。[9]

让应对霸凌这项工作变得极为困难的原因之一是，人们通常并不认为自己在工作中霸凌了其他人——根据职场霸凌研究院的调查报告，每 200 个人当中大约只有 1 个人会这么认为。[10] 但在同一份调查中，接近半数的受访者都曾经被霸凌过，或者至少旁观了霸凌的过程。这种差异如何解释呢？或许是为数不多的几个霸凌者每天都精力充沛地霸凌其他人，又或者其实我们每一个人都时不时地出现了霸凌的行为，只不过没有意识到我们的行为如何影响到他人。当别人做出霸凌行为的时候，我们都非常容易分辨，但自己做出霸凌行为的时候，我们很难识别。这两种猜想都有可能是对的。或许大多数的霸凌行为都是"惯犯"做的，但至少有一小部分的霸凌行为是那些认为自己不存在霸凌行为的人做的。在前面的章节中，我就列举过我对待拉斯的案例。

如果你是一位领导者，如果你观察到某人的行为像是在胁迫他人，那你应该及时处理这种情况。最终，你有可能发现自己误解了当时的情况——冲突与霸凌之间的分界线难以识别。只有通过和双方交谈，才能判定到底出了什么问题。即便你最初的判断是错的，那你也发出了两种信号：（1）你正在积极地反击霸凌行为；（2）如果某人感觉自己被霸凌了，他来找你倾诉是很安全的。

如果你不以积极主动的态度观察霸凌行为，你或许都看不到它们的发生；会实施霸凌行为的人，通常都会"媚上欺下"。你需要让团队中的所有人都知道，你是不会包容霸凌行为的，这一点非常重要。如果你在霸凌行为发生的当下，没有指责做出错误行为的人，那么这反映出来的是你的领导力还不够强，或者展现出你对团队成员互相之间的关系还不太理解。如果你希望受害者或者仗义执言者私下告知你正在发生霸凌行为，你首先需要让他们知道，你是真心地关心这个问题。如果你看到问题，却又忽视问题，大家就越来越不会找你寻求帮助。

领导者 &
成见　偏见　|霸凌|　↯　歧视　骚扰　肢体侵犯

让霸凌者承担后果：训诫谈话、扣发薪酬、中断职业晋升

作为领导者，你有义务创造一种令做出胁迫和恐吓的行为主体自食恶果的环境。只有当领导者下决心惩戒霸凌者的时候，霸凌者的行为才会为自己招来不好的后果。至少，当某人做出霸凌行为的时候，他们的行为一定会对自己造成负面影响，而不是给他们正在霸凌的对象带来负面影响。作为领导者，你有"三板斧"：训诫谈话、扣发薪酬、中断职业晋升。

训诫谈话：在不把自己变成霸凌者的前提下，对霸凌者施行惩戒

作为领导者，遇到霸凌行为的第一反应应该是把霸凌者拉到一边，并给出明确的反馈。做出霸凌行为的人，通常都会比较抗拒他人的纠正。他们或许会说，自己并没有意识到做出了霸凌的行为，甚至全盘否认有过错误的言行。又或许他们可能进行某种辩解，比如说："我不得不这么做，因为这样才能达成业绩目标。如果其他人承受不了的话，他们最好另谋高就。"

不要轻易放过他们。向他们复述你观察到的事件，告诉他们这种事件如何对团队的效率产生负面影响。进一步说明如果这种行为以后再发生的话，将会被记入他们的业绩评价，影响他们的薪酬待遇，甚至事关他们在公司的未来。

同样重要的是，你还需要和遭受霸凌的人开展对话，了解他们遭遇霸凌之后的心情，让他们知道你是和他们站在一边的。如果霸凌者再次做出同样的行为，你必须严格执行当时提出的惩戒措施。

扣发薪酬：不给霸凌者加薪、奖金和高业绩评价

薪酬水平反映出领导者真正重视的价值。未被纠正的行为就是能够被人接受的行为。被奖励的行为就是老板希望能够重复发生的行为。永远都不要给霸凌过自己的同事发放奖金，更不要加薪。

在很多公司里，给同事脸色看或者贬低同事人格的行为是被允许的，只要这些人能够得到业绩就无所谓。或许会有人针对他们造成的伤害向其提供反馈，但只要他们的业绩评价是基于他们最终赚了多少钱，而不是基于其行为，那他们的行为就不会发生改变。最终，没有人会想要和这些霸凌者共事，原本得到重视的员工会主动离职。经过一段时间之后，由于最优质的人才都拒绝和这些人合作，这些霸凌者的表现也会滑落。但这种过程非常缓慢，以至于这些霸凌者甚至他们的上级管理人员，都不会把他们的霸凌行为和业绩表现联系在一起。多年以来，这些人因为他们的行为不断收获奖励，终于在某一年接受了一次惩罚，没有收到奖金。他们的行为方式还是会和之前一样：在施加霸凌行为的人眼中，这种克扣奖金的行为是非常武断的。无论如何，遭受霸凌的受害者都会被排挤出这个环境，实施霸凌的人没有及时学会改变，最终的结局就是整个团队都会受到影响。

我们说不要给那些错误对待同事的人支付奖金或加薪，这种惩戒说起来非常容易执行，但更好的方式是创造一种能够明确遏制霸凌行为的机制。我曾经在一家我比较欣赏的公司工作了一段时间，帮助其搭建绩效评估系统。他们评估员工表现的整套流程非常令人佩服，但真正让我感到吃惊的是，这家公司有决心把团队合作效果和最终业绩放在同样重要的地位来评估。即便你达成了所有业绩目标，只要你不是一个好的团队合作者，你仍然会收到较差的业绩打分，而这种团队打分是由你的上下级和平级同事用全方位的视角来进行评价的。获得较差的团队打分的人将会面临沉重的后果——没有奖金，没有加薪。如果员工在接下来的业绩评估当中，没能提高这一部分的打分，他将会面临被开除的可能。领导并不会单方面地决定谁正在做出霸凌的行为，谁没有做过霸凌的行为，同事的评价才是决定的关键。

这对整个公司来说都是很重要的。对领导者来说是件好事，因为这种方式给他们讨论霸凌行为提供了"利齿"。对遭遇霸凌的人来说也是好事，因为原本并没有任何人或机制来遏制霸凌的行为。在很多情况下，对做出霸凌行为的人也是一件好事。这种机制迫使他们进一步开发自己的潜能，积累知识，而不是通过胁迫或威胁其他同事来提高自我认同。对整个公司来说肯定也是一件好事，因为它能够帮助公司消除霸凌，提升业绩。

一家名为 Atlassian 的澳大利亚软件公司，开发了一套优秀的业绩管理系统，能够对霸凌行为提出主动的惩戒。这家公司明确提出要通过业绩评估系统来剔除"聪明的浑蛋"，而这个群体往往是很多科技公司的中坚力量。Atlassian 的全球首席人力资源官贝克·奇解释说，管理者通常通过 3 个维度来评估员工：他们如何展示公司的核心价值，如何实现岗位业绩预期，以及他们对团队做出了怎样的贡献。每一位员工在这 3 个维度上都会有一个独立的评分，而不是综合给一个平均分。[11]

打 3 个不同的分可能比打一个平均分能够更好地消除招聘与业绩评估系统中的成见。在建立评估系统的时候，要做得尽可能具象化，即便正在被评估的指标可能是主观性的，也要赋予这些指标数字评分，而不要给一个综合的平均分。[12]

中断职业晋升：不要提拔霸凌者

你的最后一把"斧"就是不给霸凌者提供晋升机会。就是那么简单直接。给他们提供反馈、鼓励和目标。如果他们的行为模式还是不改的话，直接开除掉。这些人造成的长期伤害可能远远大于他们一个季度给你带来的业绩收入。正如很多领导者都意识到的，团队当中宁愿有个窟窿，也不要用一个浑蛋来填这个窟窿。

我曾经在一家大型科技公司工作，有一名叫作罗伊的同事。这个人是一个特别自以为是的霸凌者，特别爱霸凌女性。这个公司里的另外一位男同事曾评论说："我和罗伊从来没有发生过矛盾，但我从来没有遇见过任何一位高管会遭到公司全体女性的一致厌恶。"

以下是我观察到的几件小事，每一次互动都被他弄成了令女同事感到不自在的事件。他的工作需要他经常到日本出差。从机场前往东京市区要自驾，这一路上，他可以指出所有情趣酒店的位置。他喜欢对办公室里女性之间的冲突事件评头论足，并且把这些冲突称作"猫打架"。有一次，他告诉我，他知道我私底下非常讨厌他团队里的另一个女人。当我向他表示，我实际上尊重并喜欢这名同事的时候，他开始对我说这名同事的坏话，并且质问我为什么要对一个越过我得到了晋升，并且是德不配位的人展现出支持的态度。当我再一次表达与他不同的意见时，可以明显看出他很恼怒。还有一次，罗伊上台演讲，面对上千名听众，身旁站着他的直系下属。他朝右边看了看，再朝左边看了看，然后带着诡异的微笑说："啊，女士们今天都为我打扮起来了呀！"

| 成见 | 偏见 | **霸凌** | ⚡ | 歧视 | 骚扰 | 肢体侵犯 |

说这话的时候，他好像是一个皮条客，而不是一家科技公司的高管。

尽管这家公司认为其员工都不用缴纳"浑蛋税"，但罗伊还是不断地得到晋升。[13] 这家公司本想传递的信息是：不要像浑蛋一样做事。但罗伊的晋升传达了另一条信息：只有做浑蛋才能得到晋升。员工不再尝试挑战他的霸凌行为，因为这不仅对他很有效，甚至还能使他得到奖赏。这让更多的人认为他们必须像罗伊一样做事才能获得晋升：对同事可以说有侵犯性的话，而且态度上也要居高临下。

随着罗伊不断地获得晋升，他的行为也越来越恶劣。他后来不仅霸凌女同事，也霸凌男同事。这才是导致罗伊被人敲响警钟的转折点。那时，我已经离开了这家公司，目的就是远离罗伊，而我加入了一家竞争对手公司。竞争对手公司的 CEO 曾尝试雇用罗伊手底下的一名干将，那是一个受行业尊重的人。当罗伊知道这件事时，他给这位 CEO 打电话说，一定得雇用他本人，而不是他的下属。这位 CEO 听到这种话感到很厌恶，直接就拒绝了。罗伊这么做的消息传开了，这成为他职业生涯结束的导火索。

当他侮辱女同事的时候，人们把这当作他个人的个性行为，但是当他的行为开始影响到男同事的时候，管理层直接就让他走人了。当罗伊最终被开除的时候，这家公司已经失去了很多位优秀的职员，其中不仅仅包括女性。我希望讲到这个阶段的时候，我不用再强调这个故事里体现出来的教训，但为了安全起见，我还是讲一下。霸凌者不会给和他们同样等级的人找麻烦。在那家公司中，女同事是他们霸凌的安全对象。如果管理层注意到这种现象，他们应该做出一些措施，既能帮助女同事，也能改善公司的财务状况。他们最终开除了罗伊，但在这之前，罗伊已经给公司造成了巨大的损失。罗伊在他下一份工作中，也因为霸凌的行为而被解雇。关联性与因果关系是不同的，但是霸凌和低下的道德水平通常是关联在一起的。

大肆宣扬胡说八道的言论是一种未被承认的霸凌行为

我们都能想到一些典型的霸凌行为，例如辱骂别人，给别人起有贬义的外号，冲别人大喊大叫，取笑别人，威胁别人或者恐吓别人。有一种特别有危害力的霸凌行为在工作环境中经常会被人们包容，我把它称为胡说八道的言论。

喜剧演员萨拉·库珀用自己讲的笑话展示了大肆宣扬胡说八道的言论到底是什么样子，并且揭示了这种行为对决策和维持公平会造成怎样的伤害。你或许看过她在海外版抖音上的视频。她同样也描述了大肆宣扬胡说八道的言论是如何在工作环境中出现的："当我还在谷歌工作的时候，通常会有一个产品经理加入会议。他说话都是绕着圈儿说，给我们抛来一大堆时髦的词。在离开会议之前，他会装得像一个核心团队成员一样，而实际上参会的没有一个人听得懂他到底在说什么。"[14]

我们都看见过这种行为。弗兰克·耶里是花旗集团的一位资深财务高管，他是倡导公司走向多元化和包容性文化的领军人物之一。他注意到，尽管在参会之前，女同事的准备都会比男同事要好，但在会议中发言的大多数都是男同事，他们甚至在女同事想要插进来补充说话的时候，还刻意掩盖她们的声音。他说这种现象不仅对女同事的职业发展不好，对整个银行的发展都会造成不利影响。

在关于团队工作有效性的研究当中，卡内基-梅隆大学的教授阿妮塔·伍利发现："只要团队中的每个人都有发言的机会，这个团队的表现就会比较好。"[15]但如果一个团队中只有一个人或者只有一小部分人占据了所有发言的机会，那么整个团体的智力水平都会下降。每个人在会议中发言的时间不一定要完全一样，但总的来说，每个人发言的机会应该相对平均。[16]

那些喜欢大肆宣扬胡说八道言论的人，通常都来自人数占优势的群体。伦敦大学学院的约翰·杰里姆和尼基·舒尔与澳大利亚天主教大学的菲尔·帕克联合开展过一项研究。研究人员分别询问男性和女性受访者，在16种不同的数学题目方面他们是不是专家，其中有3道题是纯粹瞎编的题。实验发现，男性比女性更容易宣称自己是这些胡编乱造的话题上的专家，同样有钱人也比中产阶级更容易宣称自己是专家。[17]除此之外，研究人员还发现，人们更容易把与自己地位相等的人的言论称作"胡说八道"，而对于比他们地位更高，权力更大的人则不敢这么说。如果你是领导者，你需要为其他人纠正你的错误言论创造必要的条件。

如果你经常说一些没有道理的话，但没有人为你指出这种错误，那么这种情况会让你产生一种错误的过度自信。对于去参加工作面试或者争取奖学金的人，胡说八道可能是有利的。[18]但它不利于整个团队取得集体性胜利，对作为领导者的你而言，可能导致你雇用错误的人，导致你听到的都是错误的观点，你可能会提拔错误的人。

在读高中的时候，我参加了模拟联合国比赛。在这次活动中，我学到了一条经验，它给我之后的整个职业生涯都带来了帮助。

由于我上的是全女子学校，模拟联合国活动是为数不多的可以让我们和男生正面开展竞赛的机会。前3年参加活动的时候，我都尽心尽力地准备，但我从来没有让自己出类拔萃。在高中最后一年的时候，由于我正忙于申请大学，同时和第一任男朋友分手，所以我没能够认真准备。这一次，我只能大着胆子赌一把。

过去，我通常会用比赛的第一个小时来梳理自己积累的事实和论点。这一次，由于缺乏任何事实性知识的支撑，我只能四处环顾，在自己的脑海里搜刮一点儿知识。而这时候，我注意到了令人惊讶的情况。最爱发言的代表其实对他们正在讨论的观点一无所知。他们用胡乱编造的言论与竞争对手互相辱骂。见鬼去吧，这我也能做！我是否认真准备过已经变得不重要了。实际上，不受现实的约束，反而对当时的情况更有帮助。

我在活动上试着胡编乱造了一把。我抛出了某些编造出来的事实，将其和一些看上去"高大上"的词汇混在一起，给对手抛去了带有侮辱性的言论。我当时笑得很开心，并鼓起勇气继续胡编乱造。但在那一天结束的时候，我对自己的行为感到很羞愧。我没有去参加颁奖典礼，我很确定有人会指出我的不当行为。然而，恰恰相反，有人打电话催我去参加仪式，他们问我在哪儿，我赢得了最佳代表辩论大奖！

对我自己而言，这则故事给我提出了几个警示。精心的准备还不足够，能够表现得对自己的能力非常有信心同样非常关键。但我既不想成为一个躲避大家目光的老鼠，也不愿意成为一个胡说八道的艺术家。我希望能给大家提供一些真知灼见，然后因为我做的贡献而得到大家的认可。

我的职业生涯中曾经有那么几次，我亲眼见证了同事编造出

成见　　偏见　　|霸凌|　　↯　　歧视　　骚扰　　肢体侵犯

领导者 &

一堆理论，并且蒙混过关，因为他们乱说的时候，都表现得非常自信。当有人对他们提出疑问的时候，他们会通过侮辱别人或不屑一顾的态度打消对方的疑虑。领导者请注意这个问题：这种行为方式取得的效果远比其应得的效果要好得多。你需要为这种行为制订相应的惩戒措施，预防大肆宣扬胡说八道的言论的行为成为你公司的主流。

大肆宣扬胡说八道的言论，可能导致一个团队无法形成最佳的决策，所以它是一种低效的行为。它也是不公平的，因为它只适用于占据优势地位的人。身处少数群体的人，如果大吹大擂的话，往往会被人发现。解决问题的方法不是让身处少数群体的人不要大吹大擂，而是彻底根除大肆宣扬胡说八道的言论的行为。

作为领导者，你有责任保证每个人无论是在线上还是在线下参加会议，都能感觉比较舒服，并且在工作场景当中，与人交流也能感到比较舒服。下面列举几个你可以采取的措施。

分享研究成果

帮助同事理解，为什么他们所做的贡献需要增多、减少或者用不同的方式来做。想出不同的策略来改变胡说八道的做法。分享相关的研究成果，让团队成员懂得，每个人都获得为工作沟通贡献力量的机会是非常重要的。[19]

给性格沉静的人发言的机会

问问你自己，怎样做才能让团队中性格比较沉静的人有更舒适的发表观点的环境。苹果公司前任首席设计官约翰·伊夫曾经说过，一名领导者的任务是"让性格沉静的人有发言的机会"。

你如何才能做到这一点？

安妮·让-巴普蒂斯特是谷歌公司负责产品包容性设计的主管，她性格非常内向。她的上司赛思·范德斯瓦格注意到，她在会议当中通常都比较安静。"有多少次你发现自己的观点被别人讲出来了，但你自己不敢发表意见？"接着他又问道，"如果我在会议中直截了当地问你有没有可以跟大家分享的观点，你愿意接受这种方式吗？"通过给安妮提供发表意见的通道，他开创了一个良性循环。他咨询安妮意见的次数越多，安妮自愿发言的次数也就越多。安妮发言的次数越多，对在公开场合发表意见这件事就感觉越舒适。就像塑造肌肉一样，她的声音随着时间的推移变得越来越大。帮助这个群体的另外一种有效的方式是提前发出会议日程，让性格内向的人和需要提前消化信息的人有充分的时间准备他们的发言内容。

阻断胡说八道的行为

如果有人在会议期间喋喋不休地发言，你可以礼貌地打断他，表示你希望听取其他人的意见。有一些简单的方法可以使用起来，比如说提出一个问题，然后环视一下会议室里的同事，让每个人都有一定的时间来准备自己的答案。当我在苹果大学授课的时候，一位比较有经验的教授教会了我如何用身体阻止那些不愿意自己闭嘴的人，那就是实实在在地走到他们身边，用自己的身体挡住他们。这位教授还补充说，如果这样做他们都不能闭嘴的话，就把你的手举到空中做一个"暂停"的手势，告诉他你希望听到会议室里其他人的发言。

成见　　偏见　　**霸凌**　　⚡　　歧视　　骚扰　　肢体侵犯

鼓励大家记录自己发言的时间

　　有几种记录时间的软件可供大家利用,衡量人们发言的时间占整个会议时间的比例。这对于在线会议尤为重要,因为在线会议更容易被一个人主导。如果 Zoom、谷歌环聊、微软以及其他提供视频会议的服务商能够给那些发言时长超出应有时长 3 倍的人发送提醒,这既可以提升团队工作的效率,也可以增强包容性。你也不要过度追求对时间的精准计量。当有一个人占据大多数说话时间,而另一个人完全不说话的时候,或许背后有你不了解的原因。但要求你团队中的成员对自己的发言时间进行自我监控,仍然会起到一定的帮助作用。[20]

注意肢体语言

　　有些时候,你对一个话题的熟悉程度或许不足以让你意识到某个人正在胡说八道,但总会有其他人关注到这一点,而他们的肢体语言就可能揭露这个事实。注意观察其他同事对那个占据"舞台"不肯下来的人给出什么样的肢体反馈。有人翻白眼吗?有人抱手坐着不说话吗?邀请这些人发表他们的意见。

确保每个人都提前做好准备

　　有时候,当你召集一个会议,让大家讨论某一份特殊的文件时,最令人感到挫折的情况就是参会人中只有一半的人读过这份文件,但是另一半没有读过的人"贡献"的观点比读过的人还多。遇到这种情况的时候,有两种解决方式。告诉这些人,如果没有读过文件,就不要来参会。或者在会议开始之前,给大家一次"集体学习"的机会,轮流大声地通读文件。[21] 我更喜欢后一种解决办法，对会议的准备时间可以计入整个会议的时间，而不用强求大家在睡觉之前准备到很晚。

什么时候该开除某人

不要因为成见而过度惩罚别人。如果某人因为说出了带有成见的话而遭受严厉的惩罚，那阻断成见的行为不会产生好的效果：同事之间往往不会把事情做得很过分，而且强迫某个人承认自己犯错，可能导致情形变得更为棘手。除非带有成见的错误言行已经持续了很长时间，而且造成伤害的人拒绝承认问题的存在，否则无意识的成见不需要受到非常正式的惩罚。当你处理的问题是成见引发的，而不是偏见或霸凌引发的时候，通常情况下不需要开除任何人。

在你的团队中，某些人持有的成见是无法消除的。有些人甚至会持续不断地把自己的偏见强加到他人身上。有些人甚至不会终止霸凌的行为。或许他们并不想学习进步，或者他们并不具备学习的能力。这样我们就遇上了作为领导者最艰难的决策之一：某人的态度和行为拖累了整个团队的表现，给其他同事创造了充满敌意的工作氛围，如果他还不为此做出改变，你需要等到什么时候去开除这样的人呢？如果你已经向这个人明确表示过，他和同事说话的方法不可接受，而你采取了必要的措施帮助他学习，也和他沟通过他的学习似乎并没有起到作用，这种情况下，你处理的就是员工绩效评估的问题，你就应该采取行动了。

在《绝对坦率：一种新的管理哲学》这本书中，我提出了3个关于开除一个人的建议，在这里也同样适用。

| 成见 | 偏见 | 领导者&霸凌 | ⚡ | 歧视 | 骚扰 | 肢体侵犯 |

1. 保持公平。

给这些人提供充分的反馈，保证他们有公平的机会来解决问题。

不要单方面做决策——确保你邀请其他人对你的决策提出疑问。在处理带有成见的问题时，这一点尤为重要。

2. 不要等太久。

给犯错的人改正行为的机会，但不能给他们无穷无尽的机会。

提供太多的纠正机会，对团队中其他人而言是不公平的。

拖太久，对那个表现不好的人没有多大帮助，他也不会因此就变得更好。

3. 保持善良的本心。

请记住，你仍然可以关心你准备开除的这个人。仔细想一想，这个人是否有你比较欣赏的一面，在你的决策过程中充分考虑这些东西。不要轻易认为你开除一个人，是因为他连做人的基本素养都不具备。

跟踪反馈。这一点比较难做，但是你可以在开除一个人之后一个月左右的时间里给这个人发邮件，询问一下他现在的状态如何。你甚至可以提出帮他做一些引荐（如果他的行为方式让你不想做这件事，那就不要做）。这可以在很大程度上帮助那个被开除的人，也能减轻大多数职业经理人在开除员工时所感受到的压力。[22]

备忘录

　　通过采取有意识、目标清晰的行动，领导者能够减少成见对决策程序的影响，能够降低我们因为成见而导致非理性行动的概率。领导者可以通过制订行为准则，来预防某些人强求其他人遵从他们的偏见。当领导者创设的一种尊重他人个性的文化成为常态时，每个人都能在工作环境中享受自由，也就能发挥最好的能力。最后，领导者必须对存在霸凌行为的人施加惩罚，不能放任这种行为给团队协同造成危害。

　　作为领导者，我们必须经常支持员工发挥个性，用各种可能的形式培养团队协同和创新精神，持续阻断可能带有胁迫或屈从性质的行为。请参阅下面的图表。

领导者 &

| 成见 | 偏见 | 霸凌 | ⚡ | 歧视 | 骚扰 | 肢体侵犯 |

问题	对策
成见 非故意、无恶意	**阻断成见** 使阻断成见变成常态
偏见 故意、恶意	**建立行为准则** 任何人都不能把偏见强加到他人身上
霸凌 故意伤害	**施以惩戒** 训诫谈话、扣发薪酬、中断职业晋升

5 致领导者：创设成见阻断机制、建立行为准则、制订惩戒措施

第二部分

歧视、骚扰与肢体侵犯

如何应对权力以防受其操控

小心！

⚡

未受约束的权力

权力本恶。这一说法颇具争议，但我之所以说出来，是因为我认同阿克顿勋爵的观点："权力使人腐败，绝对权力绝对会使人腐败。"[1]没有权力也很可怕，但并不能指望依靠权力来解决这一问题，而是要靠专门机构、责任约束以及正义感。当管理者权力过大时，不公和低效等问题往往会更快显现。成见和偏见会升级为歧视，而霸凌也会升级为言语或心理上的骚扰。无论是地位上还是体力上，不受约束的权力都会为各种程度的肢体侵犯提供方便，上至暴力袭击，下至令人反感的拥抱。

如果没有规范管理者权责的机制和举报权力滥用的渠道，那么歧视和骚扰等现象迟早会发生。如果仅根据掌权者的命令行事，不公和低效等问题便会滋生，团队的创新能力将受到影响，士气也会直线下降。最有才华、最不可替代的员工将相继离开，而最弱势的员工由于没有更好的出路，便会留下来受苦，最终还可能会起诉公司。

每个人都倾向于认为自己是好人，无论面临何种诱惑、身处何种体系，我们都会表现得像自己渴望成为的好人一样。然而，历史和心理学实验表明，实际情况往往并非如此。

越来越多的研究表明，个人权力越大，其决策就越有可能被成见和偏见影响。还有研究表明，出于成见和偏见的非理性决策往往会影响资源配置。[2]

当拥有权力的人感到没有把握、事态失控或不受尊重时，他的权力越大，就越有可能做出霸凌行为。不论地位如何，每个人都会有感到不安的时候。一项面向775名企业员工的调查显示，公司上级的粗鲁或不文明行为的发生概率是这些员工的3倍。[3] 专注于维护自身地位的掌权者往往会助长不良行为。

加利福尼亚大学伯克利分校心理学家达契尔·克特纳的《权力的悖论》一书很好地讲述了权力最终导致掌权者垮台的各种方式。掌权者大多倾向于压制下属的个性。在获得权力后，人们往往会沉迷于一些可能引发后患的行为。[4]

权力并不一定会导致腐败，因为从长远来看，它甚至没有那么大的本事。正如莫伊塞斯·纳伊姆在其著作《权力的终结》中所写："权力能换来的东西没有过去多……从公司董事会到战场再到网络，争权夺利的现象一如既往地激烈，但产生的回报越来越少……如果要正确认识重塑21世纪的重要趋势，关键就在于要了解权力是如何失势的，并认识到随之而来的严峻问题。"[5]

纳伊姆认为，在良好的经济环境中，当员工对自己的能力和未来都充满信心时，团队合作会远胜过去命令与操控型的等级体系。在由个人主导的团队中，不同观点会受到压制，而一味遵从之风将大大盛行，众人难以各显其能，最终就会停滞不前，陷入僵局。

　　团队的实力取决于其中的每个人，而每个人的实力也取决于整个团队。不同于狼、龙虾等动物，我们做事不再需要依靠原始的等级体系。我们是能够开口说话并发明了书籍和超级计算机的人类。因此，我们可以创造理想的工作环境，让所有人都能全面地展现自己，并充分发挥各自的能力，从而使团队整体实力大于个人能力之和。

　　但要实现这一点，明智的领导者就必须接受自身权力的制衡，否则就会破坏个人及团队有效协作的潜力。

6

杜绝歧视与骚扰，领导者能做些什么

我认为，歧视就是剥夺他人的机会。[1]成见或偏见一旦披上了权力的外衣，就会产生歧视。而骚扰是创造出糟糕的工作环境来恐吓他人。[2]当成见或霸凌有权力撑腰时，骚扰行为就会发生。本章所述内容包括言语骚扰和心理骚扰，肢体骚扰和肢体侵犯将在第 8 章详述。

老板不易

在和他人共同成立了我的第一家公司之后，我终于有机会能建立公平透明的薪酬制度了。我对此相当重视。大学毕业开始工作后，我不止一次遇到过报酬与工作量不相匹配的状况。于是我想，找个女老板是不是就能解决这个问题呢？随后，我便进入了一家由女 CEO 掌管的初创公司。工作了几个月之后，我发现我的工资还是比其他男同事低 30%。我问老板原因，她回答说："因为你还单身，也不需要养孩子。"相比之前的男老板，我并未对这位女老板有什么更高的期待。但对于我的工资低于其他男同事这件事，她的解释与那些男老板如出一辙：因为她有权这样做。不用说，我深感失望。

在开始了全新的创业之旅后，我暗自发誓，在我的任期内公司绝不会发生女性薪酬过低的情况。我的制度勇气自此萌芽。[3]不幸的是，它也就此夭折。践行制度勇气的领导者会利用其权威来积极应对和预防工作中的性别歧视和种族歧视等不公平现象。[4]从长远来看，制度勇气有利于维护公司的最佳利益。与之相对的是制度背叛，是指一种掩盖错误的行为。这往往会对受害者造成二次伤害，从长远来看不利于公司发展。

尽管我一心想要创造公平的工作环境，但即便是在自己的公司里，我依然未能杜绝歧视和骚扰，下文将列举一二。

亚历克斯是我公司的一位副总裁，他的工作表现一度很不理想。当时我很清楚，如果他不做出改变的话迟早会出问题。在他又一次搞砸了工作之后，我向他坦言，公司可能会解雇他。随后，我们又谈起他应该做出的改变。我问他，我怎样才能帮到他。我所信奉的绝对坦率管理哲学其中一点就是要鼓励员工向老板提出明确的批评建议。

"你应该清楚问题出在哪里吧？"他说。

"不知道，你尽管说吧。"

"问题是，"他用手指着我大喊，"你是我见过最强势的女人！"

他曾是另外一家科技公司的高层，他们公司的高管甚至会朝人扔椅子。干我们这行本身就需要强势的态度。亚历克斯也必须积极进取才能完成工作。所以，他的困扰绝非我的强势态度，而是我是个强势的女人。但这明明是他的问题，因为我的性别不可能改变。不过我也有错，既然他连我都敢欺负，那他又会如何对待那些并非他上司的女性呢？而他的这种行为又将如何影响团队的效率呢？

我作为老板理应解决这一问题，但我无从下手。

有效的应对方法应该是让他坐下来，指出他对我说的话的不当之处，告诉他如果他那样对待其他女性，他肯定会失业，并用以"事实"开头的、符合公司行为准则的陈述句。可是，我当时并不了解以"事实"开头的陈述句，也未曾制订公司行为准则。我应该直率、"强势"（至少亚历克斯会这样认为）并且清楚地向他表示：我相信他能够改变自己，而且我也愿意帮助他。

但我并没有这样做，相反，我忽略了他所说的话，一心想着我们讨论的问题，也就是他糟糕的工作表现。当时我觉得自己的这种行为很合理：我努力保持冷静，不让自己偏离与他谈话的初衷。然而，回想起来，我的确忽视了他的霸凌行为，选择装作无事发生。作为受害者，我的确可以无视他对我说话的方式。但作为他的老板，我失职了。

不久，在一次公司全体会议结束之后，亚历克斯坐在垃圾桶上方的一张桌子上。公司的一位年轻女员工玛德琳拿着几块儿比萨饼皮朝他走过去，显然是想扔掉它们。

"不好意思，"她指了指垃圾桶说，"我想要——"

"站在我的胯间？"

作为老板，我应该当场告诉亚历克斯，他的言辞极为不当，并说明我要与他就此问题私下详谈。如果说阻断成见者很重要，那阻断骚扰者更不可或缺。可我一言未发。这是为什么？

我时常受到这种言语攻击，早已见怪不怪，因此我往往会忽视它们。这是我受伤时长出来的"铠甲"。但是，作为一名领导者我必须做出回应，这样才能防止公司中再次出现这种情况。

玛德琳刚开始工作不久，而作为初创公司的老板，我经常要面临各种压力和问题，便总是板着脸。我的这家小公司也还未成立正规的人力资源部。她如果想投诉亚历克斯的言行甚至是我坐视不理的态度，就必须去找我的合伙人，一位男士合伙人。毫无疑问，她选择了沉默。

然而，过了很久之后，公司开始裁员，玛德琳被解雇了。她对我说，她觉得公司的工作环境对女性很不利。我的第一反应是极力否认：这绝不可能！为了确保女员工得到公平的报酬我做了多少努力！

"好吧，但这并不代表公司里没有骚扰行为，也不意味着你真正关心这一问题。"玛德琳回答。

我的否认转为愤怒。尽管有悖我的管理哲学，但是我还是试图辩解，让她举出具体事例（好吧，我当时的确控制不住自己的音量）。为什么我对她的话反应如此激烈，对亚历克斯却那样逆来顺受？恐怕我从内心深处是歧视女性的。当时我全然不知，但现在回想起来，确实如此。

玛德琳并未退缩，她说唐尼曾给爱丽丝写过恐吓信。唐尼也刚因为工作表现不佳而被解雇，信中写满了他对爱丽丝的意淫，还表示自己已明确知晓爱丽丝的地址。这的确很吓人，但我还是指出，唐尼是在被解雇之后才寄来这封信的。"他被解雇之前并未做什么出格的事，因为他知道我一定不会让他逍遥法外。"我自以为是地表示。

直到今天，我对这件事仍后悔不已。玛德琳告诉我的事情至关重要，而我在一味回避。我与那些不称职的老板并无两样，而我原本发誓绝不会步其后尘：当受到女性的指责时，我只是提高嗓门想要压制对方。如果我当时认真听了玛德琳的话，我就可能会反思自己作为领导者所犯的错误。如今，我对这些事心知肚明，当时却矢口否认。

在此前的一次公司聚会中，我注意到当爱丽丝弯腰玩游戏时，唐尼毫不避讳地盯着她的屁股看。我想和唐尼谈谈，便看向他，示意他过来，但他直勾勾地盯着我，像是想让我知道他也在一直盯着我的屁股看。随后，我发现，有几位员工也注意到了唐尼的行为。其中一位看向我，仿佛在说："别袖手旁观呀！"

于是，我立刻叫停了游戏，但并没有与唐尼私下对质，也没有和爱丽丝或其他员工谈过此事。从那之后，我开启了一种"听不到罪恶，看不见罪恶，说不出罪恶"的模式，其后我的整个职业生涯也一直如此。

我本有权力创造全然不同的工作环境，可事实上，我并没有善用这种权力，反而是在暗示：大家都别当回事，我什么都不知道。其实当时很多人都注意到了那件事，他们很有可能会在隔天喝咖啡闲谈的时候说起它。

如果员工想从我的言行举止来一窥公司的未来发展，那我一定会让他们大失所望。

不出所料，玛德琳不满于离职之后与我的那场谈话，投诉了我的公司。我听从了律师的建议，付给她一小笔钱，让她签署了保密协议。尽管我不愿承认，但事实确实如此。

如果我从一开始就坚守我作为领导者的责任，亚历克斯和唐尼就都会知道他们不能骚扰女性，也不能为所欲为，否则他们会立刻被炒鱿鱼，也许他们就不会做出那些事情了。而我就会被视为公司女性员工的保护者，而非一个偏心又冷漠的老板，我的公司也不会遭到起诉。重点并不在于这场官司，真正的问题是，囿于公司团队的运作管理水平，我有心无力。

接下来，我将详细介绍创建更加公平的工作环境以及防止公司内部的歧视和骚扰问题的具体方法。

但在具体讲述公司运营方法之前，我们要先了解两个首要原则：实施制衡和量化成见。

实施制衡

公司会赋予其各级管理者决策权，这些决策权往往与其下属息息相关。一般来说，管理者要负责分配或掌管资源，做出留用、解雇以及升职等人事决定，设定奖金，依据困难程度分配工作任务，等等。这样一来，员工对歧视或骚扰行为的举报就是冒险。如果管理者可以单方面做出上述全部决定，他们的权力就过大了。他们可以利用自己的权力骚扰或霸凌员工，如果员工想要保住工作，就只能忍气吞声，员工对此无能为力。

不过，以上这些问题都是可以避免的。它们往往是由公司管理体系和流程引发的。在做公司规划时，你可以遵循制衡原则，也可以采用独裁者的体系。如果你真的选择了后者，那些不受约束的权力极有可能会引发骚扰问题。

管理者为防止其团队或自己被权力腐蚀，可以将制衡原则引入公司规划和工作流程中。举个例子，如果要监督我的权力，就可以在公司制订一个玛德琳曾提到的举报受理机制，这样一来她便可以放心举报骚扰行为了。还有一种方法也能顺带监督亚历克斯和唐尼的权力，那就是将晋升决定权交给整个团队，而不是领导者个人。这样一来，"对骚扰行为忍气吞声"便不再是晋升的条件之一，说得委婉一些，这并不是什么合理的条件。

关于为员工"赋权"的文章层出不穷。其实没必要大张旗鼓地呼吁他们大胆发声或变得自信，也无须为他们"赋权"。[5]真正要解决的是那些让人不敢发声的压力。当这些没什么话语权的群体不再受到骚扰或歧视时，他们内在的力量和信心也会大放异彩。对于领导者，我的建议是，不要给管理层太多单方面的权力，这样会削弱员工的权力，也不利于"让员工发声"。相比之下，实行制衡原则才能有效防止员工们因为发声而受到惩罚。

制衡原则能够有效优化公司的业务并保护员工免受骚扰。研究表明，一个团结且有实权的团队在各方面都远胜个体的集合。[6]高职权的团队所做的决策往往优于独裁者的决策。[7]因此，一旦团队取代了个人权威，便会做出更加合理的晋升决策，使员工尽可能免受骚扰。

这里所说的制衡原则是一种管理体系。在这种体系中，领导者要为自己的履职情况负责，而不仅仅是掌握着单方面的权力或权威。这意味着公司中包括董事长在内的所有人都要在监督下进行雇用、解雇、提拔或支付酬劳等行为，同时必须为员工建立可靠的骚扰或性暴力举报机制。

很多顶级公司都已建立了这种制衡体系。由于在科技领域工作已久，我对科技公司的制衡体系比较了解。谷歌前业务运营高级副总裁肖娜·布朗在其公司设立了一项基本运营规划原则，将管理者个人的单方面权力移交给团队。

建立制衡机制的确不容易，但在公司发展壮大的过程中始终保持这一机制更是难上加难。领导者通常会对自己受到的限制感到不满，尤其是那些颇有成就的领导者，因为他们会认为自己取得的成绩理应换来那些单方面的决策权。因此，在想要争取更多控制权的领导者面前，几乎很难维持制衡机制。这时，公司高管就需要反复向管理层和领导层解释采取制衡机制的原因，以防他们因为对权力的要求得不到满足而辞职。与此同时，面对对单方面权力的再三争取，要坚持决不妥协。

还有很重要的一点是，公司的最高管理层要以身作则，放下手中的权力，接受制衡。如果真有高管愿意如此，公司的领导者也一定会深感惊讶。就像《汉密尔顿》中，乔治国王听说乔治·华盛顿即将下台的消息时那样。"听说，乔治·华盛顿打算让位下台了，真的吗？怎么会有这样的人呢？"[8] 只有那些拥有极大的信心和远见的领导者才会愿意放下权力，代之以一种公平的制度。但是，也只有这样才能换来正义和成功。

我曾直观感受过要做到这一点有多难。那时，我刚到谷歌工作，在得知自己无权做出雇用决定后，我很生气。我以为公司愿意聘请我是因为我精准独到的看人眼光。之后，肖娜及其团队向我解释了他们采用这种机制的原因。在谷歌工作了这么多年之后，我早已变成它的信徒。

尽管权力制衡并不能完全消除工作中的权力滥用现象，但它的确开了个好头。无论是在理论上还是在实践中，制衡原则都能充分展现出积极、负责、协作、公平的工作环境，那正是我们所追求的。

然而，如果团队成员都是同一类型，那制衡原则就不足以防止歧视和骚扰，因为团队中负责制衡的人很有可能会和大家有同样的成见。如果不积极地对此采取措施，随着时间的推移，整个团队会变得更加同质化。无论是什么级别的管理者都应该知道不能雇用"与自己一模一样"的人，但他们还是难免会这样做。[9]这样一来可就不妙了，因为这会有意或无意地引发歧视，从而降低决策质量，因为这类团队在决策能力方面往往会逊色于多样化的团队。[10]

如果想使团队从同质化转变为多样化，就要主动发现并明确成见对于雇用、晋升、培养、解雇等决策的影响以及成见对于同质化的强化作用。这就是我在开篇所说的量化成见。

量化成见

面试之前，应明确应聘者此前各方面表现的分数权重，否则，他们在面试中的表现可能会对面试官的判断产生过多影响。

——丹尼尔·卡尼曼

要想创造公平的工作环境，就得主动发现歧视，寻找公司中那些有组织地歧视或过度提拔某人的现象。要积极地做这件事，就像积极地调查利润下降，研究竞争对手，探索新商机，推出新产品，以及进入新市场发展业务。要将歧视现象视为公司运行系统中的病毒，如果不主动识别并将其修复，它最终将捣毁整个运行系统。

量化成见。衡量在提升公司多样性和包容性方面的进度。量化成见就是指通过指标来明确待解决的问题。不仅要衡量迟滞指标（比如，在你输了之后才表示出你已经输了的指标），也要衡量前导指标（比如，表示出如果不做出某些改变就可能会输的指标）。比方说，不能只衡量新员工中少数群体的比例，而是要分析招聘过程的每一环节，并寻找进一步提升的方法，再衡量这些方法对少数群体的影响。看看在审查简历时，有多少是来自少数群体的简历。看看公司招聘的职位描述是否带有成见，如果有，则改之，并留意其后来应聘的少数群体人员是否有所增加。看看面试的应聘者中少数群体的占比，并扪心自问在做决策时是否带有成见。

在衡量公司的薪酬和晋升机制时也要如此。一家公司的确无法准确反映总员工的分布。但是，如果其领导团队 90% 是男性，那么女性应聘者的录用率势必会大大降低，而且相对于男性员工，女性员工的升职标准也会更严苛。当公司男女比例失衡时，解决方法显然不是"不论是否称职，先多雇用一些女性"，这就好比当你发现自己公司的盈利能力不足时，就去对公司账簿做手脚一样。男女员工比例失衡可能意味着，带有成见或偏见的假设影响了你对于应聘者合适与否的评判标准。当迟滞指标不乐观时，就要究其根本，找出对应的前导指标并加以解决。

可笑的是，一向喜欢用数据说话的领导者却通常会反对这种做法。即使听说美国总人口的 35% 是白人男性，公司中 68% 的高管都是白人男性，甚至《财富》世界 500 强企业中的 CEO 也有 90% 是白人男性，他们也只会不以为然。与此相比，尽管黑人女性仅占美国总人口的 7.4%，但在各公司高管中，只有 1.4% 是黑人女性。[11] 截至 2020 年，《财富》世界 500 强的企业中还没有黑人女性担任 CEO。[12]

如果要说以上数据反映出了成见问题，肯定会有人这样荒谬地反驳："在我眼里没有肤色人种差异！男女平等！"如果你不正视这些数字并理解其含义，你就是在否认性别歧视和种族歧视的存在。还有更荒唐的，有人指出这是在"降低门槛"。这种指责背后的成见和偏见呼之欲出。事实上，这些数据反而表明了白人男性所面临的门槛要低于女性，针对黑人女性的标准则是严上加严。要解决这一问题，我认为应该制订适用于所有人的统一标准。

相比一味地找借口，深入研究数据并努力寻找解决方案才更为困难，因为几乎没人愿意承认自己的公司中存在歧视现象。因此，必须克服成见和总是自以为正确的态度。只有充分研究这些数据才有助于发现自己的错误。

很少有领导者有这样做的勇气，艾伦·尤斯塔斯就是其中之一。在谷歌担任工程与研究高级副总裁时，他仔细分析了女软件工程师稀缺的原因。其中一个原因是，谷歌校招的各大院校中的计算机科学专业并无女性毕业生。但是，艾伦并没有故作无辜地表示："这是招聘渠道的问题，与我无关，我也无能为力。"

相反，他开始积极向哈维·马德学院等机构取经，这些机构一直致力于研究很少有女性攻读计算机科学专业的原因。哈维·马德学院计算机科学系的负责人发现，在这类专业起初采用的"淘汰制课程"中，那些从初中起就开始写代码的学生往往会表现得更得心应手，而由于各种社会因素，初中阶段接触编码的大多是男生。对此，这些负责人也并没有一味撇清关系，相反，他们取消了这种课程。4年之后，该学院计算机科学专业的女毕业生明显增多。[13] 于是，艾伦鼓励其他大学效仿哈维·马德学院的方法。等待新一批毕业生需要的4年时间很长，但也不是永无尽头。要解决此类问题，关键就在于领导者的耐心和毅力。

双管齐下

在介绍如何创建更公平的工作环境之前，我们先来看一个基本问题。我们的目标是要确保所有人都能够充分发挥潜力，而不受任何人为限制。在组建团队时，要为各项工作匹配到最适合的人选。因此，只有保障团队组建过程的合理性和公平性，才能尽可能避免雇用或提拔不称职之人，同时也能避免错失人才。公平工作能够使那些易受歧视群体得到公平的对待。这对他们的同事来说也更加公平，因为这样一来，他们工作中的伙伴会更加称职，他们自己的工作也会越做越好，也就更容易取得好成绩。给员工充分发挥潜力的机会并不能算作领导者大发慈悲的慷慨之举，他们肯定也希望自己的员工能够尽力工作，以便和员工一样用工作换来收益和回报，所以这只是一种管理措施而已。

同质化团队的工作表现往往不如多元化团队。[14] 如果因为少数群体的工作质量受环境的影响而下降就将其开除，那么公司的业绩和公平度就会受到影响。随着时代加速发展，整个世界的关联性在不断增强，因此多样性也在随之增强。当你发觉自己的成见给公司带来了多少负面影响时，可能为时已晚，甚至会使公司沦为市场发展的牺牲品。

公平工作不仅能够维系公平，也是一种明智的利己行为。如果想提升公司各环节的公平性和效率，可从以下具体方面入手：招聘、人才保留、薪酬、绩效管理、培训与指导、心理健康、离职谈话、保密协议与强制仲裁以及公司设计规划。

招聘

没有歧视才能选对人

招聘决策是公司管理者最重要的决策之一。本节将详细介绍制订公平招聘流程的方法。简单来说，招聘决策主要取决于应聘者的个人简历及其技能评估结果。你要做的事情很简单，就是将简历中关于性别、种族、宗教、性取向等的信息忽略掉，这样才能尽量减少成见和偏见对于筛选面试者的影响。确定了面试人选之后，就要确保面试成绩不会受此前的技能评估结果影响。大多情况下，可以通过线上形式测试其技能水平，这样就能进一步消除技能评估环节中的成见和偏见。到了面试环节，你要考察的应该是个人的"独到之处"而非"适应能力"。[15] 提前制订好面试标准，并让由3~5人组成的招聘委员会分别评判每位应聘者，从而避免许多潜在的成见和偏见，防止它们影响招聘流程的公平性。

提高女性职员数量

克里斯塔·夸尔斯与 OpenTable

在 OpenTable 担任 CEO 期间，克里斯塔·夸尔斯一直致力于提升公司女性职员数量。她知道要自上而下做出改变，于是带领她的团队公开宣扬雇用女性和其他少数群体的重要性，并让负责招聘的部门进一步落实。她没有设定具体的招聘人数，而是着眼于完善整体招聘流程的必要性。

这一举措收效显著。之后的一个季度里，OpenTable 新雇用的女工程师占比已从 14% 上升到 50%。在接下来的一年里，这一数据始终稳定在 40%~45%。我向她请教其中的门道，她说："说实话，我对这一增速也很惊讶。但这就跟解决公司其他问题一样，多下功夫去琢磨，自然会有收获。"要提升女性职员比例，就要把它当作和公司其他头等大事一样认真对待。

以下是克丽斯塔为提升职员多样性而带领团队改进招聘流程的具体操作。

- **改善招聘条件的叙述方式**。招聘条件的叙述方式通常从一开始就导致了工作团队同质化（例如，"王者""打鸡血"等词可能会让人觉得该职位只招男性）。OpenTable 开始使用 Textio Hire 软件，它能有效帮助相关人员在撰写招聘信息时避免无意识或隐性的成见。
- **将身份信息从简历中过滤掉**。克丽斯塔的团队使用 Canvas 软件来屏蔽或改正简历中关于性别的信息。[16]
- **广撒网**。必须保证每个招聘岗位都至少有两名女性人选。[17]

这一点很重要，因为研究表明，当只有一名少数群体人选时，这个人被录用的概率就会大大降低，因为在这种情况下，这个人会变成"多样性人选"，而不仅仅是"合格的人选"。"多样性人选"常常会不自觉地引发成见，因为多数群体会将他们当作"不太合格的人选"。这种想当然的理解对应聘者很不公平，同时也不利于公司甄别最称职的人选。

- **确保负责招聘的团队中有女性**。公司中男性职员越多，就越有必要让女性负责面试招聘。管理者一定要明确并顾及这一点。克丽斯塔还将这一理念融入其他核心岗位，以彰显留用高素质的少数群体人选的重要性。

- **关注数据**。招聘团队每季度都会评估并公布他们在招聘女性职员方面的工作表现。相比公司整体性别比例的数据，女性员工的季增长数据更能反映出公司在此方面的工作进展。

- **确保公司全体人员都知情**。克丽斯塔和公司的领导团队花了很长时间讨论如何提升公司的多样性，认为应该让公司全体人员都意识到其战略意义。他们致力于提升多样性和包容性的原因有二。第一，其能反映出顾客需求的员工群体很重要，而喜欢网上订餐的多为女性。第二，与同质化的团队相比，多元化团队的生产力、创新性以及工作表现都更好一些。

斯科特·奥尼尔与费城76人俱乐部

HBSE（哈里斯·布利策体育娱乐公司）的CEO斯科特·奥

尼尔对于女性担任要职的重要性颇有见地。HBSE旗下拥有NBA（美国职业篮球联赛）费城76人队、NHL（国家冰球联盟）新泽西魔鬼队等多家体育俱乐部和公司。当2013年奥尼尔就任CEO时，76人俱乐部正面临着重大转折——在为期4年的调整重组之后还是输掉了大部分比赛。尽管如此，俱乐部的比赛门票依旧销售火爆，这要归功于奥尼尔始终坚守俱乐部的精神并大力培养体育领域的专业销售人才。

奥尼尔公司的金牌销售是一位25岁左右的女性。在来到公司的第二年，她告诉奥尼尔自己不想干了，因为她觉得自己在公司没什么发展前景。何以见得？奥尼尔十分困惑。当时，公司管理部门的高层中有几位出色的女领导，她们常被公司提名为国家行业奖项的候选人。但这并不是由于她们是凤毛麟角的女领导，而是因为她们都还没有孩子，而她自己在规划未来时是打算生孩子的。鉴于在体育行业工作经常要牺牲晚上和周末的时间，她不确定继续在HBSE工作的话，自己能否平衡工作与生活。

如果公司骨干成员中没有任何有孩子的女性，而她有了孩子的话，她有多大可能性能与其他不用为孩子操心的女同事一样表现出色？[18]人人都需要榜样，也就是和我们有同样目标的人，他们通过自己的亲身经历来展示如何达成这些目标。[19]工作时所做的付出终将获得回报，但如果总是担心自己以后会由于工作与生活的冲突而放弃工作的话，就会难以全心投入工作。在实际工作中，要找到合适的榜样更是困难，尤其是对那些少数群体来说。

作为一名忙碌的父亲，奥尼尔也曾提前下班去帮忙指导女儿的篮球队，也曾为了给女儿的比赛助威而放弃76人队的重要比赛。但他知道自己的经历还不具备那么强的说服力。奥尼尔对于平衡工作与生活这件事乐此不疲，他经常向公司中其他已为人父母的同事强调陪伴子女的重要性，并决心创造一个在职父母友好型的工作场所。

这就意味着 HBSE 内部应尽可能包含所有类型的在职母亲，就像公司中的男职工一样，比如已婚母亲、单亲母亲、黑人母亲、拉丁裔母亲、性少数群体母亲。奥尼尔有一位成功的企业家母亲，还有 3 个十几岁的女儿，他本人也由于为年轻女高管的职业道路保驾护航而在全行业享有盛誉，这些女性后来也在体育娱乐领域取得了人人梦寐以求的地位。奥尼尔决定以全新的方式来呼吁团队多样性，从而为女性求职者提供就业机会。他一直都在坚持一条不成文的规矩，即必须确保求职者中至少有 1/3 是少数群体。如今，他公司的各项职位也向所有的母亲敞开大门。他最近刚录用了一位女职员。3 年前，她为了照顾自己蹒跚学步的儿子和刚出生的女儿而退出了竞技体育娱乐业。

奥尼尔表示："我宣扬多样性理念并非为了多样性本身。我认为多样性是一种竞争优势。我们致力于招募有才华、诚实且有团队精神的人，他们大多都希望自己既能够作为高管在公司董事会大展身手，也能成为出色的父母，这让我备受鼓舞。我们公司已为人父母的员工夜以继日地工作，但他们对家庭生活和工作生活二者的热情早已溢于言表，而且颇具感染力。女性领导者的力量不容忽视，而其中，母亲作为管理者无疑是最具斗志的。"

前文提到的那位母亲在重返工作岗位之后，用她在公司的表现让同事大开眼界。奥尼尔还录用了几十位像她一样的员工，留住了自己的金牌销售和数百名"00 后"女性员工，这几十位已为人母的员工为她们树立了榜样，因为她们都有着差不多的个人规划和职业抱负。HBSE 在雇用方面的声誉大振，这也会更有利于公司招聘人才。作为一家早已贴上"招聘、培养和提拔女性管理者"标签的公司，HBSE 内部早已兴起多样性、公平性和包容性等文化。然而，依旧有一些公司会将这些性质视为一种斗争。

招聘委员会比个人更适合做聘用决策

带有歧视的招聘方式是一种违法行为。即使不会严重到上法庭，但如果受到了成见或偏见的影响，招聘决策的质量也会下降。真正优秀的应聘者可能会被忽视，而那些看起来像模像样但实际平庸之人会顺利上位。最终，这家公司就会越来越糟糕。

人们总是很难察觉自己的成见，却能相对轻松地捕捉到他人的成见。这就是招聘团队所做的决策往往会优于个人决策的原因之一。[20] 如果要避免招聘过程中的成见，可以将管理者个人的决策权转移给小型的招聘委员会。人们总是乐于质疑或反驳他人的成见。因此，很少有管理者会雇用"看起来和自己相似"的人。

把个人单方面的权力转交给整个团队，在这种制衡的状态下不太可能会发生性骚扰。相比个人，整个团队几乎不可能会利用他们的决策权来骚扰应聘者。此外，如果招聘委员会中的某一人发生骚扰行为或发表了有关种族主义、恐同、反犹主义等负面言论的话，应聘者可以通过多种渠道向委员会举报。如果是个人单独做聘用决策的话，应聘者就没那么容易维权了。应聘者可能博得委员会中某些人的同情和共鸣，也可能认识委员会中的某位成员。但如果委员会保持多样化，那么大概率是不会出错的。

成见　偏见　霸凌　✦　领导者&歧视　骚扰　肢体侵犯

招聘委员会并不是万金油

招聘委员会也并非完美无瑕。例如，招聘委员会的活动可能会占据成员大量的时间，影响公司业务发展。因此，公司需要注意控制招聘委员会的面试时长。

可悲的是，如果某一行业或某家公司中存在某种恶习，那无论是个人还是集体都会逐渐对这种恶习司空见惯。举个例子，某次，演员安吉拉在好莱坞的一家餐厅路过一群导演的桌子，其中一人对她喊道："安吉拉，你终归得从我们之中选一个，懂吧？"他的意思大家都懂。"如果想拍电影，演员就得和我们几个导演中的一个人上床。"众人闻言哄堂大笑，可安吉拉吓坏了。她也知道人们常说的电影圈潜规则，但她当时不得不面对这种潜规则。她没有料到这些男人会说出这种话，明明其中几人已经把自己当朋友一样对待了。尽管这几个导演并不是正式的招聘委员会，但也差不多了。这件事之后，安吉拉决定从电影行业转向电视剧行业。在电视剧行业，性骚扰并不像在电影行业那么难以避免，但也并非无可指摘。

同质化的招聘委员会常常录用同类人

招聘委员会如果呈现同质化就会出问题。在同质化的团队中，成员之间很难发现他们共有的成见。如果有人举报其中某人的不当行为，他们通常会团结起来一致对外。当男性领导者招聘委员会时，其决策过程往往会暗含性别歧视；当所有成员都是白人时，其决策过程中就可能暗含种族歧视；等等。虽然这种无意识的成见可以通过培训被改变，但这也并非长久之计。

同质化的招聘委员会面临下行风险，而多样化的招聘委员会迎来上行收益。后者的业务达成率（录取人数的比率）往往高于前者。Qualtrics的联合创始人贾里德·史密斯表示，Qualtrics的招聘团队在实践中验证了这一永恒真理。也有几位公司领导曾在茶余饭后和我讲过类似的话，不过我还没有全面统计过。

如果公司已经呈同质化趋势，该如何组建多样化的招聘委员会？很多公司试图让少数群体来挑起招聘委员会的大梁，这样问题就解决了吗？并没有。因为这样一来，这些少数群体要花费大量时间来完成额外的工作任务。他们可能会因为这种"员工使命感"而受到赞赏，或者收到"大家都应该来帮你分担招聘工作"这样的安慰，但在大多数公司里，在自己原本的核心岗位取得工作成果的人才有机会升职。因此，要求少数群体额外花时间去完成招聘委员会的工作会损害他们的晋升前景，这不知不觉间也是一种歧视行为，因为这是把解决问题的重担加在了受害者身上。

不过，这也并不是一个不可能解决的矛盾。可以开展针对潜在成见的培训，设定在必要时阻断成见的规范，严格规定量化成见的标准，甚至可以培训同质化的招聘委员会来识别并质疑各位成员的成见。如果预算充足，可以请成见阻断者来参加招聘委员会的会议。随着时间的推移，公司团队会逐渐多元化，公司自身也会因良好的工作环境而名声大噪，也就不用再为招聘发愁了。像斯科特·奥尼尔那样，你创造了一个良性循环。

成见　偏见　霸凌　✦　领导者 & 歧视　骚扰　肢体侵犯

量化每个环节的成见

每季度检查一下新雇员的情况。如果其中并没有数据能够反映你计划招录群体的情况，或者至少没有朝着这个方向发展，那么贵公司的招聘流程中很有可能存在成见或偏见，即使这已经超出你的预料或远非你的本意。量化结果比衡量意图更有效，所以要回顾并分析招聘过程中的每一个环节。

以下是需要特别注意的几个方面。

简历筛查人员所筛查的简历类别

确认简历中是否有各类群体比例不均衡的情况。思考要如何确保简历筛查人员的思维不受传统标准的约束。即便已经查明原因，仍要继续思考公司招聘流程中的哪些因素阻碍了少数群体前来应聘。

例如，职位介绍中是否含有成见？可以使用 Textio Hire 之类的软件工具来识别有成见的语言。另外，要明确区分必要任职要求和加分项，女性多会在百分之百满足任职要求的情况下申请工作，而男性即便没有满足全部要求，也会主动进行申请。

另一个要注意的方面是推荐。很多公司都依靠员工推荐来招聘新人，这不利于提升应聘者的多样性。我用领英中"你可能认识的人"这一功能进行了试验，想看看要多久能通过这一功能关联到一位黑人。出乎意料的是，我刷了 8 条动态才刷到一位黑人，而且这 8 条中有 6 条都是男性。然而，我是一名曾就读于女子高中的女性，工作和生活的人际网络中也多是女性。不过，也不能全怪领英的数据算法。还有一部分原因在于我的人际网络，也就是我认识的人以及我之前的公司和学校。这种算法揭示并加强了我的人际网络中存在的各类群体比例不均衡问题。如果我不经意间主动联系了领英为我推荐的人，那么这种不均衡只会随着时间的推移而加剧，难以改善。

如要公司想有效提升多样性，就必须努力解决推荐方面的问题。公司可以衡量员工推荐人选的多样性，如果他们的加入会增加公司的同质性，就不要过度依靠员工推荐。

进入面试环节之人的简历类别

如果进入面试的少数群体占比低于提出申请的少数群体占比，公司就要寻找其原因和解决方案。

如前文所述，公司可以从简历中剔除关于身份的信息，以防评估简历时产生成见。可以使用 Canvas 软件或安排实习生用笔进行标记，剔除简历中关于性别、种族、性取向、名字、指代性词语等内容，也就是删掉诸如兄弟会或女生联谊会等相关信息。的确有一些相关的软件，但许多声称可以做到这一点的软件其实都只是通过"算法"将成见引入简历筛查环节而已。[21]

通过这一方法，少数群体通过简历审查的概率会提高，而你不仅能识别应聘者筛选系统中存在的成见，还找到了消除这种成见的方法。

面试录用人选的类别占比

如果少数群体的占比依旧出现下降的情况，会是什么原因？会不会是因为你录取了 20% 的男性，而只录取了 5% 的女性？又有什么应对之策呢？

有3条应对措施：（1）评估应聘者的技能而非身份，（2）明确面试的目的，（3）发掘应聘者的"独特之处"。

（1）评估应聘者的技能而非身份。管弦乐团的面试方法很好地展示了不透露应聘者身份的技能评估有何作用。1970年，在美国顶尖管弦乐团的成员中，女性所占的比例只有6%。光看数据就知道，这些乐团在用人方面可能不尽如人意。但问题并不在于多招纳一位女音乐家，无论是巴松管演奏家还是圆号演奏家，而是要想办法消除选人过程中的成见。

招募考试是个不错的办法，但仅仅这样还不够。应聘者还必须赤脚，因为穿高跟鞋走路的声音可能会泄露性别信息。之后，这一方法广为流行。到1993年，管弦乐团中女性的占比上升到了21%，而到了2016年，这一占比已超过50%。[22]

究竟是不是有意识的成见或偏见阻碍了女性进入顶级管弦乐团呢？这一点不得而知。也可能是女性应聘者自己的偏见，她们可能遭遇了刻板印象威胁。当人们有权有意无意地将成见或偏见带入具体实践，歧视便可能变成"自证预言"，消除这些成见和刻板印象才有助于创造良性循环。

然而，这一招募考试方法还无法解决黑人、原住民和有色人种被乐团排挤的问题。说成功还为时过早。[23]

（2）明确面试的目的。丹尼尔·卡内曼提出了一些避免面试他人时被成见影响的方法：面试时，要明确自己想要录用有哪些特质的人选。把它们写下来，但注意不要超过6项，同时确保所有面试官都把这些特质作为面试标准。让面试官分别根据这些特质对应聘者进行1~5分的打分，而且要针对每一项特质记录下面试者相应的表现，这样可以避免光环效应——我们常常认为一个人如果有一方面做得很出色，那其他方面也一定不会差。要确保录用得分最高的人，而不是看着最顺眼的人。[24]

（3）发掘应聘者的"独特之处"。面试官通常都会看重"适应能力"这一特质，但这其实大错特错，只会助长成见。技术连接公司的 CEO 梅利莎·詹姆斯指出，招聘委员会应更注重应聘者的"独特之处"。她将"独特之处"定义为"不仅符合公司的价值观和职业道德，还能带来不同的观点、经验和专业技能，不仅会提升团队的水平，还能整体上增强企业文化。"[25]

所谓的"适应能力"，表面上看是为了确保能与公司中其他人协同工作，背后却暗含成见，是在无声地表示"诚聘与我们相像的人"。这样的做法只会助长多数群体的不当行为，毫无正面作用。

接受工作之人的类别

是否常有少数群体拒绝接受贵公司的工作呢？仔细想想原因和应对之策。如果贵公司的团队趋于同质化，那就更棘手了，因为你还需要避免受到团队同质化思维的影响。四处打听一下，看看少数群体是否早已对贵公司唯恐避之不及。再检查一下公司办公室，看看它们是否看起来像兄弟会的房子，或是有其他可能让女性感到不快之处。

作为老板，即使不情愿，也要多多注意这些内容；可以在 Glassdoor 等点评网站上阅读有关贵公司的评论，这样才能更全面地了解公司的声誉。邀请他人为公司的面试过程打分，但不要仅限于线上调查和问卷。如果有人拒绝了工作机会，公司相关负责人可以邀请他们去喝杯咖啡，试着打探原因并认真记录。一旦出现了负面的趋势，就要立刻行动加以解决。

有一次，斯科特·奥尼尔在邀请一位阅历丰富的女士加入他的团队时，发现她在面试过程中有些不自然，但他不知道为什么。他并没有选择将其忽视掉，而是向她询问原因。

"是因为您的沙发。"这位女士回答。

"我的沙发？"奥尼尔不解。

"你有注意到我的坐姿吗？"

奥尼尔坦言并没有。这位女士指出，那沙发大概是专为7英尺[①]高的篮球运动员设计的。如果她想要靠在沙发背上的话，她的腿就没法着地，像"拇指姑娘"一样。于是，奥尼尔特意买了一些沙发靠垫。这件事本身不难，但要有勇气和好奇心去探寻那位女士感到困扰的原因。幸运的是，奥尼尔拥有这样做的信心和习惯。

勇于质疑带有成见的比较

作为领导者，很关键的一点就是要注意到自己的成见或观念是否会影响自己的决策，坦率地承担责任并采取措施，以防重蹈覆辙。想想自己在招聘过程中是否错过了理想的人选，回想自己是否曾被成见左右，是否曾因为某位优秀的女应聘者看起来没有足够的"适应能力"而忽视她，而全然不觉是自己的观念出了问题。若真如此，就应该大胆承认。

只有当领导者坦然指出自己的成见并承认它影响了用人决策，

---

① 1英尺 = 0.304 8米。——编者注

其公司团队的其他人才会这样效仿。毫无保留地告诉他们自己犯了什么错误，让他们也说说各自类似的错误。这个过程可能很折磨人，但也至关重要。识别成见是改变成见的第一步。一旦公司中大部分人都意识到自己可能无意间引发了某些问题，他们便会有动力去加以解决。

不做简化的比较是一条经过实践检验的真理。正如企业家道格·斯佩特在文章中所写，"固定的模式化认知就是在将隐性成见付诸实践"。[26] 然而，在企业招聘中，这种情况依旧屡见不鲜。谢丽尔·桑德伯格就任脸书COO（首席运营官）后，我和一些女同事都陆续接到招聘人员的邀请，这真是破天荒头一遭。"您将有机会成为某某公司的'谢丽尔·桑德伯格'。"他们这样说道。这其中不乏很棒的工作机会，这一次对我们来说，性别成见反而成了好事。然而，他们这也是在开玩笑。谢丽尔能成为出色的COO并非因为她是位女士，她的出色表现与性别无关。

这些招聘负责人对男性说出"你就是某某公司的'谢丽尔·桑德伯格'"的概率有多高？对女性说"你就是某某公司的'拉里·佩奇'"的概率又有多高？

一位著名的风险投资家在谈及成功企业家时说："成功的企业家一般都是从哈佛大学或斯坦福大学辍学的白人男士，而且是几乎没有什么社交生活的书呆子。当对方是这样的人时，我就会产生很强烈的投资冲动，你看，谷歌的CEO就是这样的。"[27]

出人意料的是，如此明智的投资者竟然全然不知自己的成见在影响自己的投资决策。风险资本应该投给未来，而非过去已有的事物。成见会限制领导能力的一个原因就是，它会不断迫使你回顾过去，回顾之前的经历而忽视眼前的事情。或者用史蒂夫·乔布斯的话来说:"照搬标准化的最佳方案只能达到平均水平。"这样无益于创新,因为它只是在复制过去,而且通常只能复制到过去的错误而非成功的结果。

另外,显然这位投资者对其之前成功原因的理解存在偏差。拉里和谢尔盖·布林的确是两位白人男士,他们性格内向,曾被斯坦福大学录取却又中途辍学,但将谷歌公司的成功归因于以上因素简直是荒谬至极。因此,把这些特征当作投资标准也很离谱,这无异于把谢丽尔在脸书的成功归因于她是一位毕业于哈佛商学院的白人女性之后,就只愿意雇用哈佛商学院的白人女毕业生做COO。

然而,这种情况时有发生。就因为我和谢丽尔有以上3个共同特点,我时常会接到这样的招聘邀请。可是,谢丽尔是我见过最有条理的人,而我是有创造力但乱糟糟的人,绝对不是他们心目中理想的COO人选。这些"点对点"的表述方法在体现了成见的同时也微妙地揭示了一些刻板印象。因此,成见会导致人才与岗位不匹配。

向比利·比恩取经

电影《点球成金》讲述了奥克兰运动家棒球队的总经理比利·比恩如何规避成见,通过理性决策来改变棒球队成绩的故事,完美地展现了惯有成见的危险。[28]有一次,比恩与一群球探相聚在一起,探讨球队的前景。尽管已掌握了大量统计数据可以用于客观衡量球队的表现,但比恩注意到,球探的大部分判断竟是基于一些毫不相关的因素,比如,球员的下颌线有多好看,或是他的女朋友有多漂亮，等等。这些球探彼此之间都不觉得对方的话有多么荒唐，因为他们根本就没有注意到这一点。最后，比恩举起手，做了个手指开合的手势，表示"呸呸呸，胡说八道"。而比恩本人之所以被炒作为天才，更多是基于他的外表和风格，而不是个人能力。后来，比恩遇到一位运用数据改进决策的统计学家。比恩问他，自己能否被他选中，统计学家说不能。在之前的主要联盟比赛中，比恩一直表现平平，所以他对此也毫不怀疑。事实上，他甚至希望自己没有从事这一行，而是接受了那笔他已经拒绝掉的斯坦福大学全额奖学金。人们对他的成见看似是在夸奖他，可实际上是在伤害他。他的实力早已不足以支撑他表面上的名声了。若是成见导致能力较强的人被能力较弱的人取代，这两人以及整个团队都会被影响。受到成见影响的决策往往会伤害所有人。

《点球成金》说明了三条道理。第一，成见常常会在不知不觉中影响决策。第二，由成见导致的分析结果会使决策者做出错误的判断，而且几乎不会有人质疑其中的成见。第三，成见影响下的决策通常不是最优决策，每个人都会受其影响，包括所谓的"受益人"。

再来看看基于成见做出的聘用决策在政治领域会引发什么问题。克劳迪娅·兰金所著的《只是我们》[29]一书中涵盖了如下事实调查：2019 年，白人男性占美国总人口的 30%，却占美国在任官员 60%。很明显，白人官员的比例过高了。还有更夸张的，白人女性占美国总人口的 31%，而在美国在任官员中占 27%。虽然这两项数据看似相等，但要将此称为公平还为时过早。因为，有色人种女性占美国人口的 20%，但只占官员人数的 4%。

有色人种女性的任职比例严重偏低。有色人种男性占美国人口的19%，而在官员中仅占7%，他们同样也是少数群体。

因此，作为一个关注性别歧视和少数群体的白人女性，我最好的抗争方法之一就是争取推举有色人种女性。因为我还要顾及整体的代表性，所以还应该争取推举一些有色人种男性。那这是否意味着我某种程度上损害了我父亲、丈夫和儿子的利益呢？毕竟他们都是白人。不会，当然不会了。我对他们的爱甚至难以用语言表达。但我坚信，只有当合适的人得到合适的工作机会时，我们所有人才能受益。

和大多数母亲一样，我很宠爱儿子，并由衷希望他能在自己选择的工作中大展身手。在我看来，让他硬着头皮去做他人更擅长的工作不太可能有利于他找到理想的工作。我儿子很喜欢打职业棒球。很难想象有人会说，帮助他实现梦想的办法就是让球探对白人球员偏心一些，给他们提供更多参与美国职业棒球联盟的机会。回想一下比利·比恩的故事，我不希望这种情况发生在我儿子身上，无论他要从事棒球、政治、商业、农业、教育，还是其他什么他决心要从事的领域，我认为只有公平的世界才能真正让他更优秀、更快乐。

人才保留

招兵买马确实不易，但如果不注意保留人才，那就好比把水倒进了一个漏水的桶中。下面我将重点介绍关于薪酬、评级、晋升、培训和指导以及心理安全的部分重要内容，这些内容将有助于留住你努力招进来的员工。

然而，归根结底，建立多元化团队的关键还是在于要把它作为首要任务。有一个关于两个团队的故事，它们都来自印度海得拉巴的一家公司。第一个团队 50% 的成员是女性，而第二个团队中全是男性。为了了解两个团队之间的差别，公司的一位领导与两个团队的负责人进行了谈话。第二个团队的负责人无奈地表示："在海得拉巴招聘女性真的很难。"而第一个团队的负责人表示自己也没什么招聘经验，他耸耸肩说："我只是始终把雇用和保留女性员工作为首要任务而已。"

以下各节将为你提供一些灵感，帮助你寻找将某一目标作为首要任务来完成的方式。它们并非笼统的方法论，而是细枝末节的内容，就像是清洁牙齿时使用的牙刷和牙线，而非根管治疗。

薪酬

到目前为止，薪酬方面最不公平之处就在分配不均。我和我丈夫的工资都算是比较高的了，所以作为问题的一部分，我们也致力于改变这一现象。美国资本主义要想继续生存下去，就必须进行改革，这意味着需要大张旗鼓地对财富进行再分配。关于这种批评观点，金融界主要领导层都表示赞同。[30] 财富再分配属于宏观经济改革，它不是某一位 CEO 就能做到的，即使他影响力再大也不可能。在某种程度上，那些将自己通过避税得到的收入捐出去一些的亿万富翁可能还多少缓和了分配不均的问题，但这并非可行之策。[31] 这方面的内容很庞杂，但本书的目标在于为个人提供建议，而不是讲宏观经济政策。

然而，即使收入分配不均是"宏观经济问题"，作为领导者也并不是无能为力的。在公司薪酬方面，领导者要确保决策明智，使人人都能获得薪资公平，还要反复核查自己的薪酬分配工作，这些都很重要。如果让员工浪费时间和精力来质疑工资分配公平性就太不值得了。[32] 这将会造成效率低下和公平问题。公司可以通过同时参考多个指标（如性别、种族、年龄等）来核查员工的薪酬，这样才能主动发现问题。

你如果是董事会成员，在考虑公平性时，就不能只将自己作为 CEO 的收入与其他 CEO 进行比较，而是要将它与薪酬最低的员工进行比较。当然，作为 CEO，收入更高一些也不为过，但上限在哪儿呢？当 CEO 和高管都在享受自己的私人飞机，而新员工只能住在车里或买不起医疗保险时，你就失职了。[33] 本和杰瑞告诉我，在他们公司中，所有人的工资差不会超过 5 倍。在我看来，10 倍甚至 100 倍的工资差也是可以接受的。但在我之前就职过的很多地方，工资差经常会达到 1 000 倍甚至 10 000 倍。在我和我丈夫的公司里，都曾出现过员工只能住在车里，而 CEO 的身价高达数十亿美元的情况。这很不合理。

在处理薪酬问题时，可以给收入较少的人涨一些工资，而给收入最多的人适当减少一些。我一直记得曾听一位富豪抱怨过自己的管家买不起房子，甚至开不起银行账户，他还因此对房地产市场和银行体系大肆批评。但他似乎从没想过，其实只需他给管家加点薪水，问题就能解决了。这点儿钱对他来说不算什么。可如今很多企业领导者都像他这样。

曾与我共事的几位 CEO 因为不满公司董事会拒绝建立公平的员工期权池，就将自己的大部分股权都转让给了员工。这个慷慨的善举使他们的公司朝着公平工作又迈进了一步。然而，即便如此，这也只是超级富豪在向一般富裕群体分享财富，而且全靠他们自愿付出。

　　经济向更高效"进化"的许多方式既加剧了不平等问题，又阻碍了解决这一问题的进程。一位 CEO 同事问我，要如何确保公司办公室的保洁员获得公平。由于他们都是外包工人，要保障他们的公平需要解决诸多法律和官僚体制方面的障碍。这一外包体系似乎就是为了防止工人获得意外收入，我们这两位位高权重的高管想给他们提供一笔薪水也无能为力。我开始四处打听，想知道其他公司是如何处理这个问题的。一位高管告诉我，她的公司曾为所有员工发放 1 000 美元现金作为假日奖金。对她公司中的大多数人来说，1 000 美元现金相当美妙，但也没达到巨款的程度。她建议我，如果把这份奖金的分发范围扩大到保洁员，一定会更有意义。话说回来，我指出，由于保洁工作是外包的，为他们提供公司内部员工享有的现金奖励，也要面临很多棘手的奇葩困难。这位高管很沮丧，她拿出自己的支票簿，在公司逢人就给出 1 000 美元的支票，结果她每个季度都会因此受到各种批评。

　　最后，我和 CEO 同事想出的唯一可行的办法就是，他从自己的个人银行账户中取钱，在首次公开募股当天将现金分发给保洁员，而且不能发太多，否则我们会面临税收和法律等问题。要解决分配不均问题，所有领导者都可以做以下两件事。

注意员工工资差距

　　领导层应留心关注公司中最高和最低工资之间的差值，确保差值不要过大。公司可以适当降低领导层和高管的薪酬，同时提高一下最低工资；还要留意对员工是否一视同仁。领导层通常都会对自己与下属之间的工资差距了如指掌。然而，管理层的工资时不时会增长，收入最低的员工却很难得到加薪。因为 CEO 总是会将自己的工资与其他 CEO 或直接下属的工资进行比较，却很少会关注与底层收发室人员的工资差距。

尽量避免外包工作

不要把所有工资最低的工作都外包出去，否则在得知他们的收入有多低时，也只能束手无策地内疚。可以不将这些工作外包，而是直接雇用人来做，并像对待其他员工一样对待他们。如果所有公司领导都能如此，员工工资的差距也会逐渐缩小一些。

男女工资差距：Salesforce

Salesforce 的 CEO 马克·贝尼奥夫对于保留和提拔女性员工的重要性颇有见地。但他的两位高级副总裁莱拉·塞卡和辛迪·罗宾斯都发现了问题，尽管老板的本意很好，但公司女性员工的收入依旧低于男性。他们将这件事告诉贝尼奥夫之后，他还难以置信。"那不可能。"他回忆说，"我们的公司文化很好，有'最好的工作环境'。我们在给员工开工资时可不会做手脚，这种事闻所未闻。"

塞卡和罗宾斯不依不饶，贝尼奥夫只好同意对整个公司的薪酬进行彻底分析。但在此之前，他们要求贝尼奥夫承诺，全力解决发现的任何不平等问题。"最荒唐的行为就是，"罗宾斯说，"打开汽车引擎盖，发现可能要出故障了，却关上引擎盖置之不理。"[34]

两位副总裁让 CEO 主动发现并解决问题的做法是明智之举。分析结果显示，Salesforce 中，从事相同工作的女性员工收入确实低于男性。贝尼奥夫十分震惊。"这种问题笼罩着整个公司，"他说，"所有部门、所有业务、所有地方分公司都是如此。"

贝尼奥夫兑现了承诺，设法解决了这个问题。值得一提的是，当问题再次发生时，他依然会想方设法解决。他还安排塞卡和罗宾斯定期监控工资比率，以确保女性的薪资水平不再落后。

公司每年都要考察员工工资差距。如果发现问题，那毫无疑问要进行调整。在公司中，女性以及其他所有少数群体的收入可能都会低于多数群体，而领导层甚至可能丝毫不觉，而且并非出于本意。但他们的本意如何并不重要，对工资过低的女性员工来说，工资本身才更实际。

BBC（英国广播公司）的工资差距

2017 年，英国某知名游说团体强烈要求 BBC 公布其主持人的最高工资，以便让公众了解 BBC 花了多少钱来招贤纳士。不出所料，调查结果表明，BBC 女性员工的工资低于男性员工。

面临着削减预算和支付顶级明星出场费的种种压力，BBC 无法通过提高女性员工的工资来缩小差距，于是只好降低男性工资。不用说，这一方案遭到了强烈抵制。BBC 播音员私下里的一次对话被曝光出来。其中一位男士说："说实话，我交的税比别人赚的钱还多，而且税后工资也还遥遥领先，不过这在我看来完全合理。"[35] 也许他当时只是在开玩笑，但赚大钱的人通常都会认为这是他们"应得的"。

为此，BBC 高级编辑卡丽·格雷西选择了辞职。BBC 向她道歉，还支付她一笔工资作为补偿。她将全部款项捐给了福西特协会，一家提倡两性平等和维护妇女权利的慈善机构。[36] 此后，BBC 公开发布了一份男女工资差距报告，并承诺将解决这一问题。他们也确实兑现了承诺，男女工资差距逐年缩小。到 2019 年，男女工资差距比率已降低至 6.7%，大大低于 17.9% 的全国平均水平。[37]

BBC 的案例揭示了成见的另一种表现形式。与卡丽·格雷西的慷慨解囊相比，那位男播音员的炫富行为就相形见绌了。

尽管收入仍低于同级别的男性，但那些相对比较富裕的女性仍会面临更多的审查和嫉妒。令人意外的是，这种嫉妒正是源于对富有的男女收入差距的曝光，二者之间的收入差距堪称最严重的分配不均问题。据我所知，在科技行业中，与同级男性相比，许多女性的工资是其 1/10，甚至 1/20。

值得一提的是，富人和穷人都面临收入差距问题，前者甚至更为严重。例如，当某位女性收入为 100 万美元时，与她同级的男性收入却高达 2 000 万美元。因此，必须全面解决收入不平等问题，但绝不应该通过降低女性工资的方式来解决。记者卡拉·斯威舍说得很好："尽管不用非得为富人操心，但即使作为富人，也应保障男女收入平等。"[38] 很有必要让大家认清这种对富裕女性的偏见。

但正义不是零和博弈。联邦法律也同样保护富人的正当权益（如《同工同酬法》和《平等保护条款》第九条），因为平等是实现社会公平的基础。解决社会经济不公平现象的正确方法绝不应该是向富裕女性施压，减少她们的工作机会，并鼓励她们把收入捐给慈善机构，而同时又觉得富裕男性的收入都是理所应当的，甚至还应该再高一些。

美国的工资差距

平均而言，女性收入是男性的82%。[39] 而且，在种族和性别因素的影响之下就更不公平了。拉丁裔男性的收入是非西班牙裔白人男性的54%，黑人女性的收入则是非西班牙裔白人男性的62%。[40] 若同样工作40年，黑人女性将比白人男性少收入近100万美元。[41] 除了工资差距，还有晋升机会差距，以及很多"隐形的"不公平现象。[42] 不解决这些问题，就无法缩小工资差距。

但首先还是要关注公司的工资差距。有些针对工资差距的措施是当下就可以开始实施的。不要一心想着各种各样笼统的社会问题，它们的确也都是工资差距的诱因，但大多很难靠一人之力解决。很显然，成见就是工资差距的一个诱因，除非你觉得白人男性天生就该赚得比别人多。对此，你可以采取的措施是：（1）调查公司员工的工资差距，（2）弄清成见、偏见或霸凌是如何导致工资差距的。以下是一些具体细节。

创建公平的薪酬制度

很重要的一点是不要将决定工资、奖金、股权或其他形式薪酬的权力单方面赋予管理层，而是要建立人人都理解且认同的薪酬制度。指定公司中某个团队或个人来分别为各工作岗位设定工资标准和薪资范围。如果是大型公司，那就应由人力资源部的薪酬小组负责；中型公司的话，应由人力资源部经理负责；而对小型公司来说，就应该是作为公司一把手的人来负责。负责同一工作的人如果取得了相同的业绩，那他们也应当获得相等的收入。发放奖金也应遵循此原则。任何例外情况都需要经过至少 3 名同级别主管签字才可以。例如，如果同时雇用了 5 名初级工程师，正常来说，他们被录用时获得的薪资待遇也都应该没什么差别。如果差距甚远，那一定会出问题。同理，如果公司中多数群体的薪资水平高于少数群体，那么问题将会更加严重，反之亦然。

创建公平的薪酬制度有两点好处。第一，公司的薪酬体系将更加公平，个别管理者的成见或自认为有资格提出过分加薪要求的员工将很难改变公司的薪资分配。第二，"降低权术收益"，这将鼓励员工更多将精力放在创新上，而不是取悦上司方面。[43]

标准化的透明薪酬

越来越多的公司管理者发现，解决工资差距最简单的方法就是消除薪资体系的神秘感。没有什么谈判，也没有不为人知的秘密，在公司网站上加一个页面，简要概述不同职位的薪资情况，这样便可以为你和所有应聘者节省大量时间和精力。

这样一来，可能会有一些应聘者被其他公司的薪资待遇吸引，但就业市场会相对变得更加高效。一般来说，只要是合理的薪资待遇通常都没多大区别。如果小小的薪酬差距就让应聘者转投其他公司，那就说明贵公司的招聘工作还不够完善。如果贵公司的薪资待遇真的与其他公司相差很大，那就要想办法弄清原因。也许整个公司的薪酬水平都需要重新调整了。缩减大部分员工的工资并给某一位员工涨工资，这样的做法只会扼杀公司士气，引发不满情绪。

如果要留一点儿余地，可以设置一笔签约奖金。但要明确签约奖金的金额范围，这样一来，少数群体才能了解到如果自己放弃了这份工作，将会有什么损失。

量化成见对薪酬的影响

评估公司的收入差异

比较一下公司在职员工中少数群体与多数群体的收入差距。按照少数群体的类别将这些数据分类，例如种族、性别等。如果发现其中一类群体的工资始终低于其他人，就要想办法弄清楚原因。不过，这也有可能是出于一些很正常的原因，比如，某些人由于表现突出而获得了极高的奖金，会使他们群体的薪资数据出现小幅度的激增。但这都只是个例，并不常出现。少数群体也应获得优厚的额外奖金！如果额外奖金总是被多数群体收入囊中，就要提高警惕了，因为其中可能存在什么问题亟须解决。

没人愿意在与歧视相关的官司中引用可能对自己不利的数据。当然，在采用本书的方法和建议之前，应该先向法律团队征询意见。记住一点：律师的责任是将风险告知客户，而不是直接让客户规避所有风险，你有权决定自己要承担的风险。但是不要忘了，如果最终被卷入了一场诉讼官司，以上薪资信息就都会被公之于众。所以，最好尽早了解自己公司的薪资制度是否有问题，如果有，在被起诉之前就着手解决问题，不要拖延到出事了再被迫处理。

化解协商成见

女性薪酬低于男性的一个常见原因是，如果她们在协商薪资时用力过猛，就可能给人留下"粗鲁""自私""不适合团队合作"等印象，并因此吃亏。其实这并不代表她们不擅长协商，反而证明了她们勇于采取理性的行动。如果明知自己会因为敢于协商而吃亏，又怎么会甘愿冒险呢？

在这一过程中，要注意两种成见。一是对敢于协商的女性的成见，二是认为女性不善于协商才导致她们薪资较低的成见。作为公司领导，可以采取以下两种措施。一是可以和公司团队一起努力消除这种刻板的成见；二是干脆声明所有人一律不许针对薪资讨价还价，像之前讲的那样设定工资标准并严格执行。确保在日常提供奖金或晋升机会时，对所有人都一视同仁。

避免加深就业市场的成见

女性薪酬低于男性的另一个原因在于就业市场本身的成见。Hired 杂志曾发布过一份关于科技行业收入不平等的报告，其中显示"在同一家公司中，男性收入高于同一职位女性的情况占 63%。而对于同一份工作，公司为女性提供的起薪要比男性至少低 4%，更有甚者低了 45%"。[44] 而这还只是工资方面的情况。在某些行业，股权也占员工薪酬的很大一部分，而这方面的数据相对来说会更加模糊。

为什么会出现这种情况呢？就算已经消除了自己公司的男女薪酬不平等问题，仍然可以在其他公司"揪出"这类情况。在面试竞争同样岗位的一男一女时，如果你谨慎地为他们提供了相同的薪酬报价，可他们同时也收到了其他公司诱人的报价，尤其是对于那位男士，他的薪酬更高一些，你会再次提高报价吗？而且，是否也要为那位女士同样提供更高的薪酬？如果你一直致力于创造公平的工作环境，那显然你会这样做。你可能会想："但我负担不起呀！"扪心自问，贵公司是否有能力一直维系女性薪酬低于男性的状态。短期内很难弄清这样做会引发什么问题，但问题确实存在。如果女性工资低于男性，她们的工作积极性就会下降，业绩也随之下滑。同时，这样做也会引发嫉妒，使团队凝聚力降低，甚至还会带来集体诉讼官司的风险，而且这样做根本就是不公平的。

绩效管理

歧视他人终害己

先来看一则关于一位少数群体被所谓"无意识的歧视"所累的故事，不过我将其称为"无意识的歧视"并不是想帮谁脱罪。在商业领域，人们往往只看重结果，而忽视意图。但听到"歧视"这个词时，人们脑海中常常会浮现几个大字——"仅限男性"或"仅限白人"。但歧视不仅仅限于这样明确表现出排挤或贬低之意的形式。

劳拉是塔威德咨询公司（假名）的总经理，她是该公司仅有的几位女领导之一。塔威德公司主要负责战略咨询和技术咨询两项业务。劳拉负责技术咨询的全球营销，这是一项较新的工作。她的3位同事则负责已经成熟的战略咨询全球营销。唐负责美洲，迈克负责欧洲，詹妮弗负责亚洲。这4位总经理都已位列升职名单。

在劳拉的带领下，营销业务迅速展开，所获收入甚至已经超过公司总收入的一半。她的业务比其他 3 位总经理都更广泛、更赚钱，发展得也更快。无论从什么标准来看，劳拉都绝对远胜于其他 3 位同事。唐的业绩排第二位，之后分别是迈克和詹妮弗。可到了要晋升的时候，劳拉明明排在第一，唐和迈克却得到了晋升名额。"我们雄心勃勃的新人领导有着无限的潜力。"宣布升职消息的电子邮件中夸张地写道。而上司告诉劳拉，想要晋升的话，就多多努力提升业绩。那她之前的付出都去哪儿了？

发生在劳拉身上的故事在现实生活中也屡见不鲜，甚至有其专属名字——"表现/潜力"成见或"仍需努力"成见。[45] 男性更可能因其未来潜力而升职，而女性只能依靠过去的表现赢得晋升机会。

劳拉之前就知道这种成见，但她没想到自己也会经历。让她难过的不仅仅是其中的不公平，还有错失的翻番薪水。劳拉决定向公司其他高管询问原因，最终得到了很多不同答案。

有人说，是因为技术咨询的营销不需要与各种知名的公司 CEO 打高尔夫球。在这个自以为是的时代，唐和迈克需要更大的头衔来帮助他们在全球四处工作时树立形象。"行。"劳拉回答。诚然，她的客户大多是信息技术部门的负责人，而不是人人追捧的公司最高层领导。但詹妮弗呢？明明她的推广业务也涉及很多公司高层。总不会是因为亚洲的公司高层不会像美洲或欧洲的高层那样摆架子吧。那她为什么"不需要"更高的头衔呢？除了"因为亚洲市场相对较小"，好像也没什么更好的答案了。

"如果詹妮弗获得了更好的头衔，我们就有可能在亚洲打开更多市场了。"劳拉建议道。但无人回应，就好像大家都没听到她说话一样。

另一位高管告诉劳拉，她没有唐那么大的"管理宽度"。简单来说，就是即使唐的业务规模不大，但他要听取的汇报极多。而相比之下，劳拉负责管理的人要少一些，因此赚钱也更容易。

等一下，这是什么道理？唐因为他的"管理宽度"获得了升职机会，劳拉却因为自己的团队更成熟而吃了亏？她明明应该因为工作效率高而得到奖励呀！一家自称是"用数据说话"且明确反对盲目扩张业务的公司居然会信奉所谓的"管理宽度"一说，简直不可理喻。

这就让人不禁想问：明明迈克的团队和业务规模都比劳拉的小，那他又为什么升职了呢？詹妮弗的团队规模也很小，尽管她的业务表现还比不上唐和迈克，但也正处于飞速发展时期，那她是不是也应该多雇一些人，少赚点儿钱，来增加"管理宽度"呢？这样她下次就可以升职了吧。劳拉想知道这些。同事劝她："别傻了。"

劳拉并没觉得那位提出"管理宽度"一说的高管对女性有成见。然而，她发现自己无法和他进一步深聊。当劳拉和他说起盈利能力时，他看着她，好像她缺乏最基本的定量分析能力一样。她当然知道唐管理的人比她多。也许这位高管对劳拉分析能力的成见比她想象的更严重。劳拉对他故作糊涂的行为感到失望，于是她一言不发。[46]他说的话似乎完全不合理，劳拉甚至怀疑自己是不是遗漏了什么内容。这就是"煤气灯"效应。[47]当劳拉想质疑对方时，总是先怀疑自己是否有错。

她继续向别人询问，并得到了一些性别成见更加明显的答案。一位高管对比了他所谓的劳拉的"尖刻"与唐和迈克的"魅力"。当劳拉指出他的双重标准后，他却告诉劳拉不要"用性别说事"。

这种无理的言辞再次令劳拉无语，她心里满是愤怒和孤独。

作为一名职业发展导师，本尼迪克特曾与该公司的多名高管共事，只有他愿意承认这一晋升决定有多么不公且荒唐。他告诉劳拉，当一个管理团队的同质化严重至此时（9/10 是男性，9/10 是白人，没有同性恋），成见经常会被忽视，而团队对厌女言论习以为常。

究竟是什么样的言论呢？劳拉很好奇。本尼迪克特说，有一次参加会议时，团队中的一位高管在会上大肆评论一位主管的"胸和屁股"。他的职责本应该是评估这位主管的专业技术和领导能力。可会议室中没有人说话。

劳拉可以想象，团队中唯一的女性一定没有兴趣或权力在处于弱势的场合中指出性别歧视问题。[48] 那句令人恶心的话可能已经牢牢刻在她的脑海中并时不时浮现，就像劳拉在工作中经常遇到的那样。"我刚才听到他说'胸和屁股'了吗？我不想想这事了。哎，那儿有只松鼠！"

再来看看刚才提到的男士，其中 3 位对待女性的态度都明显存在问题。

尽管如此，公司管理团队中的 6 名男高管仍在积极努力创造更多元化、更具包容性的工作环境。但劳拉从自己的经历中发现，即使是他们也都倾向于认为，在工作中，女性不发言也是可以的，哪怕是简单的一句评论也可有可无。

劳拉问本尼迪克特该怎么办。他回答："这样的团队永远不会把你当回事。另谋出路吧，好充分展现你的才能。"劳拉很开心，终于有人对她坦诚相待了，但同时也深感沮丧。她知道本尼迪克特说得没错，她应该找其他工作了。可她也很热爱自己的工作，爱她亲自建立的团队。她不想离开。

后来有一次，劳拉与唐和迈克一起开会。唐坐在她旁边，伸手拽了一下她的卷发，看到它们弹了回去，咧嘴一笑，好像找到了一个有趣的新玩具一样。劳拉瞪了他一眼，摇了摇头表示不满。可唐没有停手。"别动！"劳拉低声说。"怎么这么凶？"他不满地回答。

就这样，劳拉愤然离席，发邮件给自己的猎头，告诉他们自己要找新工作。

劳拉所遭受的歧视可能难以诉诸法律解决，因为没有确凿的证据能够证明劳拉在工作中受到了无形的阻碍。公司本可以用一些综合指标来"证明"劳拉没有晋升的资格，却很坦然地采用了高层晋升标准（或者说其中的一部分）。即使能打赢官司，劳拉也觉得如果把这些时间和精力投入自己的事业，才更有价值，对于其他职业女性也是如此。劳拉发现诉讼的投资回报率太低了，最好还是把时间用在找一份能大展身手的工作上。

（其实有时也该打打官司，管什么投资回报率。想想莉莉·莱德贝特，她将自己在薪酬方面受到的歧视一路上诉到最高法院。由于缺乏专业的律师团队，她败诉了。但是，这个案子中的歧视过于严重，为了弥补，国会后来通过了一项以她的名字命名的2009年《莉莉·莱德贝特公平薪酬法案》。莱德贝特敢于斗争的行为为数百万妇女创造了更加公平的环境。）

与唐发生矛盾后不到一个半月，劳拉被聘为老东家竞争对手吉利亚咨询公司 CEO 的邀请。吉利亚咨询公司尽管规模不大，但发展迅速。她宣布了这一消息后，劳拉的前任老板没有祝贺她，也没有对失去她表示遗憾，而是指责她野心太大了。劳拉感到莫

公平工作

名其妙，因为这位老板本身就野心勃勃，而且在提拔唐和迈克时，他还特意赞扬了他们的这一特质。

讽刺的是，她离职的原因并不是野心太大，其实她也不在乎什么 CEO 的头衔，而是因为公司不承认她的价值，这浇灭了劳拉的热情。而且，更糟糕的是，她甚至难以全力以赴地展现自己的能力。大大小小的、公开或无意识的种种不公日积月累，使劳拉选择另谋出路。

新公司一直被困于混乱且无效的管理方法。在劳拉的领导下，公司很快稳定下来，几年内便成长为塔威德咨询公司最重要的竞争对手。作为一名成功的高管，劳拉的名气早已胜过唐和迈克，甚至比逼她离开公司的老板还要有名。还有许多人猜测，如果劳拉当时得到适当的认可和更多的机会的话，她现在所在的这家公司可能早就倒闭了。

如果劳拉的前任老板仔细分析了绩效数据，并扪心自问为什么没有提拔公司业务规模最大且业绩最好的员工，那他就应该会注意到自己决策中的成见。如果当初升职的是劳拉，她的老板的确可能留住这位人才，但他的成见实际上是在伤害他自己和公司。与此相比，劳拉受的影响不算什么，但她当时的确在职业生涯中受到了不公平的对待和伤害。

面对歧视，并不是每位女性都能够找一份新工作来展现自己的实力，而找一份比之前更好的工作更是难上加难。正义难得会如此迅速且戏剧化地降临在劳拉身上。当正义到来时，在庆祝之余也要从中吸取教训，这样才能收获更多正义。

为避免犯下和劳拉前老板一样的错误，可以注意以下方面。

分析晋升数据来量化成见

从底层岗位晋升至初任经理的男女比例——100∶72——很能说明问题。具体来讲，男性与白人女性之比为100∶80，与拉美裔女性之比为100∶68，与黑人女性之比为100∶58。[49]

原因何在？先分析一下这些数据，再深入研究其背后的成因。也许除了成见，还会有一些你无法控制的因素，但成见必定是其中的诱因之一。发现晋升数据中的成见有助于寻找改进现状的方法。寻找这些数据的主要成因并加以解决。

采用绩效管理制度，杜绝单方面管理决策

美国大多数企业包括小公司，在绩效评估和加薪升职方面，管理层的权力无人可敌。如果你不招他们待见，那就完蛋了，就算你最终能扭转乾坤，还是多少会受到影响。这种状况会导致管理决策效率低下且有失公允。

对此，应该创建一种使绩效评估和晋升决策脱离管理层掌控的管理制度。只有限制了个别管理者在这些流程中的单方面权力，才能增强绩效评估的公平性，让公司中的每个人都找到自己的定位，才能增强老板和员工之间的协作，有效消除霸凌行为。恃强凌弱的老板必然会尽失人心。绩效评估制度不必太复杂，无论是几个人组成的小团队还是大型企业都一样。

绩效评估制度是怎样发挥作用的呢？

相比由管理者撰写单方面的绩效评估报告，不如建立一个全方位的流程，让同级同事、上司及下属来评估员工的绩效。制订

评级审查体系，确保评分标准不过于苛刻或宽松。还要组建晋升委员会，负责员工工作绩效考核和晋升决策。管理层可以提供晋升意见，但无权擅自做决定。

不过有一点需要注意，随着时间的推移，这种制度可能会变得臃肿又费时。我之前工作过的一家公司将这种绩效评估称为"拖延式绩效管理"，因为它占据了长达几周的工作时间。有一次，我休假时还不得不应对晋升委员会的"狂轰滥炸"。因此，创建绩效评估流程之后也要注意加强管理，使其尽可能精简、高效。

量化绩效管理制度中的成见

追踪少数群体的晋升速度

回顾一下，公司中少数群体的晋升速度是否低于多数群体？如果是，原因何在？虽然可能会很麻烦，但还是很有必要坚持追踪晋升数据，并公开调查造成晋升速度差异的原因。

在考察评估流程和晋升流程时，要以全方位的公平为前提。例如，我知道有一家公司是通过色标编码的方式来考察性别平等的。女性得分大于或等于男性得分的部门被标记为绿色，而男性得分较高的部门被标为红色。这样是为了避免在评分过程中，男性或女性中的一方得分过于突出。如果男性得分一直高于女性，那么就该调查其原因了。

这家公司能主动识别成见，确实是件好事。但一位男性员工提出了一个合乎逻辑的问题：为什么这个色标编码系统只突出那些男性得分高的部门？为什么男性得分一直高于女性就一定意味着有严重的问题？这名男子认为，任何与性别有关的差异都应该被标记为红色，而不该偏向男性、女性或是非二元性别。遗憾的是，负责分析的团队似乎并不愿意承认这一系统存在问题。

无论如何，其目标是一定要保障评分过程的公平性。

语言分析

在为员工撰写绩效评估或晋升意见时，管理者使用的语言和表达也可能暗含成见。前文提到过的那个关于"强势"的案例就是典型例子。

应对这一问题的方法很简单。可以聘请一些在这方面比较有经验的人来阅读绩效评估书，并将可能存在成见之处标记出来。或者也可以依靠技术手段，让管理者使用有分析功能的写作软件（如 Textio）来撰写评估书，带有成见色彩的语言和表达会被自动识别出来。管理者还可以互相传阅自己写的内容，像玩找碴儿游戏一样寻找字里行间的成见。即使发现某位管理者的评估书中存在成见，也没必要剥夺他的评估权，让他重新评估即可。重点并不是惩罚成见，而是学习如何识别成见并纠正它们。

培训与指导

与薪酬和绩效评估等流程相关的正式制度对员工的职业发展非常重要。而通常看来，非正式指导甚至更为重要。好的导师将对年轻人的职业生涯起到很大的推动作用。但是，指导行为也比其他任何流程都更容易受到成见的影响。

指导少数群体很容易进入灰色地带，这一点所有人都心知肚

成见　　偏见　　霸凌　　⚡　歧视　骚扰　肢体侵犯

明。作为上司，建立多元化团队的必要前提就是要确保你与其他同事不会对指导对象有成见。确保指导过程的透明，不要独处一室，不要去脱衣舞厅、高尔夫俱乐部、酒店套房等地。无论对方是谁，指导都必须在公共场所进行。

埃文·科恩是高伟绅律师事务所的美洲管理合伙人，他有一段广为流传的经历。由于发现公司合伙人中很少有女性，他便一直想找到其中的原因和解决之法。在一次离职面谈中，他得到了答案。对方是一位特别有发展潜力的女性。他问那位女士，既然眼看着就要成为公司合伙人了，为什么还要离开呢？这位女士大吃一惊，因为她根本没想到会有人觉得她大有可为。其他很有前途的同级别男同事经常会得到不同合伙人的指导，虽然她偶尔也会得到指导，但并没有人和她认真聊过，也没人鼓励过她，说有一天她会成为合伙人。

科恩暗自发誓绝不允许这种事情再次发生。他意识到，大多数男性合伙人在选择指导对象时，都倾向于选择那些让他们想起自己年少时期的小伙子。他立刻付诸行动，要求公司所有合伙人尽量选择不同类型的指导对象。他还拿着镜子让大家照一照，说不要只指导那些长得像他们自己的人。在没有设立任何指标或正式计划的情况下，公司合伙人都逐渐开始增加对女性员工的指导。自此，公司中女性合伙人的人数也一路攀升。在过去 3 年里，高伟绅律师事务所成功晋升的合伙人中有 45% 是女性。在科恩的领导下，女性合伙人的占比用了不到 6 年就翻了一番。

作为领导者，要注意了解自己所指导的对象，并尽可能指导不同类型的人。而在管理其他领导者时，也要注意他们的指导对象。如果女性受到冷落，那一定是你的管理出了问题。遗憾的是，这一问题很难彻底解决，因为指导行为并非合同中标明的责任，作为上司也无法强制。最理想的指导方式往往都发生在非正式场合，比如会议结束后回办公室的车上，休息喝咖啡的时候或者旅行中的午饭时间。

如果你不会单独与女士见面，也不要单独与男士见面

我发现，我的男同事通常不会单独与工作中结实的女性见面。他们有各种各样的理由，可能是怕受到不实的指控，可能是担心自己会拈花惹草，也可能是出于宗教信仰。当然，有些女性也会拥有这种宗教信仰。然而，最后一种情况在工作场合不大会发生，因为这种宗教信仰往往不允许女性在外面抛头露面。

无论出于何种原因，拒绝单独与异性见面都不太合理。第一，这带有歧视色彩，尤其是当拒绝的一方地位比较高时。第二，这种想法既天真又自以为是，以为全世界的人都一定是异性恋。其实，有些人也会爱上同性，甚至是双性恋。

面对这种情况，上司应该找到适用于所有群体且可行的解决方案，而不是对上述那些理由斤斤计较、据理力争。可以告诉大家，"单独与男人见面而不与女人见面，或者单独与女人见面而不与男人见面，是一种歧视行为，甚至还违法。如果你不会单独与女士会面，那么为了避免歧视、坚守信仰，唯一的方法就是不要单独与男士见面。"或者还可以这样解释："如果你私下里只和团队中的男性见面，会影响团队中女性的工作。因为性别而排挤同事有违人力资源管理条例和法律。作为管理者，很重要的一个责任就是与每位下属一对一交流，如果从不与女性员工一对一交

流工作，也就不配待在管理岗位了。"

如果担心遭受不实的指控，有比拒绝与异性见面更简单直接的方法，比如可以在公共场所与人会面。没必要与人单独关门议事，所以可以开着门，在会议室、餐厅或其他公共场所见面。

只拒绝与男性或女性见面是一种歧视，可以将这一条写入公司的员工行为准则。虽然将这一条准则应用于负责指导的管理层有些难，但这样做是很有必要的。

前段时间我和一位共事多年的男同事约了吃午饭。回家之后，一位房客的话让我无言以对。"你去和其他男人一起吃午饭，你丈夫不担心吗？"我和我丈夫都觉得这个问题很荒谬。如果不与其他男性见面的话，我的工作将无法进行下去。毕竟我是董事会中唯一的女性，而且我的编辑也是位男士。而对我丈夫来说，要做到不和女性单独见面并不难，因为他是一名软件工程师，公司中75%都是男性。但这样做也会给他带来不便，尤其当他上司是位女性的时候。不过更重要的是，我们都信任彼此。

事实上，我和我的同事并不是在私密的烛光餐厅吃的饭，而是在帕洛阿尔托市中心一家熙熙攘攘的餐厅，我们到了才发现，餐厅客人中一半都是熟人。他刚入行的时候我曾指导过他，几年之后，他成为一位非常成功的企业家，现在又成为我的导师。这种关系对个人职业成长很重要。如果我们都因为对方是异性而拒绝指导对方，那我们的生活和事业也不会像如今这么完满了。

不要在脱衣舞俱乐部见同事

你可能会觉得这个标题太荒唐了，但其实这种事经常发生，所以我要写出来。我之前的一位领导就经常带公司的人去脱衣舞俱乐部。他这样做应该不是想排挤女同事，但他出于何意并不重要。这些家伙在俱乐部一边举杯对饮，盯着异域风情的舞者看，一边聊重要的工作事宜，拓展人脉。他根本不知道这种性别歧视和排挤对公司女同事造成了多大困扰，因为不出所料，从来没有人告诉过他。实际上，也从来没有人跟我讲过，直到有一次我发现我团队中的南希在卫生间哭，再三询问之下她才告诉我这些情况。

我问南希怎么了，她告诉我她一直在做的项目被毙掉了。我几乎从没听过南希抱怨，更别提哭了。我总觉得她还有什么事没说出口，所以我带她出去喝了杯茶。轻松的环境是一个很适合从不愿意说出实情的人口中套话的场景。我终于得知了真相。真正让她感到沮丧的是，有一次，老板带着男同事在脱衣舞俱乐部狂欢时，将南希的项目泡汤一事告诉了在场的人。从他人口中得知这件事让南希觉得很丢脸，而且如果她当初也能参与其中的话，也许就能够争取一下，改变如今的结果。

这位有问题的领导一向很看重员工的建议和反馈，所以我没有忍气吞声，而是去找他谈了谈。我只说了"脱衣舞俱乐部"几个字，他就立刻流露出懊恼的神情。他弥补过错的方式让我记忆犹新。他向所有知道"脱衣舞俱乐部团建"的女员工道歉。他还承认，在聚会时，他们不仅没有带女员工参加，还将所有对脱衣舞不感兴趣的男性排除在外了。所以，他同样也向他们道了歉。不仅如此，他还与所有曾参加活动的男同事谈话，告诉他们这种事情以后绝不容许再发生。而他也的确做到了。

这是制度勇气的一种表现。他从谏如流，尊重勇于说真话的人，诚心道歉，还尽自己所能避免未来产生更多问题。如果能乐于接受批评并愿意直面自己的错误，就可以在事态严重之前解决它。

心理安全评估

哈佛商学院教授埃米·埃德蒙森在给出了心理安全的明确定义之后，还提出了一套有效的评估方法。她设计了一份简单的调查问卷，评估员工对以下 7 种说法的反应。

- 如果你在团队中犯了错，会被别人埋怨。
- 团队成员有提出疑问和发现棘手问题的能力。
- 团队成员会因自己与他人不一致而拒绝或反对他人。
- 在团队中，可以放心冒险。
- 很难向团队中其他人求助。
- 团队中不会有人故意破坏我的努力成果。
- 当与团队成员一起工作时，我的独特技能和才华会得到重视和发挥。[50]

如果将问卷反馈按性别或任何其他少数群体类型细分，这一问卷将非常有力地表现出人们对工作环境的感受。分类结果可以简要概括出公司内部的微观文化。将这些数据分享给公司的所有人。如果问卷结果显示公司中某些人或某些团队缺乏心理安全，你可以做一些力所能及的事情来改善这种情况。它可能是在提醒你要采取适当措施消除成见，也可能是在提醒你公司中有人正经受着骚扰或歧视。不要想当然,去调查,去询问,将所学的管理知识付诸行动,解决问题。耐心等待一段时间,然后再次进行心理评估,以便了解哪些措施有效,哪些措施无效。

建立和维持员工心理安全氛围的关键之一是确保公司中每个人都能从容面对各种不断出现的问题,告诉他们可以大胆说出自己的想法,不用担心受到报复。但是,如果已经出现缺乏心理安全的现象,那么鼓励员工主动说出问题就不太适合做入手点了。这样就需要先从自己身上找问题,制订解决方案,然后问问别人这样处理是否得当。在充满成见、偏见或霸凌的环境中,女性可能不愿意如实回答或讨论敏感话题,特别是在她们认为你也是问题的一部分时。

离职面谈

离职面谈也能反映出一个公司的形象。要想留住辞职的人,就应该尽力问出他们离职的原因。向他们保证说出实话不是在自断退路,尽管你很希望留下他们,但离职面谈的目的并不在于此,而是为了了解你或公司其他人所犯下的错误,避免重蹈覆辙。

如果真的想知道某位得力干将辞职的原因,可以在公司中找一位资深的领导者来负责面谈。人们辞职通常是因为他们的管理者,而不是公司。那位得罪员工的管理者往往都是最后一个得知此事的人,但是面对管理者的老板,这位员工可能会乐于一吐为快。

这样便可以有效预防人才流失,而且对要离职的少数群体来说尤其重要。为什么你曾经努力招募和用心留住的员工不想再为你工作了？尽力去寻找原因，不管是你犯的错误，公司其他人犯的错误，还是工作环境引发的特定问题。将这些原因量化分析，看看辞职的少数群体中，有多少是因为在公司遭受过骚扰或歧视，有多少是因为经历过成见、偏见或霸凌，由于这些原因辞职的人占比是多少。一旦发现问题就要立刻找出解决方法！

杜绝保密协议与强制仲裁

我也曾使用过保密协议，因此我在此反对它似乎有些虚伪。我很了解它有多好用，但也知道它多可怕。

如果员工与公司发生纠纷，不要要求他们接受强制仲裁。一旦强制仲裁中不幸发现公司一方有错并建议公司赔付，也不应要求员工签署保密协议。这些做法是在公然逃避法律制度对雇主的制衡。不要忘了，这些制衡措施是为了保护公司、公司领导者以及公司员工各方的。一味掩盖歧视和骚扰只会导致这些问题不断发生，而且"赔款+保密协议"的处理方法也只会招致无端的指控和怀疑，让人认为真正的问题不止于此。

诚然，打官司的费用通常要高于私下赔付受害者的费用，而且还要劳心劳力。一般来说，应该尽量避免打官司。最有效的方法就是不要试图掩盖问题，否则只会使这些问题变得更糟，伤害到更多人。当人数达到一定程度的时候，你就再也无法掩盖了。为了避免打官司，最好的办法就是尽可能从源头防止歧视和骚扰。一旦不幸发生了这些问题，应提供多种安全的举报渠道，并在收到举报之后全面且公平地展开调查。如果情况属实，便采取适当的措施加以解决。如果能保持公司上下井然有序，并明确提供相关责任制度，就不会轻易受到起诉。

保密协议。乔迪·坎托尔和梅根·图伊所著的《她说》以及罗南·法罗的《捕杀》详述了一名极其可憎的男演员哈维·韦恩斯坦是如何利用保密协议一个接一个地控制受害者的。在《她说》改编的电影中，作为众多受害者之一的演员罗丝·麦高恩表示："问题不只在于韦恩斯坦本身……他还有一套完整的体系和供应链，免受监督，无所顾忌。每个受害女性被'潜规则'之后都会得到金钱赔偿，而参与其中的所有人几乎都签了保密协议。"[51] 如今，这种手段已成为强权压制弱者的统一方法，不仅仅在好莱坞，科技界、金融界都是如此。保密协议可以掩盖罪行，任其一直发展下去。

有些人可能会辩解说，采用保密协议根本不是为了掩饰，而是要保护自己免受不实指控。但是，在了解了保密协议是如何被滥用的之后，这类辩解都会显得似是而非且令人愤慨。另外，保密协议并不能对公司起保护作用，实际上恰恰相反。一旦得知无须经过法律程序，只要接受调查就能获得赔偿，受害方往往都会选择索赔。真正能够保护受害方和你自己免受不实指控的最好办法，就是公开透明地处理这些问题。任何人都无权用钱来买通他人，使其保持沉默。

强制仲裁。当员工提出控告，特别是关于歧视、骚扰或性侵犯等问题的控告时，很多公司都会坚持要求员工在讨论解决方案之前，签字承诺放弃通过司法体系解决纠纷的权利。一般来说，员工在入职签订雇佣合同时，就已经签字放弃这项权利，并同意接受私人仲裁。

强制仲裁会产生很多问题，我们来重点关注其中两个：对员工的负面影响以及对公司的负面影响。强制仲裁对员工不利，因为公司负责花钱聘请私人仲裁员，他们的关注点不在于维护公平，而是保住这份工作。在这种情况下，司法的公平性很难得到保障。另外，尽管强制私下仲裁会给公司带来短期利益，比如省去诉讼成本并避免公开打官司，但从长远来看，这会增加公司的运营风险。苏珊·福勒深知这一点，因为她关于自己受害过程的书面记录最终给前公司优步造成了巨大损失。她解释说："有关歧视、骚扰和报复的秘密强制仲裁掩盖了这些罪恶，还会使其逐渐变得根深蒂固。"[52]

公司辩称，强制仲裁的优点之一就是能够保护每个人的隐私。在诉讼中，所有信息都是公开的，包括原告的姓名。因此，原告和被告双方都将承担一定程度的风险。无论是否属实，被告受到的指控都将以记录的形式公开，很可能对被告造成负面影响。原告也会受到影响，在重新找工作时，背景调查可能会涉及这场官司。尽管因为这一点就不予录用有违法律，但很多雇主会出于这个原因而偷偷淘汰这位应聘者。[53]以上原因可能会动摇原告打官司的决心，但必须是由他们来决定起诉与否。如今很多雇主都坚持要求员工签署强制仲裁协议，声称是"为了保护员工"，以免他们因为打过官司而被其他雇主歧视，这简直太过荒谬可笑。这样做无非是在说："如果你选择公开打官司，以后的雇主可能会因为这一点给你穿小鞋，所以我们强制你进行私人仲裁是为你好。"

2017年，微软取消了针对性骚扰事件的强制仲裁。[54]优步和谷歌也紧随其后，不久，脸书等许多公司也照做。[55]这一现象为人称道。然而遗憾的是，目前美国仍有大约6 000万员工在面临着强制仲裁的压迫。[56]所以，为保证公司的公平性，应取消强制仲裁。

组织设计

如果公司的CEO行事不当该怎么办？

如果公司设有董事会，那么应由董事会负责纠正CEO的不当行为，这也是设立董事会的首要原因之一。然而，人力资源部经常会因为没有及时向CEO追责或处理相关举报而受到指责。我完全赞成伸张正义的行为，但似乎不该一味指责人力资源部，毕竟调查上司不是件简单的事。

为解决这一问题，公司应任命一位刚正不阿的人负责领导合规部门。合规部门应直接向审计委员会报告，必要时可绕过CEO直接上报。出于同样的原因，公司内部的审计部门也以应以同样的方式运作。在举报与CEO相关的财务不当、歧视或骚扰等行为时，要保证举报人能绕过CEO直接上报。

相比私营公司，这一体系对上市公司更有效。作家兼董事会行为治理专家丹比萨·莫约博士解释说，与私营公司相比，上市公司更有义务向各利益相关方预先公开披露社会和文化问题。性别平等、薪酬分配、气候变化、ESG（环境、社会和治理）因素等问题都是上市公司需要报告并接受审查的内容，而私营公司通常无须如此。[57]

人力资源部负责人应有权直接向CEO报告，并在公司会议上拥有发言权。在COO的领导下，人力资源部经常会出现"分层"的问题,或者失去对 CEO 团队的限制作用。当人力资源部在公司失去战略地位,其职能就会受损,也代表着公司并不信任、尊重这一部门的职能。CEO 应将首席人力资源官当作宝贵的合作伙伴,并通过赋予其直接上报的权力巩固这一关系。

问题在于,董事会成员由于掌握着至高权力,通常能够轻易逃避责任。这将导致人力资源部处于艰难的境地,因此就要通过组织设计来限制 CEO 的权力,并要求董事会依规对其进行监管。董事会成员必须对 CEO 负责,并支持人力资源部的工作。

很多公司的 CEO 任命董事会成员都是为了确保自己的权威不受限制,以便自己逃避责任。弗朗索瓦丝·布鲁尔曾报道过本·西尔伯曼选择其公司董事会成员的理由就是如此。[58] 他们还会雇用能够为自己所用的人力资源人员,而无视那些真正要求其承担责任的人。一旦如此,人力资源调查就可能会严重偏离轨道。苏珊·福勒也在她的博客文章中记述了这种事情,曝光了优步人力资源部是如何回应她的投诉的(见第 7 章)。

还有很多还未设立董事会的小型公司,比如酒吧、餐馆、干洗店、酒馆等,甚至我自己的高管培训公司也没有董事会。它们该如何确保自己合规履职呢?以下几点也许有用。第一,任命监察员,负责接收公司员工投诉。要确保这位监察员对公司老板有很大影响力,比如可以是老板的职业发展导师,并愿意向所有员工提供其个人邮箱地址和电话号码。第二,还可以成立投诉委员会,由普通员工一致信任的 2~3 名员工组成,这样大家就可以安心地通过他们向你举报问题。

备忘录

问题	对策
歧视 成见 / 偏见 + 排挤他人的权力	**成见量化指标** 衡量正确雇佣、薪酬、晋升以及指导决策的影响因素
骚扰 霸凌 + 威吓他人的权力	**制衡原则** 避免单方面决策

7

受害者与仗义执言者如何与歧视和骚扰抗争

提防那些需要穿新衣服的事业①

之前有一位老板曾告诉我,他不喜欢我的穿着。我知道自己的时尚感还有待提高,所以,为了表示乐于接受建议,我买了一些新衣服。不过,看来这些衣服还是不够好看。因为老板没有事先征得我的同意,就派了一位女同事去商场又给我买了一套衣服。她给我买了一条超级紧身的牛仔裤,一件总是往下滑,甚至能露出内衣的衬衫,还有一双无论是穿着还是看着都很难受的精致红拖鞋。对了,还有一件男式夹克外套,袖长和腰围都大得离谱,我穿上根本不合身。然后,我还收到了一张令我瞠目结舌的小票,可这几件衣服我一点儿都不喜欢。

试穿了一会儿后,我还是换下了那件暴露的衬衫。后来我又脱下了紧身牛仔裤和拖鞋,那裤子勒得我肚子痛,鞋也很磨脚。作为让步,我穿了那件夹克,但我真的不喜欢它。

然而,我确实很热爱那份工作。我负责的项目很有趣,团队

---

① 亨利·戴维·梭罗,《瓦尔登湖》。

里的两名同事和我超级合拍。所以我忍气吞声付了衣服钱。和一位好朋友聊起这件事时,我试图把它说得合理一些。"这都是什么鬼啊?"她笑我。

几个月后,老板把我叫到办公室,告诉我应该缓和一下与另一个团队的同事杰克的关系,主要是因为我的"说话方式"惹到他了。我不明就里,问了几句,但老板似乎也说不清我到底有什么错。突然,他恍然大悟,说可能是因为能力与亲和力的成见。我完全没听过这个说法。他解释说,研究表明,通常情况下,一个女人能力越强,就越不讨人喜欢。[1] 我有那么一瞬间还以为他会将这一结论告诉杰克,让他放下成见,可老板却继续说,不,应该不是因为这个,肯定是我"看起来"就不讨人喜欢。我的天哪!

当我的老板说杰克对我的行为有另一个不满时,我还在为这种侮辱感到震惊。我和团队中的另外两位同事有着紧密的工作联系,杰克感到被排斥在外。杰克不在我的团队里,但显然他想加入我的团队。

我陷入了困惑。所谓的"原因"是我看起来就不讨人喜欢,还是我太受欢迎了呢?我和刚才提到的两位同事关系都很好,已经认识10多年了。当初我就是被其中一位招进这家公司的,后来,我又招了另一位加入进来。正是这种感情让我在牛仔裤事件之后仍坚持留在公司。

"不管怎样,这都是在给我添麻烦。"老板说。他总听杰克说起我,都已经听腻了。所以他很奇怪我为什么不能试着和杰克和好,还建议我去向杰克征求一些时尚穿搭建议,像是在暗示我"你怎么不穿我费尽心思给你买的衣服呢?"

公平工作　　282

于是我和杰克约了一起吃午饭，饭后他迫不及待地提议去逛街。他解释说，我应该买几条更紧身、更长的牛仔裤，这样才能显得我的腿修长又好看。杰克是同性恋，所以他肯定不是想勾搭我。但我总觉得，是我老板让他说这些话来暗示我的，这应该不是他自己的想法。另外，杰克似乎并不像我老板说的那样讨厌我。所以我怀疑是老板想把他和杰克之间的矛盾转移到我俩之间。我不会让他得逞的。

"你也知道，我最近刚生了一对双胞胎。我可不想展示刚生完孩子的身材。所以我不打算穿紧身裤。"我又问他对某个工作项目的看法来转移话题。他相当配合，只要不再聊穿搭的事，我们就还是好朋友。

我告诉老板，我已经和杰克顺利和好，再无隔阂了。然而，一个月后，老板又把我叫进办公室，说："我找到帮你，呃……解决问题的办法了。"

他提议把我降职，减轻杰克的竞争压力，这样杰克也就不会一再要求加入我的团队了。

等一下，这是在干什么？这个建议到底是出于什么居心？是因为我的老板也有那种对能力的成见吗？还是因为他自己难以向杰克解释没有让他如愿升职的原因？

这一次，我终于不再沉默。我否定了他给我的"问题"提供的这个"办法"。他反驳说，我的降职还有一个"客观"原因——我的两个同级同事都有博士学位，他最近新聘用的第三位也是个博士，而只有我不是。我指出，他当初雇用我时，我就没有博士学位。如果这是工作的硬性要求，那么他应该提前告诉我。

"嗯……你给了我不少启发。"我离开他办公室之前，他说道。

我回到自己的办公室，联系了我的两位职业发展导师。一位是硅谷著名的 CEO，他建议我记录每次发生的事，以备将来诉诸法律。另一位是个经验丰富的技术主管，他的建议恰好相反。"换一份工作吧，偷偷辞职。可别毁了你自己的职业生涯。"

我接受了后者的建议。现在回想起来，我后悔不已。我当时有很多出路，所以还不至于严重到"毁了自己的职业生涯"。即便如此，我和我丈夫当时的事业都蒸蒸日上。所以，不管发生什么事，我们都不至于沦落到喝西北风的地步。说实话，我当初辞职不是为了保住自己的职业生涯，这只是个冠冕堂皇的借口。若可以告别公司中的那些烂摊子，另找一份更好的工作，我真的还会甘心留在公司，为正义而战吗？我告诉自己，这毫无意义，所以我就悄悄辞职了。

当时我以为自己选择了最明智的路，但现在，我明白了，人们都是为了留后路才选择对制度性的不公忍气吞声。而我觉得应该直面问题，用自己的热忱来敦促制造问题的人解决问题。这才叫绝对坦率。但是，我也并没有做到百分之百的坦诚，当解释为什么辞职时，我也说得半真半假。很明显，我老板并不理解我辞职的原因，我也没有确保他真的明白。

作为受到伤害的一方，我的确有权决定是否要反抗。然而，随着时间的推移，我逐渐认识到我的隐忍损害了我的自尊和坚强。为我自己想想，我多希望自己当初能更强硬地对抗不公现象。更惨的是公司中那些少数群体，我默默离职之后，他们便更加孤立无援了。所以，就算是为了其他人，我当初也应该更高效地解决问题。

我几年之后才想明白这些事。当时我和萨拉·孔斯特一起参加了一个关于科技领域女性的座谈会。萨拉和其他6名女性正因性骚扰和性侵犯指控风险投资家戴夫·麦克卢尔，这也引发了业内早期的一次"#MeToo"反性骚扰运动。[2] 在座谈会开始之前，我给萨拉讲了那位导师劝我给自己留一条后路的事，还打算把这个建议告诉在场的其他女士。

"你知道问题出在哪儿吗？"萨拉问我，"是大家会相信你的话！你如果告诉人们，大声说出曾遭受的不公对待就会毁掉自己的事业，那么每个人都会继续保持沉默，什么都不会改变。你看我，你觉得我的职业生涯走到尽头了吗？"

作为科技行业领军人物中为数不多的黑人女性，萨拉出于好心才没有点破这个显而易见的事实——我大胆发声可比她安全得多，毕竟我是白人。她比我付出了更多努力才换来了成功。然而，她还是甘冒个人风险指控一个有钱有权的男人。结果就是，她不仅脱离了苦海，还能安然无恙地不断成长。后来，萨拉在一家风险投资基金公司担任总经理，而那时她早已成为《嘉人》的总编辑。无论从哪方面衡量，她都取得了巨大的成功。但这并不代表所有女性都能在遭到性骚扰或不公对待之后，依旧在事业方面顺风顺水。其实很多女性都因此而被迫失业。但事实证明，我们往往会把风险想得太严重。这就是我们消极的成见。要想成功对抗不公现象，就要多想想积极的一面。

任何经历过职场不公的人都能摆出一长串应该忍气吞声的"理由"，比如"这就是在螳臂当车""肯定会输""每一次失败都会搞得尽人皆知""这样会坏了我的名声，不好找工作"。

而我选择沉默的最主要原因，是我觉得留下来斗争没什么商业意义，至少我当时是这么认为的。我觉得另找一份报酬丰厚的工作并不难，而打官司才更让人头疼，即使胜诉，我最终也只会得到一笔赔偿金而已。可通过工作挣的钱要比这多得多。现在看来，我当时的想法简直就是"自我感觉良好的大笑话"。

如果你在街上问 100 个人："你会选择花两年时间打一场不一定能赢的官司，还是选择去一家初创公司工作，在那收获各种乐趣，得到股票期权，按时退休，还能给孩子富足的生活？"你会发现，很少有勇士甘愿放弃后者，而选择在一个可能让自己吃亏的法律体系中斗争。

换句话说，如果不考虑公平，只看投资回报率，那么很容易就能做出决定。但投资回报率并不是放之四海而皆准的衡量准则。在资本主义世界中，我们常常会得到可以拿来比较的酬劳，却很少有机会得到我们真正珍视的东西。

萨拉在斗争中获得的回报也并没有多好。然而，她决定听从自己内心的声音。正是因为她，我才越发有决心来写这本书。如果我们总想等到合适的时候再发声，就永远也等不到头。如果我们总盼着上司能正视他们的成见，就永远也盼不来公平的工作环境。

2020 年夏天，在 Pinterest 担任 COO 的弗朗索瓦丝·布鲁尔选择了离职，原因是性别歧视。我深感痛心，因为我也曾经历过她这样的遭遇。[3]此前，伊费欧玛·奥佐玛和艾瑞卡·史密佐·班克斯也公开表示自己曾在 Pinterest 受到过种族和性别歧视。[4]

对这 3 位女士来说，公开自己的经历既颇具风险又困难重重。对弗朗索瓦丝来说，假装自愿离开公司确实能有不小的收获，不仅有 Pinterest 公司提供的报酬，还有机会找到其他更好、更称心的董事会职位。可她选择公开自己的遭遇，就失去了许多这样的机会。但她仍然坚持发声，只为保护女性群体的正当权益，作为一名女性，我对她的壮举深表感激。

尽管如此，弗朗索瓦丝确实承受了很多损失。在她发声之前不久，一家公司的招聘负责人让我推荐适合做董事会成员的人选。我推荐了弗朗索瓦丝。而她发声之后，那位负责人给我递了张便条，上面写着："我很欣赏她敢于发声，但我也担心她以后的竞选可能不太好做。"

我回复道："我的建议是出于为你的公司考虑。你说公司需要一名能监督 CEO 的董事会成员。毫无疑问，弗朗索瓦丝有这个本事。你说公司需要尽快解决对少数群体不利的内部不公问题。弗朗索瓦丝有这个本事。你们公司需要技术人才，弗朗索瓦丝比任何人都更了解技术产品的打造、部署、营销、管理等内容。我再也不想听到有谁放狗屁，说'我们不想雇用这种公开发声的人'……说这话的人到底是坚持制度勇气还是制度背叛？"我得到什么回复了吗？没有，一个字都没有。

我并不是在责怪那位招聘负责人。但我确实对其公司领导感到不满。他们常会偷偷把直言反对不公的人拒之门外，就算那人的才华和实力会对公司大有贡献也不予考虑，这只会使工作环境中的不公现象永无尽头。

本章内容并不涉及那些令人生厌的教条法则。相反，我只提供一些选项，我多希望当初的自己能知道这些并把它们作为参考。我会教你一种权衡利弊的策略，可以用来判断你能衡量的事物和你所看重的事物。

当你面对骚扰和（或）歧视时，或者当你敢站出来代表其他受害者发声时，你可能会感到愤怒且迷茫，这很正常。在你决定自己的战术和策略之前，找一些能和你共情的人，他们会帮助你评估你的处境。

无论你是受害者还是仗义执言者，都可以采取以下 3 个预防性措施：

1. 记录
2. 团结一致
3. 明确自己的后路

一旦明确了自己的定位并决定采取行动，可依据自身情况采取以下 4 个进阶措施：

4. 直接和造成伤害的人对质
5. 向公司人力资源部举报
6. 诉诸法律
7. 公开发声

你如果只是想挺身而出帮助受害者发声，那么应该不会用到最后两项，但你也可以将它们推荐给受害者本人。

接下来，我将逐一讲解每条措施。在此之前，我要重申一下，这些建议仅供参考，我只是想尽可能给你提供最佳方案，来帮助你做决定。不论你的选择如何，我都想让你感受到我的支持，不再那么孤独。

记录

你如果正在经历或发现了歧视、骚扰行为,尤其是来自位高权重之人的歧视或骚扰,可以在这些行为每次发生时记录下来,哪怕你觉得自己不会起诉或举报给人力资源部,也依然要每天坚持。如果你不想记录自己的感受就不记。尽量确保事实描述得清晰明了。这将给你带来三个好处。第一,它会客观地提醒你,你自己的坚强和力量。第二,它会保证事情的真实性,让你避免受到"煤气灯效应"的影响。第三,它会为你留后路,一旦你决定提起诉讼或公开发声,这些记录将是非常宝贵的资料。

尽可能记录事情发生的时间、地点,谁说了什么,做了什么,以及还有谁在场。不一定非要记录得十分完美,毕竟这只是第一步。以我和老板之间的"牛仔裤"事件为例,可以这样记录。

- 1月20日——老板告诉我,应该买点儿更好的衣服
- 1月22日——我买了新衣服(下附小票)
- 1月24日——老板让同事给我买了一些新衣服,有一条紧身牛仔裤、一件暴露的衬衫、一双磨脚的鞋子和一件夹克,同事告诉我公司买单(当晚和大学室友关于这件事的聊天内容)
- 1月27日——老板让我给公司补上那笔买衣服的钱(小票的照片)
- 2月14日——老板告诉我要改善和同事杰克之间的关系,他说杰克可能对我怀有能力与亲和力的成见,但之后又断言我"看起来就不讨人喜欢"(当晚我向丈夫哭诉了这件

事）[5]
- 3月18日——老板提议，我降职的话应该能改善我与杰克之间的关系（我和同事说了这件事）

在记录时还要注意一件事——这些事实中，哪些有人证或书面证据？比如，我当时拍了新衣服小票的照片，并将其存储在我的谷歌云盘中，里面还有我向公司付衣服钱的支付证明。另外，在老板给我买了衣服后，我打电话将这件事告诉了我的大学室友，将这一点记下来也很重要。至于2月14日那天和老板的谈话，我给我丈夫讲了一遍，他肯定记得清清楚楚，因为就是它毁了我们的情人节晚餐。

你如果收到令你不适的短信、电子邮件、图片或视频，请截图并妥善保存起来。不要将这些信息保存在工作用的电脑上。因为你在公司电脑上保存的任何文件，包括你的个人日记，都归老板所有。可以将这些资料通过电子邮件发送到你的个人邮箱，保存在你自己的电脑或U盘（如有）里，将它们上传到谷歌云盘或多宝箱账户（或任何你常用的信息存储处）。只需确保你没有将任何机密或公司信息保存到个人账户上即可，因为公司可能会以此为借口开除你。

你如果不方便在工作电脑上进行这些操作，可以用手机拍照。将它们发送给你信任的人，以建立所谓的"同期记录"。例如，建议我去起诉公司的那位导师建议我，每次发生这些事情时都给他发送一封电子邮件，而我也的确这么做了。你也可以将自己的经历告诉朋友或值得信任的同事，再通过电子邮件证实这些谈话，这样也是建立同期记录的一种方式。

团结一致

骚扰和歧视会令人感到孤单。然而，如果你正经历着这些事情，你并不孤单，因为我比谁都了解你的一切感受。

在那段最糟糕的时期，我的朋友一直陪在我左右。每次我给他们讲我的经历和感受时，他们都会保护我，以防我陷入"煤气灯效应"，也会帮我分辨自己是真的受到了不公对待，还是只是过得不顺，抑或是我的上司行事不当。

他们不仅给我提供了感情上的陪伴和支持，还会将自己的个人情况和经历与我分享。我们可以开诚布公地讨论薪资问题，还会去了解身边其他男同事的薪资信息，再互相分享。而当我无法忍受决定离职时，我的朋友、导师以及前公司员工总是乐于给我介绍更好的工作。

当坦诚地公开谈论歧视或骚扰时，你很可能会受到"打击"。作家凯特·曼恩对这种情况的看法很恰当："每次我真诚坦率地写作时，都会受到打击。我逐渐认识到，有打击就会有支持。所以，真的很感谢支持我的朋友。"[6]

如果你的医疗保险中涵盖心理治疗就再好不过了，你可以从心理医生那里获得强大的力量。但是要小心。有些医生可能会对你所经历的歧视或骚扰带有成见，所以要有所保留。

感到孤独无助的时候，我还会选择读书。克劳迪娅·兰金写的《公民》让我感受到自己不再孤独无依。奥德雷·洛德的作品让我明白保持沉默并不能保护我自己。当我最苦闷的时候，蒂娜·法伊的《女老板》让我开怀大笑。但是在电影中，勇于为自己辩护的女性常常会吃亏，所以想看电影的话，最好挑选合适的影片。可以看《朝九晚五》，这部片子让我捧腹大笑，尽情宣泄自己的情绪。另外，还可以加入一些线上的专业组织和女性团体，比如向前一步读书会（Lean In Circle）、"Meetup"等，也可以在谷歌上搜索"我身边的女性团体"来寻找你感兴趣的组织。[7]

推动问题的解决并非有权之人的专利

每个人都能通过自己的力量来推动解决歧视问题，这不是谷歌的高级副总裁或大学校长才有的特权。

2012年，科尔盖特大学的大二学生劳伦·耶里打算修计算机科学课程。她对这个领域很感兴趣，但有一个问题困扰着她——计算机科学入门班的女生太少了，她在班级里常常形单影只。也正因如此，很多女生都不选这个专业。

劳伦不会因为社交上的尴尬而放弃喜欢的专业和利润可观的工作前景，但她也不愿意忍受这种孤独。所以，她努力寻找其他愿意学计算机科学的女生，还创办了一个女性计算机科学俱乐部。当她毕业时，科尔盖特大学计算机科学系的女生比例已经超过30%。[8]

劳伦推动了这一问题的解决，而此前，大部分软件公司在面临男女员工比例极端失衡的问题时，都只会绞尽脑汁找借口（"这是计算机专业生源的问题，不是我们的错，我们也无能为力"）。受到劳拉的启发，各高校也开始思考，为何不主动采取一些措施，让男生或女生能够更坦然轻松地加入学生以异性为主的专业呢？

受害者：主动询问相关信息

对受害者来说，信息共享很有助于加强团结和寻求支持。我曾将公司录用我时提供的薪酬待遇告诉一位前同事，当时他也在考虑加入我所在的公司。我很清楚，他入职之后，职位应该和我差不多，但工资肯定比我高。我很好奇他的薪水，但又不敢问他，因为我知道了具体数额之后一定会生气。但是，如果那时没有问他的话，我可能永远也不会知道我们的薪酬待遇其实差不多。得知这一点后，我心里的包袱也放下了。我很庆幸自己当初主动去问了他，也很感谢他愿意坦诚告知。

仗义执言者：分享相关信息

你如果拥有特殊优势，你如果因为不公平而获益，不要一直怀着内疚不为所动。利用你的优势来改变不公问题。例如，当女演员杰西卡·查斯顿得知她的搭档奥克塔维娅·斯潘塞收入总是低于自己时，她做了个轰动一时的决定，她提议和斯潘塞合拍一部电影，就这样，查斯顿成功帮助这位黑人女演员打破了多年以来的同工不同酬问题。[9]

正如第 6 章所述，同工不同酬的问题一直存在，有些雇主甚至不曾意识到自己给少数群体的工资总是偏低。你可能会发现，公司中的少数群体薪酬总是偏低，那是因为他们之前的工资就低。也许你的老板也没有意识到，按照"市面水平"给他们发工资，实际上是在加强对少数群体的歧视。当然，如果你挺身而出帮助他们的话，可能非但不能帮助他们争取到更多工资，还会导致你自己的收入被克扣，而你的老板也可能会因此生气或猜忌你，所以，行动之前一定要谨慎。[10]

你如果觉得直接和老板提意见收效甚微，那么可以加入一些正为此努力的群体。你如果能与公司甚至整个行业中的人共享信息，就可以降低你被针对、被报复的风险。而且，集体行动也会产生更大的影响力。若整个社会都能行动起来支持薪酬公平，就可以取得巨大改变。

寻求帮助

在我刚步入职场时，一位职业培训师给我提了很多宝贵的建议。他说，寻求帮助和请求施舍完全是两种概念。寻求帮助就好比说服某人投资于你，是持续性的。这个人一旦帮了你，就等于在你身上投资了一笔，如果你有需要的话，他可能会再次伸出援手。你不用向那人还债，但也应该在自己有能力的时候回报他。

你可以通过以下标准来得出寻求帮助的最佳方案。要先明确自己求助的具体内容，不要总是邀请对方和你一起喝咖啡或吃午饭，大家都很忙的，15分钟太浪费了。可以拜托别人帮你做一些他们力所能及但对你来说意义非凡的事情。记住一个通用的衡量标准：对别人来说轻松但对你来说重要。但也不要不好意思开口，就算可能要费点儿功夫，人们通常也会很乐于帮助别人，大部分人都会比你想象中慷慨得多。

当少数群体面临歧视或骚扰时，应该如何寻求帮助呢？

- 就自己正在纠结的具体选择向职业发展导师寻求建议。提前想好如何最有效地说明自己的选项,不要让别人替你思考。"我可以选 A,也可以选 B。以下是我了解到的利弊,还有什么因素是我应该考虑的吗?"
- 拜托公司中比较有资历的同事将你调到其他团队,或给你一个参与重点项目的机会。好好表现以争取升职。
- 向资深的同事寻求能支持你晋升的帮助。
- 多去了解一些鲜有歧视问题的公司,问问别人能否介绍该公司的一些岗位给你。
- 将自己经历过的骚扰告诉可信赖的资深同事,并向他们寻求帮助,在确保你未来工作无太大后顾之忧的前提下举报这些骚扰问题。

找一个人做你的"困难锚"

谷歌的工程总监梅卡·奥凯里克曾发布一条推特,讲述为了给自己争取口碑,应该如何向公司的高层同事寻求帮助。其关键在于锁定公司中公认的有声望、要求严且客观公平的人。向他说明你正在负责的工作内容,和他约好不定期碰面来指导你的工作项目和你的具体表现。这个人将成为你的"困难锚",他会详细掌握你对于公司的贡献。如果你的同事认为你正在负责的工作太轻松了而否认你的能力("少数群体都能做到的事肯定没什么难度!"),那么这位"困难锚"就可以客观地反驳他们,并向他们说明你工作的难点。相比你亲自上阵,让他来说这些话会更有说服力。[11] 这的确不是什么小事,但大多数有资历的人都乐于做这种事。

明确自己的后路

继续留在公司还是辞职？这要取决于你离职之后的退路。所以要明确自己的后路。我辞去大学毕业后的第一份工作之后，接受了另一份工作。可好几家公司立刻联系我，问我为什么不早点儿告诉他们我要换工作的事。他们毫不知情！我根本没有想到我能打电话告诉他们。人常常会感到陷入了僵局，从来不会意识到自己有多少出路，事实上，是有很多机会的。

如果你决定通过直接与老板或人力资源部谈话或其他什么方式争取晋升机会，要事先好好想想可能发生的事情。你将面临各种谈判协商。在开始之前，一定要先了解BATNA（谈判协议最佳替代方案）。如果你事先找到了几份可以从事的工作，那么即使被解雇也并不是什么大不了的事。可如果你盘算一番，发现自己现在的这份工作是唯一或最佳的选择，那么就要考虑好自己能承担多大程度的风险。

有时，你可能会觉得，即使BATNA不理想也必须行动。那么希望你之前所做的所有努力（记录所发生的事情、争取朋友的支持、寻求帮助等）都会给你力量和帮助。

不要全然相信别人所说的"在找到另一份工作之前不要辞职"。我的好朋友亚历克斯曾经在一家杂货店工作，他老板对他很粗鲁，甚至到了骚扰的程度。正常来说，应该是"在找到另一份工作之前不要辞职"。但如果目前的工作让你感到愤怒又无力时，你也很难有精力去好好面试新工作了。后来，亚历克斯辞了职，开始开出租车，既摆脱了老板的骚扰又能赚钱糊口。不要总是觉得自己没有退路了，多动脑筋认真想想。

还有一条我恨不能早点儿明白的道理——如果入职一两个月之后发现，工作中存在一些你面试时根本无从得知的严重问题，尤其是涉及不公对待时，你完全可以选择辞职。完全没必要耗下去。如果你接受了一份工作又马上辞职，人们大多会认为是这家公司有问题，而不是你出了什么问题。当然，如果你总是这样，那么肯定会有损你的声誉。但是，如果新工作或上司有什么让你无法忍受之处，那么就尽快做好心理建设，准备好简历，另寻出路。

但有时也真的会无路可退。可能你住的地方只有一家公司的工资足以让你实现温饱。或者为了大学学费或家人的高昂医药费等家庭琐事，你可能不得不坚持做那份高薪工作，因为很难再找到这样的了。尽管会很痛苦，但一定要认真思考自己是否真的没有辞职的可能了。就算无法改变自己糟糕的处境，你仍然有选择，你可以选择如何应对它。你可以看一看这两本截然不同的书：维克托·弗兰克尔的《追寻生命的意义》，这本书可以为你带来灵感和思考；鲍勃·萨顿的《浑蛋生存指南》，这本书则会为你提供更多可行建议。

仗义执言者：指明出路、牵线搭桥、提供建议

在本书的引言中，我提到过埃米特，他在我曾任职的那家财务管理公司做合伙人，也正是他帮我找到了另一份工作。他把我介绍给了一家公司，让我摆脱了歧视、骚扰等糟糕的处境，同时又能拿到合理的薪水。当我准备去面试那份工作时，他给我提了一些很有帮助的建议。他告诉我不要透露自己的工资水平，因为

我此前的工资真的太低了；而是应该告诉对方我期望的工资待遇。这份薪水公平的新工作和可亲的同事给了我很大帮助。如果没有埃米特的帮助，我可能会失去这个机会。

你如果想挺身而出帮助受害者，可以学学埃米特的做法。当你注意到有人受歧视或骚扰时，你需要认真考虑一下，必要时该如何帮助此人脱离苦海。先去了解当事人的感受，告诉他，你也注意到了他所经受的苦难，这样便可以避免他被"煤气灯效应"影响。单是这一点就已经很有意义了。如果你再主动为他提供一些获得新工作的机会，那么就能极大地完善他们的BATNA，让他们有资本去对质。也许你认识的某些人也能在其他方面提供建议和帮助，比如律师、职业导师等。这样帮助受害者牵线搭桥，就像是在延续他们的职业生命线。

直接对质

有时候，有话直说也能起效。脸书的首位女工程师鲁奇·桑格威在发现自己的薪酬低于其他男同事时，就第一时间找到老板马克·扎克伯格说："我的工资低于正常标准，请尽快给我……补偿金。我不想在工作时一直想这件事，你肯定也不想。我只想一心放在工作上。"[12]鲁奇很清楚，如果能得到公平的工资待遇，她不仅会更快乐，还能工作得更好。合理的酬劳是她公平工作的前提。

在进行职业指导时，我曾和很多人聊过，工作中的不公现象让他们深感失望，其中包括公司不重视招募少数群体员工，少数群体的职业发展困难，高层领导一些带有成见和偏见的言论，以及其他形式的骚扰或歧视。我很清楚,他们对此难以忍受。

"为什么不和你的老板谈谈呢?"我会问。"既然不喜欢这里的工作环境,就也不用担心被解雇了。为什么不试试呢?"

"我何必要费心?"

"那你是想留下来继续工作,还是另找一个呢?"

"我想留下。"

"但如果这种情况一直没有改善,你就会离职的,对吗?"

"也不会吧。"

"你一直保持沉默,一切都不会改变。那……"

大多数人选择沉默的原因是想避免尴尬的谈话。毕竟自己在公司地位平平,老板似乎也不想花心思解决这些问题。那何必还要让自己更加失望,甚至还可能会丢脸呢?

这种直接对质因人而异。所以必须事先列出清单,明确这样做的代价和好处。表 7-1 是我的清单。[13]

表 7-1 我的清单

代价/风险	好处
失去否认的余地:直接对质等于承认事实	但事实确实如此,只有主动对质才能真正解决问题
耗时	午夜梦回时独自生闷气,即便什么都不做,也一样要花时间
浪费精力:我真的应该蹚这趟浑水吗?	我没必要蹚浑水。但是踌躇不决/与那些行为不当的人共事一样浪费精力。与他们对质会使我更加强大勇敢。这样的话,我花费的精力就都值得

（续表）

代价/风险	好处
可能会遭到报复	如果我提起此事，涉事人可能会解雇我或毁了我的声誉。但我也可以另找一份工作。如果保持沉默，这种行为就会继续下去，对我和其他人来说，只会越来越糟
如果没有起效或反响平平，可能会更失望	如果我不正面对质，问题就难以解决，而由于对我的失望，受害人与我之间的关系也会破裂。随着时间的推移，我会一直难以释怀，逐渐变得漠然
可能会感到失落或羞耻	觉得失落也很正常。如果他们不能安抚好我的情绪，那就是他们的问题

向人力资源部举报

向人力资源部举报你曾遭受的歧视或骚扰很有必要，原因如下。

首先，人力资源部能够提供很多帮助。如果它能解决你所遇到的问题，你也就可以省去找新工作或采取其他行动的时间和精力了。

值得庆幸的是，与我共事过的大多数人力资源部同事都和我关系不错。在我的职业生涯中，他们总能给我提供很好的建议，帮助我成长。由于我本人一直致力于在发展业务的同时帮助员工个人成长，因此我发现，不论在什么公司，人力资源都是最有趣的工作。即便如此，也会有很糟糕的情况，比如那些伤害你的人有权完全控制人力资源部，我也曾遇到过。但这只是小部分情况。

如果人力部无所作为，只用几句废话应付你，就像苏珊·福勒的博客文章中优步公司给她的回应（"他人品一向很好，这是他第一次出事，所以肯定是你的问题"），那么向人力资源部举报也依旧很重要。第一，这些举报可以作为证据。如果你最终决定起诉你的公司或公开你的遭遇，那么记录举报过程以及受理情况便是至关重要的第一步。如果你的问题没有得到解决，那么这些记录也将有助于你采取进一步行动。如果苏珊·福勒一开始略过了人力资源部的话，她的那篇博客文章也就不会引起那么大的轰动了。

还有一点是，即使你没有得到什么帮助，向人力资源部举报也有可能会帮助到其他人。离开那位非要我穿紧身牛仔裤的老板时，最令我难受的一点是，公司里的其他女性也同样从老板那里感受到了与性别有关的怪异行为。如果我在离职之前向人力资源部进行了举报，公司将很难再草草应付之后出现的类似情况。而且这对我来说也不是什么麻烦事，毕竟我已经离职了。

离职面谈

可以借离职面谈来将你辞职的确切原因告诉公司的人。当然，不要过河拆桥，而是分享一些你之前不敢说出口的观察和感受。借此机会来陈述发生过的事实，描述你所经历的骚扰或歧视。同样，这也能让负责与你面谈的人了解为什么工作环境逼走了你。你可以明确表示自己不打算起诉，只是希望公司中的其他同事能越来越好。这样做将对公司中的少数群体帮助极大。

在离职面谈时直言不讳可能会面临签署保密协议的风险。不要签署任何不想签的东西。面对离职相关的文件资料要再三小心。我的几位朋友在离职时太过急切，签了一堆文件，之后的几年内都有口难言。记住，不论在哪里，你都有离开的自由。没必要签任何东西。

诉诸法律

众所周知，采取法律行动必将伴随重大风险，而且还会耗费大量时间和精力。虽然并没有具体的数据支撑，但在我看来，通过打官司获得巨额赔偿的可能性堪比中彩票。

不过还是要仔细考虑一下是否要起诉，再多找几位职业律师寻求建议，这倒不是什么麻烦事。这样你便可以把精力集中在几个关键问题上——如何保护自己、打官司的目的是什么以及目的达成的可能性有多大。

找律师也要"货比三家"

请律师是件令人望而却步的事，因此而放弃起诉的人也不在少数。但是，合适的律师能够成为你得力的坚定盟友，带给你各种可行的建议、情感上的支持和意想不到的启发。在处理工作中的不公问题时，知识渊博又富有同情心的律师往往能够提供切实可行的方案。很多法律组织都能提供这样的服务。[14]

始终牢记，找律师是在雇别人为你工作，你才是老板。律师会提供各种建议，但不必全盘接受。你有权选择是否要按照他的方案行事。

不要只和一个律师谈，在决定雇用某个律师之前先找几个律师谈谈。你不需要为第一次谈话付费，就像雇主面试员工一样。不要害怕问一些困难、不舒服的问题，律师们已经习惯了。找一个看上去尊重你的时间并了解对你来说什么是重要的事的律师。

大多数律师都只有在当事人打赢官司或得到赔偿之后才能获得报酬。这笔钱通常来源于赔偿金，所以为了赚钱，律师可能会催你接受公司的保密协议、同意和解。要注意有些保密协议具有很强的限制力，一旦签署，就不能和任何人说你的这段经历，即使是医生或伴侣也不行。如果你无法接受，一定要事先明确你的立场，并确保律师尊重你的选择。[15]

公开发声

表 7-2 公开发声的风险与好处

公开发声的风险	公开发声的好处
回归正常生活的不易	唤醒自我意识。写作也可以宣泄情绪[16]，将自己的痛苦经历写出来时，可能会发现其中的意义
通过书面或口头形式发声之痛苦、不易和耗时	忍气吞声也同样痛苦且耗时
可能会受到指责或二次伤害，"受害者有罪论"	沉默也可能再次被伤害，公开发声时即使受到了无端指责，也会收获更多力量

（续表）

公开发声的风险	公开发声的好处
可能会遭到报复	发声时，收获的支持会远大于报复。你将与曾有相同经历的人团结一心，得到更多来自朋友和陌生人的支持。你会欣慰于自己的发声将保护别人免受歧视或骚扰。团结的意义远胜于小小的报复。此外，你可以自由决定如何以及和谁分享你的经历，这样便可自行掌控受报复的可能性
有可能一无所获	可能会让伤害你的人付出代价，如果你保持沉默，那么他们可能会逍遥法外

2017年，苏珊·福勒发布了一篇博客文章[17]，详细描述了她在前公司优步所经历的性别歧视和骚扰，在科技行业引发了一场声势浩大的"#MeToo"运动。她辞职之后，在Stripe找了一份新工作。而随着这篇文章在全球快速疯传，优步创始人兼CEO特拉维斯·卡兰尼克惨遭失业。欣慰之余，人们也对他的倒台颇感惊讶，因为像他这样的公司高层往往会逍遥法外。

苏珊冷静且客观地描述了公司存在已久的性别歧视和管理层的冷漠态度，这使她的文章获得强烈反响。心理学家珍妮弗·弗雷德所说的"制度背叛"[18]就是这种原理——你所信赖的权威（1）本可以保护你，但放任你承受伤害；（2）接到你的举报却没有采取任何积极行动，这样只会加重你受到的伤害。这就是典型的落井下石。苏珊举报了经理的骚扰行为之后，优步的做法是惩罚苏珊而包庇经理。这种制度背叛会使受害者受到二次伤害，因此，大家都不敢再举报，这只会导致受害者越来越多，而最终公司受到的负面影响将远大于一开始便采取行动所造成的损失，最终只会两败俱伤。

连续数月，苏珊始终坚持向优步人力资源部报告性骚扰和歧视的具体细节。即使清楚人力资源部也是为虎作伥，她依旧没有放弃。这是一种策略。坚持举报无果这一点很吸引眼球，也正因如此，她才能让优步公司付出代价。在苏珊记录和发声的过程中，这些关于投诉的记录有效突出了性别歧视的严重程度。

受害者的角色、脆弱与叙事

大部分人都不愿意讲述自己的经历，因为社会对受害者的态度往往并不友好，总是充斥着各种自以为是的胡话。

不幸常常发生，也可能会落在你的头上。有些情况下，你确实就是受害者。但这并不意味着你毫无反抗之力，也不代表你将永远是受害者。勇敢发声不是在"假扮受害者"。正如布勒内·布朗所写："脆弱并不能代表输赢，它代表着对结果未知时站出来发声的勇气。脆弱不是软弱，而是勇气的一种体现。"[19]她还解释过"勇气（courage）"一词的来源。"勇气代表全心全意地展示真实的自己。"[20]因此，面对霸凌和骚扰时，最有效且勇敢的表述应该是"你这样对我，你有错。"

在勇敢发声和选择处理方式的过程中，往往能获得力量。承认自己受到了伤害可以起治愈作用，承认经历的真实性，也能为我们带来更多力量。

备忘录

问题	对策
歧视 成见／偏见＋排挤他人的权力	记录 团结一致 明确自己的后路 直接对质 向人力资源部举报 诉诸法律 公开发声
骚扰 霸凌＋威吓他人的权力	

8

触碰：
如何营造一种"同意文化"

至少从经理的角度来看，如果能对工作场所内的肢体接触制订绝对规则就好了。没有触碰，没有约会，没有绯闻，也没有滥交。但是，人类从未能够遵循这一套规则。再说员工恋爱并不总是一件坏事。在结婚之前，我丈夫和我在同一家公司工作时约会过。职场是许多人遇到人生伴侣的地方。

虽然无法为感情问题立法，但是可以设置防护措施。以下是对"同意文化"的基本表述。

> 触碰者有责任了解对方对被触碰时作何感想。如果对方不想被触碰，则不要触碰。如有任何疑问，不要触碰。如果不知道或不确定，不要触碰。更深入地了解对方，学会如何讲述，如何发问。如果醉得不省人事，切勿触碰。如果醉时无法自控，就不要喝酒，尤其是在工作时。

如果你将这条规则应用于办公室肢体接触的不同表现方式，那么你在工作场所的人际关系会更富有成效，麻烦也会更少。

本章将阐述工作中肢体接触出错的不同方式，如何避免错误发生，以及尽管已尽最大努力避免但还是发生错误时的对策。

在工作场所饮酒

让10个人回想与同事发生却又事后为之后悔的一次性接触。问问他们当时是否喝酒了。我敢说你会发现，他们十有八九是喝了酒的。即使喝了酒，作恶者仍须为自己的行为负责。归咎于酒精而不责备饮酒者是一种令人无法接受的开脱个人责任的手段，但这并不意味着可以在工作时痛饮一番。

如果你不熟悉我在金融和科技行业经历过的嗜酒职场文化，本节内容可能会让你觉得奇怪。我的职业生涯大部分是在硅谷度过的，那里的办公室里有大量的酒精，通常也有毒品。我工作过的一家公司的厨师经常做大麻布朗尼蛋糕。在我工作的另一间办公室中央，设有一个酒吧，里面摆满了高档烈酒和精品葡萄酒。另一个工作场所则设置了固定的午餐酒桶。这种行为虽然让一些人感到震惊，但在世界上许多行业都是常态。

如果说职场饮酒不会大大增加发生令人生厌和畏惧的拥抱和性暴力等各种坏事的可能性，那就是反话了。不可否认，在工作场所或工作宴会饮酒对员工和公司都是有风险的。我不建议这么做。但是，如果你还是想这么做，以下是我推荐的管理方法。

受害者

如果这世界是公平的，你就能喝得酩酊大醉却安然无恙。第

成见　　偏见　　霸凌　　↯　　歧视　　骚扰　　肢体侵犯

一个看见你的人会确保你没事,而不是强奸你。如果你喝醉了,即使醉得不省人事,任何人也无权伤害你。如果你喝醉了被强奸,这是伤害你的人有错,无须多言。

但即使这不是你的错,受伤的也还是你。因此,如果你喜爱喝酒,或者在你工作的文化中,酗酒是人们交往的一部分,那么想清楚如何应对风险不失为一个好主意。以下为一个警示故事,也是一种应对饮酒风险的思考方法。

现实地看待自己的身体极限

在职业生涯早期就职于一家金融公司期间,我曾飞到乌克兰教一家坦克工厂的厂长谢尔盖如何为美国投资者撰写商业计划。我原本以为会和谢尔盖和他的副手见面,谁知当我到时,我看到了满满一屋子的男人。谢尔盖断定,了解商业计划会让厂里约30人受益。我看到他们时很惊讶,但是没有他们看到我时那么惊讶。

"谢尔盖告诉我们,一个可恶的大资本家要来镇上了!"一个人惊呼道,"但你只是个小女孩!"

撇开不愉快的性别歧视不谈,这一天过得相当顺利。这天结束时,还是那个人说道:"我们知道你会写商业计划。现在让我们看看你能不能喝伏特加!"

他们告诉我,他们的传统是,你如果打开一瓶伏特加,就必须喝完才行。和在座的其他人一样,我的水杯旁边放了一瓶开着的伏特加。那我得把整瓶都喝了!《夺宝奇兵》里那个女人把所有男人都喝趴下的场景在我脑海里闪过,不知怎么,我确信我可以一杯对一杯地和这些男人拼酒,虽然他们中多数人的体重是我的3倍。我们开始就着开胃菜喝酒，咬一口泡菜，喝一小杯伏特加。

在分发餐盘时，我感到想要张嘴呕吐。我几乎没时间想，我不是那种会在餐桌上喝吐的人，然后，我吐在了刚刚摆在我面前的一盘俄式酸奶牛肉上。突然，房间里静了下来。正当我以为永远无法摆脱羞辱时，谢尔盖打破了沉默，说："我们跳舞吧？"

一个乐队在演奏，谢尔盖带着我在餐厅里跳舞，服务员帮我收拾残局，给我端来一盘新的食物。谢天谢地，他不是一个猎艳者，而是一个仗义执言者。一名女服务员还给我端来了一小杯开菲尔，这是一种浓稠的酸奶饮料，让我的胃不那么空。我没有气馁，我吃完了晚餐，还喝完了我那瓶伏特加。

试图一杯对一杯地和体重相当于我的3倍的男人拼酒真是一个糟糕的决定。我的体重比谢尔盖少了将近90千克，这并不是软弱的表现。我的弱点是屈服于一些大男子主义的废话，而不得不喝完那瓶伏特加。我很幸运，没有付出更高的代价。

我再没有屈服于压力而像那样喝酒。

我不是在告诉你该不该喝酒，这由你自己决定。但无论你决定做什么，都要了解其中的风险。你可能认为和同事在一起很安全，但从统计学上讲，你认识的人比陌生人更危险。所以，你应该制订计划。

如果你外出饮酒，请和信得过的人同行，并明确约定相互照看。确保有一名指定的司机同时扮演指定的决策者角色。这样，总会有一个冷静的人来制止你，或至少制止你做任何会让你为之悔恨的事。

成见　偏见　霸凌　✦　歧视　骚扰　**肢体侵犯**

加害者

　　饮酒会损害你的判断力，正如会损害你的安全驾驶能力一样。你的朋友也许能拿走你的车钥匙，但他们不能抑制你的性冲动。你能相信自己酒后不会伤害别人吗？

　　酒精也会带来另一种风险。如果你想与之发生性关系的人醉酒，那么这个人可能由于神志不清而无法表示同意。如果你还是与其发生性关系，在多数司法管辖区内你的行为都构成强奸。更重要的是，你可能会因为过于神志不清而无法准确判断这个人是否已经同意。但如果你强迫某人在醉得无法同意的情况下发生性行为，你仍然有罪——正如你的判断力被酒精严重损害，致使你在醉酒的情况下驾驶而获罪一样。所以，在外出饮酒之前制订一个计划，以便应对所有这些风险。

　　如果你不满24岁，这一点尤其重要，你更可能实施危险行为，当你和同龄人或朋友在一起时，这种可能性更高。[1] 请听从爱彼迎首席道德官罗布·切斯纳特的建议，他著有《有意诚信》一书。他在员工参加提供酒精饮料的工作活动之前警告他们："如果你等到派对上再想要喝多少酒，那你就有麻烦了。在去之前了解自己的极限并决定你能喝多少杯——一杯或两杯。考虑在工作场合该喝多少酒的最糟糕时刻是……当你在工作场合喝酒的时候。"

领导者

限制办公室饮酒

　　营造一种职场派对文化会带来从尴尬到祸事的种种后果。我会建议在工作场所完全禁酒。即使是那些只许在特殊庆祝场合饮酒的工作场所，也经常会发生不好的事。

你如果提供酒精饮料，就要提醒人们要负责任地饮酒。别担心会成为真正的扫兴者，因为没有什么比醉酒者袭击同事或在一场本可预防的车祸中害死自己或他人更能破坏一次庆祝活动了。

我要坦白：我喜欢喝酒，不喜欢只喝一杯酒，我喜欢喝醉（或至少以前是这样，最近我戒酒了）。我曾喜欢就职过的多家公司的酗酒文化。然而，回首往事，我认为那些醉醺醺的办公室派对的乐趣根本抵不上它们所造成的伤害。至暗时刻包括强奸、企图自杀、被不受欢迎的性挑逗破坏的婚姻，以及醉酒的同事在殴打警察后被送进监狱。

如果你想防止这类事情在你的团队中发生，作为领导者，你的任务就是衡量酒精作为社交润滑剂带来的好处，以此对比过量饮酒可能导致严重不良行为的风险。

领导者需要知道的另一件重要事情是，酗酒文化往往会给弱势人群，尤其是女性，创造一个充满敌意的工作环境。供职于伯克利大学信息技术系的瓦妮莎·卡斯基里斯这样描述，"一种员工每天晚上都出去喝酒的文化，如果女性去喝酒，就会遭到敌意对待，如果不去，就会遭到排斥"。[2] 还有，别忘了那些不管因为哪种原因都不喝酒的人。对一些人来说，围绕酒精形成的工作文化可能会让他们感到不舒服，或者产生宗教问题。对艰难应付酗酒问题的人而言，这种问题不仅麻木不仁，而且危险重重。

领导者可以通过不提供酒精饮料或对办公室饮酒制订明确的规则来避免很多问题。这些规则有多严格取决于你自己。以下是我见过的一些领导者阻止在办公活动中狂饮的方法。

- 不提供酒精饮料。
- 提供酒精饮料,但确保人们要用票才能获得酒精饮料,并只给每人一两张票。
- 命令调酒师在人们喝够两杯时阻止他们继续喝。
- 让人们尽情畅饮,但要发出警告。你可能认为这些警告只是常识,但人们在喝醉的时候就失去了常识。因此,你如果在工作场所提供酒精饮料,请提醒你的员工注意以下几点。
  - 切勿酒后驾车。
  - 即使你喝得酩酊大醉,不知道自己在做什么,你仍然要对所做的事情负责。你喝醉的时候无法理解别人同意的信号。"我喝得太醉,不知道自己在做什么"不是酒后驾车的借口,更不是强奸的借口。
  - 在办公室或办公室聚会上喝醉会影响你的职业发展。
  - 你无论在哪里,都不要和醉得无法表示同意的同事发生性关系——那是强奸。

你可能有比监督团队成员饮酒更重要的事要做。我的建议是,简单直接,不要在办公室提供酒精饮料。

无恶意的拥抱与"看似无恶意"的拥抱

踢屁股

当我的一名男员工踢了另一名女员工的屁股时,他认为这是一种友好的表示，但她觉得这样很讨厌。包括被踢的女士在内，没人认为这是什么大事。但她想让他住手，而我作为老板的职责就是确保他住手。

我承认，一开始我想放任不管。但我知道，如果我不单独和他俩坐下谈谈，一件小事可能会变成一个大问题。她必须感到安全，而他必须知道不能再这样做了。

好在一切问题都相对容易地解决了。我告诉男员工必须道歉。我坚持让他先和我预演一下道歉过程，以确保他不会说出"如果你觉得不舒服，我很抱歉，但我真的没做错什么"之类一点儿都不真诚的话，那样只会让事情变得更糟。当我和这位女员工交谈时，我问她是希望他直接向她道歉，还是希望我在场。她选择了前者。

他道歉了，并承诺不会再犯，她也接受了道歉。在那之后的很多年里，他们合作得非常默契。虽然这件事让我从百忙之中分出几个小时，但我为自己和公司节省了时间、金钱，从长远来看也省去了麻烦。想象一下，假如我什么都没做，他会再次踢她，而她会起诉。我没能发挥作用，而她会有一宗法律案件在册。若非花了几个小时来解决问题，我可能会给自己和公司造成耗时200个小时、代价高昂的问题。

吻手

我曾经是另一种肢体侵犯的受害者，虽然也不是什么大事，但仍然值得关注。

我曾在一家大公司工作，我和我的团队给500名销售人员上

成见　　偏见　　霸凌　，　歧视　　骚扰　**肢体侵犯**

了一堂领导课。有人警告过我，团队主管弗兰克手下几乎没有女性员工，而且他的讲话中经常不经意地夹带性别歧视言论。

果然，当弗兰克介绍我的两位同事（都是男性）时，他和他俩握了握手。当他走到我身边，我伸出手想和他握手时，弗兰克深深地鞠了一躬，用双手握住我的手，吻了下去。他保持这个姿势的时间长得让人难堪，他的口水把我的手都弄湿了。

我觉得自己被特殊对待了，而且我相信他是故意的。他向我和在场的其他所有人表明，女性不是领导者，她们只是舞伴。而且，如果我不想让他的口水弄到我手上，他就没有权利这么做。

会后，我把他拉到一边告诉他，他的姿态让我感到不舒服，并建议他今后不要在工作场合亲吻女性的手。

"哦，但你肯定不希望我像对待男人一样对待你吧！"他带着一种假装悲伤的表情喊道。

"不是的，实际上我希望你这样对待我。"

关键的一点是，他本来应该像用握手问候其他男士一样问候我（在新冠肺炎疫情前）。

这是一条很好的经验法则。你如果是职业领域的男性，并且倾向于以任何方式触碰女性，先问问你自己：我会用同样的方式触碰一位男性吗？如果答案是否定的，那么你就处于危险地带。

如果弗兰克承认他使我感到不自在并道歉，我们本可以毫不犹豫地让这件事过去。这对我来说没什么大不了的，但他小题大做。他生气了，跺着脚走开了，就好像我应该对他在台上吻我的手作何感想是由他而不是由我决定的。当我把这件事告诉我们公司的人力资源副总裁时，他对整件事置之不理，好像无能为力似的。这是导致我辞去那份工作的几起类似事件之一。

致受害者

　　没有人有权用让你感觉不舒服的方式触碰你，就这么简单。然而，从小我们就经常被传授相反的道理。

　　如果有人以令人害怕或不恰当的方式触碰你，甚至只是让你感到不安，你有权告诉对方他越界了，必须停止这种行为。你能接受哪种触碰，只能由你决定。"我不喜欢拥抱"是一种完全可以接受的说法，"我宁愿碰拳头/鞠躬/做任何事，也不愿握手"这种说辞也可以接受。在发生新冠肺炎疫情后的时代，提出这种主张会更加容易。"我有洁癖"是一个比以往任何时候都更易于接受的要求别人保持距离的理由。

　　如果这个人表现出轻蔑和戒备，而且还不停手，那么他就是在霸凌你，甚至骚扰你。试着做出以"你"字开头的声明，如"你别再抱我了"。你要主动导向某种结果。至于那个亲我手的弗兰克，我本可以做个鬼脸，在裤子上擦一擦沾着口水的手，以此表达我的感受，让他在大家面前显得很可笑。你可以决定是否向人力资源部或老板投诉。

　　为什么最简单、最公平的结果——如果你举报了一次不当的触碰，你的老板就会把那个人拉到一边，告诉他要么住手，要么承担后果——感觉好像胜算不大？也许你在想：为什么教人们不要做出明显令人讨厌的行为是我的责任？我只想一个人静静工作。

　　我想推荐一个系统的方法来决定如何回应。浏览一下第7章中描述的选项，逐个考虑，然后做出明智的决定。

- 记录

成见　偏见　霸凌　·　歧视　骚扰　**肢体侵犯**

- 团结一致
- 明确自己的后路
- 直接对质
- 向人力资源部举报

不管你怎么决定,请善待自己。如果这让你感到困扰,你有权感到困扰。这不是你想象出来的,也不是你自找的。

你可能一辈子都在和那些希望你让他们碰你的人较劲。和许多人一样,我从小就被告知,在家庭聚会上必须拥抱和亲吻亲戚,即使对方是我几乎不认识的人。[3]的确,在工作中被人吻手很可怕,部分原因是这让我想起了我的一位曾祖姑母,我每次见到她,她都会给我一个大大的湿吻。她是一位富有的女族长,如果她想舔人,她绝对会这么做的。最近,我问我父亲,为什么从来没有人要求我的曾祖姑母不要舔家人。他和我一样,一想起她的吻就发抖。"我不知道谁会有勇气这么做。"他承认道。如果我们允许,孩子们有这个勇气。不久之后,在一次家庭聚会上,我发现自己勉强女儿去拥抱一位亲戚。她说:"我不想拥抱一个我几乎不认识的人!"她说得对。我是这么告诉她的,坚持要她有礼貌地和那个人打招呼,但那个人不需要触碰她。

致仗义执言者

500人目睹了弗兰克在台上和那几个男人握手后把口水弄到我的手上。即使他们中的一些人认为这种行为是可以接受的,我也敢打赌至少有400人认为这种行为令人不快。比他的口水沾在我手上更让人不安的是，在目睹这一切的500人中，没有一个人发声。哪怕只有一个人走过来对我说"啊"或"好吧，那太尴尬了"，那就会大有不同。你如果看到什么不平之事，就说出自己的看法。

致加害者

如果有人不想被触碰，就不要去触碰，这很简单。阅读社交潜台词。如果你看不懂社交潜台词，就默认不要触碰。

在新冠肺炎疫情后的时代尤其如此。以前，在工作中普遍使用的握手问候方式会让很多人感到非常不自在。你可能有不同的感觉，但你无权把你的握手偏好强加给别人。尽管出于不同的原因，但两性之间的职业触碰也是如此。如果你触碰一位女性的方式与你在职场环境中触碰一位男性的方式不同，那么你触碰她的方式很有可能不受她欢迎。

如果你不会读心（谁又会呢），那么大声询问就是一件合理的事情："你更倾向于拥抱、握手、碰拳、撞肘、敲脚趾，还是微笑？"宁求稳妥而不涉险的做法是：在6英尺开外保持微笑。我知道这感觉很奇怪，但要让被你触碰的人说"不要碰我！"或者"我有洁癖！"会更难。如果你是触碰者，你就是引发接触的人，所以处理尴尬场面是你的责任。通过语言和手势，在不给对方带来太大压力的情况下弄清楚如何做到这一点，需要你付出一些努力。

有一次我向遇见的一位男士伸出手，想要握手表示"很高兴见到你"，我注意到他看上去非常不自在。我把手缩回来，说：

"您感冒了吗?我一直很感激生病时不握手的人。"

"事实上,我从不和任何人握手,"他说,"我的宗教信仰禁止我触碰我妻子以外的女人。"

"哦,我明白了。如果我让你处于不自在的境地,我很抱歉。"[4]

他说:"不,谢谢你给我一个解释的机会。我一直都不知道说什么好。"

我说:"实际上,我希望没有人握手,尤其是在流感期间。这只会传播病毒,真是一种粗俗的习惯。"

他笑了,我们谈到他每天遇到的握手事件,通常不止一次。我们一起想出了一句他可以很快用到的台词:"我很高兴见到你,但因为宗教信仰我不握手。"

不要一概而论

避免对特定的个人一概而论,也就是所谓的成见或本质化,这会扰乱你清楚理解事物和尊重个性的能力。你可能听说过,意大利人比美国人更喜欢触碰彼此,但这并不意味着你可以只因一个人有意大利姓氏,就亲吻他的脸颊3次。

拥抱

直接说"不要拥抱"会更好吗?我们很多人都渴望简单、明确的规则,就比如:跨过一次,会发生一种结果;跨过两次,则是另一种结果。但是很多人,当然包括我自己,一想到要生活在这样一个千篇一律的世界,就会感到畏缩。会有很多例外使规则很快变得毫无意义。如果某个同事接到一个电话,得知有家人去世了怎么办？你能在那一刻拥抱那个人吗？或者，如果一个人正在经历一场医疗危机，在工作时因痛苦而泪流满面，拥抱当然是合适的吧？或者如果某人今天过得很糟糕呢？我们中有人会想要一本规章制度手册来管理这些情况吗？我不这么认为。

我建议这么做。想想你什么时候拥抱过别人，什么时候拥抱受欢迎，什么时候不受欢迎，以及别人的反应。一个人的微笑可能意味着你的拥抱是受欢迎的，而另一个人的微笑可能反映出不安。如果你不确定一个人的微笑意味着什么，你总可以表达同情，问他"我很抱歉这件事发生在你身上，你想要一个拥抱吗"？如果你连问这个问题都觉得很尴尬，这可能表明口头表达同情会更好。如果你关注对方，而不是期望对方遵从你对他人"应当"实施行为的先入之见，你很可能会做出正确的选择。如果你能在犯错时坦诚接受反馈，你会学得很快。如果你忽视反馈，而是坚持认为每个人都应该认为你的意图是好的，所以你做的任何事情都不可能出错，那么你就会犯错。承认自己犯错是很困难的，这需要一些勇气。

清楚认识自己的权力

亨利·基辛格有句名言："权力是最好的春药。"根据我的经验，这并不意味着有权力的人比没有权力的人更性感，而是意味着他们认为自己更性感。但事实并非如此。

研究表明，权力使人更容易想到性，更容易对周围的人产生性吸引，更容易表现出不受抑制的性行为。[5]但这并不意味着这些感受与周围权力较小群体的感受是互相的。这是个大问题，因为拥有权力会让人更有可能触碰他人，无论他人是否愿意被触碰。[6]

成见　　偏见　　霸凌　　˙　　歧视　　骚扰　　肢体侵犯

所以，如果你处在一个有权威的位置上，提醒自己，每次升职都会让你进入一个在触碰方面更容易遇到麻烦的群体。无论你告诉属下要在哪些事情上为他人着想，你都要加倍遵守。记住，上司的一个主动拥抱可能引发的问题远比两个对彼此没有控制权的人之间的问题更大——而且更有可能发生。

致领导者

你可以营造和实施一种"同意文化"来帮助防止肢体侵犯。人们从相对轻微的违规行为中吸取的教训可以防止严重的侵犯行为。制订明确的规则，但也要考虑到职场是一个成年人待的环境，需要有良好的判断力。

充分传达你的同意文化和行为准则

出于各种原因，人们很容易倾向于不在工作中谈论"同意"。第一，这会让人感到尴尬。第二，似乎没有必要这样做。这难道不明显吗？不，并不明显。这的确会让人尴尬。领导者拿着薪水要做的事情有很多，其中之一就是克服这种不适。建立一种同意文化来避免"微小"的侵犯，有助于防止将来更大、更严重的侵犯。

让侵犯举报安全且容易

无论你的同意文化表达得有多清晰，它都无法阻止侵犯行为的发生。你可以把关于同意的政策贴在组织内每一处可用的表面上，但有些人仍然会以可怕的方式触碰他人。有些人只有在犯错后才会明白同意的含义。这意味着作为一个领导者，你必须在你的权力范围内尽一切努力，让人们尽可能安全且容易地举报不恰当的触碰。

给人们学习的机会，但不要给太多次机会

如果有很多人抱怨遭到主动、太长或太紧的拥抱，如果行为人尽管得到了明确的反馈却似乎仍然没有改变行为，那么可能是时候考虑解雇那个人了。

我认为并没有在所有情况下都公平的硬性规则。你和你的经理不得不进行调查，并做出一些艰难的决定，这是经理的分内之事。他们制订了各种制度，让人们可以安全地向当权者讲真话。然后，经理倾听真话，以及相互矛盾的"真话"。他们了解事实，用自己的判断来解释。他们面对那些需要对质的人。经理告诉员工公司对他们的期望，并向他们解释如何达到目标。如果你原本不错的员工在某个方面表现不佳，作为管理者，你要知道自己有责任帮助他们提高工作水平。

建立一套透明的程序确保公平——这样经理就不会做出单方面的决定。就像一个小团队比一个人能更好地做出晋升和招聘决定一样，经理的决定也是如此。当经理所在的团队对重要决定进行辩论时，经理必须要求其他人质疑自己的判断。

即使是怀有好意的人也会犯错。满怀同情但坚定地与犯错者交谈。向他传达这样的信息：你明白错误是不可避免的，但你也会让人们为自己的错误负责。问责并不意味着严厉的惩罚，但这确实意味着必须对错误达成共识，并明确承诺不再重蹈覆辙。如果人们犯了错误，被要求纠正，应要求他们积极倾听，这样你就

成见　　偏见　　霸凌　　✦　　歧视　　骚扰　　|肢体侵犯|

知道他们明白了。让他们道歉，不要有抵触心理。帮助他们注意到，那个对触碰感到不适的人是在提供反馈——他们应该把反馈看作一种礼物，但同时也要让他们知道你会关注他们。如果这种行为持续下去，他们仍然成为投诉的对象，或者如果他们实施报复，那么他们就会被解雇。因为，当令人生厌的触碰反复发生时，它就不是那么无恶意了：除了可能构成性侵犯，它还可能是一种霸凌行为。只有当人们知道霸凌行为会产生真正的后果时，他们才会停止。

以下是你可以实施的一项政策。

> 你无权以任何方式触碰任何人。在触碰对方之前，你有责任知道对方是否想要被触碰。

很简单明了，对吧？也许是，但你会收到很多反对意见。以下为快速的常见问题解答。

> 问：你不觉得没有拥抱的世界会很冷酷无情吗？
> 答：我没说不拥抱，我只是说不要拥抱不想被拥抱的人。
> 问：但是，我怎么可能知道那个人是否想要被拥抱呢？
> 答：试着问问他"我可以拥抱你吗"？你可能喜欢拥抱，但其他人可能不喜欢。注意对方的肢体语言，这通常不难理解。如果人们双臂交叉，如果他们看起来不自在，请后退。

问：这实在太复杂了。工作中应该设定一条禁止拥抱的规则，对任何侵犯行为零容忍。

答：简单绝对的政策，如"禁止触碰"规则等很少能成功地控制人类行为。有时候，在工作中拥抱真的很受欢迎。

工作场所中令人后悔的性行为

如果两位同事真正出于自愿搭上了对方，然后其中一方或双方在第二天早上后悔了——或者一周或一个月后后悔了，会发生什么呢？

这里有一个对所有相关方都不利的例子。在我接手领导一个大型团队的工作后不久，我听到附近一间会议室的门猛地关上了。声音强烈到让我停止了手头在做的事情，走过去看看发生了什么。当我打开刚刚关上的门时，我看到满屋子的人都很不自在。

"这里一切都还好吧？"我问。

"哦，当然，一切都好。"每个人都表示同意，并疯狂地点头。

"那扇门砰的一声是怎么回事？这听起来可不太好。"我注意到房间里为数不多的女人之一——柏妮丝脸色苍白。

"哦，没什么大不了的。"几个人同时说。我问道："那到底是什么小事？"

"是吉米，他现在正经历一段艰难时期。""有什么我能帮忙的吗？我应该和他谈谈吗？""不不不。真的，没什么大不了的。"

原来吉米和柏妮丝有过那么几次亲密关系，然后柏妮丝开始和别人约会，吉米的心都碎了。团队里的一个人后来告诉我，柏

成见　偏见　霸凌　᛫　歧视　骚扰　|肢体侵犯|

柏妮丝是吉米的第一个女朋友，或者算是女朋友。总之，她是他的第一个女朋友。两人分手后，吉米又伤心又生气。

如果柏妮丝在会议上开口，吉米就会用挖苦的话打断她；如果她坚持发言，他就会气冲冲离开房间，而且经常眼含热泪。我知道吉米这段时间过得很艰难，但他的行为不成熟，充满敌意。不过，他团队的大多数成员都不这么想。他那表现出受人伤害的行为赢得了成员的同情，所以他们不跟他计较。但当心碎表现为辱骂行为时，情况有时会变得暴力。这是一个危险信号。

我接受这份工作是为了打造一家企业，而不是做一名感情顾问——或者更糟，做一名分手顾问。但如果我想让团队重回正轨，我就必须进行干预。

团队达成的共识是，柏妮丝必须去另一家公司或者我们公司的另一个部门。但我有完全不同的看法。柏妮丝很好地处理了一个困境，而吉米的行为破坏了团队的努力。在我看来，柏妮丝在两种不同的成见上站错了边：同情和性别。同情成见：可怜的吉米和他破碎的心。[7] 性别成见：恶毒的柏妮丝甩了一个男人，却投入另一个男人的怀抱。（将故事反转一下，吉米是个阳刚之气十足的风流男人，柏妮丝是个无法控制自己情绪、渴望关爱的女人。）

显然，这段亲密关系对他们两人来说都是不明智的，他们最好还是不要在一起工作。但至于谁应该离开，我不认为柏妮丝应该受到处罚，因为她在困难的情况下表现得很专业。如果其中一人是另一人的下属，则应由上司另寻新团队，但他们是同级。

我和吉米聊了几次，分享了我自己心碎的经历以及帮助我疗伤的事情。我问他几周的额外假期是否有用，或者还有什么我能帮忙的。但我也告诉他，如果他不能和柏妮丝一起处理工作，他就得另找一个团队。造成混乱的正是他的行为，而不是柏妮丝的行为。

在职场分手尤其难办——对于当事人、周围的人以及各自的经理都是如此。但是，这种情况还是会发生。所以，让我们来谈谈如何以一种对每个人都公平且破坏性最小的方式来处理这种事。

受害者与加害者

对于和同事随便勾搭这件事，我的首要建议和在办公室喝酒一样：千万不要这样做。如果你坠入爱河，那就是另一回事了。为了真爱，可能值得拿工作冒险。但是，和一个你每天都要在工作中见面的人调情会带来很多潜在的问题，最好避免这样做。

当然，事情还是会发生。如果你和一位同事勾搭上了，然后其中一人或两人都后悔了，首先让我说声"很遗憾"。这对你自己而言是一个困难而痛苦的处境。

但你已经不是青少年了，得表现得像个成年人。在上面的故事中，吉米的心碎了，但他故意让柏妮丝痛苦，并最大限度地破坏整个团队。这就不对了。

以下是几条指导方针。

- 如果你是与你发生性关系或恋爱关系的那个人的经理，或者你在公司的职位比他/她高得多，那么你就滥用了权力。你才是那个应该另找一份工作的人。
- 如果对方不想再谈恋爱了，而你不断施压，让其继续保持

成见　偏见　霸凌　✦　歧视　骚扰　|肢体侵犯|

关系，你就违反了"同意"规则。你才是那个应该另找一份工作的人。
- 如果你无法控制自己的情绪，扰乱了整个团队，那么你就是那个应该换一份工作的人。
- 如果你经常和办公室里的同事勾搭在一起，你应该从现在开始采取必要的措施来打破这种破坏性的模式。

仗义执言者

没人想卷入别人的感情纠葛，尤其是在工作中。但假装问题没有发生永远无助于解决问题。再次强调，如果你看到了什么不平之事，就说出自己的看法。如果你注意到有人残忍地或无礼地对待另一个人，请发表看法。如果你听到人们对恋爱中的一方发表有成见的评论，请发声。如果这种动态具有破坏性，请发声。

有时，问题并非发生在有一段露水情缘的两个人之间，而是在团队的其他成员之间。现在，其他男人对待这个女人就像对待"猎物"一样。他们在她周围形成了一种"竞争群体"，就好像他们在为下一个"轮到谁"而争斗。她一到办公室就感到浑身不自在。无须多说，这是不好的行为。仅仅她和团队里的一个男人约会，并不意味着她对其他任何男人感兴趣。如果你注意到发生了这种事情，请发声。

领导者

人们醒着的大部分时间都花在了工作上。对工作中的恋爱关系采取零容忍的态度是不合理的。但出于已经讨论过的原因，这种恋爱关系确实需要受到管理。如果你想把工作做完，你的办公室里就不能有自由放任的政策。

以下是一些简单的建议。

1. 制订一条"禁止你的命令链中出现性行为、身体亲密行为或约会"的规则。

    如果必要的话，你可以使用一种委婉的说法，如"禁止友善关系"，但要确保人们明白你的意思。换句话说，与员工——或者员工的下属——发生性行为、性亲密行为或与之约会的领导必须被解雇。

    当人们违反这条规则时（这是不可避免的），必须离职的是职位更高的人，而不是职位较低的人。为了做到公平，也为了防止有权势的人实施不良行为，该规则必须保护相对弱势群体。如果高管不惩罚那些与下级员工约会的高层领导，而是把所有的惩罚都推到下级身上，那么至少一部分有权有势的人会继续与权力较小的人发生性关系。

    公司的最高领导——CEO的直接下属以及各自的直接下属——不应与公司的任何员工约会、恋爱或有身体接触。这一政策背后的理论是，当达到一定级别的资历时，一个人拥有很高的权威，以至于性挑逗或性关系可能会让人感觉受到胁迫或虐待。这不但不利于被强迫的人，也会给公司带来不必要的财务风险，并且会给团队带来不正常的动态，让工作很难完成。

成见　偏见　霸凌　　歧视　骚扰　|肢体侵犯|

2. 考虑制订一条明确的"工作场所禁止性行为或身体亲密行为"的规则。

　　你可能认为这是常识，不需要为此制订规则。谁会在办公室或者工厂里发生性关系呢？事实证明，真有不少人这样做。在我的整个职业生涯中，我多次观察到"办公室性爱"问题。尤其是当你有很多年轻员工的时候，你可能需要考虑把这条规则讲得清楚易懂。

3. 不要默许勾搭行为（眉来眼去、搂搂抱抱）而破坏了这些规则。

　　这似乎是显而易见的，对吧？然而，我一次又一次地看到领导者鼓励他们的员工去勾搭别人。

　　我自己也无意中这么做过。为了营造一种轻松的氛围，我把会议室变成了一个"团队舒适区"，用沙发和豆袋椅取代了会议桌和椅子。一天早上，我去参加一个员工会议，在沙发的折叠处发现了一个文胸和一条平角短裤。我撤掉了沙发和豆袋椅，还告诉了整个团队我这么做的原因。

　　后来，我到另一家公司工作，那里有一间会议室，让人感觉是专门为亲密关系设计的。里面光线很暗，有很多感觉有点儿像帐篷的布料，没有窗户，还有一个角落里有几瓶威士忌。我就像一个坏掉的唱片，反复鼓动领导层改变装潢。他们没有这样做，直到那里发生了不正当性行为。

4. 原谅错误，为行为模式设定后果。

　　如果你的团队中有人经常和办公室里的同事勾搭在

8 触碰：如何营造一种"同意文化"

一起，那么这个人就要承担实实在在的后果，包括被解雇。

职场中滥用权力型恋爱关系

有时，人们会在工作中坠入爱河。他们可能会搬到一起、结婚或生子，或者三者兼而有之。正如我在本章开头所写，我和我丈夫结婚前后都在同一家公司工作。这对我们的团队、公司或我们的关系未造成任何影响。我们在不同的团队中工作，在整个体系中差不多处于相同的层级。我对他没有控制权，而他也控制不了我。一切都很好。

然而，当恋爱中的一方是另一方的上司，或在组织中前者职位比后者高得多时，事情就会变得很糟糕。

梅格是她所在公司的合同经理。她开始和她上司的上司的上司约会。随着恋爱关系越来越认真，他们决定一起生一个孩子。她怀孕了，所有人都知道孩子的父亲是谁。该公司制订过上文所述的"禁止在你的命令链中约会"规则，但这一规则并没有强制要求职位更高的人应该离职。当这段关系公布于众时，管理层告诉梅格她应该找一个新职位。公司里没有人提出，职位更高的男人才应该是需要换职位的那个人。对一些人来说，这似乎很"自然"。他是管理一个专业部门的主管，这并不是说他可以突然成为公司另一个职能部门的主管，而且他在这个部门并无专长。

对她来说也是如此。她在这个职能部门也有专长，但这种专长并不能转化到另一个部门。由于还在职业生涯的早期，她的处境更加脆弱。而且，她最近刚生下他们的儿子。当她离开原来的

成见　偏见　霸凌　❗　歧视　骚扰　肢体侵犯

部门，在另一个职能部门尝试一份并不擅长的新工作时，新工作加上新生儿是很难应付的。她的表现符合预期，而以前她的表现总是超出预期。她觉得自己工作做得不够好，为此感到很难过。然后，她的儿子出现一些健康问题，需要她离开办公室很长时间。

和她约会的男人，也就是她孩子的父亲，鼓励她辞职。在她看来，这意味着放弃大量的股票期权。她很早就加入了这家公司，公司的崛起如流星般迅速，所以她要放弃的是一大笔钱。不管怎么说，这对她来说是一大笔钱。而对他来说，这只是小钱，他已经赚了数亿美元。她知道他会抚养她和他们的孩子，这样她就可以专注于儿子的健康问题。然而，在她辞职后不久，这位高管就离开了她和孩子，并拒绝支付儿子的抚养费，直到她起诉他。

这不是一种身体上的虐待关系，而是一种一方拥有比另一方更大权力并滥用权力的恋爱关系。这就是一种滥用权力型恋爱关系。她被迫离开了自己热爱的工作，做了一份她没有接受过培训的工作，然后又被怂恿离开公司。由于这段关系，她放弃了本可以帮助她抚养儿子的股票期权，而她的伴侣在经济上没有任何损失。

当人们听到这样的故事时，他们通常会耸耸肩说："这太糟糕了，但事情就是这样。""命令链"规则在梅格身上的表现——她这个权力较小的人不得不换工作——是一种虐待，在大多数公司它都是被容忍的，在整个社会也普遍如此。但事情当然不必如此。如果规则要求这位高管必须辞职，他可能一开始就不会开启这段恋爱关系。

是的，失去他会对公司造成损害，但把他留在公司对公司文化来说也很不利。想一下后一种做法向公司所有权力较小的人传达的讯息：领导者可以随心所欲，而你是可以被随意处置的。这家公司产生了许多虐待式恋爱关系，其中一些引起了媒体的极大关注，最终给公司造成的损害比他的离职更大。"制度背叛"在短期内会伤害受害者，而从长期来看，往往会严重损害制度。

如果我们想要创造一个公平工作的环境，我们就必须改变观念，即当这样的规则被违反时会发生什么的观念。否则，这些规则就没有任何意义了。其结果是，权力较小的人受到伤害，而权力较大的人可以免受惩罚，直到情况变得非常糟糕，公司被迫改变。

好消息是，有迹象表明，关于工作、权力和性的规范正在发生变化。与梅格约会的那位高管最终辞职了，原来他被曝在公司里曾与多名女性约会。在"#MeToo"运动之前，这是难以想象的。坏消息是，在那之前，他和其他几个女人有过滥用权力的恋爱关系。

受害者

我想讲两个我亲历的故事，因为我对什么是虐待式恋爱关系感到十分困惑。你是一个坚强、独立的人，这并不意味着你没有处于一段虐待式恋爱关系中。以下推论也是正确的：你处于一段虐待式恋爱关系中，这并不意味着你不是一个坚强、独立的人。

我曾经为一个男人工作，我认为他不仅是我的老板，也是我真正的导师。我辞去他那儿的工作后，我们一直保持联系。我见过和他住在一起的那个女人几次，他们在恋爱 10 年后显然还深爱着对方。在我辞去他那儿的工作后不久，那个女人就去世了，

成见　偏见　霸凌　•　歧视　骚扰　肢体侵犯

他伤心欲绝。他邀请我划船旅行。一下午的时间渐渐过去了，他突然伸出手来握住我的手，那样子使我清楚地明白了他想要什么。我对他的大胆感到震惊，但我更惊讶的是，我发现自己被他吸引了。

在那一刻之前，我一直计划在拿到工商管理硕士学位后就回去为他工作。不过，我知道一旦我允许他牵我的手，这个计划就不再可能。我从痛苦的经历中学到了和老板约会的危险，不会再犯同样的错误了。如果我们上床，我就不能按计划回去为他工作了。

那是这段关系中我第一次被虐待。他并不是有意的，但他也选择性地忽视这种情况中固有的逻辑问题：我不能接受我原本打算接受的工作，而他想让我接受这份工作。这个故事揭示了一种反复上演的拉扯：糟糕的权力模式可能会将虐待引入一段恋爱关系——即使双方都同意。

我并不是说存在权力失衡（在年龄、金钱、地位等方面）的两个人之间不可能发展恋爱关系。但只有双方——尤其是拥有更大权力的一方——承认现状并采取积极措施解决问题，这种关系才是健康的。如果你是权力较小的一方，这种负担不应该主要落在你身上。

我和这个男人的关系不是这样的。当我们碰到他那些更有名的朋友时，他不愿意介绍我。我会被晾在一边站着，像一只让他有点儿难为情的宠物，他不希望有人注意到我。

当他决定买一套我们共住的公寓时，他没有让我决定我们住在哪里。我说起我们看过的一套公寓，他说："我永远都不会住在这里。"第二天，他就对这套公寓出价。他并没有买到，所以事情还没有到紧要关头。最后，他买下了我最喜欢的那套公寓，声称是买给我的。我知道那是胡扯，但我没有足够注意警告信号。于是，我搬了进去。

他从未说过那套公寓是"我们的"，这是他的，我只是住在那里。有时当他举行宴会时，他会让我回避。有一次，我在约定的时间回到家，听到客人还在。我知道如果此时我进入我名义上居住的公寓，他会很生气，所以我在大楼的楼梯间等着客人离开。当我面对他时，他表现得好像我很可笑。当然，我本来可以进来的。这就是煤气灯效应。

为了解决我对所居住地方的无归属感，我告诉他，我希望他在做重要决定时开始使用代词"我们"。他以为自己很聪明，就用钻石拼出了"我们"，并放在送给我的项链上。我并不开心，我告诉他，他应该像对待参议员一样对待我——不要送超过25美元的礼物。他给我买了一幅昂贵的油画，但我把画还给了画廊，请他们把钱还给他。我们吵了一架，他大喊道："我简直控制不了你！"

"你控制不了我。"我反驳道。但当我说出这句话的时候，我意识到他实际上在用各种微妙或不那么微妙的方式控制我。

我知道我必须离开他才能重获尊严，过上我想要的生活，但几年就这么过去了。因为他没有在身体上虐待我，所以我一直在淡化他屡次利用自己的财富和地位将我置于有辱人格和有害境地的行径。

即使到现在，我也无法完全解释为什么会被困住。但我可以确定那些确实帮助我摆脱困境的东西，是意外的帮助让我走出困境。

成见　　偏见　　霸凌　　·　　歧视　　骚扰　　肢体侵犯

一个朋友问过我一个很好的问题："你似乎是那种能得到想要的东西的女人。为什么你在这种情况下感到如此无助？"当他说我是那种能得到想要的东西的女人时，他是带着真正的钦佩语气说的。人们经常批评女人得到自己想要的东西，却以同样的理由赞扬男人。这一点很重要：他在提醒我，我有权设法得到我想要的东西。我认为在大量虐待的背后是一种期望，即女性"不应该"期望得到她们想要或需要的东西。

在些许帮助下，我成功地脱离困境。我的一个上司问了我一个很有见地的问题。当时，他和我正从华盛顿坐火车去纽约参加一个商务会议。当我打开报纸时，我看到我的约会对象被一位内阁成员（可能是当时世界上最有权力的女性）邀请去白宫参加节日派对。就像任何发现自己的约会对象在和别人约会的人一样，我感到一记重击。

我的上司知道我和这个人的关系，所以他至少在一定程度上理解为什么我看起来如此沮丧。他没有像许多处于他这种地位的人那样假装一切正常，而是勇敢地说了"很遗憾"——还引用了谢丽尔·克罗的话问了我一个问题："如果这能让你快乐，那你为什么还这么悲伤？"这是关于这段关系的一个好问题，它把我推向了出口。

然而，几年后，我还是没能走出那扇门。当我向一个员工提到我想养一只狗，但和我同居的那个人不允许时，我的员工坚持无论如何我都要养狗：白天把狗放在办公室，晚上他会把狗带回家。这是一个非常慷慨的提议，我对此感到非常不好意思，但还是同意了。当然，只要我得到了小狗，我会在下班后把它带回家。这是我最终搬出那间公寓，找到自己住处的一个重要原因。尽管我们不再同居，但我们的关系仍在继续。

在创业失败后，我遇到了一个我在早期职业生涯中共事过的同事。在我们简短的谈话中，他注意到我在困境中挣扎。我们并不是很熟，但他邀请我出去吃汉堡。吃饭时，他建议我找份新工作，这或许能帮我重新站稳脚跟，并鼓励我去他所在的公司面试一份工作。我觉得有点儿尴尬——他在提供帮助，但这感觉有点儿像施舍。不过，我想起导师曾建议我寻求帮助，于是我接受了这位前同事的建议。

在经历了这个面试过程后，我想起给商学院的一位朋友打电话寻求建议。她所提供的不仅仅是建议，她邀请我去面试一份很棒的工作，而面试公司距离那个男人3 000英里[①]远。我不确定如果我们之间没有那么远的距离，我是否能够挣脱束缚。

从一段虐待式的关系中脱身是很难的。不是每个人都有熟人可以在新的地方给自己一个新的开始：我意识到我是极其幸运和受优待的。但我想说的是，不要向别人隐瞒你的处境。你的朋友越是了解发生了什么，他们就会越想帮助你，一小步就会成就一大步：在办公室里养一条狗导致我换了新公寓，然后一个汉堡推动我去面试，然后是一通电话促成更大的变动。接受别人提供的帮助，让关心你的人帮你走出困境吧！

那些有权有势的人厚颜无耻地滥用他们的权力，其程度总是让我感到惊讶，但我在处理这种事上已经变得更熟练了。

在我职业生涯的后期，在我幸福地奉子成婚后，一位硅谷的传奇导师自愿帮助我做一个项目，分析科技行业是如何发展的。

[①] 1 英里 = 1.609 344 千米。——编者注

成见　　偏见　　霸凌　　↯　　歧视　　骚扰　　**肢体侵犯**

我刚刚开始了一份新工作,而他是业内最具战略头脑的人之一,他的加入极大地提升了我的信誉。

我们每隔一周见一次面。几个月过去了,他邀请我和我的家人到他的海滨别墅去度过一个周末长假。然后,在我们到达的前两天,他声称对我的身体很感兴趣,所以他才一直在帮我。有些人说我"应该"知道,但那是指责受害者的废话。

我对这个男人一点儿都不感兴趣。更重要的是,我爱我的丈夫。对我来说,没有什么比我的家庭更重要。我跟我的导师说得很清楚。他接受了我的话,但坚持说如果我们周末不去会很尴尬——他妻子已经买了所有的食物。

很惭愧,有那么一刻,我动摇了。我不是很担心食物,但我该对我丈夫说什么呢?因为有人向你求欢,所以就告诉你的配偶你们必须取消与另一对夫妇原定的计划,这不是任何人都喜欢做的事。还有,我在工作中也需要信誉,我该如何告诉我的新同事,这位一直向我提供建议的硅谷传奇人物突然退出了这个项目?这样一来,信誉很快就会变成轻蔑。我的导师知道这一切,他认为可以说服我假装什么都没发生,这样他就可以在他的海滨别墅里和我玩一场猫捉老鼠的游戏。

但此时此刻,我可以很清楚地想象如果我们去海滨别墅会发生什么。此行将会是令人害怕、尴尬、痛苦的,参与这个丑陋的游戏会令我觉得受到玷污。经验告诉我这是不可行的。

我花了大约 12 个小时才鼓起勇气告诉丈夫发生了什么事。我本不必感到如此恐惧。他做的第一件事就是给了我一个大大的拥抱,说:"我很难过。这太令人失望了。我曾认为他是个例外。"这正是我当时的感受。我曾认为我的导师是"科技公司高管滥用权力"这一规则的一个例外。我丈夫和我编造了一个蹩脚的借口，没有去海滨别墅过周末。之后，我再也没见过我的导师。

施虐者

正如当你被虐待时自己很难意识到，当你虐待别人时你可能更难意识到这种情况，尤其当你爱这个人时。你可能无意滥用权力——这可能是情况背后的逻辑，一种你可能没有意识到的逻辑，因为你的权力、财富或特权将你与处于不同情况下的人们看来显而易见的事实隔离开来。但无知不是借口。认识到你对他人的影响是你的职责，尤其是当你关心那些人时。

例如，我的一个朋友尼娜请她公司的高管斯坦利支持她升职。他很欣赏她的工作，于是欣然同意了。几天后，斯坦利请尼娜出去约会。她不在他的指挥范围内，所以严格来说，他没有违反任何人力资源规则。但考虑到他写信支持了她升职，他确实对她有一定的影响力。而她对他根本不感兴趣。在婉言拒绝后，尼娜给我打电话，担心他会撤回对她升职的支持。

我很了解斯坦利。我怀疑他是否曾想过约尼娜出去会让她陷入尴尬的境地，但他应该是想到过。如果他足够精明，能够成为一家大型科技公司的高管，那么他也会聪明到足以理解这种情况。但他没有这样，因为他没有充分考虑到他的行为所造成的影响。在这种情况下，有意或无意的无知、健忘、无头绪或笨手笨脚都不是借口。[8] 如果他花点儿时间考虑一下（在工作场所，所有这种性质的示好都值得花这点儿时间），他就会意识到，现在不是约她出去的时候。

成见　偏见　霸凌　,　歧视　骚扰　**肢体侵犯**

另外，我的一个有钱朋友在他的婚前协议中明确承认了这种权力失衡：他给了他的未婚妻一大笔钱，没有任何附加条件。她甚至可以在结婚前就离开他去找另一个男人，而且她还能得到这笔钱。他从不希望她觉得被他的财富控制。

以下为几条指导方针，可帮助你避免成为施虐者。

1. 不要和你的同事或组织内比你级别低很多的下属谈恋爱。不要和他们调情，不要让他们和你调情，不要约他们出去，不要用性或调情的方式触碰他们，永远不要。

2. 如果你开始对你的同事产生爱意，问自己以下问题：你愿意放弃工作来追求这段恋爱关系吗？如果愿意，务必辞掉你的工作，然后约那人出去。如果不愿意，首先行使你所担任职务的行政职能，管好自己的行为。不要说出你的感受，然后期望别人来收拾你刚刚造成的局面。

3. 如果你违反了上面的规则，和你的同事或下属谈恋爱，那么是时候去找一份新工作了。不要期望或允许这个人为了你而牺牲自己的事业。在这种情况下，最常见但又有缺陷的逻辑是，下属是需要更换部门或放弃工作的那个人。毕竟，你有"更重要"的工作。但是，这个人的职业生涯对这个人来说就像你的职业生涯对你一样重要。而且，由于职位较低、资源较少，这个人很难承受职业脱轨的后果。

领导者

当你阅读职位描述时，其中可能没有提到你应该防止虐待式关系损害你所在团队的工作效率。然而，如果你作为一个领导者不去考虑阻止这种事情发生，它就可能会发生。

以下为一些你可以采取的预防措施，还有一些预防措施失败时的行动建议。

1. 以身作则。不要和公司里的人发生暧昧关系。
2. 确保每个人都理解上文所述的"禁止在命令链中出现性行为或约会"规则。
3. 执行规则。这可能意味着要解雇一些业绩不错的经理。这很痛苦，但如果你想站在制度勇气的一边而不是制度背叛的一边，你就必须这么做。2019年秋，当我在写这本书的时候，麦当劳的董事会解雇了CEO，因为他被曝光与一名员工发色情短信，尽管在他的管理下，公司的股价已经翻了一番。[9]
4. 领导者必须公开过去的暧昧关系。据称，除了那段导致他被解雇的关系，麦当劳CEO没有披露他与其他3名员工的暧昧关系，因此麦当劳起诉他，要求收回付给他的遣散费。[10] 有一次，我领导的一家公司的董事会成员建议我雇用一位女性，但没有透露他曾经和她约会过。后来我以一种让大家都感到尴尬的方式发现了这件事。我希望他在推荐我雇用她的时候就透露这个信息。
5. 不要创造让不平等恋爱关系茁壮成长的环境。硅谷的一家风险投资公司过去在每个假期都会举办两场派对：一场为妻子举办，一场为情妇举办。（没有女性伴侣，也没有男同性恋伴侣。）如果你做了这样的事情，那么当你的文化

成见　偏见　霸凌　⚡　歧视　骚扰　**肢体侵犯**

以毁灭性的公开方式变得有害时，不要感到惊讶。
6. 自我教育。如果你不确定哪些属于虐待式关系，这里有一个简单的定义：一个人对另一个人拥有权力，并利用这种权力来控制或强迫另一个人做他/她不想做的事情。

职场性侵犯

制度背叛

正如"#MeToo"运动所揭示的那样，性侵犯在工作场所发生的频率惊人。1/6 的女性都是强奸或强奸未遂的受害者。12%的性侵犯发生在受害者工作期间。[11] 在工作中强奸时有发生。我曾经在一家公司工作，因为其对办公室强奸案的虚假调查，我辞职了。从那时起，我就一直在思考如何才能成为一个更好的仗义执言者，以及当这种可怕的事件在自己的任内发生时，领导者应该如何应对。

正如心理学家珍妮弗·弗雷德所指出的那样："我们如何回应暴力事件的曝光至关重要。对性暴力曝光的错误回应往往会加剧伤害……机构的错误回应就是制度背叛。"[12] 弗雷德提供了一些实用的方法，让仗义执言者和领导者成为真正有用的倾听者，以一种对每个人都公平的方式调查性犯罪。[13]

我曾经工作过的一家公司的反应只能被描述为"制度背叛"。造成这一结果的因素有很多，但我将重点关注其中两个：强奸迷思如何让我们所有人沉默，以及同意文化的匮乏。

强奸迷思让我们都保持沉默[14]

在调查这起发生在办公室聚会上的强奸案过程中，我学到了很多东西，明白了为什么这类调查经常偏离轨道。我对调查的开展方式感到不安。被指控强奸这名女子的男子直截了当地告诉我，他和她发生了性关系，但她当时醉得太厉害，记不清发生了什么。负责调查的律师知道这一点，然而他并没有指示进行调查的女子与我交谈。

当我向律师提出这一点时，他暗示我"不应该"和接受调查的那个人谈话。这是法律上的心理操纵。然后，律师给我介绍了案件的细节。事实表明，这名女子的行为并不像他想象中的强奸受害者"应该"表现的那样。他说："我不明白。她为什么不反抗或叫喊呢？"

当时，我不知道受害者在遭受性侵犯时不反抗是多么普遍。但我不需要成为一个专家才会不相信这个强奸迷思：受害者像在电影场景中一样大喊大叫着，奋力击退作恶者。[15] 我完全理解她为什么没有反抗和尖叫。

我还在上大学的时候，暑假在一家服装店打工。有一次，我从地铁站台乘上一个长长的、空无一人的自动扶梯，突然感到阴道和肛门一阵剧痛。我猛地转过身来，发现一个老家伙色眯眯看着我。他蹑手蹑脚地走到我身后，用手指穿过我的裙子和内衣，侵入了我的身体。我的第一反应就是抬起脚来，踢他的脸，让他从那个长长的自动扶梯上摔下来。我有自卫的权利。

我该自卫吗？

我想象着这个老头从坚硬的金属楼梯上滚下来，撞到了头，受了重伤，而我被指控袭击或谋杀未遂，所以我没有踢他。我想

公平工作　　342

成见　　偏见　　霸凌　　↯　　歧视　　骚扰　　|肢体侵犯|

尖叫，但我不知道该尖叫什么。如果他偷了我的钱包，我可能知道该大喊："停手，小偷！"但现在该喊什么呢？我不知道该说什么。我只是转身就跑，一边恨自己就这样跑了，而我想做的是反击。

我甚至从没想过要去报警。我不知道在许多司法管辖区，包括我所在的司法管辖区，指交被列为强奸。这件可怕的事发生在我身上，而我甚至不知道该怎么称呼它。同样让我感到不安的是，如此可怕的事情会发生在我早上上班路上，发生得如此之快，如此出乎意料。当我到公司的时候，我仍然深感震惊，并把我的遭遇告诉了一位同事。

"这在地铁上是常有的事，"他耸耸肩说，"学会习惯吧。"就好像我认为我应该受到更好的对待是一个愚蠢的想法一样。在某种程度上，他把发生在我身上的事轻描淡写地说成小事，这比一开始发生的事更让人心烦。我可以把那个将手伸到我裙子里的男人斥为变态，把发生的事斥为反常，但如果一个同事说这是正常的，似乎并不在乎，那又意味着什么呢？

我把这件事和同事对这件事漫不经心的评论都埋在了脑海中最黑暗的角落。然而，这件事永久地改变了我的工作着装：这就是直到今天我还穿着李维斯 501 牛仔裤的原因。后来又有一个男人，这次是一个高级技术主管而不是一个地铁乘客，当他试图摸我的时候，他什么也没摸到，多亏了我的李维斯牛仔裤牢不可破的内缝。

从那以后，我再也没有提起过这件事，我当然也不打算和现在坐在我对面的律师说起。所以，我什么也没说，关于为什么这个强奸受害者会保持沉默，我不知道如何为我的沉默辩解。回想起来，我真希望当时我能发声，也许事情会变得不一样。下次我会做得更好。正如玛雅·安热卢所写："我做了当时知道怎么做的事。现在既然我知道得更多，也就做得更好了。"[16]

同意文化的匮乏

回想起来，我认为另一个让我在与律师的谈话中保持沉默的因素是，我不想面对公司没有共同的同意文化这一事实。正如"#MeToo"运动所揭发的那样，很多有权势的男性认为他们对女性的身体享有某种"权利"。但当时我很难承认这是真的。一些男人会有意识地争辩说，比如，如果我喝得烂醉，他们有权对我的身体做任何他们想做的事。面对这件事是很痛苦的，所以我一直在否认这一点。我曾倾向于把对性侵犯的不当处理归结为"误解"，而不是根本的道德分歧。

就在我和律师谈话前不久，我无意中听到公司走廊上的一段对话。一个年轻人对另一个人说："嗯，她喝得太醉了。她在期待什么？"

这太过分了，我不能坐视不理，于是我加入了谈话。"如果你和一个醉得无法表示同意的人发生性关系，那就是强奸。"

"不，不是强奸！"第一个人说，他的同伴点头表示同意。"这就是强奸。你没有权利对一个女人的身体做任何你想做的事，仅仅因为她喝醉了。我不会浪费时间和你们两个争论的。"我反驳道，"如果你不想进监狱的话，你应该了解法律。你如果不相信我，找个律师问问吧。"

这让我感到紧张。我去找公司的主管赫伯特谈话。我想知道，

成见　　偏见　　霸凌　　`　　歧视　　骚扰　　|肢体侵犯|

我们是否需要在公司进行同意培训,这些年轻人怎么会不知道强奸是什么。赫伯特立刻把这个计划驳回了。我试着退后一步,对我们想要在公司营造的文化达成共识。"难道你不想让公司成为一个女人可以像所有男人一样喝得烂醉而仍然安全的地方吗?"我问道,"我不认为这是一个很高的标准:不要和一个醉得不省人事的人发生性关系。"

"唯一的问题是他是在办公室里做爱的。"赫伯特生气并怀有戒心地回答道,"如果他把她带回家,或者在餐厅、卫生间里做,那就没事了。"

在我对我们共同道德体系做出的假设中,我感觉脚下裂开了一道缝。难道大家不都认为强迫那些醉得不省人事的人和自己发生性关系是一种错误行为吗?我现在意识到这是一个天真的假设,只有通过否定才有可能成立。争论那个女人喝得有多醉,或者那个男人是否知道她喝得那么醉是一回事。但我从来没有想过,这个男人或其他人会真的相信,可以和一个大家都认为烂醉如泥的女人发生性关系。我很震惊,回到家和丈夫谈论这件事。

他和我感到一样震惊和厌恶:"这些家伙是怎么了?他们就没有道德准则吗?"幸运的是,在对与错的问题上,大多数司法管辖区的法律都与我和我丈夫的看法一致。强奸是违法的,与醉得无法表示同意的人发生性行为属于强奸,因此是违法的。然而,在社会中,我们在强奸问题上建立共同的道德标准还有很长的路要走。不知怎么,我以前从来没有遇到过这种情况。

值得一问的是,为什么我没有意识到有些男人认为这种行为完全可以接受。从那以后,我和几位专门从事性犯罪业务的律师谈过。见我认为这种关于强奸的不分是非的态度令人惊讶,他们深感震惊。他们都很清楚。多年来我一直拒绝注意这一点，我拒绝去注意我担心自己无法解决的问题。现在我知道，如果我把这句话颠倒过来，会对我很有帮助，即我无法解决拒绝注意的问题。

现在，既然我无法避免注意到它，那么我的问题是，我的责任是什么？我知道，教育我的孩子们遵守道德和法律是我的责任。但我有责任纠正人们对强奸所持的歧视女性的态度吗？这种态度如此普遍，以至于我在走廊谈话里以及与高管的争论中都感受到了这种态度。我是否应该花更多的精力向我的团队解释同意的含义？我是否应该在负责开展的管理培训和销售培训中增加同意培训？

我的内心发出一声"不"的巨大呻吟，我已经有一份重要的工作了。我的工作职责不包括对这些自认为有权利拥有女性身体的男人进行思想改造的附加责任。但是，如果我认为有任何成功的机会，我无论如何都可能会去做。还有另一个问题：我没有盟友。我觉得没有一个主管能给我提供帮助。我的老板又一次告诉我，我因为"有点儿执着于女人的事"而名声大噪。如果公司里还有一位女性高管在这些问题上与我合作，事情可能就会有所不同。我对离职感到内疚的部分原因是，我知道这会让公司的年轻女性感到沮丧，但我不能留下来的部分原因是公司里没有足够多的女性。

我这样说听起来好像我在做出明确的选择，但事实并非如此。当时，我非常困惑。我试过坚持了一段时间，但那家公司出了太多问题，公司、行业和社会文化的许多方面为犯罪的发生创造了条件。该公司有一种"兄弟会"文化，在这种文化中，对女性的成见甚至偏见都被说出来，任何试图拒绝这些态度的行为都被压

成见　偏见　霸凌　ϟ　歧视　骚扰　**肢体侵犯**

制住了。这些态度如果不被纠正，就会导致对妇女的歧视。因此，公司里几乎没有女性。

公司雇用我的部分原因是想让我帮他们收拾文化上的乱局。我相信他们想要解决这个问题，我也想要帮助他们。但我发现他们认为收拾乱局是我的职责，而不是他们的职责。而且，公司的许多人不希望文化发生改变。因此，对我所做的工作，他们倾向于打击我而不是表示感谢。因为感觉欠公司里女性员工一点儿什么，我又在公司待了几个月。但最终我意识到，如果能把工作交给我，高管就永远也不会收拾他们的烂摊子。我留下来并不能保护那些女性，而是与那些助长了公司歧视女性文化的男性共存。我只会任由他们躲在我的裙摆后面。我让自己准备好因为他们造成的局面而受到责备。我不干了。

制度勇气

下面，我就如何预防和应对工作场所内的肢体侵犯提出一些建议，目标是创造一种同意文化，并确保制订可信的举报机制和制衡机制，以加强这种文化。我们可以用制度勇气来回应，而不是制度背叛。[17]

受害者

讲出你的故事，倾听别人的故事

"#MeToo" 运动是伴随着一个故事诞生的，它还揭露了数百万个故事。[18] 一名 13 岁的女孩告诉活动人士和社区组织者塔拉纳·伯克她遭到了性侵犯，由此引发了这场运动。伯克自己也是性暴力的受害者，她当时无法对女孩的故事做出回应。伯克后来真希望她当时能说一句："我也是。"2006 年，她在 MySpace 上发布了这个短语，旨在帮助其他人找到力量，既讲述自己的故事，也倾听别人的故事。由于伯克成功的呼吁和社交媒体上的回应，无数性暴力的受害者都这样做了。今天，如果你讲述你的故事，人们比以往任何时候都更有可能同情和团结地倾听你的故事。这样做也可以帮助其他受害者和未来受害者，并为其他人讲述自己的故事进一步铺平道路。

不要让羞耻使你沉默

当我在地铁上被人猥亵的时候，我没有大喊大叫的部分原因是我不敢喊出能准确描述他对我所做事情的话。"你正在对我进行指交"这句话不会脱口而出；我也不愿意大喊"把你的手指从我的肛门和阴道里拿出来"，甚至"你的手怎么伸到我裙子里了"。不知为什么，我觉得准确地描述当时发生的事情对我来说是可耻的，而对他来说不是。

羞耻经常被用作"消音器"。但如果我们不能使用正确的词，我们就无法给出正确的描述，这就会让作恶者逍遥法外。研究表明，当孩子知道并使用正确的词来形容他们的生殖器时，他们就不太可能成为恋童癖的受害者。[19]

我听过最令人满意的对猥亵行为的回应来自作家德博拉·柯帕肯。她在公交车上，有人抓住了她的屁股。车上很挤，她无法分辨是谁，于是她弯下腰，抓住那个男人的手，把它从自己身上抽出来，大声喊道："这是谁的手？"

成见　偏见　霸凌　⚡　歧视　骚扰　**肢体侵犯**

学一学德博拉，她并不感到羞耻！

这种方法可以用于预防，也可以作为事后反应。如果有人要求你做令你感觉不安的事，明确地告诉他们你为什么不安。我是在从莫斯科开往圣彼得堡的火车上偶然学会这一点的。我买了4张票，因为这样我就可以独享一个卧铺车厢，而不必和3个陌生人睡在一起。但还是有个人闯了进来。他去洗手间的时候，我把他的东西扔到走廊里，然后锁上了门。他回来"砰砰"敲着门，对我大喊大叫。我的俄语不够好，无法委婉表达，所以我说："你是个大男人，我是一个小女人，小女人跟高大陌生的男人在一屋睡觉不安全。"他道了歉，另外找了个座位。

那天晚上我学到了重要的一课：明确表达是很重要的。

找到所需的支持

我希望我能说，依靠最爱你的人。但有时，你最亲密的人的反应可能是伤人的，甚至可能再次造成精神创伤。

不过，仍有很多地方可以寻求帮助。你并不孤单，即使你最亲密的人不能给你所需要的支持。你可以找当地的强暴危机中心或支持热线，他们可以帮你联系到当地的资源，包括咨询。你可以在网上与RAINN（强奸、虐待和乱伦全国网络）的专业人士聊天，或者拨打他们的24小时热线（800-565-HOPE/4673）。塔拉纳·伯克组织的"#MeToo"运动有一些很棒的资源和工具包。[20]《卡利斯托幸存者指南》也为性侵犯、强奸和职业性胁迫的亲历者提供信息和资源。Option B 是一个非营利组织，帮助人们在面对困难或创伤性生活事件时建立情绪恢复能力。[21] 这些只是其中的一小部分资源而已。

但并不是由我或其他人来告诉你该做什么，不该做什么。我们应该按你需要的方式倾听，提供帮助和支持。如果你求助的人不能给你需要的东西，那就另寻别人求助。

让自己发声

许多人发现，无论是以书面、口头形式还是通过艺术媒介讲述他们的故事，都对从性侵犯的创伤中恢复有极大的帮助。剧作家伊芙·恩斯勒的回忆录《道歉》就是一个感人的例子。[22]

你永远不知道你的故事会带来什么。但即使你的故事没有走红，如果它帮助你疗伤，它也已经创造了奇迹。我写了一本300页的回忆录，帮助我化解和摆脱本章前面描述的虐待式关系。它从未见过天日，也永远不会，这是为我自己写的。写这本回忆录让我摆脱了困境，这就够了！我喜欢写作，所以这对我很有效。如果你不喜欢写作，那就找别的方法把它说出来——唱出来，跳出来，表演出来，制作一个视频，在徒步旅行或吃饭的时候告诉你的朋友，试着接受治疗，加入一个互助小组。

考虑做个体检

如果你被侵犯了，你可能想要尽快去医院接受法医检查。[23]在去之前，你可能想去当地的强暴危机中心讨论一下检查的问题。强暴危机中心通常会有律师陪同亲历者去医院。如果医务人员或警察误导或糟糕地对待受害者，那么有一名律师就很重要。公务人员怀疑受害者，从而以一种冷漠或无情的方式回应，甚至对受害者撒谎或提供错误信息，这种情况仍然经常发生。所以，有些人更喜欢有一个律师和他们一起去医院。

成见　　偏见　　霸凌　　￤　　歧视　　骚扰　　|肢体侵犯|

在这样一段痛苦的经历后,你的第一本能可能是洗个澡;要记住,你可能会洗去重要的证据。但即使你洗了澡,你还是可以去医院:仍然可能有重要的证据需要收集,你可能受伤了,医疗护理会对你有益。把发生在你身上的事情写下来,然后用电子邮件发给自己或你信任的朋友,这也是一个好主意。采取这些措施并不意味着你必须报案,但如果你随后决定报案,证据越多越好。

考虑向警方报案

举报性侵犯的负面风险有很多,而且有充分的记录证明。性暴力的亲历者经常描述,举报犯罪的方式可能与事件本身一样令人痛苦。调查可能既旷日持久又具侵扰性。侵犯者的律师会利用你的每一项作为或不作为来对付你。法院做出有罪判决的概率很低。即使你的侵犯者被判有罪,你可能会觉得自己也受到了法律体系的惩罚。

然而,值得考虑的是向当局举报的好处,举报的好处同样实在。我将在这里列出这些好处,但让我首先说,你必须决定什么对你最有利。没有什么事情是你"应该"做的。

演员兼活动家阿什利·贾德说:"恐惧来自关注说出真相的代价,而勇气来自关注保持沉默的代价。"[24] 如果你觉得举报性侵对你没有好处,那么也不代表你是个懦夫。阿什利·贾德有你可能没有的资源。但你不必是一位著名的演员,也可以这样问自己:沉默的代价是否高于说出真相的代价?

追求正义可以带来宽慰。30 年前,我的一个朋友在大学里被强奸了。她想报案,但大学的精神科医生劝她不要报案。说这个精神科医生有利益冲突是轻描淡写的。直到今天,我的朋友没有报案这件事对她造成的困扰几乎和罪行本身一样多。

还有其他方法可以获得宽慰。在一篇感人的专栏文章中，专栏作家米歇尔·亚历山大解释了强奸她的人是如何用道歉了结这件事的，而报警又会让她精神上受到创伤，让她在斯坦福大学法学院读书的机会面临风险。她说："多年以后，我意识到我自由了。我对强奸我的男人不再感到恐惧、愤怒或怨恨。不知不觉中，我已经原谅了他。如果他对我漠不关心，或如果我被迫忍受法庭系统中的新一轮创伤，或如果我被迫生下一个非我选择的孩子，很难想象我会有同样的感受。"她解释了为什么没有报警："我从没想过报警能帮到我，这只会让事情变得更糟。我设想了检察官、法庭和问讯。我努力挨过在法学院的第一年，担心自己会挂科，想知道如何通过第一轮考试。我最不想做的就是成为诉讼案件当事人。"[25]

我们的法律体系已经严重受损，尤其是对那些没有财力的人和非白人来说。然而，当人们可以向法院提起诉讼时，他们就会发现法律体系的缺陷，我们都将从中受益。但是，改革法律体系处理性暴力方式的无私愿望不应该是你举报的唯一理由——把你自己放在第一位。

受害者将这些案件诉诸法庭的代价十分高昂。最后，你将不得不基于一个决定性因素来做决定，这个决定性因素就是一件比任何其他事情都重要的事情。露西娅·埃文斯在解释她决定参与针对哈维·韦恩斯坦的案件时，有说服力地描述了自己的决定性因素。

> 我列出了所有我应该做和不应该做的理由。我说的所

成见　偏见　霸凌　⚡　歧视　骚扰　**肢体侵犯**

有不该做的理由是指，担心我的安全、家庭、名誉、事业等。这一切都会毁了。至于应该做的理由，我只是写道："因为感觉这样是对的。"在这方面我没有其他很多东西要写。我觉得我至少可以，也很有希望把他关进监狱。这个人侵犯了那么多人，骚扰了那么多人。最终，我无法拒绝这个机会。这是正确的选择，我要这么做。[26]

埃文斯顶住了风暴，但最终她的指控被撤销了。谈起那次令人愤怒的经历，她说："我也不希望人们因气馁而不敢站出来控诉，我只希望人们不要妥协——尽管有我说的那么多困难，人们还是决定挺身而出，因为这就是我们唯一的希望。"

你可能无法仅凭一张简单的利弊清单就做出决定，但有时，认真思考这样一份清单可以帮助你找到决定性因素。听听那些支持或反对参与有缺陷的刑事司法体系的人对你提出的所有论点，这个体系有时看起来更像是一个刑事不公平系统。然后，闭上眼睛，决定对你来说什么是正确的。

仗义执言者

打断

如果你目睹了一场你质疑是否存在真正同意的性接触，在自己的人身安全没有受到威胁的情况下，打电话报警或打断这种行为。

在《知晓我姓名》一书中，香奈儿·米勒描述了两个年轻的瑞典男子骑着自行车经过她时的情景。当时，她躺在垃圾箱后面，失去了意识，袭击者布洛克·特纳正压在她身上。当骑自行车的两人意识到发生了什么事时，他们介入了，冲特纳大喊让他停下来。特纳逃跑后，他们首先检查了米勒的情况，然后追上特纳。"他们扮演了预言者，"米勒写道，"选择行动并改变故事的实干家……我们需要唤起别人的正是这种本能，这种在瞬间辨别是非的能力，清醒地面对而不是忽视这件事。"她描述了两名瑞典人如何把特纳按倒在地，说："你他妈的在干什么？"这也给了她提出指控的勇气："瑞典人给我带来了新的声音，我得学着他们说话。有一天我将面对攻击我的人说'你他妈的在干什么'？"[27]

倾听时怀着同情，而不是愤怒或恐惧

如果你目击或听到没有征得同意的性行为，至少不要否定它、淡化它或撒谎。不要表现出和强化让举报这种行为变得如此困难的"煤气灯效应"。

这里有一个例子可以说明性骚扰在工作场所通常是如何发生的，以及那些未能挺身而出的人可能造成的额外伤害。

我曾经在一次会议上提到，我对我们正考虑在纽约进行的一项收购很感兴趣。出于社交原因，我已经每隔一个周末就从加州前往纽约。在场的高管之一菲尔以每次出差都会多订两间酒店房间而闻名，因为一个女人永远不够。会议结束后，菲尔给我发了电子邮件，因为那个周末他要飞往纽约：他可以让我搭他的私人飞机。

我拒绝了，说刚好那个周末我必须待在家里工作。拒绝与你共事的位高权重的人总是有风险的，但和他一起坐飞机听起来更加危险。他肯定不会反对我努力工作吧？当然，如果我没猜错他

公平工作　　354

成见　偏见　霸凌　 ，　歧视　骚扰　肢体侵犯

的意图，那他就违反了"命令链中禁止约会"规则。但公司的几位高管违反了这一规则。这家公司经营得很好，高管也赚得盆满钵满。赚那么多钱会让大多数人（不是所有人，例外是值得称赞的）相信他们所谓的"例外论"，并给他们一种凌驾于规则之上的优越感。[28] 当成为亿万富翁的人主要是男人时，这就发出了一个明确无误的信号：男性的价值更高——高得多。他们可以为所欲为。

在拒绝菲尔的提议后不久，我发现自己和他一起参加了一次社交活动。这是当时硅谷突然涌现的暴富者所特有的盛大狂欢。主人包租了一架专门为零重力宇航员训练而改装的727飞机，也被称为"呕吐彗星"。飞机沿抛物线飞行，在下降的过程中，乘客体验了30秒的失重状态。经过几趟后，当人们习惯了漂浮在太空中的眩晕感觉时，我们开始玩一个游戏：一个人会把自己卷成一个球，其他人会在飞机内将那个人抛来抛去。当轮到我当球时，我笑着玩儿得正开心，有人试图把两根手指塞进我的肛门和阴道。幸运的是，我穿的是李维斯牛仔裤，它的内缝牢不可破。但我当时吓坏了，而且我很确定是菲尔所为。我很了解在场的其他人，我确信他们中没有人会做这样的事。这样抓住他并没有什么诱人之处——这是一种暴力的手势。这是菲尔在惩罚我拒绝搭乘他的飞机去纽约吗？我知道并感到非常沮丧的是，在这种环境下，我对此无能为力，我知道他也明白这一点。

有一段时间，我什么都没告诉任何人。我的股票期权还没有兑现。如果我能再低调几年，也许就能买得起房子了。几年后，当我离开公司时，我终于把这事告诉了一个朋友，一位前同事。

"你为什么不早点儿告诉我？"这是她说的第一句话。

领导者、仗义执言者、朋友们，请注意，当别人告诉你这样的事情时，永远不要问他为什么不早点告诉你，这个问题已经被问过、回答过无数次了。在绝大多数情况下，受害者不会及早说出来，因为他们害怕如果说出发生在自己身上的事情，他们会受到惩罚。带着同情心去倾听发生的事情，并且保持开放的心态，即使有些事情难以入耳。

然后，她开始盘问我："你不能肯定那就是他。"

"是，我不能，但这是当时在场的其他人。"我把名字列了出来。我俩都很了解他们。"你真觉得会是他们中的一个吗？"

她发出一种含糊的声音。

"得了吧。我真的严重怀疑那些人会做出这样的事。你我都知道菲尔会的。"

"这在法庭上是站不住脚的。"

"我不在法庭上，我只是在告诉你。"

"再说，你怎么知道那不是意外呢？"

"你被这样抓住过吗？这是一个明确无误的手势，这种抓摸是不会偶然发生的。"

"你永远无法证明这一点。"

"不，我想不一定。"

她为什么要我证明？我只是把她当朋友一样聊天。我不禁觉得她是在悄悄告诉我要保持沉默，好像真正的危险是关于我的谣言可能会四处散播，而不是菲尔会一直侵犯公司里的女性。

"小心一点儿，"她警告说，"强烈的反击即将到来。"

"为什么反击？他侥幸逃脱了惩罚！我却无能为力。他要反击什么？"

成见　　偏见　　霸凌　　⚡　　歧视　　骚扰　　|肢体侵犯|

　　显然,我的朋友不是一个仗义执言者。从某些方面来说,这比菲尔的所作所为更令人心烦意乱。我知道菲尔是个玩弄女性的浑蛋,但是我的朋友会不知道吗?

　　现在回想这次交流,尤其是在写完这本书之后,我更能理解她那天毫无帮助的反应。"你为什么不早点儿告诉我?"这是焦虑的父母对孩子说的话——无意识地训斥孩子,因为这个世界的恶行超出了父母的控制。这是一种责备和不恰当的行为,但它植根于恐惧和深爱。我们不想让我们在乎的人受到伤害。我们喜欢想象,如果他们做了正确的事情,就不会受到伤害。

　　也许她也有一些复杂的感觉,她很难表达出来,这些感觉我也有,但又不想说出来。为了在男性主宰的残酷的商业世界中取得成功,我们都下意识地采取了一些策略,让自己表现得更像男性。我们假装性别无关紧要,但我们拒绝承认的是,在所有大大小小的方面,男性对待我们的态度就好像我们在那里是为了满足这些男人的一时兴致似的。

　　我的朋友一路奋斗,登上了行业的顶峰。但是,我们都很清楚,这仍然是一个男人主宰的世界,她仍然害怕失去这个来之不易的地位。我朋友传达给我的潜意识信息可以归结为以下内容:我不能承认行业对女性的伤害和贬低。为了支持你,即使是在私人谈话中,我也必须审视我在这种文化的延续中所扮演的角色。在我任职的初创公司里,对于同样的事情我做了另一种选择。当时,当玛德琳试图警告我,我的公司存在歧视和骚扰文化时,我基本上没有理会她的担忧(而是让她保持沉默)。

　　我知道我当时为什么保持沉默,这种沉默给我带来了一些实实在在的东西。我留在了这家公司,我的股票已经兑现,它的价值足以买半套房子；我丈夫也抽中了股票期权，支付了另一半房子的费用。但我的沉默让我自己和其他女同事付出了代价，也让公司付出了代价。这也让我很困扰，因为我以服务信任我的人为荣。

此外，既然股票已经兑现，我和我丈夫拥有了我们的房子，我也已经辞去了在那家公司的工作，为什么我的朋友还建议我保持沉默呢？当然，总是有更多的钱要赚，但是说真的，你还能吃得更好吗？我意识到，世界上没有足够的财富让我解脱，让我能够畅所欲言。这种自由不是用钱能买到的，我必须在内心找到它。

这里有另一个关于工作场所不公平所导致潜在后果的例子。那些想知道处理这种行为的重要性的人可能需要注意：一位表现出色的高管，如果确信自己被公司的一位高管实施指交，担心举报可能会毁了她在公司的职业生涯，那么她可能不会把她的一切都告诉你，而且她很可能会更多地考虑她自己的退出策略，而不是你的底线。

这就是性骚扰经常发生的不可见而又不容置疑的方式。没有人谈论这种极难证明的、不恰当的、通常构成犯罪的行为。因此，性骚扰继续存在，而且在一个你从骨子里感觉到但又不能完全揭露的虐待环境的推动下，从内到外侵蚀着一个组织。受害者认为没有必要说出来，因为本应该为他们挺身而出的人却建议保持沉默。他们也知道，如果他们真的说出来，领导层更感兴趣的是如何悄无声息地解决问题，而不是公开承认公司内的不良行为。因此，当作恶者本应该被追究责任时，他们却可以继续寻找新的受害者。与此同时，受害者往往会以各种方式默默承受很长时间的痛苦——在情感上、经济上、职业上和身体上。每个人都有损失。

成见　偏见　霸凌　⚡　歧视　骚扰　|肢体侵犯|

领导者

每 92 秒就有一个美国人遭到性侵犯。[29] 8% 的强奸案发生在受害者工作期间。[30] 这意味着，如果你是一名高管，在某个时候，你被迫在这个问题上发挥引领作用，这并非不可能。

你可能认为处理性侵犯是刑事司法系统的工作，但我们的司法系统不能有效地起诉强奸和性侵犯。大学性侵举报系统"卡利斯托"的创始人杰斯·拉德表示："强奸犯有 99% 的机会逍遥法外。美国几乎没有对性侵犯的威慑机制。"[31]

如果你的工作场所发生了性侵犯事件，采取行动将取决于你，重要的是你要把事情做好。说到摧毁士气或分裂团队，很少有事情能比对不当性行为指控的拙劣回应更迅速。此外，对工作场所性骚扰不予回应可能会违犯 1964 年《民权法案》第七章。

自我教育

领导者很有必要了解性侵犯——了解受害者如何应对，以及作恶者如何试图逃避对自己行为的责任。要想成功，领导者必须像面对产品销售面临的竞争威胁时那样，下定决心去做这件事。这并不意味着简单地强迫你的员工参加培训，以减少公司在最坏情况发生时需要承担的责任。这意味着要更深入地了解这个问题，并学习其他领导者如何应对，以帮助受害者恢复，降低你的团队再次发生性侵犯的可能性。[32]

当我回顾观察到的对一起办公室强奸案的虚假调查时，我责怪自己和其他高管没有准备好应对如此严重的情况，也没有在面对意外情况时迅速进行自我教育。公司的律师和我都不太了解性侵犯。律师想象性侵犯就像电影里描述的那样，因此他不知道如何回应才能既对被指控的作恶者公平，也不会进一步伤害受害者。我从亲身经历中知道，不要相信强奸迷思，但我不知道如何面对律师的无知。

受害者通常以沉默或不明确的情绪回应。被指控者通常会采取一种叫作DARVO的行为模式，即"否认，攻击，反转受害者和罪犯"的缩写（这个词由珍妮弗·弗雷德创造，并在《南方公园》中出名）。[33]正如阿什利·贾德解释的那样，DARVO多年来帮助哈维·韦恩斯坦逃脱了性侵犯罪责。但这并不意味着采用DARVO模式的每个人都有罪。但它提醒我们，不要根据你对一个人情绪反应的预期来决定他无罪还是有罪。

了解不当性行为，这样当它发生在你的眼皮底下时，你就会知道如何识别和面对它。这里我推荐你从1个视频和4本书开始。

- "'#MeToo'运动时代的背叛和勇气"：这是珍妮弗·弗雷德在斯坦福大学行为科学研讨会上的专题题目。[34]在12分钟的时间里，弗雷德总结了几十年来有关组织如何最有效地应对性暴力举报的研究。一方面，她解释了直接、彻底、公平地处理举报（她称之为"制度勇气"的方法）如何有助于防止未来的事件，让受害者更快地恢复，并增加员工和领导层之间的整体信任。另一方面，制度背叛——指责受害者，掩盖事件，并表现出其他我们可以衡量的行为——会再次伤害受害者，从长远来看会损害组织的声誉。[35]
- 《知晓我姓名》，作者香奈儿·米勒。[36]这本回忆录将帮助

成见　偏见　霸凌　↯　歧视　骚扰　|肢体侵犯|

你理解对性侵犯采取富有同情心的回应可以帮助受害者愈合创伤,而调查和法律程序迫使受害者重新体验他们遭受的侵犯可能会带来创伤,甚至比事件本身更大的创伤。

- 《米苏拉》,作者乔恩·克拉考尔。[37]克拉考尔从蒙大拿大学一起处理不当的强奸案的视角,研究了领导者和整个社会未能预防和应对性暴力的原因。这本书展示了制度背叛对受害者和机构本身造成的可怕人力损失。虽然本书以学术界为背景,但是克拉考尔的许多结论也适用于其他工作场所。
- 《没那么糟:强奸文化集》,罗克珊·盖伊编。这本书聚焦了各种不同的性侵犯经历。许多人最纠结于给不符合典型强奸叙事的性侵犯贴上标签。
- 《重新定义强奸》,作者埃丝特尔·弗里德曼。这本书描述了我们对强奸的理解随着时间演变的历史。

另外,还需要注意的事情是,当一个人面对一桩性侵犯案件时,不同的成见可能会产生冲突。如果存在性别成见或对常见强奸迷思的信念,那么这个人对性侵犯举报的怀疑可能会超出正当范围。[38]当种族成见和体型成见也存在时,他可能会更不屑一顾。

营造同意文化

让我们回到发生强奸案的那份工作中展开讨论。如果办公室里的每个人都明白"同意"的含义,那么这件事可能就不会发生了。如果你一开始就对握手、拥抱之类的事情设定了预期,你就可以对他们进行同意教育,而不会觉得自己在工作中提供性教育。

但如果你的员工之间有约会或勾搭等行为，不要逃避现实，公开谈论性同意也会对你有好处。

建立可信的举报系统

《萨班斯-奥克斯利法案》要求上市公司维持一套系统，以便于员工举报可能对董事会审计委员会产生重大影响的事项。多数大公司依赖于提供匿名举报热线的第三方系统，然而这些系统在设计时并没有考虑到不当性行为。主要机构正在投资建立系统，以改善对不当性行为数据的获取，这有助于它们管理工作场所未发现的不当性行为风险。

仅在过去几年中，就出现了许多举报系统来满足这一市场需求。"我和他们在一起"是一个关于不当性行为政策和举报程序的非营利资源中心，它对不同制度的优缺点提供了有益分析。[39]

这些系统的共同之处在于，它们允许人们匿名举报事件。

匿名之所以重要，是因为它提供了一些保护，防止性侵犯的受害者在举报犯罪时再次受到创伤。这些系统不会因为匿名指控而自动惩罚任何人，它们只会引发调查。这些系统还可以把同一个人的受害者聚在一起，这样，如果他们决定举报犯罪，就可以一起举报。这些系统也可以让管理层注意到针对一个人的任何指控模式。指控的模式并不意味着一个人会自动被解雇或受到惩罚，这仅仅意味着还有更多的事情需要调查。

"我和他们在一起"的总裁劳里·吉朗解释了为什么匿名举报如此重要："每个向权威机构提出指控的人都要向某人负责。许多行为准则都规定，编造举报可能导致解雇。公司不是法庭。雇佣是一种契约，许多员工'自由'就业，直到公司决定不再需

成见　　偏见　　霸凌　　⚡　　歧视　　骚扰　　|肢体侵犯|

要他们。被指控的作恶者和目标人物都有权接受公平的调查,但目标人物和其支持者承担更大的举报风险,这就是他们需要匿名的原因。"

根据人多保险原则运行的举报系统通常是帮助人们举报的唯一方法。在《她说》一书中,乔迪·坎托尔和梅根·图伊描述了在哈维·韦恩斯坦的众多受害者中,只是其中一位就花了好几个月的时间才愿意公开发表意见。最后,众多受害者中的两位,演员阿什利·贾德和韦恩斯坦前助理劳拉·马登勇敢地同意说出真相。《综艺》和《好莱坞报道》报道称,《纽约时报》即将曝光哈维·韦恩斯坦是一名连环性侵者。突然,随着这个消息,大坝崩塌了。"几个月来,记者一直在追寻女性受害者,"坎托尔和图伊在书中写道,"渴望她们讲出真相。现在他们都跑到了坎托尔和图伊身边,就像一条突然向相反方向流动的河流。"[40]

并不是每个连环强奸犯都能遇到这样的情况,即两名获得普利策奖的调查记者花了几个月的时间来确保受害者能够安全地站出来发声。如果你的工作场所中有一个惯犯,你难道不想知道吗?这就是匿名举报系统可以帮助识别和起诉工作场所惯犯的地方。

彻底调查,不要躲在虚假的程序后面

我们下令对办公室强奸案进行调查是正确的选择。但是,我们没有要求进行更彻底的调查,这一点严重失策。即使对体贴的调查员讲述创伤,对受害者来说也已经够痛苦了,但当调查毫无定论、弄虚作假时,会对受害者造成二次伤害。

做到公开透明

人们常说，掩盖比犯罪更糟糕。这么说有几个原因：第一，掩盖事实对受害者极不公平；第二，这会使犯罪发生的潜在条件永久存在，使你的工作场所更有可能发生进一步的性暴力；第三，对一个组织来说，掩盖事实往往会比追究作恶者的责任造成更多问题。这就是不要诉诸强制仲裁、补偿和保密协议来掩盖投诉的重要性所在。

不要传递垃圾

通常，一家公司会因为一个人在办公室里实施性骚扰甚至性侵犯而解雇他，然后另一家竞争公司又雇用了他。公司如何避免互相"传递垃圾"？公开宣布你以性骚扰为由解雇了某人在法律上很棘手，已有公司因这么做而被起诉索赔数百万美元。但如果你解雇了某人却没有披露相关信息，而被媒体发现，你可能会发现自己陷入了公关噩梦。对领导者来说，怎样才能摆脱这种进退两难的局面呢？

汤姆·席费尔拜因，几家大公司的退任 CEO，有一个实用的解决方案。当有无可辩驳的证据表明办公室发生了性骚扰或性侵犯时，他会发送一封内部邮件，解释当事者为什么不再留在公司工作。他的律师试图劝他不要这样做，但他提醒律师，是他在掌控全局；律师的工作是指出障碍并告诉他如何绕过这些障碍，而不是告诉他去哪里或如何到达那里。

给员工发邮件之所以重要，原因有二。第一，它发出了一个强烈的信号：这种行为将产生实际后果。通常很多人都知道这种行为，因此必须证明公司已经采取了行动。第二，它帮助解决了

成见　偏见　霸凌　歧视　骚扰　**肢体侵犯**

"传递垃圾"的问题。通常当公司雇用某人时，它会通过幕后渠道进行背景调查。因为很多人都知道发生了什么，所以被解雇的原因就会在面试过程中显露出来。

如果你正在招聘某人，在检查推荐人的时候，一定要严格询问有关性骚扰史的问题。很明显，不要只致电求职者提供的名字。如果求职者是一名高级雇员，不要只和他这个级别的人交谈，查明这个人的前任下属员工有什么话要说。这是一个很好的做法，可以发现人们到底是什么样的，他们的声誉如何，他们如何对待自己管理的人，以及是否有性骚扰或不当性行为的历史。

如果你解雇了某人，而另一家公司做了背景调查，那就强制自己的行为高于法律所要求的道德标准。法律不要求披露该人的行为，实际上可能会惩罚披露行为。然而，你可以采取措施确保性侵犯者不会轻易被其他公司雇用。调查关于性暴力的内部调查结果的道德和法律披露。

不要赋予经理不受制约的权力

不受制约的权力不必为绝对权力，就可以滋生可怕的虐待。2017年，《纽约时报》发表了一篇关于福特汽车厂一名经理利用安排班次的权力强迫一名女性与他发生性关系的报道。[41] 当这名女性拒绝了这位经理的示好后，他给她安排了一个班次，这个班次从她孩子的日托所开门之前开始，然后他威胁她如果迟到就解雇她。

显然，这位经理应该被解雇和起诉。但这本身并不能解决问题，这个问题是系统性问题。当管理者拥有不受制约的权力时，他们中的一些人很可能会滥用这种权力。此外，当举报虐待行为只有一种方法时，举报很可能会回到经理那里，然后他可以惩罚举报者。权力制衡使性暴力发生的可能性降低，而且更容易被举报。它越有可能被举报，你就越有可能发现惯犯，性暴力就越不可能发生。如果我们想把工作场所的性暴力降到最低，这就是我们需要的一种良性循环。

收集数据

如果你想知道公司里的人在举报工作场所性骚扰或性侵犯时，是否相信他们的领导会做正确的事情，那么可以进行一项匿名调查。心理学家卡莉·史密斯和珍妮弗·弗雷德设计了这样一项调查，并允许公司免费使用。[42]

如果你启动了调查并发现了组织中的问题，你需要解决这些问题，否则你只会让你的员工感到更加愤世嫉俗和沮丧。依靠你的法律团队，或咨询你的高管。如果你能负担得起，请一位在这方面很专业的顾问。[43]

不要过度下放多元化、公平性和包容性工作

如果你是一个团队的领导者，不要雇用一个弱势的人既要做正职工作，又要纠正公司的强奸文化。你雇来负责财务的女副总裁可以吗？防止性侵犯不是她的工作，主管财务才是她的工作。创建一个多元化的团队、公平的管理体系和包容的文化是你的职责。

让我们回头谈一下我曾任职、发生强奸案的那家公司。我受雇发展一项 10 亿美元的业务。当我加入公司时，公司刚刚开始专注于为女性创造一个更好的工作环境。公司期望但未明说由

成见　偏见　霸凌　⚡　歧视　骚扰　**肢体侵犯**

我负责解决这个问题,而无须"小题大做"。有大量的工作要做。当强奸发生在办公室时,情况就变得严重得多,这暴露出公司普遍存在的关于强奸的一种严重不道德观念。我本可以做得更好,但公司对我一个人的期望太高了。拥有一个更加多元化的团队可以解决很多问题。那些真正挺身而出的人,帮助我推动变革的真正帮手,也会受到欢迎。期望少数人来做所有的工作是不合理的,这是行不通的。

备忘录

问题	对策
	同意文化 如果对方不想被触碰,就不要触碰 如有任何疑问,不要触碰
肢体侵犯 触碰和权力结合,会导致从主动拥抱到暴力的种种问题	**可信的举报系统** 确保匿名举报的安全性 建立公平的调查程序

第三部分

制度公平与偏颇

> 我所写的一切，如果不是亲身体验，也大多与我的所经所历密切相关……因为我们每个人都是社会的一分子，都要承担起一定的社会责任，并为罪责买单。活着就要不断拷问心灵和灵魂的巨魔。写作就是对自我的审判。
>
> ——亨利克·约翰·易卜生

这本书写到这里，我们已经拆除了职场不公平的引擎，并把所有部件都布置在适当的车道上。

当所有部件作为一个完整的系统共同运作时，是时候来检验引擎的工作方式了。日常生活中，我们并不会经常经历种种离散的态度和行为。它们以动态方式相互运作，并且这种动态催生了偏颇的制度。

当成见、执念、霸凌、骚扰、歧视和肢体侵犯不再是偶尔惹是生非者的专利时，会发生什么？当它们融入被制度主宰的职场并干扰我们的雇佣、薪水、晋升和解雇决策时，应该怎样？当努力避免成为恶贯满盈者的员工做出了伤害同事的事情，但并没有意识到这一点或不理解他们运作的制度是如何损人利己时，又当如何？当这一切发生时，很多人会有意识或无意识地拉帮结派，串通一气。

有时候，这些制度的建立并不是无意之举，就像在南非那样。随着大英帝国的轰然倒塌，南非的白人领袖为研究全球制度化的种族主义专门成立了一个委员会。随后，该委员会带来了一份关于如何镇压南非大部分黑人的报告：密密麻麻的法律条款布满3 000多页，内容无外乎是建立一个旨在控制黑人的监控型国家。[1]

当然，你所在的职场发生的一切可能并不像种族隔离那般堂而皇之的邪恶，但是不要因此强化你对职场制度偏颇的否认。结果比意图更重要。雇佣制度、薪酬制度、晋升制度和导师制度可能并不有意歧视他人，然而这些制度却导致了歧视。领导者制订的无效报告制度，可能无意容许实施职场性暴力的惯犯逍遥法外。这些可能都不是领导者的初衷。但是倘若这些正在发生而我们拒绝承认这一点，那么我们，不论扮演何种角色，都将成为问题的一部分，而不是解决方案的一部分。

这就是为什么我们需要意识到导致职场不公平的种种态度和行为之间的动态关系。这些动态关系不是"自然的"，也不是"不可避免的"，但它们始终存在。如果我们试图打破这种关系，我们就必须首先承认它们的存在。

* * *

从某种程度来说，公平工作非常简单，无非就是尊重每个人的个性，这样才能相互协作，完成工作。谁不想那样呢？假使我们没有对不公平的现象如此麻木不仁，我们会惊讶于我们竟然允许它成为人生的挡路石,让我们无法成为我们想成为的人,无法做我们想做的事情,但是我们就是这样做了,一直以来就是这样麻木和冷漠。

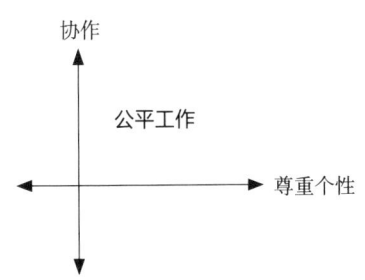

```
            协作
             ↑
             |
    公平工作  |
   ←─────────┼─────────→ 尊重个性
             |
             ↓
```

要理解为何公平工作难以实现,让我们先来看看为何我们会背离相互协作和相互尊重的原则。部分原因在于我们之前已经讨论过的离散态度和行为。但这同时也是它们之间的一种动态关系。

需要从众 ←——————→ 尊重个性

从众动态让我们不再尊重个性,通常表现为假装理性、假装有教养和假装礼貌。但这种动态以一种缺乏理性的方式排除了弱势群体,从长远来看,这种方式会造成与直接暴力同等甚至更严重的伤害。之前的章节概述了导致我们需要从众的种种态度和行为:成见、偏见以及歧视,也从打破成见、行为准则以及成见量化等方面对我们需要采取哪些行动来各个击破进行了总结。以下章节将阐述导致从众的滑坡效应,审视从众如何扼杀创新、摧残个性,并提供了可以帮助企业远离滑坡效应的安全举措。

胁迫动态蛊惑我们拒绝协作。它不会假装礼貌——它直接以粗鲁示人。之前的章节概述了导致胁迫的种种态度和行为——成见、霸凌、骚扰和肢体侵犯,也从打破成见、霸凌后果、相互

第三部分 制度公平与偏颇

协作 ↑ ↓ 胁迫

制衡和可信的举报机制等方面对我们可以采取哪些行动来优化协作进行了概括。以下章节将阐述导致暴力的滑坡效应，审视暴力如何扼杀协作、摧残个性，并提供了可以帮助企业远离此等滑坡效应的安全举措建议。如果有人说了对某事持有成见或偏见的话，默许或公开纵容暴力，这在道德或法律上不等同于暴力行为本身。同时，我们必须充分知悉从偏见到暴力的常规路线。无知不是借口；缺乏意识也不是借口。

是否了解并意识到这些动态及其差异，以及它们如何共同和单独运作，对于我们是否有能力在建立不公平的制度之前打破这些动态至关重要。意识到这些动态对于理解如何使用公平工作取代不公平的制度也非常关键。

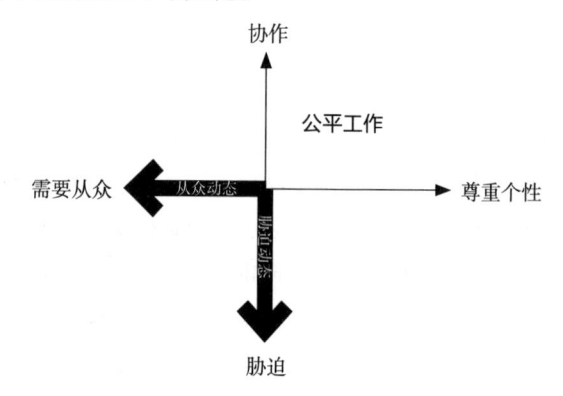

```
              ↑ 协作
              │
              │   公平工作
需要从众 ←────┼────→ 尊重个性
       从众动态│
         尊重动态
              │
              ↓ 胁迫
```

公平工作　　374

9

两种糟糕的动态

从众动态

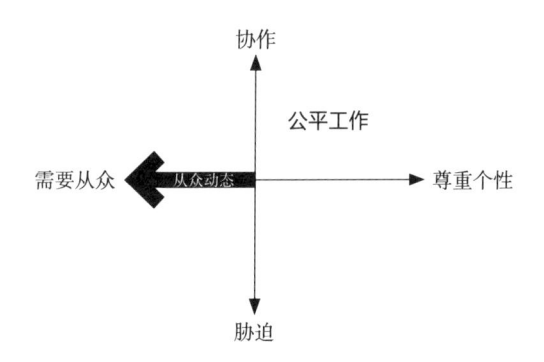

```
        协作
         ↑
      公平工作
需要从众 ←【从众动态】——→ 尊重个性
         ↓
        胁迫
```

走向暴力的滑坡效应

  从众动态含蓄地传达了一条尽人皆知的信息：成为我们中的一员，或给我们让路。当然，对众多弱势员工群体来说，服从于"我们"是不可取的，甚至是不可能的。关于我自己，很多方面我不想做出改变，例如我的性别；还有一些即使我想改变，我也无法改变，比如我的年龄，或我的头发质地。当有些人因不能或不愿遵守专制制度，从而丧失机遇或受到不公平的政策待遇时，他们便很容易在情感和身体上受到伤害。从众动态即某些人所谓的"优雅"的种族主义,"绅士般"的性别歧视。这纯粹是混账话。事实上,不是公然的暴力并非意味着它就不具有极大的破坏性。然而,人们往往利用行为中不存在显性暴力来否认他们的态度和行为所造成的伤害。"我不是种族主义者,我又不是3K党",或"我不是性别歧视者,我永远不会强奸妇女"。

在我孩童时期,我便体验到了从众动态的特权版本。一些人们可能遇到了更坏的事情,但是我的遭遇也依然具有毁灭性和杀伤力,而且那段遭遇对这种动态进行了清晰的阐释。

我7岁的时候,我的父母在俱乐部打网球,而我则沿着篱笆采摘野生黑莓独自取乐。突然,两个男人走进球场。我异常紧张,因为我知道俱乐部的规则。俱乐部禁止女性成为会员;作为父亲的嘉宾,我和母亲在场。而网球场的等级制度是,如果两个女人在玩球,那么一个男人和一个女人可以抢占球场。该男人和女人玩球时,如果两个男人走过来,则这两个男人可以将他们赶出球场。恐怕我的父母即将受到这样的对待。而我当时已有7个月身孕的母亲,指着她的肚子对那两个男人说:"我肚子里有一个男孩,所以球场有两个男人。"这两个男人接受了这个逻辑,离开到别的球场去了。

我当时非常震惊。我那还处于胚胎期的弟弟,以一种我那才华横溢、富有创造力、勇猛强悍的母亲所无能为力的方式,帮助我们取得了胜利。我被这种显性的不公平激怒了。学校永远不会允许我们制订这种荒谬的规则来驱逐我们不想与之玩耍的孩子。如果这么说,我肯定要用肥皂彻底洗嘴巴了,但是这规则就是胡扯。

几年后，我从托妮·莫里森的《所罗门之歌》中读到一段话，让我觉得与网球场相比，这些荒谬的规则更适用我们这个世界："你从哪里获得决定我们生活的权利？我将告诉你从哪里——就是夹在你两腿之间的小鸡那儿。让我来告诉你……你不仅需要这些。"[1] 准确起见，我最挚爱的弟弟确实不仅拥有这些。但这就是支配我们生存的性别歧视等级制度。

随着我慢慢长大，我看见周围的男人总是认为东西是属于他们的，可以理所当然地随手拿走；而女人不管是在上班还是在家，总是扮演奴仆和/或花瓶的角色。当我获得孟菲斯一家银行的第一份暑期工时，一位高管对我说："天，我不知道他们竟然允许我们招聘漂亮的女孩！"我当时18岁，不知道还有"我"开头的话语，也不知道该如何回答。所以我什么也没说。但是我当时就决定不在我的家乡开启我的职业生涯。

但是我保持了沉默。我只是觉得有些泄气。这种被抹去、被忽略的感觉能摧毁一切，但是无法摧毁最坚强的女人。银行的高管中没有女人。我朋友的妈妈几乎都不在外工作。有些女人婚姻幸福，但是大多数被她们的丈夫和丈夫的朋友颐指气使、冷漠对待和随意欺侮。还有一些则被残忍抛弃，被更年轻、更漂亮的女性取代，从而失去了体面的谋生方式。有时候，也许可以被称为最糟糕的背叛的是，这些妈妈被她们的女儿同样对待。这些女儿为赢得男人的青睐，采用了一些最糟糕的做法。

这是一个很久以前的故事——西蒙娜·德·波伏娃撰写的《毁灭的女人》，或我喜欢称呼她"被愚弄的女人"。[2] 不论我必须做什么，我都不会被愚弄。在我7岁摘黑莓的时候，我当即决定，我宁愿面对任何狂风暴雨，也不愿意因为我的性别被赶出球

9 两种糟糕的动态

场。孩童时的决定让我坚持第一份金融工作，即使我在电梯里和就餐时被人猥亵。我准备继续躲避这样的行为，而不是回到孟菲斯的家。因为在那个家里，我不得不面对"我不知道他们竟然允许我们招聘漂亮的女孩"这样的动态。我很清楚这种歧视会给我带来什么。如果能实现财务自由，我愿意尝试应对骚扰。

很显然，从众动态并不针对性别：当成见或偏见影响决策并导致歧视时，它就会出现。作为一名女性，我是它的受害者。但作为一个白人，我是它的同谋。很多时候，我聘用的团队成员都是白人。说我不打算歧视他人并不是一个合理的托词。面对默认的排斥行为，我并没有积极抵制。我不仅没有承认从众动态导致的种族歧视，反而强化了它；我不仅没有反对种族歧视，反而做了一件种族歧视者做的事情：聘请的团队成员都是白人。我有时候也会强化性别歧视的从众动态。我已经不止一次聘请的都是男人。我怎么能做这样的事情呢？因为我不愿承认。让从众动态显露无遗，这样你就不会不承认并犯下与我所犯相同的错误，这便是这本书余下章节的主题。

胁迫动态

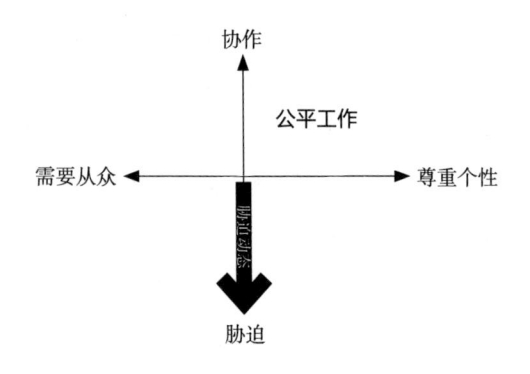

走向暴力的滑坡效应

胁迫动态是一个同样古老又常规的途径，它可以将成见引向霸凌，引向骚扰，引向暴力。当成见让位于暴力——通常仅在心跳瞬间——无意识的成见并不无辜。香奈儿·米勒和她的姐姐去参加离家仅10分钟路程的大学派对，醒来时却发现自己身在医院，她在垃圾桶后面被一个她素未谋面的男生性侵。乔治·弗洛伊德买了一包香烟，店主拨打了911，声称弗洛伊德使用了20美元的假币，17分钟后弗洛伊德被警察杀害。

这些故事之所以能引起如此强烈的反响，并不是因为它们非同一般，而是部分在于这种暴力事件发生得如此频繁。暴力发生在职场，正如我们在第8章看到的类似的故事。即使在职场之外，这些经历也与我们相伴相随。我们不得不承认这一点。

关于胁迫动态，我的亲身体验似乎有某种特权性质。我几乎不用担心肢体安全。但这里有一个故事说明为何我们必须承认它而不是否认它。

新工作刚开始的几个月，我就参加了一个假日派对。该公司的大部分（70%以上）员工都是男人，所以刚进门时我还有点儿胆怯。女人们一一给我打招呼，这些女人大部分裸体，在笼子里跳舞。正如我在职业生涯中经常做的那样，我试图忽略发生在我周遭的一切。女人在笼子里跳舞？我想这是某人开的一个糟糕的玩笑。我试图不去理会我的不适。

我环视四周，企图找到一张熟悉的面孔。这时，我的同事西蒙向我走来。他递给我一瓶啤酒。起初，见到他我很高兴。但是，当他问道"你知道南方姑娘的求偶信号是什么吗"，我感觉一切都毁了。

我说我不想知道，但是西蒙告诉我是"告诉你们，我喝得酩酊大醉。"

西蒙的玩笑完全没有让我感到肢体威胁，但是这段简短的对话触动了我所有的想法。派对的背景很重要——以男性为主导，同时使之成为可能的文化也很重要，这种文化让人们认为可以雇用女人在笼子里跳舞，以供取乐。至少，西蒙在暗示他并不是一个正人君子。他以一种并不友好的方式让我知道，那天晚上我放松警惕并不是明智之举。

如果在我们所在的世界，胁迫动态并没有创建一条从成见引向性暴力的常规路径，那么他的行为就可以仅仅定义为"霸凌"。这是一个离散的事件。而在现实世界，他在反映并强化强奸文化。他的行为是厌女者的行为。

两种动态均自我强化

让我们回到我在苏联从事的第一份金融工作。从众和胁迫动态均在那份工作中得到体现，并相互强化，同时，也上演着一个恶性循环。我被对待的方式强化了他人对我的成见，这些人本不必参与我的经历，或知晓我的经历。

我们离开那家公司10年后，我和当时的一位名叫史蒂夫的同事聚在一起。晚餐期间，我们对那段时间的压力津津乐道：一周工作80~100个小时，持续的压力，一部血汗史。

"你当时的头发总是像要炸锅，"他笑着回忆道："我其实有点儿担心你。那些时日每个人都很难，尤其是女人。"

他在开玩笑吗?！那些时日我很难吗？很明显他认为，噢，女人受不了那么长时间的工作，这也是为什么金看起来备受压力。当然，让我备受煎熬的并不是长时间的工作。

史蒂夫并没有因为他的性别而获得更少的报酬；他的老板并不是一个霸凌的前男友；他的胸部没有被公司的高管摸过；我有理由确信弗雷德没有在电梯里对着史蒂夫摩擦他勃起的阴茎。这就是为何史蒂夫受到的压力比我更小。那并不是因为他是一个男人，而是因为他没有遭受我遇到的破事。当然，我不能怪他不了解我的遭遇，因为我从未告诉过他。我甚至自己都不愿意承认。我在这里并不是讲故事来责怪史蒂夫。我是想说，即使对于那些不会歧视或骚扰他人的人，歧视和骚扰也会通过某种方式来强化成见。被虐待对我的行为产生了影响，而我的行为又强化了史蒂夫的成见，即使他并不知道真正发生了什么。

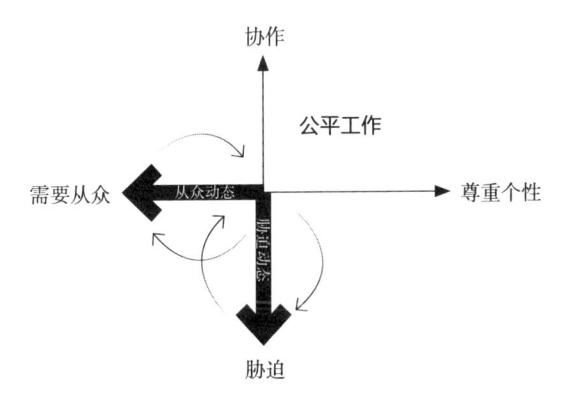

令人惊讶的是，这种成见很难打破。即使多年以后，在一次友好的对话中，我仍然无法鼓起勇气向他解释他对女性的成见以及对压力的认识有多么不公。为什么会这样呢？弗雷德已经死了；史蒂夫参加了他的葬礼。史蒂夫喜欢弗雷德——这不难理解，因为史蒂夫并没有遭到弗雷德的猥亵，而是获得了他的指导。似乎不予理会更容易。这就是为什么职场的不公平会不断强化，循环往复。

我想回到过去，帮助年轻时候的自己大声说出自己的想法，也帮助年轻时的史蒂夫倾听我的想法——甚至在可能的情况下，帮助他注意到正在发生的事情。我希望这本书能给年轻的金和年轻的史蒂夫带来启发，让他们互帮互助，并打破这种恶性循环。我想要让他们相互协作，尊重彼此的个性，这样他们能公平工作，而不是陷入这些消极的动态中。

离散事件和动态不公平

我们务必了解作为离散事件的霸凌与作为导致制度偏颇的动态之部分内涵的霸凌之间的差异。前者很糟糕，但是带来的威胁远远低于后者。当我在节目录制期间告诉我的同事拉斯他"天生就是做能量姿势的人"，他经历的是一起离散霸凌事件。虽然承认我的行为很糟糕，但是他毫不担心我的行为会对他的肢体安全造成任何威胁。像我这样的人不会对像他这样的人实施暴力行为。这并不像是胁迫动态，即常见的从成见走向暴力的滑坡效应，也不是厌女症。[3] 但是当西蒙告诉我那个关于强奸的无聊笑话后，我感受到的不仅仅有霸凌，还有胁迫动态，或厌女观。我感受到一种威胁在暗流涌动。西蒙并没有公然对我进行威胁，但是他让邪恶犯罪的概念正常化——人们认为和喝得酩酊大醉的人强行发生性关系仅仅是"派对里的小插曲"。不管他是有意还是无意，他提醒着我，我的肢体并不安全——特别是在我喝醉的时候。

让我再举一个关于对某人来说是离散霸凌事件,但对其他人是胁迫动态的实例。当我读小学时,我的一个老师告诉我们,没有受洗的人都会下地狱。这深深地刺痛了我,因为我信仰的基督教科学派并不施洗。我不相信我会下地狱,但是我还是感到不安。我遭受到来自老师的霸凌。而我们班一个犹太女孩遇到了比霸凌更糟糕的事情。有些人的祖母是犹太人大屠杀暴行中的幸存者。对他们来说,胁迫动态中固有的暴力以一种惨痛的方式得以立即施行,而我幸免于此。我正在遭受的是霸凌,而他们遭受着反犹主义。这两者之间存在着巨大的差异。

如果我们想创建一个理想的公平世界,我们必须愿意了解可以引领我们从成见走向歧视或从成见走向暴力的动态。即使我们自己从未施过暴行,也认为我们自己不是那种人,我们仍然需要注意我们的言语可能反映和强化暴力的方式。我确信我的《圣经》研究老师不曾认为她会是种族灭绝的参与者;我也确信西蒙,这个对我讲无聊玩笑"告诉你们,我喝得酩酊大醉"的家伙,他并不认为自己会强奸妇女或宽恕强奸这种行为。然而,如果他们想在他人面前展现自己理想的样子,他们就必须承认他们的言语反映了我们所在世界的可怕动态。

性别动态:性别歧视和厌女症

由于涉及性别,因此性别歧视描述的是从众动态。性别歧视是暗中为害的,同时,具有迷惑性的是,它不是一种离散的态度或行为,而是成见、偏见和歧视之间的一种动态,这种动态让女性易受虐待。由于涉及性别,因此厌女症描述的是胁迫动态。厌女症是成见、霸凌、骚扰和肢体侵犯之间的一种常见动态，这种动态让女性被迫从事她们不愿选择的角色，或者直接成为暴力的受害者。

对此，伦理学家凯特·曼恩是这样解释的："性别歧视是刻板的；厌女症是野性的。性别歧视有一套理论；厌女症挥舞着棍棒。"[4] 换句话说，性别歧视是形成性别偏见并使歧视合理化的一种观念，而厌女症使用霸凌、骚扰和暴力来称王称霸，胁迫他人。性别歧视是纯理性的，而厌女症更倾向于感性、肢体性。性别歧视人为地将"男性"和"女性"一分为二，并贬低"女性"。厌女症则期望成为主导者，如有忤逆，则即刻暴怒。

为何要对性别歧视和厌女症进行区分，或对从众动态和胁迫动态进行区分？原因在于：唯有对其进行区分，才能找到避免性别歧视和厌女症的最有效的对策。

如果你正在处理不存在性别歧视的厌女症，那么你无须浪费时间讨论个人信念，因为他/她根本没有信念。你可以关注霸凌的后果，从而防止骚扰和暴力。如果你了解厌女症，你就会明白为什么解决霸凌以及处理"告诉你们，我喝得酩酊大醉"这类言论至关重要。类似的"小"事情可以反映并强化强奸文化，当你知道这种动态在运作时，你就会明白，如果对此类小事情保持沉默，只会带来更糟糕的后果。

如果你正在处理不存在厌女症的性别歧视，那么你可以专注于创建一条清晰的界限，防止人们将自己关于性别歧视的信念强加给他人。如果你和这个人的关系非常重要，值得维系，那么你可以与之展开对话，引导他/她从不同的角度考虑这种信念。事情的结果不太可能会改变一个人的想法，但是逻辑和论辩有可能可以改变。

通过言语来描述一种动态及其走向意义重大，我们可以借此对离散行为和危险动态进行区分。对不同的动态使用不同的表述有助于诊断问题，找到答案。就职场中不公平制度的整体运作方式——制度中离散的问题及其动态，我们的头脑中必须有一个清晰的画面。

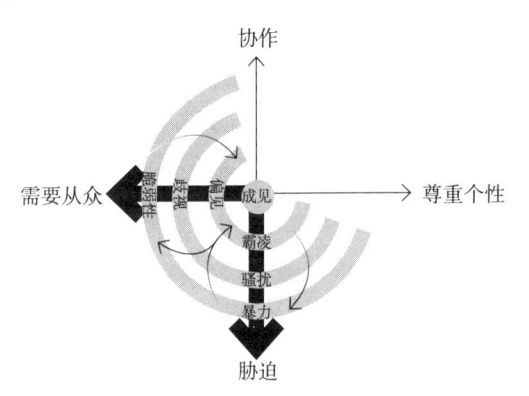

```
                    协作
                     ↑
                     │
                  ┌──┤
                  │成见│
需要从众 ←────────┤霸凌├──────→ 尊重个性
                  │骚扰│
                  │暴力│
                  └──┤
                     │
                     ↓
                    胁迫
```

否认

这是一幅令人极度沮丧的画面，人们往往会忽略它，否认它，拒绝正视它。当事情可能并确实以一种过于熟悉的动态方式迅速恶化时，意识到成见的存在并打破这种成见就变成我们每个人的道德责任：我们谁也不能否认正在运作中的动态所带来的危险。

不幸的是，我们往往以否认的态度予以回应。例如，我熟悉的一些硅谷公司的黑人员工多年来一直抱怨：保安经常检查他们的徽章，但不检查他们白人同事的徽章。对保安人员来说，这无疑就是种族成见或种族偏见。这种行为也反映了一种种族歧视的动态。我是白人；我在科技行业工作了几十年；无论何时何地，从来没有保安检查过我的徽章。我也不怕在闯红灯后被警察拦下时遭遇暴力。

在科技公司工作的黑人员工卡里对在公司食堂检查他的徽章行为表示不满，但是大多数是白人的领导层对此不屑一顾，仿佛这是一种无意识的成见，对此他们也无能为力。即使保安人员并没有意识到拦下卡里和其他黑人员工但不拦下白人员工是一种成见，所发生的也并不仅仅是"无意识的成见"这种离散事件。鉴于我们社会中黑人普遍遭遇从成见到暴力再到种族歧视的动态，所发生的一切就不仅仅是离散的成见或偏见事件。

高管的工作是消除职场的种族歧视。然而，他们否认这是一种种族歧视。他们的否认态度令人难以理解，因为卡里是在乔治·弗洛伊德被谋杀后提出的这个问题，而当时她的领导层还在就反对种族歧视高谈阔论。卡里试图解释被保安拦下而给白人同事放行是怎样让她感到不安。她提到了在公寓里被警察射杀的非裔紧急医疗救护技术员布雷欧娜·泰勒。

"我不知道谁是布雷欧娜·泰勒，"白人高管如是回复。如果在承认自己无知后，他能追问"请告诉我"，就表示他愿意倾听和了解情况。但他只是草草地结束谈话——仿佛他的无知可以解释为何布雷欧娜·泰勒是谁并不重要，为何可以原谅他不用进一步追问。

当时布雷欧娜·泰勒的名字遍布各大新闻，所以他的反应更加让人不可思议。而且，卡里在头一天给管理团队发了一封邮件，提醒他们谁是布雷欧娜·泰勒。卡里在邮件中注明，办公室外的暴力冲突让她心烦意乱，情感脆弱。最近，她在回家的路上遇到一名极具攻击性的警官,这让她深感震惊。她感到义愤填膺、被围攻,不仅仅担心自己,也担心家人——她的兄弟会如何应对这种情形?更令人担心的是,警察会怎样应对这种情形?毫无疑问,这些事情深深困扰着她,影响了她的工作。

但是白人高管丝毫没有表现出任何同情心,他们拒绝承认在食堂里检查徽章这种小事与种族歧视有任何关联;事实上,当他们面对这件事时,每个人以不同的方式谈论这件事,反而强化了"她是一个愤怒的黑人妇女"这种偏见。

如果不是战略上的无知,白人高管的回应是"否认"态度的经典表现。他不知道谁是布雷欧娜·泰勒,是因为他不想考虑:他所否认的在公司食堂司空见惯的无意识的偏见,与警察杀人是否可能有某种关联。但是由于存在关联,全美人民乃至全世界人民都在抗议这种系统性种族主义,这就意味着,他所依傍的无知某种程度上使其免于卷入该事件,这实属不可原谅的行为。

带领全公司员工包容多样性并致力于促进融合的蒂法尼·李,霍兰特·奈特律师事务所的合伙人,描述了她所在的企业采取了哪些举措来避免"否认"态度。他们发现,与假装没有发生种族歧视相比,正面解决种族歧视问题要容易得多。

继乔治·弗洛伊德被谋杀之后,该公司召集了1 300多名在Zoom工作的员工参与市政厅会议。许多人讲述了他们遭遇警察暴力的亲身经历。该公司的一名新黑人律师助理称他看到他的亲戚被警察谋杀,并讲述他的家人所遭受的创伤。对于警察暴力这一公开事实,白人员工往往置身事外,而举办这样的市政厅会议对于打破这种趋势至关重要。这种暴力不再仅发生在"其他地方"的"其他人"身上,而是发生在他们所在圈子的同事身上。

我们发现，人们对待性别歧视问题和种族歧视问题往往都采取同样的"否认"态度。编剧家斯科特·罗森伯格这样评价哈维·韦恩斯坦长达数十年的性侵问题："我们都十分清楚：所有人都知道。"[5]少数勇敢者站出来说话，然后受到了处罚，或被保密协议收买和噤声。这就是这么多年来韦恩斯坦如此猖狂的原因。他是一个拙劣的演员，但是整个体系——法律、企业和社会——粉饰了他，包庇了他。每个人都知道，但是几乎没有人站出来说"嘿，事情不是这样的"。

《纽约时报》专栏作家戴维·伦哈特称这种反应为"不作为的阴谋"。他写道："每一个大案子都有一些共同点……人们知道。即使他们不了解详情……他们也知道事情不是这样的。"[6]人们知道，但是他们假装不知道，或他们否认，或不管什么原因，即使知道也不会做出任何行动。

伦哈特写道："我们要改变的不仅仅是政策和组织，还有人。当你想到韦恩斯坦、奥赖利、特朗普虐待他人……给其他人造成了持久的痛苦，你一定会怒火中烧。我想一定是这样。当我下一次注意到某些事情不是这样的时候，我将记住这种愤怒。"[7]愤怒可以转变我们"否认"的态度，激励我们采取行动。

谴责韦恩斯坦公司很容易，但是我们很难理解事情怎么会恶化到如此地步。即使没有恶化到如此地步，也要自查你所在的职场发生了哪些不公平的情形。如果我们要改变这个制度，我们必须着眼于制度内部并坚持寻找，即使所见并非我们所想。尤其在所见并非我们所想的情形下，我们更要坚持改变。承认制度偏颇之所以如此困难，部分原因在于它会让人如此不安，以至于我们真的、真的、真的不想去关注这种动态——即使理智告诉我们，如果我们在事情发展到最糟糕之前不加以干预，事情会糟糕到何种地步。

这些动态可能导致的恐怖事件是如此残酷和令人焦灼，以至于我们拒绝关注，因为关注会让我们备受煎熬。让我们回到本书开头的故事。我们当中没有人愿意正视这样一个事实：我们的商业合作伙伴、苏联官僚在贩卖莫斯科大剧院芭蕾舞团的舞者。所以我们没有直视这个问题。我们假装这只是一个玩笑，只是"衣帽间"的谈资。尽管如果被追问，我们将承认这可能并不仅仅是虚张声势；苏联官员有胁迫的权力，而且他们几乎无疑都使用过这种权力。这就是不作为的阴谋。我若沉默，便是同谋。

转变否认的态度

诚如伊布拉·X.肯迪在《如何成为一名反种族主义者》中所写："否认态度是种族歧视的'心跳'，它在不同意识形态、不同种族和不同国家跳动。它在我们每个人体内跳动。"[8] 否认态度也是厌女症、反犹主义、同性恋恐惧症以及导致不公平的诸多动态的心跳。我们在对抗这些动态之前必须先学会承认它们的存在。

要转变否认的态度，瓦解种族主义制度，我们必须实行肯迪所说的反种族主义。[9] 非种族歧视是一种消极抵抗极端种族歧视的行为，比如燃烧十字架的行为，而不是积极寻找和消除更多的日常种族歧视行为，如在公共场合不坐在黑人身边的行为，或投票支持会对黑人、拉丁美洲人和土著居民产生负面影响和对其不公的法律条文。[10]

要转变否认的态度以实现公平工作，仅仅想要公平和期望公平是不够的。我们必须采取行动对抗不公平的现象。我们必须意识到制度偏颇不同的表现方式。

  为了帮助理解，下一章将描述3种最常见的形式，并为它们各自命名。正如金伯利·克伦肖所说，当我们指出一个问题时，我们才能解决它。[11]

10

识别不同类型的不公平体系

上一章提到的各种人与人之间的动态关系会相互作用,当它们以不同的方式形成新的组合时,可能导致工作环境中形成 3 种不同的不公平体系。我们如果能够准确说出每种体系的名字,就能更便捷地识别它们、拆解它们。

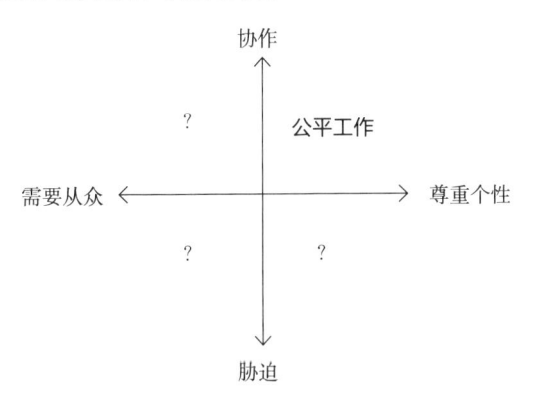

```
                    协作
                     ↑
            ?        │    公平工作
                     │
    需要从众 ←───────┼───────→ 尊重个性
                     │
            ?        │        ?
                     │
                     ↓
                    胁迫
```

有的时候会存在从众动态,却并没有出现胁迫动态。我把这种体系称为"漠视排他"。当然也会出现截然相反的情况。我把这种体系称为"高傲羞辱"。某些情况下,两种动态会同时出现,我把这种体系称为"冷酷无效"。

第一种体系：冷酷无效

当胁迫动态与从众动态同时出现，并且互相强化时，冷酷无效的体系就会出现。有的时候，这种体系可能产生于品性恶劣的领导者，但多数情况下，公司的管理体制无法让做出错误行为的人承担相应的责任，甚至奖励做出错误行为的人，才会导致这种体系的出现。权力动态、竞争、设计失败的管理体系、办公室政治都可能诱发系统性不公平，这些不公平现象刚出现时往往很隐晦，但随着时间的推移，它们会演化出腐蚀性，甚至诱发犯罪行为。

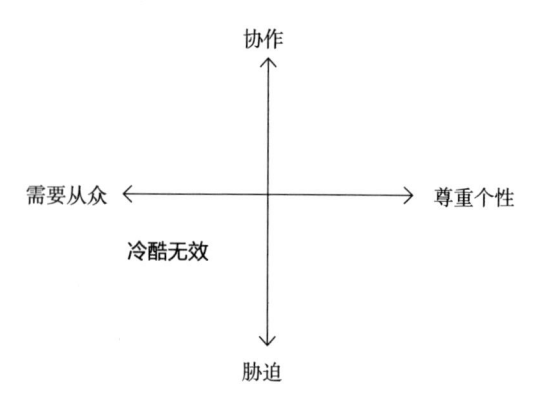

```
              协作
               ↑
               |
需要从众 ←─────┼─────→ 尊重个性
          冷酷无效
               |
               ↓
              胁迫
```

某些情况下，领导者会故意通过体制设计把一部分人排除在外。但常见的管理体系主要还是为了帮助领导者用更简便的方式来招聘、裁员、提拔。他们的目标是塑造一个高效的以人才质量为标准的选人用人体系。但在实际执行的过程中，可能出现记者卡拉·斯威舍提出的"镜像选人"体制——只有跟领导者相像的人才能获得奖励的工作环境。[1]

说实话，谁会关心领导原本的意图？在商界，业绩为王，意图不重要。华尔街上的公司是不会允许任何身处CEO地位的人说这种话的："哎呀，我本意是想让大家赚钱的。但是我真的找不到亏钱的原因。我们就不要再细抠盈利水平了。我对这件事根本不关心。问题一定出在业务流程的某个环节，那是我改变不了的，我们还是讨论另一个问题吧。"投资者也绝对不会对这样一位CEO说："既然你是个好人，也没有居心叵测的行为，那我们就继续买你公司的股票，业绩再糟糕也没关系。"这种情况绝对不会出现。公司一定会采取行动让这位CEO承担责任，并且会寻找更有能力的人来取代他。既然管理层创设了要求员工交出优秀业绩的管理体系，我们也应该要求领导者交出同样让人满意的业绩。如果公司内部体系反映并强化了社会中普遍存在的不公平现象，我们必须对其进行修订。如果领导者找不到修订体系的方法，他就应该主动离职。但领导者也不可能靠自己的力量改变整个体系。每个人都需要出一份力。

接下来给大家讲个故事，故事里的公司因为业务体系设计不好，导致了系统性不公平的现象，公司领导拒绝为此承担责任，甚至当在他眼皮子底下发生不公平现象时，他都选择视而不见。通过这则故事，希望你能意识到，一个糟糕的体系会反映并放大糟糕的动态关系，一种动态关系可能为另一种糟糕的动态埋下种子，当不公平现象生根发芽之后，再想改变体系就变得非常困难（但绝非不可能）。这则故事里的每个人表现都不好，唯一值得高兴的点，就是这种情况在现实当中并不常见。我过去工作过的机构里都出现过类似的动态关系，只不过往往都会有某些人，用人类本应该具备的温暖来缓和当时的情况。人性往往会掩盖体系里的问题，所以我写了一个所有角色都没人性的故事。这么写，主要是为了直截了当地展示系统性不公平现象背后的人际关系动态，并非我对人性感到悲观。

汤姆、迪克、哈里、玛丽 4 个人的故事

汤姆、迪克、哈里是一家软件公司的高级副总裁，他们的汇报线上级是公司总经理亚当。亚当不喜欢看到人际冲突，所以这 3 个人日常都装得像一个幸福、团结的队伍。但汤姆、迪克、哈里 3 个人心里想的都是同一件事——承继亚当的职务。由于总经理只有一个，因此他们有充分的理由互相使坏。亚当在无意之间把几条鲨鱼放在了同一个水缸里。每年年末分配奖金、决定晋升的时候，就是 3 个人打得最厉害的时候。

他们只有一个奖金总包，由亚当决定如何在 3 个高级副总裁的团队之间分配。如果汤姆的团队拿得比例高，迪克和哈里的团队拿得就少。除此之外，亚当还决定今年只有 3 个晋升副总裁的机会。这又是一个零和游戏。也就是说，如果迪克的团队提拔了 2 个人，那么汤姆和哈里的 2 个团队之中只能再选 1 个人。在汤姆、迪克、哈里手下干活的人都死死盯着他们的行动。没人会愿意给争取不到好待遇的老板打工。

亚当并不理解这几个人之间的争斗，因为他从来没经历过。他认为自己"高于玩弄办公室政治"的人，他身边的所有人也应该和他一样。他的父亲创建了公司，他从生下来就注定要继承这家公司，这一点毋庸置疑。他一辈子的职业发展似乎是在一个气泡的保护下顺畅地前进。他不会容许汤姆、迪克、哈里在公共场合发生冲突。他创造的游戏规则本身就会引发争权夺利的人际关

系，但他并不想为此负责。亚当认为他手下的 3 个高级副总裁都是成年人，他们可以在没有别人干预的情况下想出解决方案。因此，3 个人的斗争转移到了地下，每个人都在台下搞了很多小动作。

汤姆意识到，攻击迪克和哈里的最佳方式就是给他们的下属抹黑，最容易被攻击的目标就是他们团队里的女同事。他在对待迪克和哈里团队里的女同事时，态度非常恶劣。（汤姆、迪克、哈里的直接下属都是白人——谁也不会质疑为什么出现这种情况。）

汤姆把这种行为当作"仅仅"是为了胜出而施展的招数。他没有性别歧视的态度，只不过如果竞争对手团队里的女同事软弱可欺，他就可以通过攻击这些人而为自己的团队争取更多报酬。这个策略还真的见效了。汤姆的团队获得了最大份额的奖金，晋升名额也是最多的。公司里一部分优秀员工，包括迪克和哈里团队里的女同事，都转移阵地跟着汤姆干。他们对上级在背后搞的小动作一无所知。他们只会看到，汤姆团队里的人表现和收获都更好。

迪克发现并跟着汤姆玩弄了一番。但是哈里没有这种玩弄权术的头脑；他仍旧相信汤姆和迪克都是他的朋友。令哈里感到沮丧的是，他团队中的几名得力干将转投到了汤姆和迪克门下。尽管这些叛逃者仍然欣赏哈里的人品，但是他们也得为自己的薪酬和晋升做考虑。哈里获得了一个软弱领导者的名声，大家认为他不会替团队里的人出头；随着越来越多的人叛逃，他的团队绩效越来越差，过不了多久，他就被排挤出了公司。

奖金和晋升机会更多地反映出团队领导攻击其他团队所做贡

献的强度，却很少反映出某个人为公司所做的真实贡献。通常，攻击身处弱势群体的人所做的贡献会非常容易。所以身处弱势群体的人，总体来说有更大的概率获得较低业绩评分，晋升也更慢。由于亚当自己从来没耍过心眼，因此他真的以为他的机制是按照员工的能力来选人用人的。

  与此同时，汤姆越来越把自己当作领头羊了。所有女同事都希望能在他的团队里工作。他自己以为这是因为女同事觉得他很有吸引力。他从没想到，这种现象只不过是因为他在为下属争取最好的考核成绩这个方面做得最努力。他开始到女同事的办公室闲逛，还把门关上，问她们一些很私密的问题。有时他还会给女同事按摩肩颈。他还拉上女同事一起去喝酒。有一次，喝了几杯之后，他抓住团队里的女同事阿妮卡强行索吻。阿妮卡向人力资源副总裁丹尼丝汇报了这件事。丹尼丝知道，如果她向亚当汇报这件事的话，第一个被开除的会是她自己。丹尼丝向阿妮卡保证，她会和汤姆进行"严肃谈话"。她确实也这么做了，但汤姆把这件事当作一个大笑话。

  因为大家都知道亚当不喜欢人际冲突，所以公司里的女同事从来没有向他投诉过任何事情。她们都有怨气，抱怨公司里的男同事晋升更快、奖金更多，而且也不用面对汤姆的猎艳行为。丹尼丝比其他人更懂得这一点。最终，她觉得需要和亚当讨论这件事了。但为了保护自己，她在说事情的时候没有点明具体是哪一名男同事有问题。她知道，如果在亚当这里告汤姆的状，亚当一定会站在汤姆那一边。她避重就轻地说，公司里一旦有女同事业绩出色，很快就会离职。公司里的黑人员工、拉丁裔员工也遇到同样的问题，但是丹尼丝决定一次只汇报一个问题。她没有意识到，如果扩大视野，她反而会有更多和老板谈判的筹码。如果不能同时考虑多元性、平等性、包容性的问题，她就不可能处理好性别歧视的问题。

亚当发现丹尼丝汇报的问题确实存在，但他感到奇怪，为什么自己一直没有注意到这种问题的存在。他的公司需要在市场上塑造一个拥有对女性友好的工作环境的口碑。但他无从下手，他现在把这个问题看作"女人造成的问题"。他永远也不会想到，这不是女人造成的问题，而是他一手创造的公司机制导致的系统性不公平问题。当他开始物色替代哈里的人选时，他刻意要求招聘者主要选择女性候选人。他以为招聘一个女领导就可以解决问题。

此时玛丽登场了，她的资历令人钦佩，只要是她工作过的公司，她带队的那几年业绩都是增长的。她以为亚当是因为这个原因才招聘她的。没有人告诉她，亚当希望由她来解决"女人造成的问题"。

事实证明，玛丽远比哈里懂得如何玩办公室政治这一套。她搞明白了汤姆和迪克在台下做的小把戏，并且下决心要赢过他们。而她确实做到了。年终奖的绝大部分和晋升机会都给到了她带的团队。这并不是因为她的团队取得了最好的业绩，而是因为她能找出对方团队里的薄弱环节，并且能够抹黑他们。

汤姆和迪克团队里最容易被攻击的对象，绝大多数都是少数群体的一员。但玛丽才不管这些。她和汤姆、迪克一样，一心就是想赢，从来不管种族或性别问题。这样一来，汤姆和迪克团队里业绩最好的人转投到玛丽旗下。玛丽能给团队成员争取来奖金和晋升机会。很多女同事都跟玛丽讨论过汤姆的行为。她知道，要利用好这种事情，得讲究策略。和丹尼丝一样，她知道去找亚当汇报会适得其反。

这个时候，轮到亚当感到困惑了。为什么玛丽没有对汤姆或迪克团队里年轻女员工给予更多支持？他也没有注意到，玛丽对自己团队里的女同事使唤得有多狠。当汤姆和迪克互相攻击对方团队里的女员工时，他也没有严肃认真地看待这种事。但是当玛丽做同样的事情时，他开始猜测："为什么女人会那么恨女人呢？"最后，他像是开悟了一样，认为玛丽因为自己是女性而产生了厌女情结，但他从不当着玛丽的面这么讲。

汤姆和迪克意识到玛丽是个强劲的对手，所以联手对付她。他们甚至说，怀念有个像哈里这样软弱的人可以反复欺负，还把这当作笑话来讲。他们想把玛丽赶走。又到了一年中的晋升时段。亚当决定创设第 4 个高级副总裁的岗位。如果汤姆、迪克、玛丽当中有任何一个人能把自己的下属送上这个岗位，那他/她就在公司高管团队里有了坚定的盟友。这一年的幕后角力比历年都要更凶猛。

对玛丽而言，她面临的坎要比其他两位男士多一道。亚当在很多场合，用不同的方式，表达过他的高管团队中有一位女性就够了。他没有精力处置更多的"娘儿们之间的争斗"。汤姆和迪克在讨厌玛丽这件事上达成了一致，他们不断在亚当那里煽风点火，用微妙的方式提醒亚当当初聘用玛丽的原因：解决"女人造成的问题"，现在这个问题非但没解决，还更严重了。当然，在给玛丽的职责说明书里，根本没有提到这一点。但他们知道这是亚当心里盘算的事情。

这就是争斗白热化的转折点：汤姆和迪克意识到，如果他们联名推举阿妮卡，就是汤姆强吻的女员工，让她成为高级副总裁，那么玛丽的好日子就到头儿了——毕竟，亚当只想要一位女性高管。

与此同时，玛丽清醒地认识到，亚当只会让一名女性加入他的管理团队。如果阿妮卡获得晋升，玛丽就很有可能会被开除。玛丽到这家公司工作的时候，得到的口头承诺是给她的股票期权价值 200 万美元，但实际只给了一半。这意味着，如果她被开除的话，她将损失 100 万美元。她开始强烈地质疑阿妮卡的能力也就不奇怪了。她知道，如果另一位女性获得这个岗位的话，自己就有可能被"排挤出去"。也就是说，亚当要么通过穿小鞋让她自己离职，要么就直接开除她。所以对玛丽来说风险很大。她开始强力推举自己团队中的阿诺德担任新的高级副总裁。在这件事上，汤姆和迪克形成了联盟，他们用非常恶心的手段来反对提拔阿诺德。不用多说，亚当并不认为这两个人存在"内化的厌男情结"。

亚当认为，玛丽反对阿妮卡的晋升，恰恰证明玛丽存在内化的厌女情结。他得到的结论是"玛丽并不支持其他女同事的发展"。就亚当自己而言，玛丽没能解决"女人造成的问题"。他从来没有和玛丽讨论过"女人造成的问题"是什么，对于这一点他不仅自我否认，而且也从来没有跟其他任何人承认过。并且玛丽已经变成亚当最讨厌的人际关系争斗的引线。汤姆和迪克都讨厌她，亚当已经不愿意再听到关于这方面的抱怨了。他开始质疑当初雇用她的决定是否正确。他当时是怎么忽视了她的好斗和不讨人喜欢的一面呢？

汤姆和迪克知道亚当已经不想再听到他们对玛丽的抱怨了，

所以他们要求阿妮卡在亚当面前说玛丽的坏话。

阿妮卡反对，说："我喜欢玛丽这个人。"

他们告诉她："但是她并不喜欢你。她在拼尽全力阻挠你的晋升。"

"真的吗？她为什么要这么做啊？"

他们说："那你去问亚当吧。"

这两个人还想出来一个办法，他们想试探玛丽对待男女关系的下限到底在哪里。当他们俩和玛丽在一起，而且旁边没有人的时候，他们经常说一些比较过分的成人笑话。当玛丽成功拿下一个大客户的时候，他们就会指责她是通过和客户上床才取得的成功。汤姆还会脱掉裤子，坐在复印机上，给玛丽复印一张带着他的屁股和睾丸印记的复印件。

最终忍无可忍的时候，玛丽把那张复印件的事情状告到了亚当那里。她告诉亚当，汤姆强吻了阿妮卡。这变成了亚当最后一次处置这种人际关系的争斗。此外，亚当对玛丽也感到厌烦了。他认为即便在最佳状态下，她也非常好斗，而最近这一段时间，她表现得更是暴躁。所以他决定自己应该过得轻松一点。他开除了玛丽，给了她一笔丰厚的离职补偿金。他以为这么做自己的生活就能回归正常。他拒绝提拔阿妮卡，选择提拔了阿诺德。他再也不希望管理团队中出现女性了。

但他的生活并没有回归和平。阿妮卡主动离职。她和玛丽一起创设了一家新的公司，成为亚当的直接竞争对手。她们共同创设了一个透明、公平的晋升体系。她们公司的文化为人称道，这是一家不会有人胡说八道的公司。亚当公司里最有才干的几个人纷纷离职，转投到玛丽旗下。亚当公司里半数以上的女同事都离职了。7年之后，玛丽的公司成为他最大的竞争对手。

汤姆、迪克、哈里、玛丽其实都是在按照亚当创设的规则玩一场互相争斗的游戏，亚当要么是没有能力意识到这一点，要么是不愿意承认这种现象的存在。玛丽在他的体系内无法获得成功，这就体现了这个体系的不公平。但我们希望追求的答案，不仅仅是帮助女性在这个体系中获得胜利。即便亚当能够消除他创设的体系中隐含的无意识歧视，这个体系仍然是糟糕的。即便这个公司里全都是白人男性，都是上过哈佛大学，经过反复锤炼的，这个体系也无法发挥效用。这个体系本身就存在缺陷。这种环境并不能鼓励高管齐心协力，向同一个方向努力。也许亚当的本意是好的。或许他曾经为了架设这个体系，付了很多顾问费给某些专业的顾问公司。但这个体系实际上奖励了行为最具霸凌性质的人，而不是奖励那些业绩最好的高管和他们的团队。这种体系刺激着团队之间互相胁迫，而不是互相协作。

* * *

上面这个例子就是我所指的"冷酷无效"体系。在这则故事当中，公司决策者创造了一种从众动态，并且通过奖金和晋升机会的分配强化了这种动态。公司高管也创造了胁迫动态，由于公司的 CEO 不受任何制度的制约，在他自己讨厌人际争斗的情况下，他还拒绝让汤姆承担相应的责任，因此胁迫动态也被强化。公司不允许玛丽按照这套体系的规则来竞争，这是不公平的。但最大的不公平就是这套体系本身。因为它本身就不健全，所以运行到最后的时候，它给每个人都造成了可怕的后果。对玛丽和公司里身处少数群体的人而言，这种体系是最糟糕的。对其他所有人而言，这也是一个非常黑暗的地方。

如何用公平工作环境替代"冷酷无效"的环境

如果你的机构出现了"冷酷无效"的体系，那么你可以对照下面这张清单，逐项进行改善。

从要求从众逐步转向尊重个性

- ☐ 阻断成见变成公司行为常态
- ☐ 所有员工都了解行为准则
- ☐ 在日常业务流程中有衡量成见的量化指标

从胁迫走向协作

- ☐ 对霸凌者施以惩戒
- ☐ 建立权力制衡机制
- ☐ 设置可信的举报机制
- ☐ 员工都理解同意文化

第二种体系：高傲羞辱

用房东的锤子敲不坏房东的房子。

——奥德雷·洛德

"这种货色怎么还活着？"德米特里怒气冲冲地质问道。"告诉我，还能让他继续活着糟践我们的家园吗？"

——费奥多尔·陀思妥耶夫斯基，《卡拉马佐夫兄弟》

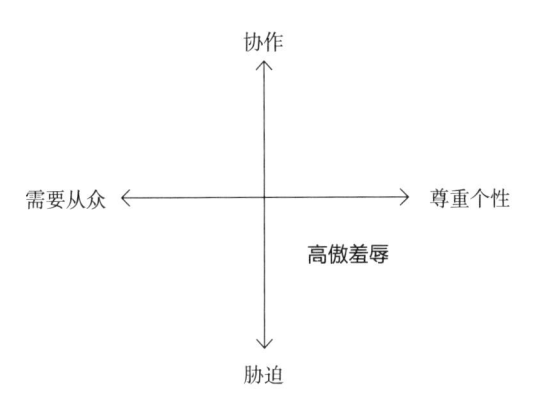

```
                    协作
                     ↑
                     |
  需要从众 ←─────────┼─────────→ 尊重个性
                     |
                     |  高傲羞辱
                     ↓
                    胁迫
```

当某人出现不公平的态度或行为时，我们有能力——也必须——让他们为此承担相应的责任。我们或许会有一种冲动，或许我们会发现他们的偏见令人憎恶，但我们也绝不能胁迫他人效仿我们的信仰和理念。胁迫行为会带来3方面的问题。首先，胁迫并不会真正起效。我承认，你或许可以通过恐吓来迫使某些人隐藏自己的偏见，但这并不能改变他们内心真实的想法；这或许会让他们在未来爆发出偏见行为的时候，变得更有破坏力。其次，这种带有霸凌性质的策略违背了我们促进团队和谐的基本原则。即便采用这种策略想要达成的目标是提振士气，也不应该使用。这就刚好引出了我称之为"高傲羞辱"的不公平体系，也就提出了第三方面的问题：这套体系是不稳定的。我们不用尊重那些强求我们从众的偏见，反而应该对他们发起挑战。但如果我们对持有偏见的人的基本人格也不尊重的话，时间长了，我们实际上就是在要求其他人遵从我们，而且以尊重他的个性的名义。这样我们就会从"高傲羞辱"的体系滑落到"冷酷无效"的体系。

但我们经常会利用羞辱的手段，胁迫某个人或某个群体去尊重其他某个人或其他群体。2020年7月的时候，作家布勒内·布朗在一则网络录播访谈节目中主要讨论了责任与羞辱的行为。她对利用羞辱胁迫他人的行为提出了警告：

> 羞辱不是一种有效地促进社会公平的工具。羞辱是镇压他人时使用的工具。羞辱也是白人至上主义者常用的工具。让人感觉羞愧，让人感觉身份低下，这些都是造成不公平环境的工具。它们不是维持公平体系的工具。首先，羞辱的行为会让我们认为自己不会做得更好，也不会变得更好。其次，羞辱有可能引发更具危害性和破坏性的行为。羞辱行为本身就是违背人性的。我引用奥德雷·洛德的话说："用房东的锤子敲不坏房东的房子。"……羞辱他人，只会招来更多的羞辱，甚至引发暴力行为。[2]

"高傲羞辱"体系，是把一种固化的思维模式进一步放大。在这种思维模式下，我们只懂得批判他人，却不懂得给他人成长或赎罪的空间。受到羞辱的人，由于受到外界的刺激，会本能地保护自己，而不会审视自己错误的逻辑或带有伤害性的行动。这对施加羞辱行为的人也是一样的：他们往往不会注意到自己的逻辑有缺陷，也不会注意到自己正在用胁迫的方式对待他人。

有的时候，羞辱可能是从上往下传递的——比如说，老板或管理层下达的最后通牒。而有的时候，羞辱可能是自下而上的，比如说在推特、Slack或者公司内网论坛上发表的帖子。无论以何种形式出现，羞辱的行为总会使得团队难以协作。心理学家莉萨·席费尔拜因对这种现象做出了解释："羞辱行为造成的问题，一方面是在羞辱行为发生的当时让人感受到痛苦；另一方面是对团队士气和人际关系产生连带影响。有研究证明，人类总是倾向于以非建设性的方式处置因羞辱导致的愤怒，比如说直接或间接的暴力行为、憎恨、烦躁、指责，以及间接表达对他人的敌意等。"[3]

羞辱是一种常见的手段，因为做起来很容易——比用尊重的态度和某个人深入交换意见要简单得多——而且通常也会产生强烈的效果。用最少的行动——比如说在一个公共论坛上写几句骂人的话，或者通过一个按键就给全世界发送一篇指责他人的文章——可能带来巨大的影响。所以这些羞辱他人的言行，在社交媒体上就像入侵物种一样难以根除。

区分感受到羞辱与正在被羞辱也很重要。当我们的言行伤害到其他人，而我们必须为此承担相应责任的时候，我们通常感到羞愧。即便指出问题的人并不是在指责我们，而是想要给我们提供宝贵的反馈，我们也会感到被羞辱。当我们感到自己被羞辱的时候，常见的反应是拒绝承认自己的错误，或者继续做出攻击性的行为——也有可能两种行为都有。我们应该学会穿越这种羞辱的误区，尽力认清我们到底在哪些方面做错了。在布朗的节目中，她强调了做出这种关键区分的重要性：

> 因为种族主义意见遭到他人羞辱和自己感觉到耻辱，二者之间存在巨大的差异。我们应该承担起管理自己情绪

的责任，用建设性的方法摆脱羞辱的困境，不要对他人的指责感到抗拒，不要令自己的言行进一步恶化，不要刻意找规避的理由，不要强求别人指明正确的方式，不要强求别人宽恕自己，不要强求让我承担责任的人给我一些宽慰，指出我们错误的人往往是黑人或者有色人种。我自己才是管理情绪的主角。[4]

我们这些致力于根除羞辱行为的人，必须以同样的标准进行认真的自省。以尊重和鼓励的态度，让我们和身边的人为自己的行为负责；用更专注的态度倾听别人的意见，为管理自己的羞耻心承担应尽的责任。让我们和他人发生的互动变得振奋人心，而不是带有惩戒与羞辱的性质。只有这样做，我们才能摆脱抵抗的心态，成长为我们希望的样子，创造一个公平工作的环境，让我们在这个环境里打造一个最富创造力、生产力的职业生涯。

自下而上的羞辱：只懂得批判别人的乌合之众

布莱恩·史蒂文森写道："我们每个人都曾经做出过糟糕的事情，但这远不能代表我们真正的水平。"[5] 所有人都做过错事，即便这件事被传得沸沸扬扬，我们也不会希望用这种事情来定义自己。我们更不希望看到别人犯的错误被张冠李戴地扣在我们头上，而且被发到网上人肉搜索。我并不是批判所有的社交媒体。尽管社交媒体上的负面言论已经太多了，但短视频和社交媒体还是对推动社会公平正义起到了巨大的作用，它们不是导致不公平现象的罪魁祸首，比如说它们为黑人平权运动和反性骚扰运动提供了发声的平台。

一旦某种社会性事件发生，它总是不可避免地在社交媒体上被放大，不管其背后的目的是好的还是坏的，这种时候需要的是领导人站出来带领大家，而不是盲目跟从网络暴徒的言论。我们学会使用这些新的工具，目的是让做错事的人承担责任，而不是立刻对其做出盖棺论定的评判，也不是把羞辱他人当作武器来使用。

我们将在后面的章节分析这些只懂得批判他人的乌合之众，在面对公平与不公平的问题时，到底会有怎样的表现。在此之前，我们先看一个大家的感受通常不会特别强烈的案例：使用共享单车的礼仪。

我曾经在一家公司工作，这家公司的"园区"位于加州的一个小镇上，由几栋零散的建筑组成。我老板的办公室距离我的办公室有1英里的距离——骑自行车要6分钟，走路的话要23分钟。当地没有停车场，所以也不要想开车上班。为了让大家出行更方便，公司提供了一些可供员工共享使用的单车。在很多情况下，我在两场会议之间赶场的时间只有5分钟，所以我非常依赖这些自行车。就那么碰巧，我老板的办公室处在园区的边缘地带，通常不会有自行车停放在这边。如果我遵守使用这些共享单车的礼仪，那么我应该把单车停在建筑的外面，这样的话总会有其他人把车骑走，我就不得不走路了。所以我开始习惯性地把自行车带进会议室，保证我能够及时赶上下一场会议。

有另外一位同事也对在这栋建筑物附近找不到自行车而感到苦恼，但我当时不知道这个情况。有一天，他看到我把自行车带进了会议室。他用一个化名的电子邮件地址，把我违反共享单车使用礼仪的问题发给了数千人，并且质问，是怎样一个可恶、自私的人才会做出这样的行为。很多人跟风式地回帖。在这家公司工作的时候，我没有那么多时间来阅读内网论坛上的帖子，所以我根本不知道，我已经变成了受众人憎恶的偷藏自行车的浑蛋。随后的一天，当我再次把自行车带进会议室的时候，他拍了一张我的照片，并且发到了网上，下面的标题写着"最龌龊的行为"。有更多的人在下面发表了评论。有更多的人表达了他们站在道德高地的批判。有更多的人发表了羞辱我的言论。因为这家公司员工众多，所以网民们花了一段时间才弄清楚这张照片中的人的名字，但总归有人知道是我了。有一位朋友打电话提醒了我，一个丑闻正在酝酿当中。

发帖子的这位同事，他的想法至少有一点是合理的——毕竟他也在这栋大楼里工作，当他需要骑自行车的时候，这里却基本找不到自行车，因此而感到恼怒是可以理解的。但由于他故意羞辱了我，一开始的时候，我根本无法认可他的观点。是哪个浑蛋跟踪我、偷拍我、侵犯我的隐私，还在公开的内网上发表对我进行人身攻击的指控？我被这件事弄得很烦躁，以至于无法承认我自己也是造成问题的原因之一。这个浑蛋有足够的闲暇时间，专门抓拍我的照片，而我却要奋力在两个会议之间骑行赶场，这种闲散人员应该被开除。我甚至都无法去思考他的观点是否有合理之处。他为什么没有直接当面对我提出疑问呢？如果他直率地当着我的面指出，我正在让他的处境变得为难，我应该会回应说："对不起！我错了。但是我下一场会议不能迟到，不过我以后再也不会这么干了。我以后不会再依赖这种扯淡的共享单车。我明天就带着自己的车和锁来上班。"

对我而言幸运的是，在我意识到这个丑闻正在酝酿的同时，人力资源部已经删除了这个帖子，并且在私下告诉发帖人，在公众场合羞辱同事不是解决问题的正确办法。他们也提示了我，对我遭遇的网络暴力表示同情。但最重要的是，他们投入了精力去解决共享单车的问题。他们也同时要求我不再把单车带到会议室。我也照做了。如果没有人对这件事进行干预，我或许会用自己的方式来反击这种站在道德制高点对别人乱加批评的行为，鬼知道还有多少朋友或陌生人会被牵扯到我们的争吵当中。这对大家的时间和精力都是极大的浪费。

我感到幸运的是，甩掉"偷藏单车的人"的标签没有想象中那么难。"偷藏单车"并不是一种会长期持续下去的标签。但如果对我进行羞辱时，贴上的标签不是"偷藏单车"，而是"厌女者"、"种族歧视者"或者"同性恋歧视者"，情况又会怎样呢？

通常情况下，我们羞辱他人的出发点是好的：因为我们是在某个人或某个团体受到不尊重的对待时，维护他们的权益。又或者当我们自己遭遇他人羞辱时，我们似乎就有权利对羞辱者宣泄感情。又或者我们对一个存在缺陷的体系已经忍无可忍，所以我们在不能修复这个体制的前提下，对体系中的某一个人发泄自己的怒气——就如同羞辱我偷藏单车的那个同事一样。又或者我们正在羞辱的人，拥有比我们更大的权力，我们假设这样的人遭遇羞辱是他应得的报应，或者他有足够的气量能够接受这种羞辱。我们忘了，对待任何其他人，都应该把他看作和自己一样的人来对待。无论他们有多大的权力，或者他们多么卑微，都应该把他们当作人来看待。

由于各种原因的存在，我们或许会选择用羞辱的方式来解决手头的问题,而不是尽力找出解决问题的真正方案。把你所遭遇的恶劣行为强加到做出此类行为的人身上,只会给一个恶性循环火上浇油。大多数情况下,羞辱他人的行为并不能改变你自己身处的窘境。某些情况下,羞辱他人有可能使你的角色从原本被压迫的人转变成压迫他人的人。你仍然身处一个糟糕的境地,或者你的品性会变得很恶劣——又或者两种情况都在你的身上发生了。"高傲羞辱"的体系,只不过是以公平的名义施加不公平的行为,是一种报复性的行为,而不是修补关系的行为——至少在我们认知的层面上它是行不通的——是一种人在绝望处境下才会出现的行为。

如果有一整个团体的人都在做羞辱他人的行为,这时候羞辱就变得更加危险。羞辱他人的行为非常容易上瘾,社交媒体往往为这种沟通方式提供了便利的通道。只懂得对他人横加批评的网络暴徒不仅在网络上随处可见,在现实工作环境中也变得越来越常见。

如果在某个工作环境当中,不仅存在多数群体,而且存在超级多数群体,这样的环境内就更容易产生"高傲羞辱"的体系。当绝大多数人认可某一种观点的时候,他们非常有可能排斥与他们不同的声音。而且这种排斥的方式,通常会令持有不同意见的人感到羞耻。

不论批判他人的网络暴徒站在问题的哪一个方面,他们的行为在实际操作和道德层面都是无益的。这些网络暴徒通常认为自己占据道德制高点,产生这种印象的原因是他们觉得自己正在维护某种人类天生的权益,或者他们正在拆解一种对一部分人公平,对另一部分人不公平的体系。这种所谓的保护个人权利的错误印象,让这些只懂得批评别人的网络暴徒落在了我们正在讨论的这个象限:他们胁迫别人,但不要求别人从众。

在工作环境中比羞辱他人效果更好的应对不公平现象的方法

协作,不要胁迫

心理学家卡尔·罗杰斯在他新出版的专著《主动聆听》中提出一种新的沟通方式,能够帮助我们摆脱"高傲羞辱"型的胁迫行为,让我们朝着有建设性、合作共赢的方向努力。[6]这种沟通方式最终达成的目标是,确认对话中的双方理解对方的真实想法。根据罗杰斯开发的沟通模式,参与对话的双方要摒弃好/不好、赢家/输家的思维模式,在对话过程中,每一方都应该清晰地阐明自己的观点,并指出己方观点中可以得到弥补或修正的地方。为了让你的思绪更清晰,你需要聆听对方的发言,并与自己展开辩论。修辞学研究者索尼娅·福斯和辛迪·格里芬开发出了一种类似的沟通策略,即在辩论双方保持互相尊重的前提下表达不同意见,他们的这种方式被称为"邀请式辩论"。[7]在《绝对坦率:一种新的管理哲学》中,我提出过,当工作中的争辩变得白热化时,双方可以交换角色来重新思考问题。这种方法能够确保讨论中涉及的理念不会过度掺杂个人的自负情结,可以保障我们互相倾听、互相尊重。

大家回想一下,我在第 2 章中讲过一个案例,是我和一位前同事就已经当妈妈的女性是否仍然需要外出工作展开的争论。我们不一定能针对"怎么做对孩子才是最好的"达成一致意见,即便保留分歧，我们也能继续共事；但我们确实需要在互相尊重的前提下，在充分尊重对方个性的前提下，针对这个问题充分地展开沟通，我们才有可能形成一致的工作方式。他认为孩子还小的时候，妈妈们就不应该外出工作，这是一种带有严重偏见的观点，我过去不会认可，现在也不会认可；但从更宽广的角度看，他和我同样都是人类，我过去就尊重这一点，现在也尊重这一点。我可以正常地和他共事，可以和他交谈，可以坚持要求他尊重我的选择，而我也可以尊重他的选择。

站在平等地位对话

我们做出羞辱他人的行为，原因之一是我们认为自己正在面对不公平的威权压迫。莫莉·艾文斯把讽刺定义为"让某人在公众面前出丑或遭到讥笑"，是"卑微的人用来抗击威权的武器"。[8]

我不想让本就卑微的人们失去一个对抗威权的武器。如果你们想在公众场合讽刺我、取笑我，我会尽量从你们的批评中汲取教训。但是，我不确定这种方式对我所起的作用，会和对你们的老板所起的作用一样。这并非要求你放过老板，该负的责任他得负。我是想提醒你，除羞辱他人以外，你或许还有其他更好的武器。如果你是一位喜剧演员，或者记者，那么讽刺的手法或许在你手里能用得顺理成章。但如果对你的上司直接使用这种手段，很有可能给你树立一个本不会出现的敌人。或许，不论你说什么，这个人都注定要成为你的敌人。但也有可能，这个人原本想做你的盟友，只是没有做到而已。有些行为能把潜在的盟友转化成敌人，羞辱就是其中一种能够快速实现这个效果的行为。

当你把身处更高权力地位的人真的当作人来看待的时候，你会更容易让他为自己的行为承担责任，并且不会羞辱他们，也不会害怕他们。在我自己的职业生涯中，我观察到，那些能够把上司和其他地位"高于"他们的管理者视为同等人的同事，更能够有效地挑战上级的错误行为。当他们认为自己的意见站得住脚的时候，他们会毫不犹豫地发表意见。他们从不掩藏自己的意见。他们也不拍马屁——他们也不会把拥有权力的人看作应该被推翻的暴君。大多数情况下，这种行为模式容易建立起人与人之间的信任。你当然也会因此承担风险——有时候，在挑战拥有权力的人的过程中，你会给自己带来麻烦。但仅凭我个人经验判断，这种风险往往都是值得的。

如果你感觉自己处于比较容易受到伤害的地位，你或许很难把自己放在与对方平起平坐的位置。你或许会对阻断成见的做法感到不适应。你甚至很难给霸凌你的人施加惩戒。即便你工作的单位设立了权力制衡机制，或者设置了举报机制，你也可能出于对遭到打击报复的担忧，而不愿去利用这些机制。你或许只能默默地去想，对你施加伤害的人都是没用的人，都是连人都算不上的畜生，但除此之外，你是否还能用更积极的态度去挑战不公平现象呢？你是否还能采取更行之有效的措施呢？

心理学家、作家玛丽亚·柯尼科娃在《大骗局》一书中介绍过，她通过打扑克牌学会了如何在工作和生活中采取更积极的态度。她学会了如何在拿着一手烂牌的情况下，也表现得好像捏着王炸一样。

不主动出牌，可能带来一种虚假的安全感。你以为只要自己不动，就不会招来太多的麻烦——但是，每一次消极被动的决策，都会导致缓慢却稳定的筹码损失。如果我在牌桌上采取这种态度的话，背后往往有更深层次的原因。谁又能说清，我一生当中因为被动消极，而损失了多少人生中的所谓的筹码呢？谁又能说清，我一生当中有多少次，仅仅因为某个人在我面前耀武扬威，我就默默躲开呢？谁又能说清，我一生当中，有多少次被动地停留在窘困的境地，让这种困境逐渐吞噬我，却没有想过主动掌握局面，扭转困局呢？消极对待看上去是最简单的解决方式……意识到这种问题的存在会让人不快，但确实会给我们带来重要的警醒。既然我现在已经关注到问题的存在，就应该着手来解决它。[9]

我们需要学会在工作中忽略权力造成的人际关系压迫，这样才能保证把其他人当作和自己一样的人来看待。游戏往往能帮助你实现这一点，因为游戏的结果立竿见影，而且不会牵扯太多复杂的关系。你可以尝试下棋，或者做即兴表演等手段，或者在一个相对安全的团体里，尝试一种不同的沟通方式。我过去的一位女同事，曾邀请大家到她家共进晚餐，大家一起吃意大利面，每个人都分享一个自己的老板曾经跟他们说过的令人厌烦的言论。然后大家一起练习，分析他们"本来可以说什么"。他们分享的故事往往令人捧腹大笑，而其他人想出来的应对方法，通常既有趣，又让人有信心去尝试。

不要人云亦云

如果你发现有一堆网络暴徒正在 Slack 软件上组建特定的频

道，或者在公司内网上发起特定的员工小组，不要被他们带跑偏了。就算被批评的对象可能做出比较恶劣的行为，你也应该和他们本人聊聊，了解一下他们的立场。《脱离仇恨》这本书就是这种干预行为的绝佳案例，它描述了德里克·布莱克是如何摆脱白人民粹主义思想的影响的，我们在本书的第2章描述过。[10]

当你在推特上看到某人做出令人羞愧的行为的短视频，而且这个短视频被广泛转发的时候，你应该停下来想想，你过去做出某种令人羞愧的行为时的感受。利用这个机会想一想，如何能让自己的行为变得更好，而不要利用这种机会去说：看，这人多可怕！谢天谢地我不是这种人。

自上而下的羞辱：零容忍

只会指责他人的网络暴徒，他们的力量是自下而上的。他们所发挥的影响，更多来自他们人数众多。单独个体的影响力是有限的。软弱的领导者会惧怕这种群体，会尽一切力量避免招来这个群体的怒气；强势的领导者则会从这些人的言行中汲取教训，并且能引导这些人形成有建设性的成果。

领导者避免刺激网络暴徒的手段之一，就是在公司内部推行零容忍制度——"只要犯错一次，立刻开除"——以自上而下的力量，根除领导者不愿看到的行为。我承认，这种方式很有吸引力。它展现出领导者会以强势、高水准的道德品质反对错误态度和行为。这种方式避免了任何灰色地带的存在，并且避免了在验证错误言行过程中消耗不必要的时间、精力、成本。不幸的是，这种方式行不通，而且本身就是一种不公平现象。

零容忍制度寻求的是规避问题。更好的方案应该是解决问题。这意味着首先要承认解决问题需要经历一个困难、杂乱的过程——过程中需要容忍错误的存在，学会区分哪些错误可以用善意的态度去纠正，哪些错误必须施加惩戒。同时，必须设置一个必要的工作流程，在保护受害者的同时，确保加害者得到的对待也是公平的。

确实，作为领导者，你需要采取一种强硬的立场，反对工作环境中出现的任何形式的不公平。你的职责并不包括通过羞辱权力比你小的人，来展示你自己好的一面。这种行为有个特定的称谓，叫作"显摆美德"，它实际上是另一种形态的霸凌行为。你的职责应该是创造一个所有人都得到真心尊重的工作环境，任何人都可以在这个环境中犯错，也需要为这种错误承担责任，并且学到如何用更有效的方式与团队成员共事。用霸凌的手段来处理带有偏见和霸凌性质的行为，并不能达成预想的效果。

此外，任何承诺可以消除灰色地带的政策，给出的都是伪承诺。很多领导者都希望通过零容忍政策，来避免卷入处置复杂问题的情况，也避免去做复杂的评价。但是，应对复杂情况，以及做出复杂决策，是创造具有人际尊重属性的工作环境必不可少的环节。有时，作为领导者，你可能做出错误的决定；理想状态下，你有机会从自己的错误中吸取经验，成长为更好的领导者。把这种机会赋予你团队中的所有人。

简言之，零容忍会导致严重的意外后果。其既不能保护容易受伤害的人，也不能说服加害者改变他们的行为。

如果一家公司有明确的规定，做出某种特定行为就一定要被开除，那么公司的领导者就有责任让全公司知道，公司指的是哪种行为。就算公司对错误行为定义得很清楚，也需要通过一个公平的流程来分析特定事件到底是不是错误行为。出现个体事件时，情况往往复杂混乱，人们很容易被情绪左右，而失去做出理性判断的能力。请记住：减慢做决定的速度，花一点儿时间分析事件的复杂性，以及看清事件当中的灰色地带，这并不代表你和侵犯者站在一边，就算网络暴民正在强烈要求处置某个人，也不要理会他们。

我曾经听过一个案例，一家公司里一名非典型神经发育的员工在推特上发了一句话："比起真的女人，我更喜欢变性的女人。"他对这句话可能造成的影响毫无察觉，但这一句话对顺性别和跨性别女性都带有侮辱的意味。该公司的一些领导者以零容忍为名，要求开除这名员工。幸运的是，该公司的最高层领导认为，应该借用这个机会对大家进行教育。

很多公司一旦发现某个员工在社交网络上发表的言论被大量网民批评时，通常就会立刻着手解雇员工，而这些员工反过来会怪社交网络平台导致他们丢了饭碗。但推特不是做出解雇决定的公司。炒人鱿鱼的一定是这位员工的老板。有些时候，当时在网络上骂人的网民也对某人因为网络暴力而失业感到震惊；他们的本意是希望这个人改变自己的行为，他们并不是想要让这个人失业。

所以，你如果是领导者，先思考一下哪些话是你认为不能在公众场合说的，如果某人说了这种话就必须开除。让员工清楚地知道公司有这样的政策，把它写进你们公司的行为准则。此后，如果有公司员工的言行在社交媒体上遭遇网络暴力，并且其言行的恶劣程度远超行为准则的约束范围的话，那么你需要回答几个问题：这次的网暴是针对某个人的孤立行为，还是因为这种恶劣的行为其实在私下已经多次发生？如果这是"多次重复发生的恶劣行为"，那么说明你的公司里还有其他员工也有类似的行为。或许你本人都曾做过同样恶劣的行为。这种情况下不应该指着犯错的员工说"你是个卑劣的人，你不配在这个公司继续工作"，而应该说"这种行为非常恶劣，我们大多数人都曾做过类似的事，我们必须终结这种行为。让我们从这个事件中汲取教训，改变我们的行为模式。"问问你自己，开除那个员工（执行零容忍制度）是否真的是令这种行为终止的最佳方式？这种制度会不会吓到你的团队成员？会不会让他们心怀怨恨和恐惧？这会不会是一次教育所有员工的好机会，能够证明你更关心如何给大家创造一个公平的工作环境，而不是特别在意如何避免一次公关形象问题？不要因为担心网络暴徒看到你没有开除有错误言行的员工就改变矛头冲着你来，更不要因为他们的威胁而开除员工。这种时候，更应该展现你的领导能力。

我知道，执行零容忍制度听上去非常有吸引力。我也曾因为这种制度能提供简便的处理问题的方案而深陷其中，我也亲眼看着很多我尊敬的领导者掉入同样的陷阱。

我曾给一位名叫安德鲁的 CEO 做培训，他的目标是根除公司内"程序员兄弟会"的文化。他最担心的是工程研发团队，这个群体 90% 是男性，而且已经形成超级强势、排他的文化。他的员工还认为，事情本来就应该是这样的。但对团队中为数不多的女同事而言，文化本不该是这样的；当她们和男同事玩同样的办公室政治的时候，她们会被认为是"好斗的人"或"婊子"——最有攻击性的男同事最会这样说。而当女同事表现得没有那么争强好胜的时候，她们的绩效评估里就会被写上，她们"过于与人为善"，或者不具备"管理者的气场"，这就是导致她们没有获得晋升机会的原因。毋庸讳言，这个团队里的女士被卡在两头为难的境地。

很多女同事都向安德鲁投诉过公司文化的问题，他也确实和团队里的男同事沟通过。但时间一天天过去，公司文化却没有发生任何变化，他开始感到愤怒。在与公司高管团队一起开会的时候，他的情绪终于爆发了。他做出了以高傲姿态表达愤怒的典型动作，也就是用自己的拳头狠狠地砸了桌子。他高声喊："我容不下这种行为！"他警告在场的高管，如果再收到同类的投诉，他一定立刻严惩，决不手软。

我很高兴他如此重视这件事，但是我也感受到五内翻腾。我第一次当上 CEO 的时候，也做了同样的规定。我曾对展现出带有性别歧视态度和行为的员工加以惩戒，但这种做法并不奏效。这就像是在自己家里关起门来驯狗，强按着狗头，让它去闻大便的味道。狗也会知道恐惧和羞耻，它会躲到沙发后面去大便，大便还是那么臭，但是你很难找到它在哪儿。通常情况下，更好的方法是让犯错的人（通常都比狗更聪明）意识到自己持有成见，给他们解释清楚问题，而不让他们感到羞耻，让他们有机会自我纠正。

这个部分，我想说明的点就是，身为领导者，必须能够清楚地告诉员工如何依据比较有原则的方法来工作，当遇到不良事件时，要有耐心逐一分析，不要制订武断的规则，也不要对分析具体案例失去耐心。

有些情况下，来自上司的"高傲羞辱"可能源自一个不同的、自保的角度。举例来讲,瑞克曾经对一位正在用微波炉加热午餐的女同事说:"你真的要吃掉那么多饭?"当时女同事明显就不高兴了,他却对她说:"别小题大做!"他其实是由于女同事指出了自己的错误,而故意羞辱女同事。

这不是他第一次向这位女同事说出带有霸凌意味的话,也不是第一次让这位女同事因为表现出不高兴而遭受羞辱。实际上,他在公司里已经形成了没有尺度地羞辱他人的名声。最近,这位女同事带领其他几位女同事一起当面挑战瑞克。他的反应却是:"你们这帮经不起风雨的温室花朵。你们这代人真的是连个玩笑都开不起。"所以,再次遭遇这种对待之后,这位女同事决定向瑞克的上司投诉。

瑞克的上司向他解释说:"你告诉别人她们应该有怎样的感受,这并不能改善团队成员间的人际动态关系。在她们有不良感受时羞辱她们,也改善不了情况。你要么多花精力去弄明白如何与团队成员相处,要么就保持老样子。如果你不真心关心问题的存在,你在这里也发挥不了什么作用,你就该走人了。"

相比零容忍制度,领导者还有什么更好的手段

创造协作文化:教会员工多"引进",不要"孤立"

即便正在遭到他人的羞辱,你也要耐下性子,利用这个机会搞懂为什么这次沟通会搞得如此失败。当有人对你的领导力发出批评意见时,不要反过去批评人家;从他人的批评中不断学习。如果你的团队成员正在互相羞辱,那么你有必要教他们如何进行更好的沟通。

多样性理论方面的专家、神父杰米·华盛顿博士发表过一次主题是"警醒的角逐：穿越高等教育界对社会公平傲慢的文化怪圈"的演讲。[11]他解释了"孤立排除"和"邀请加入"之间的区别。他还为教育从业人员和企业管理者提供了建议，帮助他们预防课堂或工作团队的文化被"高傲羞辱"行为摧毁。他描述了创设学习型环境过程中，领导者应该承担的责任：邀请员工充分考虑他人的经验和思想，不要陷在"定罪—同化—说服"的恶性循环中。[12]

邀请他人从不同的视角看待问题，肯定比羞辱他人或者直接骂人要花更多的时间。我承认，你劈头盖脸地把别人臭骂一通，当时会感到很爽，和别人推心置腹地开展沟通对话肯定带来不了这样的感觉。这需要你付出艰苦努力。不过，通过沟通对话能够创造更为公平的环境，这一点是羞辱行为做不到的。你获得的总比投入的多。

当前，远程工作模式和各种在线沟通工具大行其道，我们可以安全地躲在屏幕后，给屏幕另一端的人提出严厉的批评意见，所以在这种背景下，开展有效沟通更为重要。你作为领导者，有责任把道德绑架带来的危害尽可能降低。

允许你自己被问责

当你被别人要求为自己的错误行为负责时，你当然会感到羞愧。请记住：这并不意味着有人在刻意羞辱你。它只能说明你自己内心感到羞愧。二者之间存在巨大差异。

即便只知道批评别人的网络暴民正在对你施加羞辱，你也可以把他们的言论当作一种提意见的方式：或许还有其他更深层次的问题等待你去解决。即便受害人或者网民没有强烈地要求你承担责任,你也应该听一听——尝试去理解这种网络攻击背后的人性因素。不论是言辞激烈的反馈,还是措辞得当的批评,你都可以从中学到新的东西。

有些情况下,作为领导者,你必须扮演团队中情感冲击性事件的缓冲垫。另一些情况下,你可能会发现自己就像一块投影幕布,折射出团队中每个人没能释怀的问题。发挥这些功能会让人感觉非常不愉快。但这是你工作职责中绕不过去的成分。也许在某些情况下,会有人有礼貌、逻辑清晰地告诉你,你或你的公司在某件事上做错了,这当然会导致你心情很糟糕。由于心情差,你的直觉告诉你要反击回去。你也有充分的权力做出反击。或许用不了多久,你就能从整件事中脱身。不要被这种错误的思想诱惑。如果你学会预期工作中出现此类时刻,如果你能在这种时刻出现时放下自己的权力,转而从事件中汲取经验,那么从长远看,你的事业一定会更加成功。

不要让羞耻感绑架你的大脑。话是这么说没错,但你总是会在某些特定情况下遭遇失败。失败的羞愧感会引发"要么战斗-要么逃跑"的动物性思考模式,仿佛你的大脑最活跃的部分会被关闭。摆脱这种行为模式,说起来容易做起来难。但请记住:当你身处领导岗位时,要让下属有向你问责的渠道,就如同你问责他们一样。

不要以批评回应批评

或许你只是自己感到羞愧,而其实并没有被人羞辱。或许你真的被人羞辱了。但不论哪种情形,都有人对你提了批评意见。

如果你身处领导岗位，你就不能在这种时候以批评回应批评。这种时候，你应该做的是倾听别人的意见，保持好奇心，用作为人类可以做到的最大限度的努力降低你的抗拒心态。

放下手中的权力

即便你做了所有该做的事情——把阻断成见培养为常态，对霸凌者施以惩戒，引入权力制衡机制，提供匿名举报系统——员工还是会担心，他们害怕如果指出你自己做的某些不公平的行为，会遭到打击报复。如果你的公司情况真的是这样的话，他们更有可能用羞辱的方式来回应你。当你认为自己已经倾尽全力帮助大家搭建安全环境时，如果还是遭到这样的不信任，你肯定会感到很伤心。你还要再多做点儿什么才能赢得大家的信任呢？你已经做了那么多的努力，但仍然遭受攻击，在这样的环境里，几乎什么工作都干不了！当发生这种情况时，你极有可能动用手中的权力来打压提出批评意见的众人。

布勒内·布朗把这种行为称为"武装"。下面列举了很多领导者在自己感觉羞愧，或认为别人正在羞辱自己时，心理状况不断恶化的步骤：

- 我做得还不够。
- 他们会利用这件事攻击我。
- 我永远不可能承认这件事。
- 去他娘的。
- 这其实是他们的问题，他们才是……
- 实际上，我比他们好得多！

她补充解释说，从"我做得还不够"转化到"我比他们好得多"，这个路径极其短暂——实际上，当一个人感觉痛苦或羞愧时，他们最终的落脚点都是感觉自己比别人优越。[13]

你如果是一位领导者，要利用你的行政能力引导自己走出羞愧的心态，把自己调整到一个比较具有生产力的状态。为自己的错误行为负责，采取必要的措施来纠正错误。不要强求权力地位比你弱的人来帮你找回良好的感觉。

管理在线沟通

羞辱他人的冲动会令人上瘾，公开的在线交流平台又特别容易滋生出网络暴徒群体，以至于很多领导者都想彻底禁用匿名评论的功能。当充满火药味的争斗出现苗头的时候，你可能需要告诫某些人，他们的言论可能会导致情况进一步恶化。这一点很难做到，因为别人可能会指责你审查言论。但你作为领导者，最终的目标是以公平、高效的方式完成工作。"高傲羞辱"的人际关系会影响你达成目标。

我们不需要容忍对他人不容忍的态度

我们需要用些技巧来解决这个问题，不然会导致团队内部分裂成一个内部小群体和一个外围小群体，这反而激化了我们原本想要解决的矛盾。解决问题的试金石永远都是团队协作。容不下他人的氛围会导致团队分崩离析。怎样才能修补这种分裂的人际关系呢？用一种新的偏见去替代原有的偏见肯定是行不通的，不管从实际操作层面还是从道德层面都是说不过去的。

心理学家戈登·奥尔波特在1958年出版的《偏见的本质》一书中，警示人们不要落入羞辱与本质化的陷阱："马萨诸塞州的一名学生，一个宣誓能够包容他人的人——至少他自己是这么想的——写道：'只有当愚蠢的南方白人那个象牙雕的脑袋里装下新观念的时候，黑鬼的问题才能得到解决。'这名学生表达的正面价值观是非常理想的。但具有讽刺意味的是，他这种充满斗争意味的'包容'其实对全国人口中的一部分人施加了带有偏见的评判，他把这部分人视为对自己的包容价值观有威胁的人。"[14]

美国南方的种族主义问题是真实存在的，确实是需要解决的。但通过把南方人的定义本质化的做法，马萨诸塞州的这名学生实际上是把种族主义问题拟人化了，并且把这种问题抛给别的地区，而不是他自己或他所在的地区。羞辱他人通常是拒绝承认自身问题的一种手段。这名学生用了"黑鬼问题"，而正确的说法应该是"种族主义问题"。种族歧视才是问题，黑人的存在不是问题。通过本质化地对南方人的定义，他忽视了自身的种族歧视倾向。他没能正确地认知，在美国南部，白人和黑人都有一部分在为种族平等奋战。

我们当中有很多人都犯了和马萨诸塞州这位学生同样的错误——不仅在种族歧视问题上，还在其他多种与包容相关的事件上。攻击男人和男人的雄性特征，并不能帮助女性争取更平等的权利地位；它只会强化另一种具有损害性的偏见。武断地宣称爱尔兰、以色列或印度存在宗教信仰排他的问题，把一个国家所有的信徒都称为盲从者，会伤害到这些国家为宗教自由而奋斗的领军人物，而且会使宗教盲从问题变得无法根除，令身处当地的人难以看清问题的真相。

有些时候，白人在处理反种族歧视问题时，会无意识地把自己放在"优势"地位，折射出他们内心白人至上的态度。[15]当网络暴徒施加羞辱的时候，如果他们采取奥威尔式的"纯净"思想和"纯净"语言，还有当说错话招来的处罚过于严厉的时候，环境就会朝着"冷酷无效"的象限转移。[16]

我们要学会区分谁是真正的坏人，谁又是偶尔做错一次、大家可以从他的错误中汲取经验的人，这种能力对我们而言非常重要。如果我们允许别人犯错，那么他们就不用担心自己的失误给自己带来恶果，他们也就没有必要去庇护那个真正的坏人。但是，如果因为说错话或者做错事而遭受的惩罚过于严重，那么偶尔犯错的人是不会承认自己出错的，他们更不会承认自己了解某人的行为比自己更恶劣，因为他们担心自己会和真正的恶人被归为同一类人。确实，我们需要了解成见是如何演化成暴力的。但是，我们对待说出带有成见意义的话的人，不能和对待做出暴力行为的人一样。

如何去除自身的傲慢，并且向公平工作环境迈进一步

如果你的工作环境处在"高傲羞辱"的象限，那么好消息是，你已经向着实现公平工作环境迈进了一步。你需要去解决的只剩下一组糟糕的人际关系动态，而不是两组。坏消息是，如果你不沿着我开的"处方"一步步扎实走下去的话，那么糟糕的事件还会不断发生，并且你之前做出的努力都有可能付之东流。"高傲羞辱"是一种不稳定的状态，其中包含的霸凌因素会导致人际关系迅速滑向歧视和虐待。

尊重每一个人：你已经取得了不错的进步（但如果你放任羞辱行为，这些成绩会被取消）

- ☑ 阻断成见变成公司行为常态
- ☑ 所有员工都了解行为准则
- ☑ 在日常业务流程中有衡量成见的量化指标

从胁迫走向协作：你还有一些工作得做

- ☐ 对霸凌者施以惩戒
- ☐ 建立权力制衡机制
- ☐ 设置可信的举报机制
- ☐ 员工都理解同意文化

你或许会认为，自己不会雇用"霸凌者那样的人"，所以就不用为霸凌行为预置惩戒措施。问题是，这种想法只不过是你的自欺欺人。我们任何人都有做出霸凌行为的可能，因为这种行为很容易见效。如果工作单位没有针对霸凌行为的惩戒措施，你其实是给更多类似的行为打开了方便之门，它们只会更多，不会变少。你或许认为聘用了优秀的管理者，可以"信任"他们。但是权力会腐化人心，即便最优秀的人，时间长了也会被腐化。你或许认为自己的公司不需要可信的举报机制，因为"那些破事"不可能出现在你的公司。而这些破事其实哪里都有，而且也没有一种简单的方法能够判断，哪"种"人会霸凌、骚扰、攻击别人。这也是为什么有些惯犯，数年以来可以一直延续他们的犯罪行为。

你或许认为征询同意的文化是一种常识，不需要放在公众场合来讲。"#MeToo"运动恰好就说明了，我们需要公开的规则来界定征询同意的文化，并且需要不断强化这些规则，在办公室也好，在其他地方也罢，都要不断强化。警察暴力的出现频率在不断上升，这提醒我们应该拟定更强硬的关于警民接触的规则，当警察违背这些规则的时候，要让他们也承担相应的责任。

确保你阻断成见的行为不会变成武器。提醒身边的人，当指出他人的成见时，保持对他人的同理心。当你用攻击的方式去阻断某人的成见时，这等于用铁砧去拔钉子：用错了工具，而且还会造成不可修补的伤害。如果真的出现这种情况，邀请那个站在道德高地的人想一想，他的战术是否有效，又或者是否公平。在私下做这种沟通——而且不要让错误继续下去。确保霸凌者遭受处罚。不要通过所谓的零容忍制度展示你的权力地位，用制衡机制管住你的权力。这可以预防某些人滥用自己的权力，预防他们骚扰没有权力的人；它同样可以确保没有任何一个单一的领导者，能够以推行包容文化的名义，强制实行零容忍制度，预防因此而产生排他的环境。最后，设置可信的举报机制，让正在遭遇伤害或已经承受伤害的人有渠道诉说自己的遭遇，并且相信，自己的遭遇会得到公平的调查，他们也不会再次承受同样的伤害。确保每个人都理解征询同意的文化的含义，确保其规范得到坚持。

向公平工作的环境演化需要领导力的推动，但是领导者不可能独立完成这项任务。如果你是被害者或者仗义执言者，确保你理解在现在这个位置上，你要怎样做才能让别人听到你的意见。即便你的领导者没有采纳这本书中的全部建议，甚至一条都没有采纳，但是你自己可以采纳建议。回顾一下，哪些行为能够帮助你阻断成见。你可以拟定自己对霸凌者的惩戒措施，通过寻找出路或退路，自己创设一套制衡权力的方法。即便公司里没有权力制衡机制，或你信得过的举报机制，你仍然有其他选择：重新找一份工作，和人力资源部详谈，采取法律措施，或者公开讲述你的遭遇。你的声音和行动起着重要作用。没有你的行动，其他人很容易蜷缩在否认的心态里。

漠视排他

"漠视排他"相比其他象限的问题，可以说是最常见的工作环境不公平现象的表现形式。它是最不具戏剧色彩的，也是最难说清楚的。对加害者而言，他们很容易忽视自己已经做错了事。在这种环境下，大家确实是同事关系，和谐愉快，非常文明——如果你身处这个群体的内层，或者真正接近这个群体的内层，情况确实是这样的。每个人都能和身边的人开玩笑；他们谈论最近正在播出的电视剧或者体育比赛，当鲍勃吹嘘自己才 7 岁大的女儿是国际象棋高手的时候，旁边的同事还会假装对他的育儿经验感到好奇。公司还给员工提供比较宽松的育儿假。但是 11 名高级副总裁里，只有 1 名是女性，而且所有高管都是白人。没人愿意去挖掘为什么会形成这种人员架构。他们猜测，可能是女性都不愿意出任高管。他们甚至都不去质疑为什么高管都是白人。我以前共事过的一位高管把这种情形称为"虚假和谐"。另一位高管把这种情形称为"乡村俱乐部管理"。

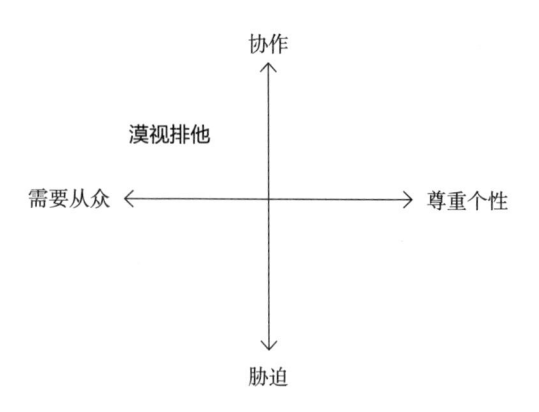

```
           协作
            ↑
            |
   漠视排他  |
            |
需要从众 ←———+———→ 尊重个性
            |
            |
            ↓
           胁迫
```

受害者也很难发现"漠视排他"的情况正在发生。"冷酷无效"是你能够感受到的氛围。你知道肯定有哪里不太对了，因为你明显遭受了伤害。"高傲羞辱"则直接在你脸上扇个耳光。但"漠视排他"发生在台面下。当你希望揭露这种环境时，你得到的答复通常是"这里没有什么问题"。当年我在银行工作的时候，银行高管对我说："我不知道他们竟然允许我们招聘漂亮的女孩。"我后来离职，就是为了躲避这种情况。下面我再用一个具体的故事来说明这种环境的真实效果。

萨利升职记

我曾在一家公司工作过一段时间，姑且把它称作高速成长科技公司 X。萨利是公司产品团队唯一一位资深女员工，她听说她的团队成员中有人获得了股权激励，价值是她本人持股的好几倍。这种情况让人很难接受，但她说服自己，保持积极的心态，做出好的业绩，争取升职机会。

随着时间一天天过去，尽管她交出了很多令人赞叹的业绩，但她没有得到晋升,她自己也觉得越来越失去动力了。她给我看了最近一次的业绩考核评价。她的上司鲍勃写了,她"好斗",而且"缺乏技术",在硅谷的人眼里,这等于是说她难以与人相处,并且不擅长目前正在承担的工作。我那根探知性别不公平现象的"天线"又开始工作了。不管用哪种指标衡量,她比近期获得晋升的其他几位男士都要好相处得多。不论从这些人的业绩、教育背景还是工作经验来评判,都没有证据证明他们比萨利更"有技术",也说明不了为什么这些人比萨利晋升得快。

随后,萨利听说内德也要比她更早获得晋升。内德为公司做的贡献远比萨利要少。当萨利质问鲍勃为什么她没有得到晋升,而内德却获得晋升的时候,鲍勃又搬出了"好斗"的理由,因为他找不到任何具体的业绩方面的原因来解释他的决定。对萨利而言,她的上司提拔内德的理由看上去明显有失偏颇,所以她怀疑是不是自己在某些方面的表现有所欠缺。当我告诉她,她的表现没有问题,她遇到的是性别成见时,我可以看到她脸上出现了得到宽慰的表情。她终于可以不再责备自己了。

我在之后一次和鲍勃开会的时候,特意提起公司最近提拔了一位高管。我提出这个人特别好斗。鲍勃说:"我知道。他是个不折不扣的浑蛋。但是他只有拿着这种做派才能干完工作。"

我给鲍勃下了一个套,而他自己踩了进去。

我追问:"那萨利这个人怎么样?你跟她说,她得不到晋升是因为她太好斗了。难道她就不需要像男同事那样,拿捏起好斗的做派,才能把工作做好吗?你是不是把她放在了进退两难的境地?"

"她还需要打磨自己的管理技能。"

"从我的经验看，这就等同于要求她'变成男人'。她永远都不会是男人。但是她工作做得非常不错。"

"我知道她的团队喜欢她。她就像老母鸡——"

我举起手打断他："鲍勃，立马打住！"

他追问："什么？"表现得一脸天真。但是我察觉到，在这种虚伪的表象背后，他开始意识到自己的言行有问题了。

"好好想想你刚才说的这句话。如果是对一个男人的话，除非你想刻意羞辱他，否则你绝不会把他比作一只老母鸡。"鲍勃想要张嘴回击，但我知道他想说什么，所以直接替他说了："你也不会把他比作一只大公鸡。"

"哦，得了吧，金，不要那么小题大做！"他开始做出轻微的霸凌我的行为，试图在我身上强加一种性别刻板印象。他希望我能知难而退。我当然不会退让，因为我在这家公司所做的工作之一，就是帮助企业高管雇用更好的女性，提拔更优秀的女性。他们给我付薪水为的就是这件事。所以我完全履行了自己的义务。

我说："你现在面临两方面问题。首先，你都没有注意到自己持有成见——你的决策前后不一，而且存在双重标准问题。这就导致你做出的决定都是偏向某一方的。其次，如果你坚持现在这种说话方法，也就是继续把女同事称为老母鸡、说女同事好斗、说女同事爱小题大做，那么你最后可能不仅提拔任用错误的人，也有可能让自己处于水深火热的境地。"

鲍勃用自保的语气说："听着。我把权力范围内能提拔的人都提拔了。如果我在内德晋升之前，先把萨利提拔起来，那么内德一定会发疯的。"

"如果萨利发疯了，那么你会指责她神经质、缺乏管理能力、为人好斗，或者其他任何你能想到的混账理由。但是内德做出错误举动的时候，你却要奖励他。"

"他会辞职。萨利不会。"

"你怎么知道？"

"她对公司非常忠诚。"

"那你就要因为她的忠诚而惩罚她？然后提拔一个贡献度没有她高，没有证明自己对公司忠诚的人？仅仅因为你不提拔他，他就会发疯？这样是不是本末倒置了？"

鲍勃叹了一口气。"听着，如果你能说服公司CEO开绿灯，那么我立马提拔她。我问过的，但是他拒绝了。他今年不想提拔太多人。你自己去和他谈谈吧。"

CEO知道萨利的工作表现，而且同意她应该获得晋升。我都还没有开口说话，他就表示对萨利"好斗"的评价纯粹是胡说。在这件事发生之前，基兰·斯奈德在《财富》杂志上发表了一篇文章，介绍了业绩表现很高的男士与女士的绩效评估都是怎么描述他们的；同样的标准，用在女人身上是惩罚，用在男人身上是奖励。这篇文章在公司内激起了不小的波浪——有一封关于这篇文章的讨论邮件，形成了前前后后有100多个来回的邮件链。CEO对我说，在看过这篇文章之后，他又从头过了一遍最近交上来的业绩考核表，其中找不到任何一个把男士称为"好斗"的评价，但是女士们的评价里经常出现这个字眼。CEO还提起了我之前和鲍勃讨论过的那个性格极具侵略性的高管。CEO说："整件事都再明白不过了，这实在太可笑了。"

他明白不公平现象的存在。我对此表示满意。

我问："那您接下来要怎么做呢？"

他的肩膀向下沉了一点，他说自己的第一反应是强制要求鲍勃提拔萨利。但是这种做法有悖他的管理哲学。他不应该干预下属关于晋升的决定。

我全力支持他的这种管理哲学。"确实，您不能干预鲍勃如何管理他的团队。但是您是否可以多给他一个晋升的名额？"

"如果多给鲍勃一个晋升名额，那么仍然轮不到萨利。他已经把特雷提到了第二晋升的人选。如果我们为此多给鲍勃一个名额，其他团队也会来要名额，那样公司里副总裁就太多了。"

这是我职业生涯中最沮丧的时刻。我面前是一位致力于创造公平工作环境的 CEO。但是强制命令鲍勃做出晋升决定，违背了我们共同遵守的管理哲学。强行命令别人不一定能达成原本的目的。通过晋升委员会来决策或许能帮助解决这个问题，但是由于产品和工程团队的领导者都是男性，因此这种委员会反而有可能强化成见。当年，我还不知道给他推荐成见阻断者或成见量化指标。实际上，正是这个事件，促使我开发出了第 6 章中介绍的理念，所以后来我再给 CEO 提建议的时候，我就知道应该推荐何种措施了。

最终，萨利在下家都没找好的情况下就辞职了。这是一个令人痛心的决定。她原本希望为了团队里曾经为她工作，以及和她共事的其他女同事留下来。但在这里继续工作已经没有意义了。在这家公司，女人晋升到一定层级之后，职业生涯就止步不前了。继续留在一个可能令她变得痛苦或愤世嫉俗的环境里，对任何人都没有帮助——对萨利或者任何其他女同事都是这样。萨利的离职至少向其他女同事传递了一个信息：她们没有必要忍受一个对女性不公平的工作环境。我告诉她，她的决策很正确。我认识的

公平工作　　434

另外一位资深女高管，在 30 年职业生涯中都在和公司的这种混账文化做斗争。我永远忘不了，她们那些辛酸的遭遇是如何演变成导致她们抑郁的因子的。

这件事真的令人惋惜。萨利本不想离职。CEO 曾尝试挽留她，还有她的团队，他们都喜欢这个女领导。公司里所有人都为这件事感到沮丧，这对公司多位高管而言都是一次警钟。他们过去一直认为自己推崇的是以能力选人用人的机制，他们拒绝承认自己的晋升决策中带有成见。他们不能理解为何留不住萨利这样一位优秀的团队领导者。

萨利想为公司里的女性做个榜样，这个效果立竿见影，公司里的女同事立刻明白了萨利想要传递的信息。很多女同事亲眼见证了萨利遭遇的不公平对待，好几个人在萨利离职的时候就立刻开始着手找新的工作。后来，经过数年之后，我还会在电话会上遇到当年从这家公司离开的资深管理者。他们告诉我，失去萨利之后，公司不仅失去了保留顶尖人才的能力，同时也失去了招聘最好的人才来填补空缺的能力。

几个月之后，另一家成长更快的科技公司以副总裁的级别招揽了萨利。原本喜欢和萨利共事的一些人，既有男的也有女的，都追随萨利去了新的公司。她在新公司做得非常好，很快就成了公司的首席产品官。这家公司现在也是硅谷做得最好的公司之一。有很大的概率你这周甚至最近几个小时内就用过这家公司的产品。内德又怎么样了呢？他延续着之前相对体面的职业生涯，但是绝对没有享受到萨利这种迅速的跃升。

所以，萨利才是笑到最后的人。有的人或许会说，她的故事证明了我们现有的社会体系还是运转得不错的。A 公司不能给她应得的待遇，那她就可能另谋高就，B公司就给了她适合的工作。但是在萨利这种成功故事的背后，还有无数的女性在美国商业界遭遇了职业的瓶颈，她们被视为"好斗""没有技术水平""缺少管理技能"，就没能再获得任何晋升机会。无数职业女性被迫选择了地位更低的角色，男性则顺着快车道进入高收入的利润中心。

对我而言，萨利取得的巨大成就，反映出我们现行的体制充斥着缺陷和失能。在相对更健康的环境里，企业应该有能够留住萨利这种高管的机制，而不是由于公司弄不懂如何对待身处少数群体的人，就放任人才流失到市场当中。

超级多数群体造成的问题

"漠视排他"的环境里，身处超级多数群体的人放任无意识成见或偏见，对日常人际沟通和重要决策过程产生影响——包括招聘、晋升、绩效评估等。因为这些人重视协作，所以他们通常会架设防护栏，预防霸凌现象的出现。在这种环境里，骚扰行为会被迅速处置。但是身处超级多数群体的人，会非常强烈地否认他们的环境中存在歧视现象。

身处超级多数群体的人很容易说服自己相信，他们是具有包容性和协同性的。他们没有任何意愿去贬低、掩盖、歧视少数群体里的人。这好比在一条狭窄的道路上，一群登山者遇到一名独立登山者的境况。这个群体并没有想要故意把独立登山者推出路面，但是，除非这个团队内的人互相之间有沟通，而且采取必要的措施，否则有很大的概率这名独立登山者在团队通过时会被挤到道路旁边的毒栎树丛里。团队里的人一边行进，一边友好地挥手,但是根本没有意识到他们把人家挤出去了。

如何减轻漠视的问题

如果你的单位充斥着"漠视排他"的氛围,你已经朝着公平工作的环境迈进了一步,但你需要做的事情清单,与应对高傲羞辱环境的清单有很大不同。你需要集中精力,采取必要措施,打造一个充分尊重每个人个体特征的工作环境。

如果你是领导者的话,在这些事情上的失败,会令你感到非常泄气。你已经尽力避免最恶劣的行为在公司内出现。你这么做,是因为你确实关心。你并不会认为自己持有成见或偏见。对你而言,承认自己的公司存在歧视的问题很难。这反而就是问题的症结。你关心的其实都是好的意图,而没有解决真正难啃的硬骨头。你眼里看到的,是你心里希望看到的公司,而不是你实际管理的公司。你需要他人的帮助,来认清现实的状况。这个时候,你有必要投资并信任成见阻断者和成见量化措施。确保你公司的行为准则覆盖面足够广,而且经常得到强化。这些措施未必能解决所有问题,但是它们能够帮助你找到正确的道路。

尊重每一个人:你还有很多工作要做

- ☐ 阻断成见变成公司行为常态
- ☐ 所有员工都了解行为准则
- ☐ 在日常业务流程中有衡量成见的量化指标

从胁迫走向协作：你已经取得了一些成绩

☑ 对霸凌者施以惩戒
☑ 建立权力制衡机制
☑ 设置可信的举报机制
☑ 员工都理解同意文化

11

公平工作：
让我们保持乐观

纵观人类历史，很多原本我们以为无法实现的梦想最后都变成了理所应当的现实。历史一次又一次证明，当数百万人共同对压迫性体制发起挑战时，往往会带来变革性的历史转折。很多美国人都曾经认为，沿袭了数百年的奴隶制永远不可能被消灭。但是，经过废奴主义者弗雷德里克·道格拉斯、哈丽雅特·塔布曼以及数千名愿意承担"地下偷运"风险的奴隶的抗争，美国的奴隶制最终被彻底废除。在这个过程中，一些白人也扮演了仗义执言者和领导者的角色。

10年前，没有人会想到，同性恋群体会获得法定的婚姻权，他们自己也没有想过可以通过婚姻形式来表达爱和忠贞。很多提倡赋予同性恋群体婚姻权的人，也觉得这是一个不太可能实现的目标，但他们仍然坚持在做。看看他们取得的成绩：短短数年前大家还认为不可实现的事情，现在已经成为常态了。

为黑人平权运动、性少数群体平权运动、反性骚扰运动积极发声的人们，已经让世人看到社会的不公平现象，并且让大家都意识到，现有的社会体制在不断强化不公平。这些体制存在于当下，存在于我们身边，对我们所有人都会造成伤害。1963年，小马丁·路德·金博士在"来自伯明翰监狱的一封信"中写道："只要有一个地方存在不公平现象,就会令其他所有地方的公平程度遭受威胁。我们身处一个不可能独善其身的人际关系网络当中,被绑定在人类共同的命运之中。对一个人直接施加的不公平待遇,都会对其他人造成间接影响。"[1]

带有成见、偏见、霸凌、歧视、骚扰、肢体侵犯意味的行为对不同的人会产生相同的影响,当我们意识到这一点的时候,我们就能团结起来阻断这些错误行为,让我们的工作环境——乃至整个世界——都变得更公平。人类社会越来越清醒地认识到,我们都是互相关联在一起的,正是由于这种认知的增长,我们才有信心保持乐观。2020年6月,来自纽约布鲁克林区的两名变装女皇韦斯特·达科塔和梅里·彻丽对一个令人伤心的社会现状发起了挑战:由于黑人跨性别者遭受警察暴力的概率远远高于其他人群,因此对他们而言,参加反对警察杀人的游行将令他们自己面临更大的风险。他们也表示,如果参加静默的抗议集会,他们会感觉更安全,美国全国有色人种协进会曾于1917年组织过类似的活动,当时有10 000人统一穿着白色服装,沿着纽约市第五大道游行,呼吁全社会停止针对黑人的暴力活动。两位变装女皇决定发起一次静默集会。两周之后,有15 000人统一穿着白色服装,在布鲁克林区集会,他们主张黑人跨性别者的生命与其他人同样重要。活动组织者对响应活动的人数也感到震惊。他们原本只是社会中非常小众的一个群体。为什么有那么多人参加活动?其中一名接受采访的集会者回答:"一个群体倒下,我们其他的群体也会倒下——我绝对会参与到底。"[2]

当民众普遍认识到自身权益,认识到团结的重要性时,我们就有促发根本性变革的机会。但是，如果没有有意识、主动地采取行动——包括内外部行动——变革也不会发生。如果我们想要打造公平工作的环境，我们就需要对那些不断强化不公平现象的体制做出改革。我们需要审视自身存在的问题。如果我们把自身的不足归罪给"别人"，如果我们只注意到别人做出的不公平行为，而没有对自身进行评判，那么我们其实是倒退到拒绝承认错误的状态，并没有采取恰当的措施来创造公平的环境。

这个社会上，还有很多人致力于维持他们获得的非公平待遇，而且还在积极主动地把自己带有偏见的信念强加给别人，我们也不能否认这种现象的存在。有些人认为，强奸在道义上是一种可被接受的行为，过去我一直忽视这种想法的存在，直到工作职责逼迫我去处理相关问题时，我才意识到问题的严重性。我自己是希望这个社会上，没有人真的相信白人一定比其他人种优秀。但2016年到2020年这几年，美国的社会性事件让我们充分看清了，过去我们把一些故意为之的偏见当作无意识成见，并且用这种理由为带有歧视性质的国家政策正名。历史上已经反复出现过这种情况，没有道德下限的领导者通常都有主观意愿去利用这些社会上本已存在的偏见，并且通过操弄民众的恐惧心态来为自己争取权力。现在这个社会没什么两样。如果我们想要消除不公平现象，我们就得反对这种虚伪的操纵，不论何时何地遭遇成见、偏见、霸凌、骚扰、歧视和肢体侵犯，我们都要立刻反击。

与此同时，我们必须时刻记着，在我们争取公平待遇的过程中，我们待人的方式——即便是对待那些我们拒绝接受其偏见的人——也不能违背我们的价值观。试图以胁迫的方式让别人顺从我们的思考方式并不能奏效，它只会腐化我们。当我们不能达成全面一致意见的时候，如果假装达成一致，也会造成负面效果。如果你拒绝和与你存在分歧的人沟通，那么你可能短期内能够避免产生争论，但如果时间拖得太久，可能会引发毁灭性的冲突和不可调和的矛盾。

重新定义可实现的目标

只有通过根本性变革，才有可能打造出公平工作的环境，而只有当每个人都接受根本性变革的时候，这种变革才是有效的。如果一家公司内的所有人都认为某种言行是错误的，而且大家都认为错误的言行可能进一步恶化的时候，他们就具备了做出变革的条件，他们应该可以齐心协力纠正错误。整个集体发出合力，才能打造出全新的工作环境。不能再形成团队互相针对，用职级和文件对抗管理的局面。

在设定目标的时候要慎用类比。我通常认为可以把它比作一个新建谷仓的项目，这是一个为大家谋福利，且需要大家共同出力的工作。避免使用任何与打仗相关的专业词汇，也避免使用任何可能被视为"强势领导"的词汇。我们很容易把大的变革与革命画上等号。但是，革命总是要牺牲个体的，革命带来的新世界中，原本被压迫的人常常会变成压迫别人的人。谁会想要造成这种局面呢？

我们的目标是消灭压迫。

"冷酷无效"的工作环境本身是很强势的，如果你仔细分析造成工作环境不公平的态度和行为，并且用最有效的阻断手段来打破威权动态，你还是可以用公平工作的良好循环取代原本的恶性循环，新的环境会更加强而有效。

如果你现在正好身处领导岗位，你已经拥有了绝佳的机会，可以为你的员工打造一个让他们热爱工作且热爱协作的环境。但是，你也需要认识到，如果你的团队成员，或者你这家公司的所有员工，长期以来都深受不公平待遇的折磨，那么小的改变即使出自善意，也是不足以改变工作环境的。当不好的事情发生时，大家的直觉反应是装作看不见：不要被这件事卷进去。你应该鼓励大家倾诉自己的遭遇。即便是让人痛苦的遭遇，你也只能先去了解事件的细节，此后才能判断问题的严重程度。

当着手做出变革的时候，你总会做错一些事，但也总会做对一些事。不要让做错事变成你停下脚步的理由。在进行变革的时候，取得胜利的关键，在于对所有人都要有同情心（包括对待自己），对你观察到的问题用绝对坦率的态度去面对，并且一定要行动。问题总是要解决，你可以成为解决过程中的一分子。我也承认，导致不公平现象的态度和行为不会被彻底根除，只会得到管理和控制——这也是你被称为管理者的原因之一。你为了改变工作环境而做的努力会带来巨大的收获，既是精神方面的，也是实践方面的，那就是一个公平工作的环境。当我们在设计一家公司的组织体系时，都是以人性最良善的因素为基础，那么没有什么事情是我们人类做不到的。

打造公平环境的唯一道路就是所有人齐心合力。领导者不可能仅凭一己之力去做，但如果他们能做到上面提出的这些基础工作，他们的行为就会诱发员工的感激之情和工作热情，这些能量是有传染性的。当员工的恐惧、憎恶、担忧消失之后，团队的脑力和情感就会得到释放，这使他们有更多能量来实现公平工作。

爱和喜悦

美国第 22 位桂冠诗人特雷西·K.史密斯受邀在韦尔斯利学院 2018 年开学典礼上致辞，她在发言中以优美的语言提醒我们，想要实现个人的理想，必须带着爱和喜悦来开展工作。

> 在谈论政治、人口、政策等问题时，我们常常回避"爱"这个词，会用类似"包容"这样的词来替代。但是包容远远不够。包容的意思是，假如我们同时在一辆国有公共汽车上，我可能会挤一挤，给你让出身边的一点儿位置，但是我一定会慢慢挤回去，因为我一直都认定那个座位完全应该是我的……包容，并不需要我们改变自己认定的事实。
>
> 但爱是一种强烈的转变。爱会告诉我，你的诉求和我自己的诉求同等重要；只有在尊重你、保护你的前提下，我才能真的尊重自己、保护自己……爱让我坚信，为你提供你所需的东西，实际就是在服务我自己，服务你和我共同组成的团体……
>
> 想要拥抱爱，我必须穿越恐惧，穿越对权力或权威的主张。[3]

想要打造更多公平工作的环境，我们还需要付出很多努力。有很多人在面临这项工作的时候，都带着深深的恐惧，我则认为我们应该以兴奋的状态去挑战它。我们可以在不起眼的工作中体会到爱和喜悦，甚至和完全不认识的人分享这种感受。蒂法尼·李是霍兰德奈特律师事务所牵头改善公司多元文化和包容性的合伙人，我最近和她一起录了一个电台节目。我们谈到，我们都爱自己的父亲，但是我们不能用父辈的方法继续讨论与种族歧视有关的议题。

她说，她的父亲曾告诫她，在工作场合不要谈论3种东西：种族、宗教、政治。但是，她现在的工作职责恰好就是要在工作过程中探讨这些问题。我介绍了我父亲曾经给我提出的建议："你不是一个有种族歧视思想的人。绝对不要承认你做的任何事有种族歧视的意味！"但是，如果我表现出了带有种族歧视意味的言行，而又拒绝承认自己犯错，那么我就违背了自己提出的绝对坦率的原则。如果注意不到自己的错误，就无从改正错误。

所以，蒂法尼和我决定在节目中开展一次绝对坦诚的关于种族问题的对话。你觉得最后发生了什么？整个世界并没有坍塌到我俩的肩上。实际上，我们进行了一次非常有效的对话。我们边谈边开心地笑。这是一场令人感到高兴的对话。我并不指望一场录播节目就能改变全世界，或者终结种族歧视。但是，如果我们能有更多机会开展类似的对话，我们真的就是以个人迈出的一小步，代表全人类迈出了一大步。

公平工作：外观和感受

你是否遇到过这样的公司，其中的一切看上去似乎都是正确的？在这种公司里，上司是公平的，同事尊重你，整个气氛有助于你发挥自己最佳的工作能力，这样的地方存在吗？在这家公司里，不存在成见、偏见、霸凌、歧视、骚扰、肢体侵犯，即便有，也是极其微不足道的，这样的地方真的有吗？如果真的存在，这家公司长什么样？如果你不曾有过这样的经历，或许也可以设想一下。这样的公司应该长什么样？我曾经在"这家公司"工作过，在这里，我感觉似乎可以公平工作。让我用这个故事来给整本书收个尾——回顾一下我们一路走来学到的经验。

公平工作环境更容易取得成功——也更有趣

如果我在工作环境中能够获得安全感、舒适感，并且与我的同事平起平坐，那么我一定可以取得人生中最精彩的业绩。我倾尽全力来完成工作。我的团队和我一同承诺，要"打破大数定律"。我们在压缩成本的同时，实现了收入10倍增长。我们共同打造了一个利润率极高、成长速度极快的业务。我们在做工作的同时也在享受工作，在工作中形成了稳定长久的人际关系。我热爱自己的工作，喜欢自己的同事；我们一同取得了巨大的成就。

只有合理设计才能实现公平

"这家公司"有如此良好的工作环境，并不是凭空而来的。[4]"这家公司"的组织架构是经过精心优化的，能够使效率和创新能力最大化。这种精心设计带来两方面好处：业绩成长一往无前，并且产生公平氛围。我们从中学到两条核心原则：协作、尊重个性。

协作，不要胁迫

"这家公司"的领导者认为，在当代经济体系中，"命令＋管制"的管理模式并不能带来好的效果。官僚作风会导致生产效率低下，并且会扼杀创新。他们发现，"自上而下"的垂直领导方式，也就是员工像工蜂一样被命令做这做那，而且被严格控制思想的方式，会扼杀生产力和创新力。因此，"这家公司"从一开始就尝试彻底不设置管理层。事实最终证明，这是一种灾难式的做法；运营一家公司还是一定要执行某种程度上的层级制度的。但这也并不意味着就一定要采用权威主导式的层级制度。"这家公司"搭建了一套行之有效的制度：协作型层级制度。公司还是能画出一张从 CEO 到副总裁，到总监，到管理干部，再到基层员工的组织架构图。但是在这个模型里，任何一个层级上的领导者，都受到公司管理体系、工作流程、组织架构设计意图的制衡。

"这家公司"的组织架构设计理念，是把传统的权力来源，比如说招聘权、晋升权、薪酬决策权从管理层手中剥离出来。这些权力被交到团队手中，因为一个团队往往能比个人做出更好的决定。"这家公司"的任何个人，即便是 CEO，在招聘新人之前也必须经过招聘流程的审查，在提拔某个人之前，也必须经过晋升流程的审核。管理者没有权限单方面做出发放薪酬或奖金的决定。

没有人能够强迫员工去做他们不愿意做的事情。曾经有一次，公司最资深的 3 位领导和一个正在推动项目进展的工程师团队发生了争执，这个事件让我终生难忘。其中一位高管提出了一种工作方案。工程师团队有不同的看法。这位高管说服不了工程师团队，所以他提出从数百位工程师中抽调3~4人，和他一起做一个小型的实验，证明他的观点是可行的。整个团队都反对这种做法。这位高管说："这要换作其他任何一家公司，我就强制命令你们按我的意见干了！我只不过是想试一下。"工程师团队再次解释了为什么他的意见行不通，并且解释了为什么抽调3~4人会对整个工程项目造成影响。这位高管最终服从了工程师团队的意见。这个团队以实际行动证明了他们的意见是正确的。他们的产品获得了巨大的成功。

这种办事方式需要双方彼此都有很强的信任感。这也是一个良好的体制能够带来的好处：在良好的体制内，人与人之间的信任会增强。在"这家公司"，所有工作流程都为团结协作进行过优化，并且不会鼓励胁迫的行为。在进行年终评估的时候，对管理层的评价需要有下属员工的参与，当然员工也要接受管理层的评价。当某个人在"这家公司"犯错的时候，他们通常会得到来自同事和上司的快速、清晰的反馈。如果犯错的人是管理层，又会发生什么情况呢？在这位犯错的管理者的上司发现问题，并且纠正问题之前，团队成员就会先抛弃这位管理者。"这家公司"赋予员工转换团队的便利权，不经过原管理者的审批就可以内部跳槽。"这家公司"认为，面对具有霸凌行为的上司，对员工而言是一种额外的负担，没有人应该承受这种额外的负担。

设置管理层级有两个作用：其一，确保每个人都负起应尽的责任；其二，为帮助员工成长，给他们提供教导或辅导的服务。管理者需要为项目负责，但是他们并没有"控制"他人做事的特权。他们需要与团队中每个人都建立真诚的人际关系，通过激励员工或者说服员工,来完成必要的工作。[5]在"这家公司",告诉某人去做某事通常是无效的。实际上,如果用管理权威胁迫他人,并且不给他人挑战你的机会,有可能导致你自己被迅速开除。在"这家公司",大家共同的预期是可以与他人顺畅协作,创新的想法可能诞生在公司中任何一个地方。

如果说猎豹的超能力是它奔跑的速度,那么人类的超能力就是协同工作。当我们协同工作时,我们用尽全力,以集体的能力完成更多的工作,远远超出我们以个体身份所能完成的工作量。如果某人妄图支配其他人,那么我们有可能遭遇各种可怕的后果。所以说,如果想要实现成功的协作,我们必须精心设计组织制度,让这些制度主动去解决带有胁迫意味的行为,比如说霸凌、骚扰,也可以用制度去规避武断、自傲、忽略现实的决策。[6]

尊重个性,不要强求从众

要求从众 ←——————————→ 尊重个性

"这家公司"的领导者还认为,多元化的团队创造力更强。所以,公司里所有人都要尊重他人的个性。公司CEO会敦促员工:"挑战我!如果我做错了,我愿意听到有人给我指出来。"仅仅是CEO尊重员工的个性还不够;员工应该互相尊重,员工也需要尊重CEO。尊重个性并不等同于让员工想说什么就说什么,并不意味着让某人的无知和其他人的专长拥有同等分量,并不意味着我们要忍受无休止的辩论和争吵。它的真正含义,是我们听别人讲话时,不能先入为主地带有成见或偏见。它意味着我们要以开放的心态接纳不同的观点,也要能够容许差异化、意料之外的情况的存在。

公司里最受瞩目的一个人，经常戴着大大的兔子耳朵道具来上班。没有人对此提出异议。没有人因为他选择佩戴不同寻常的头饰而贬低他的专业技能。在大多数公司里，戴兔子耳朵来上班的人，要么被众人忽视，要么被众人取笑，因为我们的大脑会本能地过滤或排斥意料之外的情况。但是，"这家公司"的员工都非常遵守纪律，他们保证不同的观点可以得到表达，某人的职级或着装的选择，并不能影响他的观点是否得到表达。"这家公司"不仅仅包容人与人之间的差异。它通过必要措施，创造了能够以开放态度对待异议和争论的文化氛围，并且令每个人都有义务提出不同看法。

刚开始在"这家公司"工作的时候，我看到了，当公司激励员工全身心投入工作——当员工很确信，自己发表的意见会被重视而不是被忽视时——他们会交出更好的业绩，而且互相协作的程度也更高。生产力得到提高，创新精神得到发扬，工作事务变得更加公平。每个人都会感到更幸福。公司内形成了良性循环。

我承认，我的个人经历听上去有点儿像乌托邦。我也质疑，除了我，还有多少人经历过公平工作的环境，我非常冲动地发了一条推特："你是否曾在没有不公平现象的地方工作过——成见最小化、没有偏见、没有霸凌、没有歧视、没有骚扰、没有性骚扰？如果你有这样的经历，你愿意和我讲讲吗？请直接发私信给我！"

我原本以为收到的回复大多数可能都是负面案例。其中一些答复者说："你是在问是否有人仅仅为机器人工作，或者和机器人共事吗？"或者"没有。要是有的话，那可真的就是创业公司里纯正的独角兽了。"但是，仍然有53%的答复——过半数！——是积极正面的，我后来与这些答复者中的一部分人进行了电话访谈，证明了我不是唯一经历过这种环境的人。以下是别人告诉我的一些情况：

"我认为我现在的单位就是这样，我在这里工作感到非常开心。"

"我人生前10年的工作单位就是这样的，而且当时干的就是企业咨询的工作。其中的关键点是招聘标准：来的都是聪明善良的人。这种公司的文化会真的重视人是否善良。"

"我现在这个单位就是……我在这里获得他人信任——我认为这是核心的一点。得到信任能够激励我工作。"

"我有故事可以分享。这家公司在密歇根州，在现在这种舆论环境里，大家可能都很难相信，那里的公司竟然会什么样的情况都有——跨性别者、怀孕过程中得到晋升。这是我工作过的最佳科技公司，那里还有好多员工到现在仍然是我的朋友。"

"我曾经有过这样的经历。当时的公司被评为加拿大排名第一的雇主。在那里，我明白了工作环境可能变成什么样子，或者至少知道了可以变成什么样子。在变得完美之前，肯定要多做些尝试。用好奇取代预设。用善良取代自负。"

这是一个过程，不是终极目标

  这里就该说到关于公平工作的最重要的一点。打造公平工作的环境是一个过程，而不是终极目标。这项工作没有一个必然的终点。你需要通过持续的努力来维持它——每月、每周、每天，甚至每小时。把你的工作环境看作山峰。你可以获取最佳的视野，但是得每天都爬一次山才能够享受它。也可以把它比作一座大楼。如果聘用的工程师、建筑工人优秀，使用的建筑材料质量好，地基打得牢，你的大楼肯定比其他楼要更经久耐用。但即便造得再好的大楼，如果不经常清洁维护，也会很快就变得无法居住。这些不是一次性的工作，而是在你每天都要完成的工作中必须处理的核心问题。一座大楼，不管维护得有多好，如果在里面居住、工作的人行为恶劣，也会很快变成一个糟糕的环境。

  生活充满变数。你需要在工作环境中筑起保障机制，确保胁迫和从众的行为不会悄悄渗透到员工协作的过程中，而且要经常对保障机制是否到位进行巡查，如果做不到这一点，工作环境中就会滋生不公平现象，由不公平现象诱发的低效工作态度就会侵蚀并占据你们的公司文化。人性当中最不值得称赞的一面，总是会诱使我们偏离协作，朝着胁迫的方向走；诱使我们不尊重他人的个性，朝着强求他人从众的方向走。[7]你需要每天都花一定的精力来抵制这些负面力量，保证工作环境的公平性。

  在我启动写书这项工程的时候，我以为自己已经彻底弄明白了这个问题，而且可以通过这本书来与其他人分享自己的收获。我以为写这本书是在帮助别人——尤其是刚刚迈入职场的年轻女性。但是，实际上我是在解放自己。在写这本书的过程中，我逐渐摆脱了这一辈子都在拒绝承认的心态，仿佛甩掉了一直拖在身后的铁链和铅球。摆脱这种心态的困扰，比我知道的任何其他手段都更能令人放松。挑战我的沉默，讲述我的故事，从中获得的成果无法量化。消除我自己的恐惧已经令我感觉好多了；如果我的故事能够帮助你消除你的恐惧，我会为此感到更加幸福。

就算不容易做，这件事的本质也很简单

当你面对的问题看上去无法解决时，回想两条核心理念：首先，尊重你的同事的个性。不要强求他们表现得和你预设他们"应该"表现的样子的情境一模一样。其次，和同事协作。不要试图驱使或胁迫他们。

总之，公平工作！

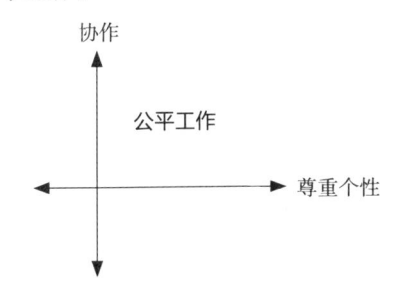

致谢

完成一本书有赖于各方合作，而非仅靠作者一人的努力。这本书的封面上只有我自己的名字，但其背后的多方共同努力促成了它的完成与全球传播。

至少可以说，我写这本书的过程绝对不是一帆风顺，一些工作伙伴告诉我，他们有时还会感到沮丧或愤怒。在完成这数十万字的过程中，我经常删删改改，甚至会在最后关头做出巨大改动，我十分感谢他们始终不离不弃。

首先是我的家人。我的父亲大概是阅读这本书次数最多的人了，他读了6版不同的初稿。每当我纠结是否应该放弃时，他总会鼓励我继续坚持下去。每次读完之后，父亲都会带给我很多启发，甚至还有详细的校订意见。本书的最终校订期间，父亲正身患癌症，被治疗过程折磨得疲惫不堪，但他依旧是最善于挑错的人。我对他的敬佩和感激难以言表。我的母亲、哥哥、姐姐、丈夫和吉姆·奥塔韦叔叔也都读过此书，他们的评价和建议也使这本书越发完美。当然，若没有亲爱的保姆罗西·加西亚，我也不可能完成这本书。在隔离期间，我丈夫自告奋勇承担她的工作，同时还要居家远程管理他学校中的事务。不过，我们也十分想念罗西，再次团聚时我们都很激动。孩子们也给了我很多帮助。正是他们的存在，让我想努力把这个世界变得更加公平。他们的童言无忌总能带给我启发，也要感谢他们包容了我作为母亲的不称职和坏情绪。在我纠结于本书的遣词造句时，他们也提供了很多鬼点子，比如，副标题应该选择"把事做完"还是"干就对了"抑或是"别废话，就是干"。

本书的编辑（掌握本书最终决定权的）蒂姆·巴特利特专程飞来加利福尼亚，和我一起坐在家里的楼梯上，帮我理清杂乱无章的初稿。之后，他又耐心地将这本书编辑校订了无数遍，就像我写了作废、作废了再写的创作过程一样。在我们的共同努力下，这本书逐渐成形。我发誓，我已经尽了自己最大的努力，但似乎也只能做到当时那种程度了。所以，蒂姆，感谢你对我的包容！非常感谢圣马丁出版社的工作人员，他们与我和蒂姆一起将这本书带到这个世界。艾莉斯·普法伊费尔在读了本书的初稿之后，给我写了一封最鼓舞人心的信，简直就是雪中送炭。她的鼓励使我和蒂姆坚持朝正确的方向走下去，甚至也或多或少地促使我们如期完稿。感谢珍妮弗·费尔南德斯、珍妮弗·西明顿和艾伦·布拉德肖对本书进行了两次文字加工！他们甚至一句不漏地进行了润色。劳拉·克拉克对我的书十分感兴趣，她还提了一些关于照顾不同读者的指导意见，不仅使我的思路越发清晰，还令我从中感受到乐趣。加比·甘茨的幽默和智慧使本书的宣传推广更加真实，要知道，言简意赅的图书公关宣传如今已实属难得。丹妮尔·普里利普的干劲、才华以及组织能力使本书的营销不再枯燥乏味。负责图书审查的埃利斯·莱文尽职尽责，确保相关流程轻松简洁。十分感谢我的经纪人霍华德·尹，他在本书还很不成熟的时候帮我完善了整体构思，尽管本书的初稿杂乱无章，他也依然有条不紊地告诉我在选材时应该如何取舍。

我还想感谢我绝对坦率公司的团队：布兰迪·尼尔、尼克·迪特莫尔、杰森·罗索夫、艾米·桑德勒和诺拉·威尔科克斯。他们每个人都读了这本书，并提出了宝贵的见解。他们还给了我最珍贵的礼物——时间。他们替我管理公司的各种事务，这样我便有时间进行写作了。坦率教练们也给本书的各个版本提供了宝贵意见，推动这本书逐步完善。非常感谢梅丽莎·安德拉达、贝卡·巴里什、亚伦·迪莫克、乔·邓恩、比娜·马丁、法拉·米特拉、迈克·皮尤和斯蒂芬妮·厄斯里。

在写作过程中，我可以在脑海中想象出某些场景，但我并不擅长绘图和设计，所以肯定少不了其他伙伴的协作。在写作本书时，尼克·迪特莫尔一直和我同心协力，对配图进行了绘制和数百次的修改，以便更清晰明了地传递观点。

在写作过程中，我尽可能避免将内容局限于自己的生活阅历。好在很多人都乐于提供他们的专业知识和生活经验来丰富我的视野。早在 2017 年 11 月，致力于女性健康的作家和活动家劳拉·埃尔德里奇便开始和我讨论这个项目，她每周都会给我布置阅读任务。刚开始着手写作时，我甚至还没听说过那些对此书创作产生重要影响的作家。劳拉每周都会看我写的内容，而我决定放弃一份 8 万字的草稿并重新开始时，她似乎一点儿也不意外。她只是不停地读我写的内容，帮我把关，每周五都会和我一起讨论，就这样一直坚持到本书的终稿问世。

刚开始写作时，第二城喜剧团的健康项目负责人贝卡·巴里什给我提供了一些坦率的建议："对你们这一代人来说，'女孩'这个词已经成了一种中性代词。所以你在写书的时候，一定要考虑到性取向和性别认同。"她是对的。而令我惭愧的是，没有她的提醒我可能会忽略这些事情。但惭愧也没什么用。多亏了贝卡和威廉·韦LGBT社区中心的执行董事克里斯·巴特利特读了我的书稿，消除了我的异性恋霸权成见。

Chairman Mon的创始人萨拉·莱西也坦诚地给我提了一些建议：作为一名占优势地位的白人女性，我太拘泥于自己的视角了。她还主动给我提供了帮助。鉴于她自己也是白人，所以她不但帮我对整本书进行了润色，还把我介绍给了CDS咨询公司的联合创始人A.布雷兹·哈珀博士。

在消除成见方面，哈珀给我提供了很大帮助，她也是我最喜欢的人之一。在过去一年多的时间里，哈珀反复阅读了我寄给她的书稿，给我推荐值得阅读的文章和书籍。每次我在书稿中提出问题，她都会慷慨且生动地为我解答。她甚至还启发我去主动寻找其他消除成见的方法。本书的观点也得益于加州大学洛杉矶分校安德森管理学院负责公平、多样性和包容性的副院长希瑟·卡鲁索，韦恩州立大学的心理学教授珍妮弗·戈麦斯博士，斯坦福大学的历史学教授阿利森·霍布斯博士，谷歌产品包容团队的负责人安妮·让-巴普蒂斯特，以及HereWe的创始人兼斯坦福大学"设计公平"等课程的讲师达娜厄·斯特伦特。非常感谢他们每一个人！

本书最重要的一个目标是为领导者提供切实可行的建议。我先根据自己的经验归纳了一些我曾采用的有效措施，以及一些我计划采取的方法。但其他领导者会觉得这些建议有用吗？他们会把这些建议付诸实践吗？为确保本书的真实有效，我求助于两位杰出的公司领导：谷歌前业务运营高级副总裁肖娜·布朗和 Qualtrics 公司的联合创始人贾里德·史密斯，他们都乐于在百忙之中帮助我。我边写肖娜边读，在过去 3 年中，她经常给我提建议。而贾里德读了这本书的终稿，之后和我就每一章内容进行了长达数小时的细致讨论。

由于我在写作过程中三番五次地修改重写，因此很难请新的编辑帮助我从头阅读。海军研究生院的历史学家扎克·肖尔博士在日常散步聊天的过程中帮我完成了这本书的初步构思。他还阅读了本书的初稿，给我提供了更为清晰完善的写作结构，还帮我改了一些生硬的语言表达。《滚石》的前任总编辑威尔·达纳在帮助我编辑两个不同版本的书稿时提供了宝贵意见。作为一名作家，我从他那里感受到了很大压力，但也从他身上学到了很多。即使在机场候机时给他打电话，他也会耐心地帮助我。

后来疫情暴发，在隔离期间，《纽约客》的前任编辑艾丽斯·特劳克斯不仅帮我处理书稿的事情，还经常帮助、关心我，此前，她对我的《绝对坦率：一种新的管理哲学》也起到了不可估量的影响。当我早先和她谈起这个项目时，是她明确指出了一些我曾经历过却不愿承认的不公事实。在阅读我的书稿时，艾丽斯会细致到每句话的每个字眼，同时（总是怀着极大的善意）推动我去探索自己人生的重大启示。我本以为我已经足够了解自己经历过的不公对待，但艾丽斯让我认识到，我还有很多要做的事情。多亏了艾丽斯，她让《公平工作》这本书变得更好，也让我变得更幸福快乐。

我和艾丽斯校订这本书时，制度勇气中心的创始执行主任莉萨·席费尔拜因博士仔细阅读了我的引文。莉萨不仅对文本结构和行文细节有敏锐的眼光，她还对心理学研究了解甚广。很少有人能像莉萨一样高效又轻松地处理事务。

还有许多人阅读并帮助我校订了这本书：艾琳·李、艾莉森·克卢格、安·波莱蒂、安妮·里贝拉、阿普丽尔·安德伍德、芭芭拉·柴、贝丝·安·卡明科、贝萨妮·克里斯特尔、卡罗琳·赖茨、克里斯蒂娜·霍华德、克里斯塔·夸尔斯、克莉亚·塞恩奎斯特、丹比萨·莫约、丹·平克、达伦·沃克、德博拉·格林费尔德、黛安娜·沙莱夫、伊丽莎白·金、埃伦·科纳尔、埃伦·雷、埃米莉·普罗克特、埃斯特·戴森、埃文·科恩、弗朗索瓦丝·布鲁尔、弗兰克·耶里、希瑟·卡鲁索、简·彭纳、贾森·李、吉姆·科利尔、乔安娜·斯特罗伯、约翰·梅达、豪尔赫·阿特亚加、约书亚·科恩、朱莉娅、奥斯汀·霍普·布莱克利、卡米尼·拉马尼、凯利·伦纳德、劳伦·耶里、莱拉·塞卡、莉萨·克鲁皮奇卡、梅根·奥利维娅·沃纳、梅卡·奥凯里克、迈克尔·施拉格、莫伊拉·帕斯、莫伊塞斯·纳伊姆、娜塔莉·雷·奥尔加·纳夫斯卡亚、彼得·莱因哈特、鲁奇·桑格维、拉斯·拉拉维、瑞安·史密斯、桑贾伊·卡雷、史蒂夫·戴蒙德、萨拉·孔斯特、斯科特·奥尼尔、谢丽尔·桑德伯格、苏欣德·辛格、卡西迪、苏珊·福勒、塔马·尼斯比特和蒂法尼·李。感谢各位百忙之中为这本书费心，感谢各位坦诚的赞扬和批评。非常感谢每一位！

感谢我在推特上认识的朋友们，他们与我分享了自己关于公平工作的故事：尹多·科斯拉、约书亚·刘易斯、米凯牧师、亚历山德里亚·普罗克特、"RunningDin"、安德鲁·普拉萨蒂亚、森德·萨兰根、皮埃尔·巴比努、詹·罗斯、布兰登·贝尔文、毛利克、米卡·布卢德尔、贝蒂·卡罗尔和图利·斯凯斯特。

那么要如何把这么多人的意见和想法总结起来呢？谷歌文档就是为此而生的。在致谢中提到写作工具的发明者看起来可能有点儿傻，但我还是要感谢艾伦·沃伦和裘德·弗兰纳里。和他们一起在果汁软件公司共事时，我们经常谈及协同工作和以文档为中心的聊天软件。但是我们没能在果汁软件公司实现这些想法，后来，我们都进了谷歌公司，在那里实现了我们的创想。尽管他们现在已经不在谷歌工作了，但谷歌文档团队依旧在不断完善这个产品。这是人类合作带来奇迹的一个小小印证。一个创新想法的火花迸发出来，在另一个环境中燃烧起来，再交由其他人将这火炬传递下去。

说到这里，也要感谢我的丈夫安迪。是他提议在后院搭个小屋，因为确实很难在卧室里写出关于性别歧视的书。非常感谢迈克·特金顿和亚历克斯·科德雷为我打造了一个属于自己的房间，这对作家来说是不可或缺的。

这篇致谢长达 4 000 余字，但我知道我肯定还遗漏了一些我关心的朋友，这要怪我糟糕的记性。但这并不影响我对你们的爱和感激。

注释

引言　我们无法解决自己视而不见的问题

1. For one of the most accessible explanations of what privilege means, watch this two-minute video: https://twitter.com/bbcbitesize/status/1290969898517254145?s=19. Claudia Rankine's book *Just Us: An American Conversation* (Graywolf Press, 2020) has a fact check on page 26 on the origin of the phrase "white privilege," which is usually attributed to Peggy McIntosh. For a thorough discussion of the term's use prior to McIntosh, see Jacob Bennett, "White Privilege: A History of the Concept" (master's thesis, Georgia State University, 2012), https://Scholarworks.gsu.edu/history_theses/54. P. McIntosh, *White Privilege and Male Privilege: A Personal Account of Coming to See Correspondences Through Work in Women's Studies* (Wellesley, MA: Wellesley College, Center for Research on Women, 1988).
2. When I tell a story in the first person, I'm describing something that happened to me. When I tell a story in the third person, it's either a composite of things I've seen firsthand told abstractly for clarity and efficiency, or it's a story that someone I know told me. Except when I use a first and last name, all names in this book have been changed. I am not naming names because I want to focus on what we can learn from what happened and how we can apply the lessons to create more just workplaces everywhere. Also, I chose names that are common in the United States and do not reflect the cultural diversity of our country or our world. This is because when I chose a different set of names it prompted others to start guessing who was who and to read the wrong things into certain stories. I considered making all the names consistently Russian or Botswanan, but these choices were distracting for American readers.
3. Per Kate Abramson, "The term 'gaslighting' comes from the movie *Gaslight*, in which Gregory deliberately tries to make his spouse Paula lose her mind by manipulating her, her friends, and her physical environment." K. Abramson, "Turning up the lights on gaslighting," *Philosophical Perspectives* 28 (2014): 1–30.
4. K. Manne, *Down Girl: The Logic of Misogyny* (Oxford: Oxford University Press, 2018).
5. To those who haven't been in my situation, and even to those who have, my response may seem inexplicable. Yet repressing awareness of what is happening is a common psychological response to being betrayed by someone you trust. Psychologist Jennifer Freyd writes about this beautifully in her book *Betrayal Blindness*.
6. "Frot" is short for "frotteurism": to rub one's penis up against an unconsenting person. I thought what happened was unusual, shocking. But it turns out it's common enough that there is a word for it. Also known as the Princeton rub, it often refers to two men, not a man and a woman.

7   An excellent analysis of why can be found in Elsa Barkley Brown, "What has happened here: The politics of difference in women's history and feminist politics," *Feminist Studies* 18(2) (Summer 1992): 295–312.
8   When a person is underrepresented along more than one dimension, it's called intersectionality. Intersectionality is a way of understanding how different aspects of a person's social and political identities might combine to create unique modes of discrimination. It aims to broaden the agenda of the first waves of feminism, which largely focused on the experiences of white, middle-class women. K. C. Williams, "Mapping the margins: Intersectionality, identity politics, and violence against women of color," in *The Public Nature of Private Violence*, ed. M. A. Fineman and R. Mykitiuk (Abingdon, UK: Routledge, 1994), 93–118. To understand intersectionality, watch Kimberlé Crenshaw's TED Talk on the interconnectedness of race and gender (and many other axes of identity and oppression): https://www.ted.com/talks/kimberle_crenshaw_the_urgency_of_intersectionality?language=en.
9   Author Annie Jean-Baptiste outlines 12 dimensions along which people tend to be over- or underrepresented: age, race, ability, culture, socioeconomic status, religion, geography, sexual orientation, gender, education, ethnicity, and language. *Building for Everyone* (Hoboken, NJ: Wiley, 2020).
10 "Delivering through diversity," January 2018, https://www.mckinsey.com/~/media/mckinsey/business%20functions/organization/our%20insights/delivering%20through%20diversity/delivering-through-diversity_full-report.ashx.
11 A. Swanson, "The industries where personal connections matter the most in getting a job," *Wasington Post*, March 20, 2015, https://www.washingtonpost.com/news/wonk/wp/2015/03/20/the-industries-where-personal-connections-matter-the-most-in-getting-a-job/.
12 D. Rock and H. Grant, "Why diverse teams are smarter," *Harvard Business Review*, November 4, 2016, https://hbr.org/2016/11/why-diverse-teams-are-smarter.
13 "Diversity wins: How inclusion matters," May 2020, https://www.mckinsey.com/featured-insights/diversity-and-inclusion/diversity-wins-how-inclusion-matters.
14 K. Holmes, *Mismatch: How Inclusion Shapes Design (Simplicity: Design, Technology, Business, Life)* (Cambridge, MA: MIT Press, 2018). I've adopted the three principles of inclusive design described by the author Kat Holmes for this book: (1) *Recognize exclusion.* New opportunities that were easy or automatic for me may be impossible for others. Only when I recognize the way my privilege harms others can I lay it down. I don't want to be like those assholes who were born on third base and think they hit a triple. (2) *Learn from everyone.* I've sought out the perspectives of a wide range of people to make sure that this book is helpful for as many people as possible. (3) *Solve for one, extend to many.* The attitudes and behaviors that harmed me as a woman in the workplace are related, but not identical, to those that have caused injustice more broadly.
15 For a deeper analysis of how Black women are often robbed of their anger, see *Eloquent Rage: A Black Feminist Discovers Her Superpower* by Brittney Cooper.
16 "Women in the Workplace," Lean In online report, 2020, https://womeninthe workplace.com/.
17 L. Buchanan, Q. Bui, and J. K. Patel, "Black Lives Matter may be the largest movement in U.S. history," *New York Times*, July 3, 2020, https://www.nytimes.com/interactive/2020/07/03/us/george-floyd-protests-crowd-size.html.
18 As Kimberlé Crenshaw said in her TED talk, "where there's no name for a problem, you can't see a problem, and when you can't see a problem, you pretty much can't solve it." https://www.ted.com/talks/kimberle_crenshaw_the_urgency_of_intersectionality/transcript?language=en#t-521044.

第一部分　导致工作环境不公的根源性原因

1. Philosopher John Rawls defines justice as basic fairness. J. Rawls, *Justice as Fairness: A Restatement*, 2nd ed. (Cambridge, MA: Belknap Press of Harvard University Press, 2001).
2. For a rich exploration of bias, see Jennifer Eberhardt, *Biased: Uncovering the Hidden Prejudice That Shapes What We See, Think, and Do* (New York: Penguin Books, 2019).
3. Nobel Prize–winning psychologist Daniel Kahneman calls this the Thinking, Fast part of our minds. D. Kahneman, *Thinking, Fast and Slow* (New York: Farrar, Straus and Giroux, 2011).
4. Psychologist Gordon Allport described prejudice as "an attitude of favor or disfavor . . . related to an overgeneralized (and therefore erroneous) belief . . . The belief system has a way of slithering around to justify the more permanent attitude. The process is one of rationalization of the accommodation of beliefs to attitudes." G. W. Allport, *The Nature of Prejudice* (New York: Doubleday, 1958).
5. "What's the difference between conflict and bullying?," PACER, retrieved May 31, 2020, https://www.pacer.org/bullying/resources/questions-answered/conflict-vs-bullying.asp.

1　角色与责任

1. J. Freyd and P. Birrell, *Blind to Betrayal: Why We Fool Ourselves We Aren't Being Fooled* (Hoboken, NJ: Wiley, 2013).
2. M. Gomez, "Waitress discusses taking down man who groped her: 'We deal with a lot,'" *New York Times*, July 22, 2018, https://www.nytimes.com/2018/07/22/us/savannah-waitress-video.html.

2　致受害者：当你手足无措时该怎么办

1. C. Rankine, *Citizen: An American Lyric* (London: Penguin Books, 2015).
2. N. St. Fleur, "In the world of global gestures, the fist bump stands alone," NPR, July 19, 2014, https://www.npr.org/sections/goatsandsoda/2014/07/19/331809186/in-the-world-of-global-gestures-the-fist-bump-stands-alone.
3. Research by the United Nations Development Programme indicates the global prevalence of gender bias: 91 percent of men and 86 percent of women exhibit one or more clear biases against gender equality in areas such as politics, economics, education, intimate-partner violence, and women's reproductive rights. Human Development Reports, retrieved May 31, 2020, http://hdr.undp.org/en/GSNI.
4. J. C. Williams and M. Multhaup, "For women and minorities to get ahead, managers must assign work fairly," *Harvard Business Review*, May 4, 2018, https://hbr.org/2018/03/for-women-and-minorities-to-get-ahead-managers-must-assign-work-fairly.
5. V. Jordan and A. Gordon-Reed, *Vernon Can Read! A Memoir* (New York: PublicAffairs, 2009).
6. R. Solnit, *Men Explain Things to Me* (Chicago: Haymarket Books, 2014).
7. Rankine, *Citizen*.
8. Always, "Always #LikeAGirl," YouTube, June 26, 2014, https://www.youtube.com/watch?v=XjJQBjWYDTs; and Disney Australia and New Zealand, "Planes clip—Disney—Head start clip," YouTube, July 30, 2013, https://www.youtube.com/watch?v=KM11r8MWYS8.
9. Asking the question will usually prompt an embarrassed "Oh, yes, of course." It is a little risky because it might prompt the response "Oh, but women are so much better at taking notes." Now you are out of bias and into prejudiced territory, and you want to use an "it" statement not an "I" statement, for instance, "It is someone else's turn" (read next section). Or the person might say something

bullying (read subsequent section), at which point you want a more dominant "you" statement: "You take the notes."
10 E. Crockett, "The amazing tool that women in the White House used to fight gender bias," *Vox*, September 14, 2016, https://www.vox.com/2016/9/14/12914370/White-house-obama-women-gender-bias-amplification.
11 J. Mayden (@jasonmayden), #curbsideministries (Instagram hashtag), https://www.instagram.com/explore/tags/curbsideministries/?hl=en.
12 J. Mayden (@jasonmayden), "Are you an accomplice or an ally?" (Instagram video), September 14, 2019, https://www.instagram.com/jasonmayden/tv/B2Z9zIQHwlV/?hl=nb.
13 D. J. Travis, J. Thorpe-Moscon, and C. McCluney, "Report: Emotional tax: How black women and men pay more at work and how leaders can take action," Catalyst, October 11, 2016, https://www.catalyst.org/research/emotional-tax-how-black-women-and-men-pay-more-at-work-and-how-leaders-can-take-action/.
14 Elaine Blair, Review of *Good and Mad* by Rebecca Traister and *Rage Becomes Her* by Soraya Chemaly, *New York Times*, September 27, 2018, https://www.nytimes.com/2018/09/27/books/review/rebecca-traister-good-and-mad-soraya-chemaly-rage-becomes-her.html.
15 E. Saslow, *Rising Out of Hatred: The Awakening of a Former White Nationalist* (New York: Knopf Doubleday, 2018).
16 Aspen Institute, *The Legacy of Justice Scalia with Justice Ruth Bader Ginsburg*, YouTube, August 4, 2017, https://www.youtube.com/watch?v=auYGdE28KIQ.
17 L. R. Goldberg, "The structure of phenotypic personality traits," *American Psychologist* 48(1) (1993): 26–34.
18 C. A. Murray and the Institute of Economic Affairs, *The Emerging British Underclass* (London: Institute of Economic Affairs, 1990).
19 G. Barbot de Villeneuve and R. L. Lawrence, *The Story of the Beauty and the Beast: The Original Classic French Fairytale* (United Kingdom: CreateSpace Independent Publishing Platform, 2014).
20 J. Mangold et al., *Walk the Line* (film) (Beverly Hills, CA: 20th Century Fox Home Entertainment, 2006).
21 Don't read this book: J. B. Peterson, *12 Rules for Life: An Antidote to Chaos*. Though some of the advice is good, you can get it elsewhere without choking on the misogyny. For example, "For stand up straight with your shoulders back" there's Amy Cuddy. For "Compare yourself to who you were yesterday, not to who someone else is today" there's Carol Dweck's *Mindset*. For thoughts on the dangers of different totalitarian systems like Fascism and Communism, there's *Hitler and Stalin* by Alan Bullock.
22 To understand what objectification means, read Martha Nussbaum and Rae Langton. Nussbaum identifies seven common manifestations of objectification: (1) treating people as tools for one's own purposes; (2) treating people as though they have no autonomy or right to it; (3) treating people as though they have no agency; (4) treating people as though they are interchangeable with other similar people or with tools; (5) not respecting a person's boundaries (i.e., touching a pregnant woman's stomach or the hair of a person of a different race); (6) treating people as though they can be owned, bought, or sold; (7) treating people as though they don't have feelings or as though their feelings don't matter. Langton adds three more: (8) treating people as though they are nothing more than a body part; (9) focusing exclusively on how a person looks; (10) treating people as though they can't or shouldn't speak. My business school interaction was mostly 8 and 9. Cheat sheet: E. Papadak, "Feminist perspectives on objectification," in *Stanford Encyclopedia of Philosophy Archive*, ed. Edward N. Zalta, Summer 2020 ed., https://plato.stanford.edu/archives/sum2020/entries/feminism-objectification/.

For deeper reading: M. C. Nussbaum, "Objectification," *Philosophy & Public Affairs* 24(4) (1995): 249–91; and R. Langton, *Sexual Solipsism: Philosophical Essays on Pornography and Objectification* (Oxford: Oxford University Press, 2013).
23 TED Talk, "Your body language may shape who you are," Amy Cuddy, YouTube, October 1, 2012, https://www.youtube.com/watch?v=Ks-_Mh1QhMc. There's been a lot of controversy surrounding this talk: K. Elsesser, "Power posing is back: Amy Cuddy successfully refutes criticism," *Forbes*, April 4, 2018, https://www.forbes.com/sites/kimelsesser/2018/04/03/power-posing-is-back-amy-cuddy-successfully-refutes-criticism/#17741a703b8e.
24 "What's the difference between conflict and bullying?," retrieved May 31, 2020, PACER, https://www.pacer.org/bullying/resources/questions-answered/conflict-vs-bullying.asp.
25 L. West, *Shrill* (New York: Hachette Books, 2017).
26 B. Brown, *Daring Greatly: How the Courage to Be Vulnerable Transforms the Way We Live, Love, Parent, and Lead* (New York: Gotham Books, 2012).
27 A. Wigglesworth, "Community organizer who trains police on bias injured by rubber bullet during protest," *Los Angeles Times*, June 6, 2020, https://www.latimes.com/california/story/2020-06-06/community-organizer-shot-by-rubber-bullet-during-protest.
28 For the formal psychological terms for these rationalization: J. M. Grohol, "15 common defense mechanisms," Psych Central, June 3, 2019, https://psychcentral.com/lib/15-common-defense-mechanisms/.
29 Denial.
30 Compartmentalization.
31 K. Manne, *Down Girl: The Logic of Misogyny* (Oxford: Oxford University Press, 2018).
32 Minimization.
33 Compartmentalization.
34 Intellectualization.
35 Intellectualization.
36 Management Leadership for Tomorrow, "Authenticity: Who You Are Is Non-Negotiable," Caroline Wanga, YouTube, April 29, 2020, https://www.youtube.com/watch?v=HAIiqOG4KBU.
37 T. Morrison, "A humanist view," May 30, 1975, https://www.mackenzian.com/wp-content/uploads/2014/07/Transcript_PortlandState_TMorrison.pdf.
38 A clear, funny, and painful explanation of how this works is in H. Gadsby (dir.), *Nanette*, Netflix, 2018, https://www.netflix.com/title/80233611.
39 From a conversation with Anne Libera, the author of *Funnier* (Evanston, IL: Northwestern University Press, forthcoming).
40 West, *Shrill*.
41 TEDx Talks, "I've lived as a man & a woman—here's what I learned, | Paula Stone Williams | TEDxMileHigh," YouTube, December 19, 2017, https://www.youtube.com/watch?v=lrYx7HaUlMY.

3 致旁观者：如何做仗义执言者

1 Here is how Buber explained it (M. Buber and W. Kaufmann, *I and Thou* [New York: Charles Scribner's Sons, 1970]):

When I confront a human being as my You and speak the basic word I-You to him, then he is no thing among things nor does he consist of things.

He is no longer He or She, limited by other Hes and Shes, a dot in the world grid of space and time, nor a condition that can be experienced and described, a loose bundle of named qualities. Neighborless and seamless, he is You and fills the firmament. Not as if there were nothing but he; but everything else lives in *his* light.

Even as a melody is not composed of tones, nor a verse of words, nor a statue of lines—one must pull and tear to turn a unity into a multiplicity—so it is with the human being to whom I say You. I can abstract from him graciousness; I have to do this again and again; but immediately he is no longer You.

2 "Bystander Resources," Hollaback!, retrieved June 3, 2020, https://www.ihollaback.org/bystander-resources/.
3 The term "moral grandstanding" was coined by the philosophers Brandon Warmke and Justin Tosi. S. B. Kaufman, "Are you a moral grandstander?," *Scientific American*, October 28, 2019, https://blogs.scientificamerican.com/beautiful-minds/are-you-a-moral-grandstander/.
4 J. Haidt and T. Rose-Stockwell, "The dark psychology of social networks," December 2019, *Atlantic*, https://amp.theatlantic.com/amp/article/600763/.
5 B. Resnick, "Moral grandstanding is making an argument just to boost your status. It's everywhere," *Vox*, November 27, 2019, https://www.vox.com/science-and-health/2019/11/27/20983814/moral-grandstanding-psychology.
6 B. M. Tappin and R. T. McKay, "The illusion of moral superiority," *Social Psychological and Personality Science* 8(6) (2017): 623–31.
7 D. Fosha, *The Transforming Power of Affect: A Model for Accelerated Change* (New York: Basic Books, 2000).
8 T. Morris, "(Un)learning Hollywood's civil rights movement: A scholar's critique," *Journal of African American Studies* 22(4) (2018): 407–19.
9 T. Cole, "The white-savior industrial complex," *Atlantic*, January 11, 2013, https://www.theatlantic.com/international/archive/2012/03/the-White-savior-industrial-complex/254843/.
10 K. Swisher, "Yes, Uber board member David Bonderman said women talk too much at an all-hands meeting about sexism at Uber," *Vox*, June 13, 2017, https://www.vox.com/2017/6/13/15795612/uber-board-member-david-bonderman-women-talk-too-much-sexism.
11 M. Isaac, *Super Pumped: The Battle for Uber* (New York: W. W. Norton, 2019).
12 K. Schwab, "John Maeda's new design problem: Tech's utter lack of diversity," August 19, 2016, *Fast Company*, https://www.fastcompany.com/3062981/john-maedas-next-design-problem-the-tech-industrys-utter-lack-of-diversity.

4 致加害者：尽力去解决问题

1 D. Kahneman, *Thinking, Fast and Slow* (New York: Farrar, Straus and Giroux, 2011).
2 If you're a man working in an organization that is predominantly men or if you're white working in an organization that is predominantly white, and your whole team is reading this book together, be conscious of the possibility that a large number of people may be asking a small number of people to do them this favor and that it can start to feel overwhelming. You can also ask a man on the team, one who's more likely to notice gender bias than you are, or a white person on the team, one who's more likely to notice racial bias than you are. The same rationale applies for other kinds of biases.
3 In Dweck's words: "Believing that your qualities are carved in stone—the *fixed mindset*—creates an urgency to prove yourself over and over. If you have only a certain amount of intelligence, a certain personality, a certain moral character . . . it simply wouldn't do to look or feel deficient in these most basic characteristics." C. S. Dweck, *Mindset: The New Psychology of Success* (New York: Random House, 2006).

4　M. B. Eddy, *Science and Health: With Key to the Scriptures* (Boston: Christian Science Publishing Society, for the Trustees under the will of Mary Baker G. Eddy, 1930).
5　S. Malovany-Chevallier, C. Borde, and S. de Beauvoir, *The Second Sex* (New York: Knopf Doubleday, 2012).
6　Kahneman, *Thinking, Fast and Slow*.
7　Ibid.
8　There are two important problems to consider with dichotomize and degrade sexism. One is that it degrades women. Another is that it often erases Black women, Indigenous women, and other women of color. "Black women historians have largely refrained from an analysis of gender along the lines of the male/female dichotomy so prevalent among white feminists": Evelyn Brooks Higginbotham, "African-American Women's History and the Metalanguage of Race," *Signs* 17(2) (Winter 1992): 251–74.
9　S. Iñiguez, *In an Ideal Business: How the Ideas of 10 Female Philosophers Bring Value into the Workplace* (Berlin: Springer Nature, 2020).
10　G. Stulp, A. P. Buunk, T. V. Pollet, D. Nettle, and S. Verhulst, "Are human mating preferences with respect to height reflected in actual pairings?," *PLoS One* 8(1) (2013).
11　T. Rose, *The End of Average: How We Succeed in a World That Values Sameness* (New York: HarperCollins, 2016).
12　K. Elsesser, "Power posing is back: Amy Cuddy successfully refutes criticism," *Forbes*, April 4, 2018, https://www.forbes.com/sites/kimelsesser/2018/04/03/power-posing-is-back-amy-cuddy-successfully-refutes-criticism/#17741a703b8e.
13　A. Flower Horne, "How 'good intent' undermines diversity and inclusion," *The Bias*, September 21, 2017, https://thebias.com/2017/09/26/how-good-intent-undermines-diversity-and-inclusion/.
14　R. Ewing, "'That's crazy': Why you might want to rethink that word in your vocabulary," Penn Medicine News, September 27, 2018, https://www.pennmedicine.org/news/news-blog/2018/september/that-crazy-why-you-might-want-to-rethink-that-word-in-your-vocabulary.
15　Here we are at "the Bathroom Problem" again: J. Halberstam, *Female Masculinity* (Durham, NC: Duke University Press, 1998).
16　L. West, *Shrill* (New York: Hachette Books, 2017).
17　B. Mulligan, "Everything I hate about Justin Caldbeck's statement," *Medium*, September 8, 2017, https://medium.com/@mulligan/everything-i-hate-about-justin-caldbecks-statement-11b6c9cea07e.
18　R. J. DiAngelo, *White Fragility: Why It's So Hard for White People to Talk About Racism* (Boston: Beacon Press, 2018).

5　致领导者：创设成见阻断机制、建立行为准则、制订惩戒措施

1　B. Walsh, S. Jamison, and C. Walsh, *The Score Takes Care of Itself: My Philosophy of Leadership* (New York: Penguin, 2009).
2　C. Steele, *Whistling Vivaldi and Other Clues to How Stereotypes Affect Us* (New York: W. W. Norton, 2010).
3　F. Fontana, "The reasons women don't get the feedback they need," *Wall Street Journal*, October 12, 2019, https://www.wsj.com/articles/the-reasons-women-dont-get-the-feedback-they-need-11570872601; and S. Correll and C. Simard, "Research: Vague feedback is holding women back," *Harvard Business Review*, April 29, 2016, https://hbr.org/2016/04/research-vague-feedback-is-holding-women-back?mod=article_inline.
4　S. Levin, "Sexual harassment training may have reverse effect, research suggests," *Guardian*, May 2, 2016, https://www.theguardian.com/us-news/2016/may/02/sexual-harassment-training-failing-women.

5   M. M. Duguid and M. C. Thomas-Hunt, "Condoning stereotyping? How awareness of stereotyping prevalence impacts expression of stereotypes," *Journal of Applied Psychology* 100(2) (2015): 343.
6   D. Kahneman, *Thinking, Fast and Slow* (New York: Farrar, Straus and Giroux, 2011).
7   J. Mayden (@jasonmayden), #curbsideministries (Instagram hashtag), https://www.instagram.com/explore/tags/curbsideministries/?hl=en.
8   Despite its roots in Viola Spolin's techniques, in 2020 The Second City, along with hundreds of other theater and arts institutions, had a reckoning with its own systemic racism and biases following the publication of open letters from its BIPOC (Black, Indigenous, people of color), Latino/a, and APIMEDA (Asian, Pacific Islander, Middle Eastern, Desi American) alumni. Second City leaders responded, "We are prepared to tear it all down and begin again," and held town halls to collect feedback before enacting an overhaul of its culture and company. As of this writing, The Second City has committed to making fundamental changes across the organization. When systemic injustice is present, as it is almost everywhere, the system needs to be overhauled. More in chapter 11.
9   Workplace Bullying Institute, *2017 Workplace Bullying Institute U.S. Workplace Bullying Survey,* 2017, https://workplacebullying.org/multi/pdf/2017/2017-WBI-US-Survey.pdf.
10 B. Sutton, "How to survive a jerk at work," *Wall Street Journal,* August 10, 2017, https://www.wsj.com/articles/how-to-survive-a-jerk-at-work-1502373529.
11 R. O'Donnell, "How Atlassian got rid of the 'brilliant jerk': A Q&A with Bek Chee, global head of talent," HR Dive, July 24, 2019, https://www.hrdive.com/news/how-atlassian-got-rid-of-the-brilliant-jerk-a-qa-with-bek-chee-global/559168/.
12 Kahneman, *Thinking, Fast and Slow.*
13 R. I. Sutton, *The No Asshole Rule: Building a Civilized Workplace and Surviving One That Isn't* (New York: Grand Central Publishing, 2007).
14 S. Cooper, "Comedian Sarah Cooper on how her Trump parodies came to be," *In Style,* July 10, 2020, https://www.instyle.com/news/sarah-cooper-essay-trump-impressions.
15 A. W. Woolley, C. F. Chabris, A. Pentland, N. Hashmi, and T. W. Malone, "Evidence for a collective intelligence factor in the performance of human groups," *Science* 330 (6004) (2010): 686–88.
16 C. Duhigg, *Smarter Faster Better: The Transformative Power of Real Productivity* (New York: Random House, 2016).
17 C. Ingraham, "Rich guys are most likely to have no idea what they're talking about, study suggests," *Washington Post,* April 26, 2019, https://www.washingtonpost.com/business/2019/04/26/rich-guys-are-most-likely-have-no-idea-what-theyre-talking-about-study-finds/?arc404=true.
18 J. Jerrim, P. Parker, and N. Shure, "Bullshitters. Who are they and what do we know about their lives?," ISA Institute of Labor Economics, April 2019, https://www.iza.org/publications/dp/12282/bullshitters-who-are-they-and-what-do-we-know-about-their-lives.
19 Woolley et al., "Evidence for a collective intelligence factor," 686–88; C. Duhigg, "What Google learned from its quest to build the perfect team," *New York Times,* February 25, 2016, https://www.nytimes.com/2016/02/28/magazine/what-google-learned-from-its-quest-to-build-the-perfect-team.html; and Duhigg, *Smarter Faster Better.*
20 There are a number of tools, and no doubt new ones will be developed after this book is published. Some current ones are www.gong.io and www.macro.io/.
21 R. Umoh, "Why Jeff Bezos makes Amazon execs read 6-page memos at the start of each meeting," CNBC, April 23, 2018, https://www.cnbc.com/2018/04/23/what-jeff-bezos-learned-from-requiring-6-page-memos-at-amazon.html.

22 K. Scott, *Radical Candor: Be a Kick-Ass Boss Without Losing Your Humanity,* rev. updated ed. (New York: St. Martin's Press, 2019).

第二部分　歧视、骚扰与肢体侵犯
1 J. Dalberg, Lord Acton, *Acton-Creighton Correspondence,* 1887, Online Library of Liberty, https://oll.libertyfund.org/titles/acton-acton-creighton-correspondence.
2 D. Keltner, D. H. Gruenfeld, and C. Anderson, "Power, approach, and inhibition," *Psychological Review* 110(2) (2003).
3 C. M. Pearson, L. M. Andersson, and C. L. Porath, "Workplace incivility," in *Counterproductive Work Behavior: Investigations of Actors and Targets,* ed. S. Fox and P. E. Spector (Washington, D.C.: American Psychological Association, 2005), 177–200.
4 D. Keltner, *The Power Paradox: How We Gain and Lose Influence* (New York: Penguin, 2016).
5 M. Naim, *The End of Power: From Boardrooms to Battlefields and Churches to States, Why Being in Charge Isn't What It Used to Be* (New York: Basic Books, 2014).

6　杜绝歧视与骚扰，领导者能做些什么

1 This book is not going to go into detail about legal definitions. I recommend the Equal Employment Opportunity Commission (EEOC) website for detailed information. The laws are well thought out and clear, even if they aren't always enforced. The legal definition of sex-based discrimination can be found here: "Sex-Based Discrimination," U.S. Equal Employment Opportunity Commission, retrieved May 31, 2020, https://www.eeoc.gov/sex-based-discrimination.
2 Many folks don't know that overheard communication can constitute harassment. In other words, if two people enjoy telling each other dirty jokes at work, and a third person can't help but overhear them, this can be considered harassment of the third person. The legal definition of harassment can be found here: "Harassment," U.S. Equal Employment Opportunity Commission, retrieved May 31, 2020, https://www.eeoc.gov/harassment.
3 Remember, Institutional Courage is a commitment by leadership to lead with integrity when addressing the institution's shortcomings. Courageous leaders reject the temptation to optimize for the institution's short-term financial interest; instead, they prioritize the respect and fair treatment of those who depend on the institution, particularly the most vulnerable, and in so doing invest in the institution's long-term success. J. J. Freyd and L. Schievelbein, "What is Institutional Courage," Center for Institutional Courage, May 5, 2020, https://www.institutionalcourage.org/.
4 J. M. Gómez and J. J. Freyd, "Institutional betrayal makes violence more toxic," *Register-Guard,* August 22, 2014, https://www.registerguard.com/article/20140822/OPINION/308229834.
5 I use the terms "underrepresented" and "overrepresented" rather than "minority" and "majority" throughout this book. Common usage for what I mean is "minority," but this word is inaccurate in most cases. For example, women are not a statistical minority. Yet in the workplace we tend to think of women as minorities. So women are an underrepresented majority in the workplace. White men are 30 percent of the U.S. population but in many workplaces are a majority. Therefore, white men are an overrepresented minority in industries such as tech and finance and in the leadership of companies across a wide range of industries. Conservatives are underrepresented in academia. An alternative commonly used in academic literature is the word "minoritized." I. E. Smith, "Minority vs. minoritized,"

Odyssey, October 17, 2019, https://www.theodysseyonline.com/minority-vs-minoritize. Author Annie Jean-Baptiste outlines 12 dimensions along which people tend to be over- or underrepresented: age, race, ability, culture, socioeconomic status, religion, geography, sexual orientation, gender, education, ethnicity, language. My experiences of underrepresentation mostly center around gender, but I have tried to broaden the frame of this book beyond my lived experiences.

6 B. Sutton, "Teams as a double-edged sword," Bob Sutton Work Matters, October 15, 2006, https://bobsutton.typepad.com/my_weblog/2006/10/teams_as_a_doub.html.

7 Many, especially those tired of working on bad teams, have pointed out that dysfunctional teams make worse decisions than high-functioning teams. It is true that high-functioning individuals make better decisions than lousy teams. But if the high-functioning individual is the boss of the team, it's that person's job to build a high-functioning team. So the low-functioning team is the boss's fault. Maybe the boss in this case was a high-functioning individual contributor but is a low-functioning boss. The solution is *not* to give that person more power. The solution is to return that person to an individual-contributor role.

8 L. Miranda, *Hamilton: An American Musical* (New York: Atlantic Records, 2015), MP3.

9 For a fantastic review of the academic literature that shows this over and over, read the section "The preference for and prevalence of social homogeneity," in D. H. Gruenfeld and L. Z. Tiedens, "Organizational preferences and their consequences," in *Handbook of Social Psychology*, ed. S. T. Fiske, D. T. Gilbert, and G. Lindzey (Hoboken, NJ: John Wiley & Sons, 2010), 1252–87.

10 S. Beilock, "How diverse teams produce better outcomes," *Forbes*, April 4, 2019, https://www.forbes.com/sites/sianbeilock/2019/04/04/how-diversity-leads-to-better-outcomes/; D. Rock and H. Grant, "Why diverse teams are smarter," *Harvard Business Review*, November 4, 2016, https://hbr.org/2016/11/why-diverse-teams-are-smarter; and E. Larson, "New research: Diversity + inclusion = better decision making at work," *Forbes*, September 21, 2017, https://www.forbes.com/sites/eriklarson/2017/09/21/new-research-diversity-inclusion-better-decision-making-at-work/#7520fff14cbf.

11 "The state of Black women in corporate America, 2020," Lean In online report, https://leanin.org/research/state-of-black-women-in-corporate-america/section-1-representation.

12 D. Davis, "One of the only 4 Black Fortune 500 CEOs just stepped down—here are the 3 that remain," *Business Insider*, July 21, 2020, https://www.businessinsider.com/there-are-four-black-fortune-500-ceos-here-they-are-2020.

13 W. Kaufman, "How one college is closing the computer science gender gap," NPR, May 1, 2013, https://www.npr.org/sections/alltechconsidered/2013/05/01/178810710/How-One-College-Is-Closing-The-Tech-Gender-Gap.

14 For a macro (company/industry-level) perspective: S. L. Brown, K. M. Eisenhardt, and S. I. Brown, *Competing on the Edge: Strategy as Structured Chaos* (Cambridge, MA: Harvard Business School Press, 1998). For a micro (team-level) perspective: R. Sutton and H. Rao, *Scaling Up Excellence: Getting to More Without Settling for Less* (New York: Crown Business, 2014); D. Walsh, "Three ways to lead more effective teams," Insights by Stanford Business, September 13, 2018, https://www.gsb.stanford.edu/insights/three-ways-lead-more-effective-teams; A. Reynolds and D. Lewis, "The two traits of the best problem-solving teams," *Harvard Business Review*, April 2, 2018, https://hbr.org/2018/04/the-two-traits-of-the-best-problem-solving-teams; D. Walsh, "What climbing expeditions tell us about teamwork," Insights by Stanford Business, May 29, 2019, https://www

.gsb.stanford.edu/insights/what-climbing-expeditions-tell-us-about-teamwork; L. L. Thompson, *Making the Team: A Guide for Managers* (Upper Saddle River, NJ: Pearson Prentice Hall, 2004); and J. R. Hackman, *Groups That Work (and Those That Don't): Creating Conditions for Effective Teamwork* (Hoboken, NJ: Wiley, 1990).
15 M. James, "Culture fit vs. culture add: Why one term actually hurts diversity," *OV Blog*, May 9, 2018, https://openviewpartners.com/blog/culture-fit-vs-culture-add.
16 Canvas website, https://gocanvas.io/hire-better. OpenTable incorporated the feature "Candidate De-Identification" to remove any implicit bias by masking candidate profile information.
17 S. K. Johnson, D. R. Hekman, and E. T. Chan, "If there's only one woman in your candidate pool, there's statistically no chance she'll be hired," *Harvard Business Review*, April 26, 2016, https://hbr.org/2016/04/if-theres-only-one-woman-in-your-candidate-pool-theres-statistically-no-chance-shell-be-hired.
18 When women lack champions among senior leadership, they are less likely to seek a CEO career track. V. Fuhrmans, "Where are all the women CEOs?," *Wall Street Journal*, February 6, 2020, https://www.wsj.com/articles/why-so-few-ceos-are-women-you-can-have-a-seat-at-the-table-and-not-be-a-player-11581003276.
19 The data suggests she was not alone. A Boston Consulting Group study shows that when there are more women at the top, more younger women seek promotion. F. Taplett, R. Premo, M. Nekrasova, and M. Becker, "Closing the gender gap in sales leadership," Boston Consulting Group, November 21, 2019, https://www.bcg.com/publications/2019/closing-gender-gap-in-sales-leadership.aspx.
20 E. Larson, "3 best practices for high performance decision-making teams," *Forbes*, March 23, 2017, https://www.forbes.com/sites/eriklarson/2017/03/23/3-best-practices-for-high-performance-decision-making-teams.
21 S. Umoja Noble, *Algorithms of Oppression: How Search Engines Reinforce Racism* (New York: New York University Press, 2018); R. Benjamin, *Race After Technology: Abolitionist Tools for the New Jim Code* (Hoboken, NJ: Wiley, 2019); and C. O'Neil, *Weapons of Math Destruction: How Big Data Increases Inequality and Threatens Democracy* (New York: Crown, 2016).
22 C. Goldin and C. Rouse, "Orchestrating impartiality: The impact of 'blind' auditions on female musicians," *American Economic Review* 90(4) (2000): 715–41.
23 I am not sure I agree with the author's recommendation here to end blind auditions, but he makes points worth considering: A. Tommasini, "To make orchestras more diverse, end blind auditions," *New York Times*, July 16, 2020, https://www.nytimes.com/2020/07/16/arts/music/blind-auditions-orchestras-race.html.
24 D. Kahneman, *Thinking, Fast and Slow* (New York: Farrar, Straus and Giroux, 2011), 232.
25 James, "Culture fit vs. culture add."
26 D. Speight, "Pattern recognition is the new insider trading," *Medium*, May 4, 2017, https://medium.com/village-capital/pattern-recognition-is-the-new-insider-trading-f051f49a00df.
27 D. Alba, "It'd be crazy if VC firms didn't fix their gender problem," *Wired*, May 21, 2015, https://www.wired.com/2015/05/ellen-pao-trial/.
28 B. Miller et al., *Moneyball* (film) (Culver City, CA: Sony Pictures Home Entertainment, 2012).

29 C. Rankine, *Just Us: An American Conversation* (Minneapolis: Graywolf Press, 2020), 20.
30 Bridgewater, "How the economic machine works," https://www.bridgewater.com/research-and-insights/how-the-economic-machine-works.
31 See *Just Giving: Why Philanthropy Is Failing Democracy and How It Can Do Better* by Rob Reich and *Winners Take All* by Anand Giridharadas.
32 J. M. Grohol, "How do you use your limited time & brain cycles?," Psych Central, July 8, 2018, https://psychcentral.com/blog/how-do-you-use-your-limited-time-brain-cycles/.
33 I'm not just choosing this example at random. I was working at one of Silicon Valley's hottest start-ups, and an employee was evicted from his apartment and was looking at living in his car because he couldn't find an apartment he could afford. My husband, working at one of the world's most admired tech firms, had an employee who lived in a truck in the company's parking lot.
34 L. Stahl, "Leading by example to close the gender pay gap," *60 Minutes*, April 15, 2018, https://www.cbsnews.com/news/salesforce-ceo-marc-benioff-leading-by-example-to-close-the-gender-pay-gap/.
35 P. Revoir, "John Humphrys and Jon Sopel slammed by bosses for joking about the gender pay gap," *The Sun*, January 11, 2018, https://www.thesun.co.uk/tvandshowbiz/5322720/bbc-gender-pay-gap-jokes-john-humphrys-jon-sopel/.
36 "Timeline: How the BBC gender pay story has unfolded," BBC News, June 29, 2018, https://www.bbc.com/news/entertainment-arts-42833551.
37 "BBC gender pay gap report 2019," BBC, retrieved June 9, 2020, http://downloads.bbc.co.uk/aboutthebbc/reports/reports/gender-pay-gap-2019.pdf.
38 K. Swisher, "Here I am to talk gender exclusion," pscp.tv, https://www.pscp.tv/w/1OdKrWeDwwvGX.
39 American Association of University Women, "The simple truth about the gender pay gap," Fall 2019 update, https://www.aauw.org/app/uploads/2020/02/Simple-Truth-Update-2019_v2-002.pdf.
40 National Partnership for Women and Families, "Quantifying America's gender wage gap by race/ethnicity," Fact Sheet, March 2020, https://www.nationalpartnership.org/our-work/resources/economic-justice/fair-pay/quantifying-americas-gender-wage-gap.pdf.
41 National Women's Law Center, "Wage gap costs Black women a staggering $946,120 over a 40-year career, NWLC new analysis shows," press release, August 22, 2019, https://nwlc.org/press-releases/the-wage-gap-costs-black-women-a-staggering-946120-over-a-40-year-career-nwlc-new-analysis-shows/.
42 M. DiTrolio, "Today, Black Women's Equal Pay Day, illustrates just how much Black women are undervalued and underpaid," *Marie Claire*, August 13, 2020, https://www.marieclaire.com/career-advice/a33588879/black-women-equal-pay-day-statistics/.
43 Safi Bahcall, *Loonshots* (New York: St. Martin's Press, 2019), 222.
44 T. Tarr, "By the numbers: What pay inequality looks like for women in tech," *Forbes*, April 4, 2018, https://www.forbes.com/sites/tanyatarr/2018/04/04/by-the-numbers-what-pay-inequality-looks-like-for-women-in-tech/#75a3511960b1.
45 Gender Bias Learning Project, retrieved June 9, 2020, https://genderbiasbingo.com/about-us/#.XuAVg_IpDs1.
46 J. W. Wieland, "Responsibility for strategic ignorance," *Synthese* 194(11) (2017): 4477–97; A. Bailey, "Phi 363: Race, gender, and the epistemologies of ignorance," 2014, Illinois State University, https://cdn.ymaws.com/www.apaonline.org/resource/resmgr/Inclusiveness_Syllabi/epistemologiesofignorance_ba.pdf; S. Sullivan and N. Tuana, *Race and Epistemologies of Ignorance* (Albany: State

University of New York Press, 2007); and L. McGoey, *The Unknowers: How Strategic Ignorance Rules the World* (London: Zed Books, 2019).
47 K. Abramson, "Turning up the lights on gaslighting," *Philosophical Perspectives* 28 (2014): 1–30.
48 Research backs up these anecdotal observations. Much more gains are made when two or more women are on the board/senior levels: M. Torchia, A. Calabrò, and M. Huse, "Women directors on corporate boards: From tokenism to critical mass," *Journal of Business Ethics* 102 (2011): 299–317.
49 J. Huang et al., McKinsey & Company, "Women in the Workplace 2019," October 15, 2019, https://www.mckinsey.com/featured-insights/gender-equality/women-in-the-workplace-2019.
50 A. C. Edmondson, *The Fearless Organization: Creating Psychological Safety in the Workplace for Learning, Innovation, and Growth* (Hoboken, NJ: Wiley, 2018).
51 M. Twohey and J. Kantor, *She Said: Breaking the Sexual Harassment Story That Helped Ignite a Movement* (New York: Penguin, 2019).
52 S. Fowler, "I wrote the Uber memo. This is how to end sexual harassment," *New York Times*, April 12, 2018, https://www.nytimes.com/2018/04/12/opinion/metoo-susan-fowler-forced-arbitration.html.
53 L. Guerin, "I'm not getting hired because I filed a lawsuit against my previous employer; is this retaliation?," Employment Law Firms, https://www.employmentlawfirms.com/resources/im-not-getting-hired-because-i-filed-a-lawsuit-against-m.
54 S. Cooney, "Microsoft won't make women settle sexual harassment cases privately anymore. Here's why that matters," *Time*, December 19, 2017, retrieved June 9, 2020, https://time.com/5071726/microsoft-sexual-harassment-forced-arbitration/.
55 D. Wakabayashi, "Uber eliminates forced arbitration for sexual misconduct claims," *New York Times*, May 15, 2018, https://www.nytimes.com/2018/05/15/technology/uber-sex-misconduct.html; M. D. Dickey, "Google ends forced arbitration for employees," *TechCrunch*, February 21, 2019, https://techcrunch.com/2019/02/21/google-ends-forced-arbitration-for-employees/; and K. Wagner, "Facebook followed Uber and Google and is ending forced arbitration for sexual harassment cases," *Vox*, November 9, 2018, https://www.vox.com/2018/11/9/18081520/facebook-forced-arbitration-change-sexual-harassment-uber-google.
56 Fowler, "I wrote the Uber memo."
57 D. Moyo, *Tiger by the Tail* (London: Little, Brown Book Group, forthcoming, 2021).
58 F. Brougher, "The Pinterest paradox: Cupcakes and toxicity," Digital Diplomacy, August 11, 2020, https://medium.com/@francoise_93266/the-pinterest-paradox-cupcakes-and-toxicity-57ed6bd76960.

7 受害者与仗义执言者如何与歧视和骚扰抗争

1 C. Cooper, "For women leaders, likability and success hardly go hand-in-hand," *Harvard Business Review*, April 30, 2013, https://hbr.org/2013/04/for-women-leaders-likability-a; P. Agarwal, "Not very likeable: Here is how bias is affecting women leaders," *Forbes*, October 23, 2018, https://www.forbes.com/sites/pragyaagarwaleurope/2018/10/23/not-very-likeable-here-is-how-bias-is-affecting-women-leaders/#284fb888295f; and M. Cooper, "For women leaders, body language matters," Clayman Institute for Gender Research, November 15, 2010, https://gender.stanford.edu/news-publications/gender-news/women-leaders-body-language-matters.

2. O. Solon and S. Levin, "Top Silicon Valley investor resigns as allegation of sexual assault emerges," *Guardian*, July 3, 2017, https://www.theguardian.com/technology/2017/jul/03/silicon-valley-dave-mcclure-resigns-sexual-assault.
3. F. Brougher, "The Pinterest paradox: Cupcakes and toxicity," Digital Diplomacy, August 11, 2020, https://medium.com/@francoise_93266/the-pinterest-paradox-cupcakes-and-toxicity-57ed6bd76960.
4. K. Schwab, "Discrimination charges at Pinterest reveal a hidden Silicon Valley hiring problem," Fast Company, https://www.fastcompany.com/90523292/discrimination-charges-at-pinterest-reveal-a-hidden-silicon-valley-hiring-problem.
5. Yes, this did happen on Valentine's Day in real life. You can't make this stuff up.
6. K. Manne, Twitter post, August 13, 2020, https://twitter.com/kate_manne/status/1293917612733353985.
7. Lean In circles, retrieved June 21, 2020, https://leanin.org/circles; and Meetup, "Women's Social," retrieved June 21, 2020, https://www.meetup.com/topics/women/.
8. "Computer Science at Colgate University," retrieved June 21, 2020, https://www.collegefactual.com/colleges/colgate-university/academic-life/academic-majors/computer-information-sciences/computer-science/computer-science/. Here is how the numbers changed over time: 2013 (the year before Lauren founded WiCS): 1 female major, 14 male majors; 2016 (year after Lauren graduated): 11 female majors, 20 male majors. And the trend of roughly 30 percent female concentrators continues: 2017: 9 female majors, 24 male majors; 2018: 16 female majors, 31 male majors.
9. L. Respers France, "How Jessica Chastain got Octavia Spencer five times the pay," CNN, January 26, 2018, https://www.cnn.com/2018/01/26/entertainment/octavia-spencer-jessica-chastain-pay/index.html.
10. J. Bennett, "I'll share my salary information if you share yours," *New York Times*, January 9, 2020, https://www.nytimes.com/2020/01/09/style/women-salary-transparency.html.
11. There's much more to be said about this. I recommend reading the whole Twitter thread, which can be found here: Twitter, https://twitter.com/mekkaokereke/status/1027552459873378304?lang=en or by doing a Google search for "mekka okereke difficulty anchor twitter."
12. C. Thompson, *Coders: The Making of a New Tribe and the Remaking of the World* (New York: Penguin, 2020).
13. Remember the strategic defenses for silence in chapter 3? This chart illustrates one way to reason through them.
14. American Civil Liberties Union, retrieved June 21, 2020, https://www.aclu.org/know-your-rights/; MALDEF (Mexican American Legal Defense and Educational Fund), retrieved June 21, 2020, https://www.maldef.org/; NAACP Legal Defense and Educational Fund, retrieved June 21, 2020, https://www.naacpldf.org/about-us; National Center for Lesbian Rights, retrieved June 21, 2020, http://www.nclrights.org/forms/national-lgbt-legal-aid-forum/; National Immigration Law Center, retrieved June 21, 2020, https://www.nilc.org/; and NWLC Time's Up Legal Defense Fund, retrieved June 21, 2020, https://nwlc.org/times-up-legal-defense-fund/.
15. Most of the top law firms take on unpaid, or pro bono, work. Many retired lawyers take on pro bono cases. Search terms such as "legal aid near me" or "pro bono lawyers" on Google for leads.
16. Pennebaker, J. W. "Writing about emotional experiences as a therapeutic process." *Psychological Science* 8(3) (1997): 162–66.
17. S. Fowler, "I wrote the Uber memo. This is how to end sexual harassment," *New York Times*, April 12, 2018, https://www.nytimes.com/2018/04/12/opinion/metoo-susan-fowler-forced-arbitration.html.

18 J. J. Freyd and L. J. Schievelbein, "The Call to Courage," Center for Institutional Courage, May 5, 2020, https://www.institutionalcourage.org/the-call-to-courage.
19 B. Brown, *Rising Strong* (New York: Spiegel & Grau, 2015).
20 TED Talk, "The Power of Vulnerability | Brené Brown," YouTube, June 2010, https://www.ted.com/talks/brene_brown_the_power,_of_vulnerability#t-535103.

8 触碰：如何营造一种"同意文化"

1 T. Willoughby, M. Good, P. J. Adachi, C. Hamza, and R. Tavernier, "Examining the link between adolescent brain development and risk taking from a social-developmental perspective," repr., *Brain and Cognition* 89 (2014): 70–78.
2 S. Lacy, "The bear's lair: The untold story of gender discrimination inside UC Berkeley's IT department," *Pando*, February 23, 2018, https://pando.com/2018/02/23/bears-lair-untold-story-systemic-gender-discrimination-inside-uc-berkeleys-it-department/.
3 Girl Scouts, "Reminder: She doesn't owe anyone a hug. Not even at the holidays," retrieved June 21, 2020, https://www.girlscouts.org/en/raising-girls/happy-and-healthy/happy/what-is-consent.html.
4 You may be wondering why I feel so strongly that it is wrong to refuse to meet with one gender but not such a big deal to shake hands with one gender. In fact, I believe that if he didn't shake women's hands, it would only be fair if he didn't shake men's hands either. But in this case the "don't touch if the person doesn't want to be touched" principle seemed more salient. I was initiating the touch, so it was my job to back off in a way that made him feel comfortable. Also, refusing to meet one-on-one disadvantages the people you're not meeting with more than refusing to shake their hand. However, if we'd been onstage and he refused to shake my hand but shook the hands of the men, that would have been problematic, though not as disgusting as having my hand slobbered on.
5 J. A. Bargh, P. Raymond, J. B. Pryor, and F. Strack, "Attractiveness of the underling: An automatic power → sex association and its consequences for sexual harassment and aggression," *Journal of Personality and Social Psychology* 68(5) (1995): 768–81.
6 D. Keltner, D. H. Gruenfeld, and C. Anderson, "Power, approach, and inhibition," *Psychological Review* 110(2) (2003).
7 R. F. Baumeister and S. R. Wotman, *Breaking Hearts: The Two Sides of Unrequited Love* (New York: Guilford Press, 1994).
8 L. Loofbourow, "The myth of the male bumbler," *The Week*, November 15, 2017, https://theweek.com/articles/737056/myth-male-bumbler.
9 D. Yaffe-Bellany, "McDonald's fires C.E.O. Steve Easterbrook after relationship with employee," *New York Times*, November 3, 2019, https://www.nytimes.com/2019/11/03/business/mcdonalds-ceo-fired-steve-easterbrook.html; and H. Haddon, "McDonald's fires CEO Steve Easterbrook over relationship with employee," *Wall Street Journal*, November 4, 2019, https://www.wsj.com/articles/mcdonalds-fires-ceo-steve-easterbrook-over-relationship-with-employee-11572816660.
10 D. Enrich and R. Abrams, "McDonald's sues former C.E.O., accusing him of lying and fraud," *New York Times*, August 10, 2020, https://www.nytimes.com/2020/08/10/business/mcdonalds-ceo-steve-easterbrook.html.
11 I got this statistic here: RAINN, "Scope of the problem: Statistics," https://www.rainn.org/statistics/scope-problem/. RAINN cites Department of Justice, Office of Justice Programs, Bureau of Justice Statistics, "Female victims of sexual violence, 1994–2010," 2013.
12 J. J. Freyd, "Be a good listener," University of Oregon, retrieved June 21, 2020, https://dynamic.uoregon.edu/jjf/disclosure/goodlistener.html.
13 J. J. Freyd, "Complete meeting guide: How to talk about sexual harassment,"

Lean In, retrieved June 21, 2020, https://leanin.org/meeting-guides/how-to-talk-about-sexual-harassment.
14 For a searing account of how women who are sexually assaulted are then silenced in ways both brutal and subtle by everyone around them, including the institutions they are part of and even the people who love them most, read *Notes on a Silencing* by Lacy Crawford.
15 M. R. Burt, "Cultural myths and supports for rape," *Journal of Personality and Social Psychology* 38(2) (1980): 217–30.
16 M. Angelou, "I did then what I knew how to do. Now that I know better, I do better," Good Reads, retrieved June 21, 2020, https://www.goodreads.com/quotes/9821-i-did-then-what-i-knew-how-to-do-now.
17 J. J. Freyd and L. J. Schievelbein, "The Call to Courage," Center for Institutional Courage, May 5, 2020, https://www.institutionalcourage.org/the-call-to-courage.
18 "MeToo Movement: The inception," Me Too, retrieved June 21, 2020, https://metoomvmt.org.
19 J. Sanders, "8 reasons NOT to call your child's genitals 'pet' names," *HuffPost*, January 9, 2017, https://www.huffpost.com/entry/8-reasons-not-to-call-your-childs-genitals-pet-names_b_58743186e4b0eb9e49bfbec3?guccounter=1.
20 MeToo, retrieved June 22, 2020, https://metoomvmt.org/resources/.
21 "The Callisto survivor's guide," retrieved June 22, 2020, Callisto, https://mycallisto.org/assets/docs/survivors-guide.pdf; and "Option B: Surviving abuse and sexual assault," Option B, retrieved June 22, 2020, https://optionb.org/category/abuse-and-sexual-assault.
22 E. Ensler, *The Apology* (New York: Bloomsbury, 2019).
23 You can read more about what this means and how to prepare and what to avoid doing before you have the exam here: "RAINN: What is a sexual assault forensic exam?," retrieved June 22, 2020, RAINN, https://www.rainn.org/articles/rape-kit.
24 Ted Talk, "#MeToo with Ashley Judd, Ronan Farrow, and Tarana Burke | Adam Grant," YouTube, April 2018, https://www.ted.com/talks/worklife_with_adam_grant_metoo_with_ashley_judd_ronan_farrow_and_tarana_burke?language=en.
25 M. Alexander, "My rapist apologized," *New York Times*, May 23, 2019, https://www.nytimes.com/2019/05/23/opinion/abortion-legislation-rape.html.
26 L. Garrison, producer, "The Harvey Weinstein case, part 1" (audio podcast), *New York Times*, January 9, 2020, https://www.nytimes.com/2020/01/09/podcasts/the-daily/harvey-weinstein-trial.html?showTranscript=1.
27 C. Miller, *Know My Name* (New York: Penguin, 2019).
28 M. Lipton, *Mean Men: The Perversion of America's Self-Made Man* (United States: Voussoir Press, 2017).
29 "Victims of sexual violence: Statistics," RAINN, retrieved June 22, 2020, https://www.rainn.org/statistics/victims-sexual-violence.
30 R. E. Morgan and B. A. Oudekerk, "Criminal victimization, 2018," U.S. Department of Justice, September 2019, https://www.bjs.gov/content/pub/pdf/cv18.pdf.
31 Ted Talk, "The Reporting System That Sexual Assault Survivors Want | Jessica Ladd," YouTube, February 2016, https://www.ted.com/talks/jessica_ladd_the_reporting_system_that_sexual_assault_survivors_want#t-124098.
32 J. J. Freyd and A. M. Smidt, "So you want to address sexual harassment and assault in your organization? *Training* is not enough; *education* is necessary," *Journal of Trauma & Dissociation* 20(5) 2019: 489–94.
33 J. J. Freyd, "What is DARVO?," University of Oregon, retrieved June 22, 2020, https://dynamic.uoregon.edu/jjf/defineDARVO.html; and T. Parker and M. Stone, directors, *It's Called DARVO* (video file), 2019, https://southpark.cc.com/clips/gfwbrf/its-called-darvo.

34 CASBS Symposium, *Betrayal and Courage in the Age of #MeToo* (video file), 2019, https://www.youtube.com/watch?v=dRxyVMzyTG0.
35 C. P. Smith and J. J. Freyd, "Institutional Betrayal Questionnaire (IBQ)" and "Institutional Betrayal and Support Questionnaire (IBSQ)," University of Oregon, retrieved June 22, 2020, https://dynamic.uoregon.edu/jjf/institutionalbetrayal/ibq.html#ibsq.
36 Miller, *Know My Name*.
37 J. Krakauer, *Missoula: Rape and the Justice System in a College Town* (New York: Knopf Doubleday, 2015).
38 M. R. Burt, "Cultural myths and supports for rape," *Journal of Personality and Social Psychology* 38(2) (1980): 217–30.
39 L. Girand, "Ten competing sexual misconduct reporting 'solutions': Who benefits?," I'm With Them, 2019, https://www.imwiththem.org/perspectives/ten-competing-sexual-misconduct-reporting-solutions-who-benefits.
40 M. Twohey and J. Kantor, *She Said: Breaking the Sexual Harassment Story That Helped Ignite a Movement* (New York: Penguin, 2019).
41 S. Chira and C. Einhorn, "How tough is it to change a culture of harassment? Ask women at Ford," *New York Times*, December 19, 2017, https://www.nytimes.com/interactive/2017/12/19/us/ford-chicago-sexual-harassment.html.
42 Smith and Freyd, "Institutional Betrayal Questionnaire."
43 Many great consultants work in sexual violence prevention. The team I know best and admire enormously is that at the Center for Institutional Courage: Freyd and Schievelbein, "Call to Courage."

第三部分　制度公平与偏颇
1 T. Noah, *Born a Crime* (New York: Random House, 2016), 19.

9　两种糟糕的动态
1 T. Morrison, *Song of Solomon* (New York: Knopf Doubleday, 2007).
2 S. de Beauvoir, *The Woman Destroyed* (New York: Pantheon, 1987).
3 It also wasn't an example of "misandry," the word that describes the theoretical opposite of misogyny, because Russ was not in reality on a slippery slope from my biased notions of men to physical violence. Such a dynamic is theoretically possible—a fictional imagining of what it might be like can be found in Naomi Alderman's novel *The Power*. Of course, men get raped by other men and also by women in the real world; for example, in prisons where women guards have enough power over prisoners to coerce them to have sex (see C. Friedersdorf, "The understudied female sexual predator," *Atlantic*, November 28, 2016, https://www.theatlantic.com/science/archive/2016/11/the-understudied-female-sexual-predator/503492/). It is just as bad when a woman coerces a man to have sex as when a man coerces a woman to have sex. But 90 percent of adult victims of rape are women (see Department of Justice, Office of Justice Programs, Bureau of Justice Statistics, "Sexual Assault of Young Children as Reported to Law Enforcement," 2000, https://www.rainn.org/statistics/victims-sexual-violence). When a woman is raped, it is both an individual trauma and a collective trauma, part of a dynamic that happens over and over. Rape and domestic violence are not part of a dynamic that informs the way the majority of men navigate the world because it does not happen to them as often as it does to women.
4 K. Manne, *Down Girl: The Logic of Misogyny* (Oxford: Oxford University Press, 2018).
5 M. Fleming, "'Beautiful Girls' scribe Scott Rosenberg on a complicated legacy with Harvey Weinstein," *Deadline*, October 16, 2017, https://deadline.com/2017/10

/scott-rosenberg-harvey-weinstein-miramax-beautiful-girls-guilt-over-sexual-assault-allegations-1202189525/.
6 D. Leonhardt, "The conspiracy of inaction on sexual abuse and harassment," *New York Times*, November 5, 2017, https://www.nytimes.com/2017/11/05/opinion/sexual-harassment-weinstein-horace-mann.html.
7 Ibid.
8 I. X. Kendi, *How to Be an Antiracist* (New York: Random House, 2019).
9 Ibid.
10 L. King, "Black history as antiracist and non-racist," in *But I Don't See Color* (Rotterdam: SensePublishers, 2016), 63–79; J. Olsson, "Detour spotting for white antiracists," 1997, Racial Equity Tools, https://www.racialequitytools.org/resourcefiles/olson.pdf; and G. Hodson, "Being antiracist, not non-racist," *Psychology Today*, January 20, 2016, https://www.psychologytoday.com/us/blog/without-prejudice/201601/being-anti-racist-not-non-racist.
11 Ted Talk, "The urgency of intersectionality | Kimberlé Crenshaw," TEDWomen2016, https://www.ted.com/talks/kimberle_crenshaw_the_urgency_of_intersectionality?language=en.

10 识别不同类型的不公平体系

1 K. Swisher, "Hitting the glass ceiling, suddenly, at Pinterest," *New York Times*, August 14, 2020, https://www.nytimes.com/2020/08/14/opinion/pinterest-discrimination-women.html.
2 B. Brown, "Brené on shame and accountability," Unlocking Us podcast, https://brenebrown.com/podcast/brene-on-shame-and-accountability/.
3 L. J. Schievelbein, "The relationship of shame-proneness to depression, self-compassion, and childhood maltreatment in a residential treatment population" (PhD diss., PGSP-Stanford PsyD Consortium, 2017, ProQuest Dissertations Publishing, publication no. 102'46945); and J. P. Tangney and R. L. Dearing, *Shame and Guilt* (New York: Guilford Press, 2002).
4 Brown, "Brené on shame and accountability."
5 B. Stevenson, *Just Mercy: A Story of Justice and Redemption* (New York: Spiegel & Grau, 2014), 290.
6 C. Rogers and R. E. Farson, *Active Listening* (Chicago: Industrial Relations Center, University of Chicago, 1957).
7 S. Foss and C. Griffin, "Beyond persuasion: A proposal for an invitational rhetoric," *Communication Monographs* 62(1) (1995): 2–18, https://doi.org/10.1080/03637759509376345.
8 Ibid., 179.
9 Interview with Stephen Dubner on his podcast: https://freakonomics.com/podcast/konnikova-biggest-bluff/.
10 E. Saslow, *Rising Out of Hatred: The Awakening of a Former White Nationalist* (New York: Knopf Doubleday, 2018).
11 NCORE Webinar Series, "Woke Olympics: Navigating a Culture of Social Justice Arrogance in the Context of Higher Education," YouTube, September 26, 2019, https://www.youtube.com/watch?v=0B_qPHYJsDY.
12 You can watch it here: Ibid.
13 Brown, "Brené on shame and accountability."
14 G. W. Allport, *The Nature of Prejudice,* 25th anniversary ed. (New York: Doubleday, 1958), 26.
15 M. W. Hughey, "The (dis)similarities of White racial identities: The conceptual framework of 'hegemonic Whiteness,'" *Ethnic and Racial Studies* 33(8) (2010): 1289–309.
16 Allport, *The Nature of Prejudice*, 57.

11 公平工作：让我们保持乐观

1. M. L. King, Jr., *Letter from Birmingham Jail* (San Francisco: Harper San Francisco, 1994).
2. A. Patil, "How a march for Black trans lives became a huge event," *New York Times*, June 15, 2020, https://www.nytimes.com/2020/06/15/nyregion/brooklyn-Black-trans-parade.html.
3. T. K. Smith, Wellesley's 140th Commencement Address, June 1, 2018, https://www.wellesley.edu/events/commencement/archives/2018/commencementaddress.
4. And it wasn't just for everyone, nor did the justice last forever. But for a brief and shining moment I did get a glimpse of what it could be like, and it seems worth sharing that glimpse.
5. There is a lot more to say about how this worked and what caused it to stop working as well. I wrote more in chapter 6 about what, specifically, leaders can do to create just working environments. I believe two things made it stop working. One was the equity pay structure. It turned out that equity got distributed in an inequitable way. And the equity at This Company turned out to be more valuable than anyone expected. So the compensation system caused people to optimize for their compensation rather than for their collaborative work. Furthermore, some executives were simply corrupted by the huge sums of money they were making and began to behave as though they believed they had a right to abuse others. The second was that This Company optimized more for preventing coercion and did not focus as much as it needed to on getting proactive in preventing unconscious discrimination.
6. Point of clarification for readers who are engineers. When I talk about coercion, I mean the dictionary definition: the practice of compelling another party to act in an involuntary manner by use of threats or force. Coercion may involve inflicting physical pain/injury or psychological harm to enhance the credibility of a threat. I do not mean it in the sense of the word as used by the C/C++ or other programming languages in which "coercion" refers to a technique used to change the type interpretation of a variable. For example, the compiler will treat a character as an integer. It's OK to coerce your compiler to do what you want it to do. It is not OK to coerce another human being.
7. D. H. Gruenfeld and L. Z. Tiedens, "Organizational preferences and their consequences," in *Handbook of Social Psychology*, ed. S. T. Fiske, D. T. Gilbert, and G. Lindzey (Hoboken, NJ: John Wiley & Sons, 2010), 1252–87.